Fink
Management Consulting Fieldbook

Management Consulting Fieldbook

Die Ansätze der großen Unternehmensberater

hrsg. von

Prof. Dr. Dietmar Fink
Institut für Unternehmensberatung
Fachhochschule Bonn-Rhein-Sieg

mit Ansätzen von

A. T. Kearney – Andersen Consulting – Arthur D. Little
Booz.Allen & Hamilton – The Boston Consulting Group
CSC Ploenzke – Ernst & Young Consulting – Gemini Consulting
Kienbaum Management Consultants
Mc Kinsey & Company – Mercer Management Consulting
Stern Stewart – WEDIT Deloitte & Touche

Verlag Franz Vahlen München

VERLAG
VAHLEN
MÜNCHEN
www.vahlen.de

ISBN 3 8006 2568 7

Wilhelmstr. 9, 80801 München
Satz: DTP-Vorlagen des Herausgebers
Druck und Bindung: C. H. Beck'sche Buchdruckerei, Nördlingen
(Adresse wie Verlag)
Umschlag: Atelier Bütefisch, Schlaitdorf
Gedruckt auf säurefreiem, alterungsbeständigem Papier
(hergestellt aus chlorfrei gebleichtem Zellstoff)

Vorwort

Viele Methoden, die heute längst zu den „Klassikern" der Unternehmensführung zählen, wurden ursprünglich von Beratern entwickelt, um innovative Lösungsmöglichkeiten für operative und – vor allem – strategische Managementprobleme aufzuzeigen. So revolutionierte der Portfolioansatz der Boston Consulting Group beispielsweise Anfang der Siebzigerjahre das Denken und Handeln vieler Führungskräfte – heute zählt er zum Basisrepertoire eines jeden strategischen Planers oder Controllers.

Seit dieser Zeit wurden von den großen Beratungsgesellschaften viele Ansätze hervorgebracht. Einige verschwanden, ohne einen nachhaltigen Eindruck zu hinterlassen, andere waren Auslöser weitreichender Management-Trends – zu denken ist hier an die Zeit der Gemeinkostensenkung, der „schlanken" Unternehmen und des Reengineerings. Heute sind es vor allem wert- und wachstumsorientierte Managementaspekte, die durch die Berater neue Impulse erfahren. Und auch der Umgang mit Veränderungsprozessen gewinnt weiter an Bedeutung. Für die Zukunft zeichnet sich zudem ab, dass die Methodenentwicklung ganz wesentlich von den neuen Möglichkeiten des Electronic-Commerce geprägt sein wird.

Das vorliegende Buch gibt einen Überblick über wichtige Managementansätze, die in den letzten Jahren von den großen Beratungsgesellschaften entwickelt wurden. Es wendet sich gleichermaßen an Führungskräfte aus der Praxis, an Hochschullehrer sowie an Studenten und Absolventen von Universitäten und Business-Schools, die sich über Methoden und Instrumente aus der Beratungspraxis informieren wollen.

Als Herausgeber möchte ich an dieser Stelle allen Autoren danken, die sich bereit erklärt haben, zusätzlich zu ihrem Tagesgeschäft in der Top-Managementberatung einen Beitrag zu verfassen, der einen Einblick in ihr methodisches Instrumentarium gewährt. Dies gilt vor allen anderen für Herrn Dr. Arno Wilfert von der Managementberatung Arthur D. Little, dem ich die Idee zu diesem Buch verdanke.

Rheinbach, im März 2000

Prof. Dr. Dietmar Fink

Inhaltsübersicht

Teil A
Klassische Ansätze der Managementberatung

Teil B
Neuere Ansätze der Managementberatung

Inhaltsverzeichnis

Teil A

Klassische Ansätze der Managementberatung

A.1

Das Marktwachstum-Marktanteil-Portfolio – ein Ansatz der Boston Consulting Group

Dietmar H. Fink[*]

---

* Prof. Dr. Dietmar Fink leitet das Institut für Unternehmensberatung in Rheinbach bei Bonn und ist Inhaber der Professur für Unternehmensberatung und -entwicklung an der Fachhochschule Bonn-Rhein-Sieg.

1. Der strategische Ansatz der Boston Consulting Group

Ende der Sechzigerjahre entwickelte die *Boston Consulting Group* (BCG) einen Planungsansatz, der das strategische Management bis heute geprägt hat und mittlerweile als *der* Klassiker unter den Beratungsansätzen gilt: die **Portfolio-Analyse** (vgl. *Henderson* 1979). Der Grundgedanke bestand darin, das Unternehmen als ein Portfolio unterschiedlicher Geschäftsfelder aufzufassen, die hinsichtlich Wachstum und Rentabilität jeweils eigene Beiträge zum Gesamterfolg des Unternehmens leisten. Strategische Entscheidungen für einzelne dieser Geschäftsfelder sollten nach Auffassung der *Boston Consulting Group* nicht isoliert, sondern nur in Verbindung mit entsprechenden Entscheidungen in den übrigen Geschäftsfeldern getroffen werden, um übergeordnete Belange zu berücksichtigen – vor allem hinsichtlich der Risikostreuung und des Cash-Flows.

Die Grundidee des Ansatzes geht zurück auf die finanztheoretische **Portefeuille-Theorie**. Hier wird Investoren eine Methodik an die Hand gegeben, die es ihnen ermöglicht, durch eine effiziente Anlagestreuung eine hinsichtlich Risiko und Gewinnerwartung optimale Zusammensetzung ihres Wertpapierportfolios zu erreichen (vgl. *Markowitz* 1952). Dieses Konzept wurde von der *Boston Consulting Group* auf die strategische Unternehmensplanung übertragen, indem sie das Gesamtunternehmen als Investitionsportfolio und die verschiedenen Geschäftsfelder, in denen das Unternehmen tätig ist bzw. tätig werden könnte, als mögliche Investitionsobjekte interpretierte. Ähnlich einem Anleger auf dem Wertpapiermarkt entscheidet die Unternehmensleitung darüber, in welche Geschäftsfelder sie zu investieren und aus welchen sie entsprechende Mittel freizusetzen hat, um das Gesamtportfolio des Unternehmens unter Risiko- und Ertragsgesichtspunkten zu optimieren.

Als Planungseinheiten müssen somit zunächst **strategische Geschäftsfelder** definiert werden, die das gesamte Tätigkeitsspektrum eines Unternehmens in einzelne Tätigkeitsbereiche zerlegen. Diese müssen hinsichtlich der Nachfrager, Wettbewerber und Kontrollmöglichkeiten – zum Beispiel Gewinn, Kosten, Marktanteil – eindeutig voneinander abgrenzbar sein, so dass für jedes Geschäftsfeld eigenständige Ziele, Strategien und Aktionsprogramme möglich sind. In der Praxis werden vor allem die von einem Unternehmen angebotenen Produkte, die durch deren Verwendung zu erzielenden Problemlösungen, die zur Leistungserstellung verwendeten Technologien, die relevanten Wettbewerber des Unternehmens sowie seine unterschiedlichen Kundengruppen zur Abgrenzung herangezogen (vgl. *Bea/Haas* 1997). Aus organisatorischer Sicht stehen den verschiedenen Geschäftsfeldern sogenannte **strategische Geschäftseinheiten** gegenüber, die innerhalb der Unternehmensorganisation für die Bearbeitung eines oder mehrerer Geschäftsfelder verantwortlich sind.

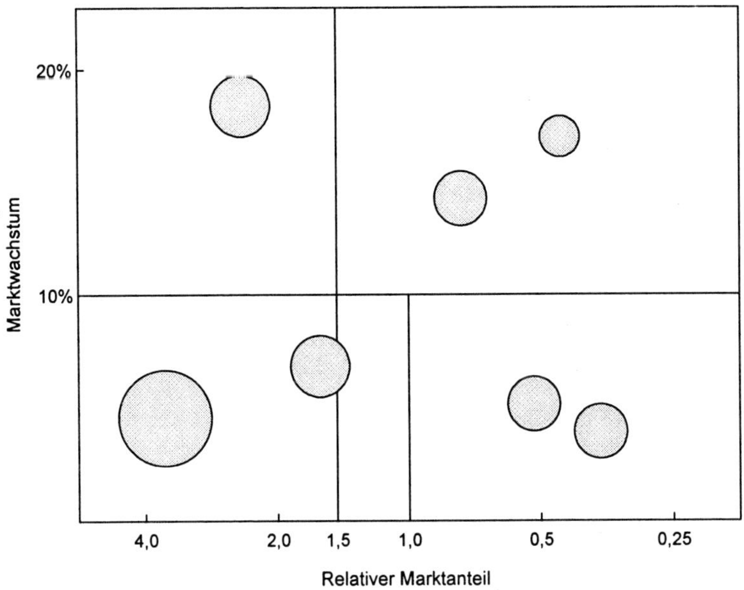

Abb. 1: Die Marktwachstum-Marktanteil-Matrix

Zur Analyse der Geschäftsfelder eines Unternehmens konzipierte die *Boston Consulting Group* eine **Marktwachstum-Marktanteil-Matrix** – man spricht in diesem Zusammenhang auch von der „BCG-Matrix" –, in der jedes Geschäftsfeld positioniert wird (siehe Abb. 1). Auf der Abszisse wird – als Indikator der Wettbewerbsstärke – der relative Marktanteil des Unternehmens in einem bestimmten Geschäftsfeld aufgetragen. Die Ordinate gibt – als Indikator der Marktattraktivität – das zugehörige Marktwachstum an. Graphisch werden die einzelnen Geschäftsfelder als Kreise dargestellt, wobei die Kreisflächen proportional dem jeweiligen Umsatzbeitrag entsprechen.

Das Management eines Unternehmens kann auf der Basis der Marktwachstum-Marktanteil-Matrix Erkenntnisse in drei wesentlichen Bereichen erlangen: Zunächst lässt sich die strategische Situation des Unternehmens vor dem Hintergrund einer kompakten, anschaulichen Illustration der Stärken und Schwächen des Geschäftsportfolios systematisch analysieren. Da sich aus der Matrix auch Aussagen über den Finanzbedarf und die Cash-Flow-Erzeugung der einzelnen Geschäftsfelder ableiten lassen, kann darüber hinaus eine Ausbalancierung der Finanzströme im Gesamtunternehmen erfolgen. Zudem sind den einzelnen Quadranten der Matrix Normstrategien zugeordnet, die als Leitlinien zur Formulierung strategischer Maßnahmen dienen können.

2. Methodische Grundlagen

2.1 Das Marktwachstum als Indikator der Marktattraktivität

Die Aufgabe der strategischen Planung besteht darin, die Potenziale eines Unternehmens auf die Anforderungen der Unternehmensumwelt abzustimmen. Im Rahmen des Portfolioansatzes der *Boston Consulting Group* wird diese Gegenüberstellung von unternehmensbezogenen Stärken und Schwächen einerseits und umweltbezogenen Chancen und Risiken andererseits durch eine Verdichtung auf die beiden oben aufgeführten achsenbildenden Merkmale der Matrix realisiert: den relativen Marktanteil als unternehmensbezogenen Indikator der Wettbewerbsstärke und das Marktwachstum als umweltbezogenen Indikator der Marktattraktivität. Das **Marktwachstum** wird im Allgemeinen als prozentuale Zunahme des Umsatzes auf dem betreffenden Markt innerhalb eines festgelegten Zeitraums operationalisiert. Üblicherweise wird hierbei eine Periode von einem Jahr zugrunde gelegt. Wird eine längere Zeitspanne gewählt, setzt man in aller Regel die durchschnittliche jährliche Wachstumsrate während des gesamten Betrachtungszeitraums an.

Für sich genommen bildet das Marktwachstum zunächst ein Maß für die Attraktivität der betrachteten Branche im Allgemeinen, ungeachtet der Position, die das eigene Unternehmen auf dem betreffenden Markt einnimmt. Die Verwendung dieses Indikators geht zurück auf das Konzept des **Branchen-Lebenszyklus**. Dieses besagt, dass eine Branche im Zeitablauf verschiedene Phasen – Entstehung, Wachstum, Reife und Alter – durchläuft, in denen sich der Gesamtumsatz der Branche wie in Abbildung 2 dargestellt entwickelt. Es ist ersichtlich, dass sich die einzelnen Phasen insbesondere durch unterschiedliche Wachstumsraten charakterisieren lassen: In der Entstehungsphase wächst der Markt nur langsam, in der Wachstumsphase steigen die Umsätze stark an, die Reifephase ist durch Stagnation gekennzeichnet, das Alter durch rückläufige Umsatzzahlen bzw. Degeneration.

Hieraus lassen sich weitreichende Schlussfolgerungen für die strategische Planung ableiten.* Befindet sich eine Branche in einer Wachstumsphase, ist es für ein Unternehmen beispielsweise möglich, in den betreffenden Markt einzudrin-

---

* Die strategischen Implikationen der Lebenszykluskurve wurden von der Unternehmensberatung *Arthur D. Little* in einem eigenen Portfolioansatz detailliert ausgearbeitet; dieses Konzept wird in Abschnitt A.3 vorgestellt.

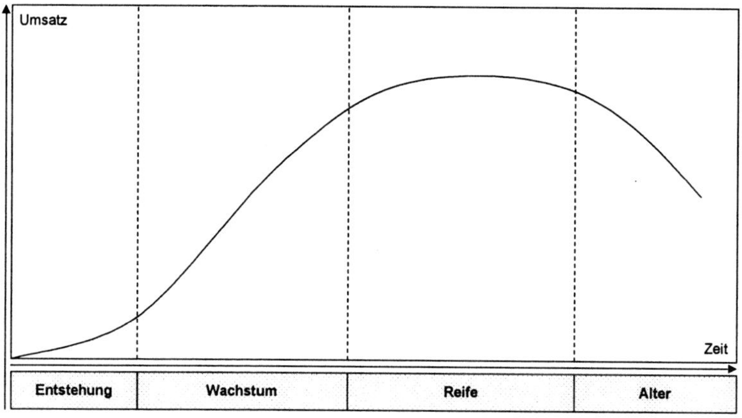

Abb. 2: Der Branchen-Lebenszyklus

gen und den eigenen Marktanteil entsprechend des Marktwachstums auszudehnen, ohne dass sich der in absoluten Zahlen gemessene Umsatz seiner relevanten Wettbewerber reduzieren muss. Vor allem auf stark wachsenden Märkten, wenn die Umsätze der Konkurrenz trotz eigener Marktanteilszugewinne absolut gesehen sogar weiter steigen, fallen Gegenmaßnahmen in aller Regel weit weniger deutlich aus als auf einem stagnierenden oder rückläufigen Markt. In einer reifen oder alternden Branche, wenn es nicht mehr möglich ist, Marktanteile hinzu zu gewinnen, ohne den absoluten Umsatz eines Wettbewerbers zu schmälern, wird zumeist mit weit härteren Mitteln um das verbleibende Umsatzpotenzial konkurriert.

Zur weiteren Konstruktion der Marktwachstum-Marktanteil-Matrix muss nun eine Wachstumsrate definiert werden, die schnell wachsende Branchen von langsam wachsenden abgrenzt (in Abbildung 1 ist die entsprechende Trennlinie exemplarisch bei einem Wachstum von 10 Prozent pro Jahr angesetzt worden). Gehören die betrachteten Geschäftsfelder alle derselben Branche an, wird die Trennlinie üblicherweise auf Höhe der durchschnittlichen Wachstumsrate dieser Branche gezogen. Liegen die Geschäftsfelder in unterschiedlichen Branchen, so lässt sich, sofern alle Geschäfte in einem Land oder in einem abgegrenzten Wirtschaftsraum getätigt werden, beispielsweise das gesamtwirtschaftliche Wachstum in dieser Region zugrunde legen – üblicherweise operationalisiert durch den Anstieg des betreffenden Bruttosozialproduktes. Eine weitere Möglichkeit besteht darin, das gewichtete arithmetische Mittel der Wachstumsraten in den einzelnen Branchen als Diskriminanzwert heranzuziehen. Auch ist es bisweilen legitim und praktikabel, die Trennlinie auf der Höhe des Wachstumsziels des betrachteten Unternehmens zu ziehen, so dass sie diejenigen Geschäftsfelder, die positiv zur Realisierung dieses Ziels beitragen, von denen trennt, die dem Ziel abträglich sind (vgl. *Hax/Majluf* 1991). Das Konzept des Branchen-Lebenszyklus schließlich legt eine Trennung bei einer Wachstumsrate von Null nahe. Liegt ein Geschäftsfeld oberhalb dieses Wertes, befindet es sich in der Entstehungs- oder Wachstumsphase, liegt es darunter, ist es der Reife- oder Alterungsphase zuzurechnen.

2.2 Der relative Marktanteil als Indikator der Wettbewerbsstärke

Nachdem mit dem Marktwachstum das erste, umweltbezogene Merkmal der BCG-Matrix beschrieben ist, soll im Folgenden der unternehmensbezogene Indikator für die Wettbewerbsstärke des betrachteten Unternehmens dargestellt werden – der **relative Marktanteil**. Da der absolute Marktanteil für sich genommen, vor allem solange er unter 50 Prozent liegt, keine hinreichende Aussage über das Verhältnis der eigenen Stärke auf einem Markt im Vergleich zur Konkurrenz erlaubt, wird er in der Systematik der *Boston Consulting Group* in Relation zum Marktanteil des stärksten Wettbewerbers gesetzt. Bezogen wird der Marktanteil dabei üblicherweise auf den erzielten Umsatz, in manchen Fällen auch auf die Absatzmenge. Ein relativer Marktanteil von 2 bedeutet dementsprechend, dass der eigene Umsatz doppelt so hoch liegt wie der des größten Wettbewerbers, ein Wert von 0,5 weist darauf hin, dass man selbst nur die Hälfte des Umsatzes realisieren konnte, den der Marktführer erzielt. Bei einem Wert von 1 entsprechen sich der Marktanteil des eigenen Unternehmens und der des stärksten Konkurrenten.

Auch bezogen auf den relativen Marktanteil ist es wiederum erforderlich, einen Wert zu definieren, der die betreffende Achse der Marktwachstum-Marktanteil-Matrix unterteilt – der in diesem Fall also die „starken" Unternehmen auf einem Markt von den „schwachen" abgrenzt. Der in Abbildung 1 gewählte Wert von 1,5 beruht auf Erkenntnissen der *Boston Consulting Group*, die besagen, dass eine dauerhafte Erwirtschaftung von Cash-Flow – einer zentralen Größe des Ansatzes, wie im Folgenden noch ersichtlich wird – bei einem Marktanteil beginnt, der mindestens 50 Prozent über dem des stärksten Wettbewerbers liegt. Besonders hervorzuheben sind zudem Marktanteile im Bereich von 1 bis 1,5. Zwar besteht hier bereits eine Marktführerschaft, diese ist jedoch aufgrund der relativen Stärke des größten Konkurrenten noch sehr fragil und kann leicht verloren gehen.

In der BCG-Matrix wird der relative Marktanteil in einer halblogarithmischen Skala aufgetragen. Der Grund hierfür liegt in der theoretischen Verknüpfung des Konzepts mit den Erkenntnissen der **Erfahrungskurve** (vgl. *Henderson* 1984). Diese besagt, dass empirischen Untersuchungen zufolge eine Verdopplung der

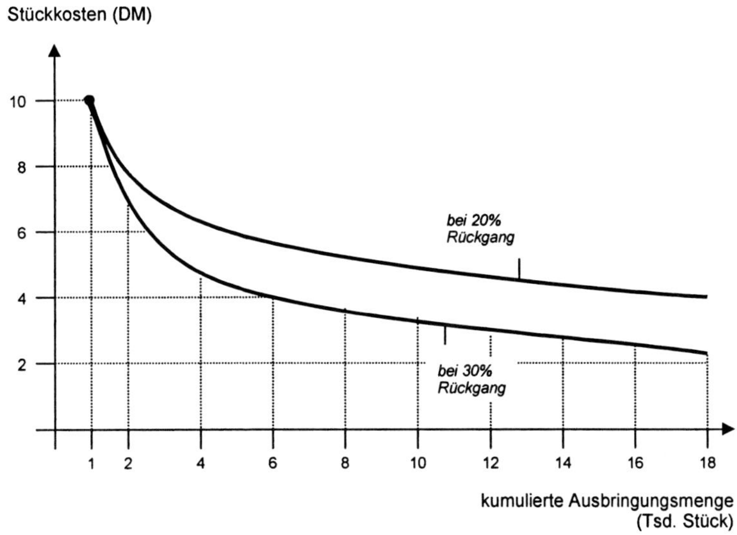

Abb. 3: Beispielhafte Verläufe der Erfahrungskurve

kumulierten Ausbringungsmenge eines Produktes bezogen auf die Wertschöpfung eine Reduktion der inflationsbereinigten Stückkosten von 20 bis 30 Prozent zur Folge hat (siehe Abb. 3). Diese Beziehung lässt sich in einem doppelt logarithmischen Koordinatensystem als Gerade darstellen (siehe Abb. 4). Zurückzuführen ist der Erfahrungskurveneffekt vor allem auf (1) Lerneffekte, (2) Produkt- und Verfahrensverbesserungen sowie (3) Economies of Scale:

(1) Durch die Wiederholung gleichartiger Tätigkeiten können sowohl bei Einzelpersonen als auch im Rahmen der Zusammenarbeit in einer Gruppe **Lerneffekte** realisiert werden, die eine effizientere Ausführung der zugewiesenen Aufgaben ermöglichen. Dies führt über eine Reduktion der Fertigungszeit einerseits und eine Verringerung der Ausschussquote andererseits zu einer erhöhten Produktivität bzw. zu einer Senkung der Produktionskosten. Dieser Effekt beschränkt sich nicht nur auf unmittelbar dem Produktionsprozess zurechenbare Tätigkeiten, er kann sich in gleicher Weise auch im Verwaltungsbereich einstellen.

(2) Die zunehmende Erfahrung eines Unternehmens mit der Herstellung und Verwendung der gefertigten Produkte führt dazu, dass **Produkt- und Verfahrensverbesserungen** vorgenommen werden können, die über optimierte Produktionsanlagen, eine Beseitigung von Störungen und Fehlerquellen im Produktionsablauf, die Normierung und Standardisierung von Produkten und Prozessen, Einsparungen von Rohmaterialien, den Ersatz teurer durch preiswertere Einsatzstoffe etc. Kostensenkungspotenziale eröffnen.

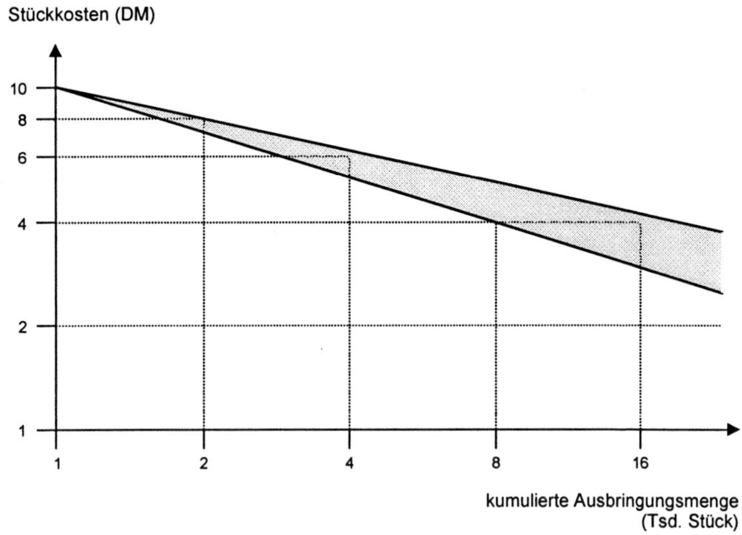

Abb. 4: Die Erfahrungskurve in logarithmischer Darstellung

(3) Mit gesteigerter Ausbringungsmenge lassen sich **Economies of Scale** erschließen, die vor allem auf die Fixkostendegression zurückzuführen sind, sowie auf die Möglichkeit, ab einem bestimmten kritischen Produktionsvolumen zu kostengünstigeren Fertigungsverfahren – zum Beispiel von der Werkstattfertigung zur Fließfertigung – überzugehen.

In Verbindung mit dem Erfahrungskurveneffekt ist es wichtig zu berücksichtigen, dass sich die beschriebenen Kostensenkungen bei einer Erhöhung des Produktionsvolumens nicht von selbst einstellen. Die Erfahrungskurve weist vielmehr auf ein Potenzial hin, das von einem Unternehmen aktiv erschlossen werden muss. Eine Schwierigkeit besteht jedoch darin, dass nicht bekannt ist, wie der Verlauf der Erfahrungskurve konkret – im Sinne eines funktionalen Zusammenhangs – von den oben angeführten Faktoren bestimmt wird, so dass eine explizite Steuerung des Effekts in der Praxis nur schwer möglich ist.

Für die strategische Planung lässt sich aus dem dargestellten Zusammenhang jedoch ableiten, dass eine Erhöhung des eigenen Marktanteils offensichtlich eine Chance auf Kostenvorteile birgt. Die *Boston Consulting Group* führt hierzu die folgende Kausalkette an: Ein hoher Marktanteil impliziert ein hohes kumuliertes Produktionsvolumen. Dieses führt zu geringen Stückkosten und somit zu einer hohen Rentabilität. Gestützt wird diese These auch durch die empirische Arbeit des PIMS-Projektes („Profitability Impact on Marketing Strategies"), in dessen Rahmen ebenfalls eine positive Verknüpfung des Marktanteils mit der Profitabilität beobachtet wurde (vgl. *Buzzle/Gale* 1987).

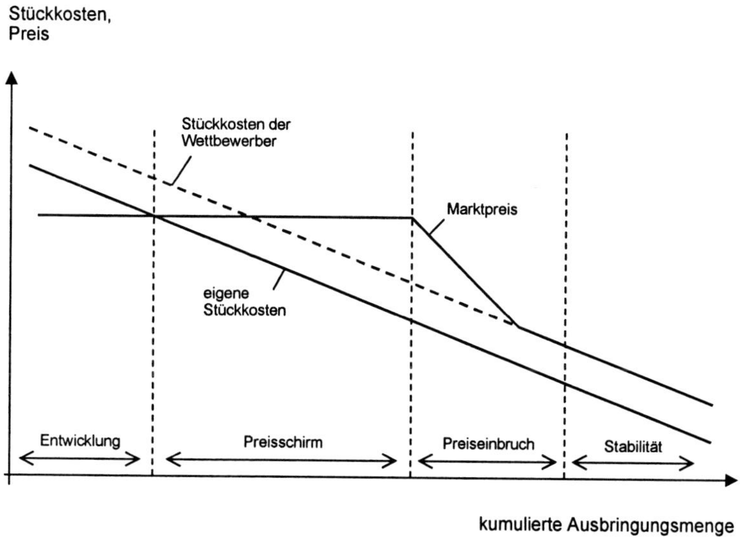

Abb. 5: Die Preiserfahrungskurve
(Quelle: Henderson 1984)

Ergänzt wird die positive Kostenwirkung des Erfahrungskurveneffekts durch dic positive Erlöswirkung der **Preiserfahrungskurve** (siehe Abb. 5): Bei der Einführung eines neuen (innovativen) Produktes wird der Preis üblicherweise relativ hoch angesetzt, da der Innovator seinen monopolistischen Preisspielraum ausnutzt, um eine möglichst hohe Rendite zu erzielen. Diese Preispolitik ist solange erfolgreich, bis neue Wettbewerber in den Markt eindringen und den „Preisschirm" eindrücken. Es kommt zu einem Preiseinbruch und einem Marktaustritt der weniger effizienten Unternehmen, bevor sich das Preisniveau auf Höhe der Stückkosten der verbleibenden Wettbewerber stabilisiert.

2.3 Der Umsatz als Indikator des Leistungsbeitrags

Neben der Attraktivität der betrachteten Geschäftsfelder und der Wettbewerbsstärke des analysierten Unternehmens wird in der Marktwachstum-Marktanteil-Matrix ein weiteres Merkmal herangezogen, um das Unternehmensportfolio zu charakterisieren: der **Leistungsbeitrag** der Geschäftsfelder zum Gesamterfolg des Unternehmens. Bemessen wird dieser am Umsatz, der in den einzelnen Geschäftsfeldern erwirtschaftet wird. Ein Nachteil, der hiermit verbunden ist, besteht darin, dass der Umsatz keinen Hinweis auf die Rentabilität der betrachteten Geschäftsfelder liefern kann. Da es jedoch in den allermeisten Fällen nur schwer möglich ist, verlässliche Rentabilitätswerte der relevanten Wettbewerber zu erlangen, kann der Umsatz als suboptimales aber praktikables Leistungsmaß angesehen werden, um in den einzelnen Geschäftsfeldern einen Vergleich mit der Konkurrenz zu ermöglichen.

3. Konsequenzen für die Unternehmensführung

3.1 Implikationen für den Cash-Flow

Eine für die Unternehmensführung wesentliche Schlussfolgerung, die sich aus dem Konzept der *Boston Consulting Group* ableiten lässt, betrifft den Finanztransfer zwischen den betrachteten Geschäftsfeldern. Die zugrunde liegende Annahme besteht darin, dass Geschäftsfelder einerseits um so rentabler sind, also um so mehr finanzielle Mittel freisetzen können, je stärker die Wettbewerbsposition ist, die das betrachtete Unternehmen auf dem betreffenden Markt einnimmt. Andererseits bergen die Geschäftsfelder zur Aufrechterhaltung oder zum Ausbau dieser Position einen höheren Finanzbedarf, je schneller der Markt wächst, da das Marktwachstum finanziert werden muss. Ein Portfolio befindet sich vor diesem Hintergrund im **Gleichgewicht**, wenn die Geschäftsfelder, die Cash-Flow binden, in ausreichendem Maße von den Geschäftsfeldern alimentiert werden können, die Cash-Flow erwirtschaften. Die Marktwachstum-Marktanteil-Matrix lässt sich somit bezogen auf den Fluss finanzieller Mittel wie in Abbildung 6 dargestellt modifizieren. Entsprechend der vier Quadranten ergibt sich folgende Geschäftsfeldklassifikation:

(1) **„Stars“** sind Geschäftsfelder, die durch eine hohe Marktattraktivität und eine starke Wettbewerbsposition des betrachteten Unternehmens – in der BCG-Methodologie also durch ein überdurchschnittliches Marktwachstum und einen hohen relativen Marktanteil – gekennzeichnet sind. Aufgrund der guten Wettbewerbsposition können in diesen Geschäftsfeldern Finanzmittel freigesetzt werden. Andererseits muss das Unternehmen, wenn es seine starke Position auf dem schnell wachsenden Markt halten will, bedeutende finanzielle Ressourcen (re-)investieren. In der Summe ist der erwirtschaftete Netto-Cash-Flow somit üblicherweise ausgeglichen oder liegt nur geringfügig im positiven oder negativen Bereich.

(2) **„Cash-Cows“** sind die wichtigsten (internen) Finanzquellen eines Unternehmens. Die eigene Wettbewerbsposition ist auch hier sehr stark, so dass wie im Falle der „Stars“ bedeutende Finanzmittel erwirtschaftet werden können. Der betreffende Markt weist jedoch lediglich eine unterdurchschnittliche Attraktivität auf, so dass eine vollständige Reinvestition der freigesetzten Mittel aus Unternehmenssicht nicht sinnvoll ist. Insgesamt kann somit üblicherweise ein hoher positiver Netto-Cash-Flow realisiert werden.

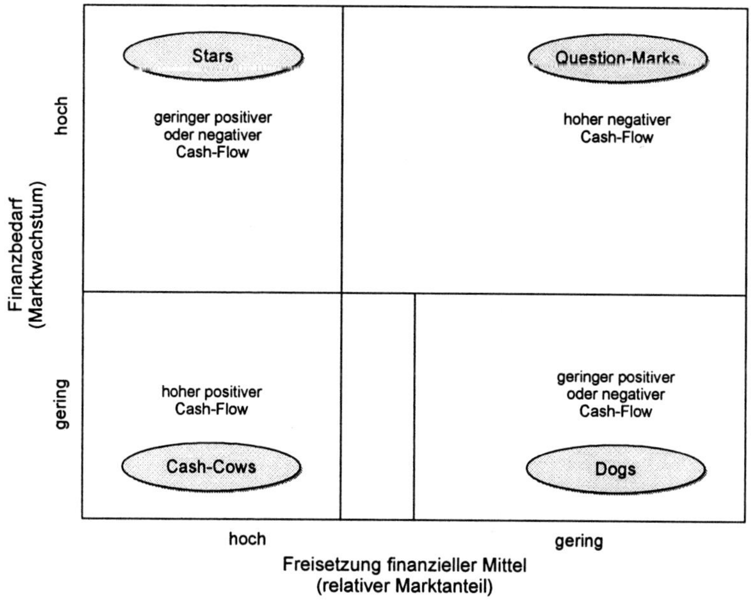

Abb. 6: Geschäftsfeldklassifikation anhand des Cash-Flows

(3) **„Question-Marks“** sind attraktive Geschäftsfelder, in denen das Unternehmen nur einen geringen relativen Marktanteil und somit eine schwache Wettbewerbsposition besitzt. Die Möglichkeiten, Finanzmittel freizusetzen, sind daher begrenzt. Entscheidet sich das Unternehmen aufgrund der hohen Attraktivität dazu, seine Wettbewerbsposition in einem der betreffenden Geschäftsfelder auszubauen, erfordert dies andererseits den Einsatz erheblicher finanzieller Ressourcen, um auf dem schnell wachsenden Markt eine führende Position zu erlangen. Der Netto-Cash-Flow liegt in solchen Fällen deutlich im negativen Bereich.

(4) **„Dogs“** sind die sogenannten „Kapitalfallen“ eines Unternehmens. Die geringen finanziellen Mittel, die das Unternehmen in diesen Geschäftsfeldern erwirtschaften kann, muss es im Allgemeinen aufwenden, um seine schwache Wettbewerbsposition auf den nur unterdurchschnittlich wachsenden und somit wenig attraktiven Märkten zu halten. Der zu erzielende Netto-Cash-Flow ist üblicherweise ausgeglichen oder befindet sich geringfügig im positiven oder negativen Bereich.

Aus organisatorischer Sicht werden im Unternehmen zur Bearbeitung der verschiedenen Geschäftsfelder, wie oben dargestellt, strategische Geschäftseinheiten gebildet, denen die Formulierung, Präzisierung und Ausführung spezifischer Strategien für ihren Verantwortungsbereich obliegt. Vor dem Hintergrund der unterschiedlichen Cash-Flow-Situation, die in verschiedenen Geschäftsfeldern herrschen kann, erklärt sich die eingangs angeführte Forderung der *Boston Consulting Group*, dass strategische Entscheidungen für einzelne Geschäftsfelder nicht isoliert, sondern nur in Verbindung mit entsprechenden Entscheidungen in den übrigen Bereichen getroffen werden sollten, um übergeordnete Belange des Unternehmens zu beachten. Der Manager einer strategischen Geschäftseinheit, der für eine „Cash-Cow" verantwortlich ist, wird sonst beispielsweise dazu neigen, überschüssige Erträge des eigenen Geschäfts wieder in seinen Bereich zu reinvestieren, auch wenn dies aus gesamtstrategischer Sicht nicht optimal ist. Vor allem für die Ressourcenzuweisung lässt sich somit der Schluss ziehen, dass diese auf einer übergeordneten Führungsebene im Unternehmen angesiedelt werden sollte.

3.2 Strategische Handlungsempfehlungen

Für die strategische Planung eines Unternehmens lassen sich aus dem Marktwachstum-Marktanteil-Portfolio vor allem Aussagen darüber ableiten, welche grundsätzliche strategische Stoßrichtung für ein bestimmtes Geschäftsfeld gewählt werden sollte. Dabei impliziert das Konzept, dass Wachstum und Rentabilität die höchsten Ziele des betrachteten Unternehmens bilden (vgl. *Henderson/Zakon* 1980). Der Vorteil, der sich aus einer diversifizierten Unternehmenstätigkeit ergibt, besteht vor diesem Hintergrund vor allem in der Möglichkeit, finanzielle Mittel aus sehr rentablen Geschäftsfeldern mit beschränktem Wachstumspotenzial abzuziehen, um damit zukunftsträchtige Geschäftsfelder zu finanzieren, die hohe Wachstumsraten und eine hohe Rentabilität erwarten lassen.

Die *Boston Consulting Group* formuliert in ihrem Ansatz für bestimmte Konstellationen der betrachteten Indikatoren in unterschiedlichen Geschäftsfeldern vier grundlegende **Normstrategien**:

(1) Offensivstrategie,

(2) Investitionsstrategie,

(3) Abschöpfungsstrategie und

(4) Desinvestitionsstrategie.

Handelt es sich bei einem Geschäftsfeld um einen „Star", wird eine Investitionsstrategie empfohlen, die darauf abzielt, den bereits relativ hohen eigenen Marktanteil zumindest zu halten oder weiter auszubauen. Aufgrund der hierzu erforderlichen finanziellen Mittel kommt es so trotz der hohen Rentabilität in diesem Geschäftsfeld zu dem oben beschriebenen ausgeglichenen oder leicht negativen Netto-Cash-Flow. Bei Geschäftsfeldern, die den „Cash-Cows" zuzuordnen sind, wird eine Abschöpfungsstrategie empfohlen, bei der der eigene Marktanteil mit

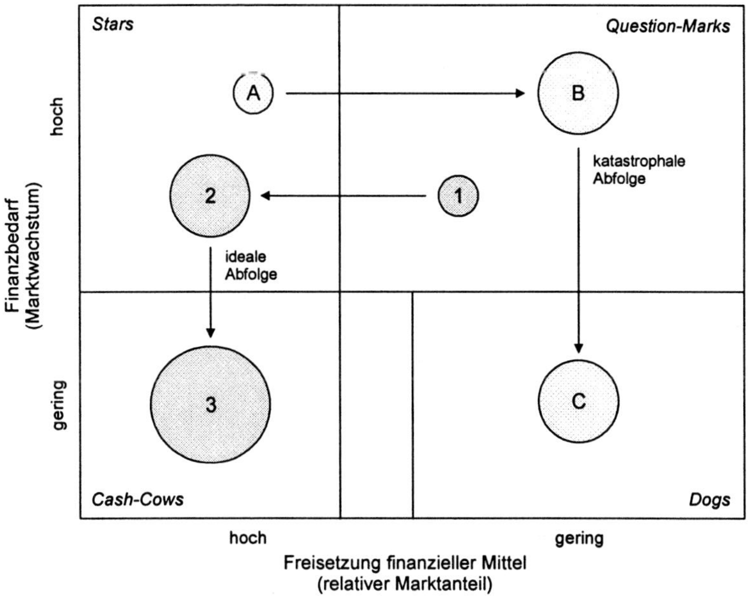

Abb. 7: Ideale und katastrophale Geschäftsentwicklung (Quelle: In Anlehnung an Hax/Majluf 1991)

relativ geringem Investitionsaufwand gehalten wird, so dass ein hoher positiver Netto-Cash-Flow resultiert. Dieser sollte vor allem dazu eingesetzt werden, eine Offensivstrategie bei solchen „Question-Marks" zu finanzieren, bei denen man es langfristig als lohnend erachtet, aggressiv und mit entsprechenden finanziellen Mitteln vorzugehen. Wird das entsprechende Geschäftsfeld hingegen als nicht zukunftsträchtig erkannt, sollte man eine Desinvestitionsstrategie verfolgen, sich also möglichst schnell zurückziehen und das Geschäft liquidieren. Gleiches gilt im Falle der „Dogs". Auch hier wird es einem Unternehmen nahe gelegt, zunächst eine Abschöpfungsstrategie zu verfolgen, mit dem baldigen Ziel der Liquidation (Desinvestition).

In Abbildung 7 sind zwei idealtypische Entwicklungen von Geschäftsfeldern im Zeitablauf dargestellt. Die für ein Unternehmen ideale Abfolge (1, 2, 3) beginnt mit einem „Question-Mark", das bei steigendem Umsatzbeitrag zum „Star" mit einer starken eigenen Wettbewerbsposition ausgebaut wird, bevor es sich bei weiter steigendem Umsatzbeitrag aber rückläufigem Marktwachstum zur „Cash-Cow" entwickelt. Die zweite dargestellte, aus Unternehmenssicht katastrophale Abfolge (A, B, C) zeigt, dass ein attraktives Geschäftsfeld bei einer Schwächung der eigenen Wettbewerbsposition trotz Umsatzwachstum durchaus auch eine ungünstige Entwicklung nehmen kann.

4. Problemfelder der Methodik

4.1 Die Abgrenzung des relevanten Marktes

Zu den kritischsten Punkten im Rahmen der BCG-Methodik zählt die Definition des relevanten Marktes, der zur Beurteilung der Attraktivität eines Geschäftsfelds und der eigenen wettbewerbsstrategischen Position herangezogen wird. Die Probleme, die sich aus einer ungenauen Marktabgrenzung ergeben können, betreffen beide Dimensionen der Marktwachstum-Marktanteil-Matrix: Wird ein Markt zu weit gefasst, erscheint die Wettbewerbsposition des betrachteten Unternehmens schwächer als es tatsächlich der Fall ist. Andererseits besteht die Gefahr, den Markt unangemessen eng zu definieren, so dass dem betreffenden Unternehmen ganz unweigerlich ein hoher Marktanteil und damit die Position des Marktführers zukommt. Die gleiche Problematik besteht im Rahmen der Beurteilung der Marktattraktivität. Ein zu eng oder zu weit gefasster Markt kann ein wesentlich höheres oder auch geringeres Wachstumspotenzial aufweisen, als es in dem betrachteten Geschäftsfeld realistischerweise zu erwarten ist.

Ein formales Kriterium zur Marktabgrenzung, das der Preistheorie entstammt, ist die auch als „Triffin`scher Koeffizient" bezeichnete **Kreuzpreiselastizität**. In modifizierter, allgemeiner Form lautet diese:

$$\varepsilon_{x_i,a_j} = \frac{dx_i}{x_i} \Big/ \frac{da_j}{a_j}$$

wobei x_i die Absatzmenge des Unternehmens i und a_j ein absatzpolitisches Instrument des Unternehmens j bezeichnet. Die Kreuzpreiselastizität drückt somit die relative Änderung der Absatzmenge von Unternehmen i aus, wenn Unternehmen j den Aktionsparameter a variiert – beispielsweise also den Preis seiner Produkte senkt. Beide Unternehmen können dem gleichen Markt zugerechnet werden, wenn eine solche Preissenkung zu einem fühlbaren Rückgang der Absatzmenge von Unternehmen i führt. Haben die Aktionen von Unternehmen j hingegen keine Auswirkung auf den Absatz von Unternehmen i, liegt die Kreuzpreiselastizität also bei einem Wert von Null, bieten die beiden Unternehmen ihre Produkte auf unterschiedlichen Märkten an.

In der Praxis ist die Kreuzpreiselastizität – wenn überhaupt – nur mit Hilfe sehr aufwendiger Erhebungsdesigns zu ermitteln. Ein praktikablerer Ansatz geht auf *Abell* zurück, der einen Markt auf der Basis von drei Dimensionen charakterisiert: den **Kundenbedürfnissen**, den **Technologien**, die zur Befriedigung dieser Bedürfnisse eingesetzt werden können, und den **Kundengruppen**, bei denen die Bedürfnisse bestehen (vgl. *Abell* 1980). Auf der Basis dieser Kriterien lässt sich anhand sachlogischer, unvermeidlicherweise jedoch mit einer gewissen Subjektivität behafteter Schlussfolgerungen der relevante Markt abgrenzen, der sämtliche (potenziellen) Nachfrager umfasst, deren Bedürfnisse mit den eigenen Technologien befriedigt werden können bzw. sollen, sowie alle Unternehmen, die mit Hilfe ihrer Technologien dazu in der Lage sind, hierbei als Konkurrenten aufzutreten.

4.2 Die Eignung der zugrunde gelegten Indikatoren

Wie bereits in Abschnitt 2.3 dargestellt, wird im Rahmen der BCG-Methodik aus Praktikabilitätsgründen mit dem Umsatz ein nur suboptimaler Indikator für den Leistungsbeitrag der betrachteten Geschäftsfelder herangezogen, der keinen Hinweis auf ihre Rentabilität liefern kann. Der Grund hierfür liegt in der Schwierigkeit, fundierte Daten zu rentabilitätsbezogenen Kenngrößen der Konkurrenz zu erlangen. Dieses Problem der **Datenbeschaffung** stellt sich auch im Hinblick auf die beiden verbleibenden Indikatoren. Häufig existieren keine exakten Informationen zur Größe und zum Wachstum eines spezifischen Geschäftsfelds und auch die Marktanteile der relevanten Wettbewerber können oft nur vage abgeschätzt werden. Mit abnehmender Genauigkeit des zur Analyse verwendeten Datenmaterials sinkt entsprechend auch die Zuverlässigkeit des gesamten methodischen Konzepts.

Aber auch das Konzept als solches birgt Ansatzpunkte für Kritik. So wird vor allem eingewandt, dass die beiden Dimensionen „Marktattraktivität" und „Wettbewerbsstärke" nicht jeweils anhand **nur eines Indikators** – dem Marktwachstum bzw. dem relativen Marktanteil – beschrieben werden können. Alle später entwickelten Portfolioansätze, die auf den Grundgedanken der *Boston Consulting Group* zurückgehen, greifen diesen Kritikpunkt auf und verstehen die betrachteten Dimensionen als Ergebnis des Zusammenwirkens einer Vielzahl unterschiedlicher Faktoren, die im Vorfeld der Positionierung eines Geschäftsfelds identifiziert und bewertet werden müssen.*

Auch die im Marktwachstum-Marktanteil-Portfolio in der Form von Gesetzeshypothesen verwendeten Theoriebestandteile – insbesondere das Konzept des Branchen-Lebenszyklus und das der Erfahrungskurve – werden heute kritisch diskutiert. So ist es zwar unstrittig, dass Produkte, Märkte oder auch Branchen einen **Lebenszyklus** durchlaufen, nähere Erkenntnisse hierüber lassen sich

---

* Vor allem der in Abschnitt A.2 vorgestellte Ansatz von *McKinsey & Company* geht auf diesen Gedanken explizit ein.

jedoch in aller Regel erst ex post – also im Nachhinein – gewinnen. Eine empirisch fundierte Prognose des Lebenszyklus-Verlaufs, vor allem auch hinsichtlich der Verweildauer einer Branche in den einzelnen Phasen, ist vorab kaum möglich. Vor diesem Hintergrund ist es häufig nicht einfach, die Lebenszyklus-Phase zu bestimmen, in der sich ein Geschäftsfeld gerade befindet, oder seine zukünftigen Entwicklungspotenziale abzuschätzen. Zudem folgt der Lebenszyklus keiner autonomen Gesetzmäßigkeit, sondern lässt sich maßgeblich durch die absatzpolitischen Instrumente eines Unternehmens – und die der relevanten Konkurrenten – beeinflussen.

Auch der **Erfahrungskurveneffekt** darf – wie in Abschnitt 2.2 dargestellt – nicht als Gesetzmäßigkeit interpretiert werden, die sich quasi von selbst einstellt. Er muss von einem Unternehmen vielmehr aktiv erschlossen werden. Eine explizite Steuerung des Effekts ist allerdings, wie oben dargelegt, aufgrund unzureichender Kenntnisse der funktionalen Zusammenhänge nur schwer möglich. Die Argumentation der *Boston Consulting Group*, dass eine Erhöhung des eigenen Marktanteils prinzipiell die Chance auf Kostenvorteile birgt, ist jedoch unstrittig. Eine Gefahr besteht allerdings darin, den Marktanteil ausschließlich am Ende der Wertschöpfungskette zu messen. Einerseits kann sich der Erfahrungskurveneffekt in verschiedenen Wertschöpfungsstufen unterschiedlich auf die Kosten auswirken – so sind im Marketing und in der Konstruktion beispielsweise zumeist weit geringere Effekte zu beobachten als in der Produktion. Andererseits kann in einem Unternehmen, das in mehreren Geschäftsfeldern tätig ist, das Ausmaß der Erfahrung in einzelnen Wertschöpfungsstufen von unterschiedlichen Produkten beeinflusst werden, die diese Stufen durchlaufen. Das folgende Beispiel soll dies verdeutlichen (vgl. *Hax/Majluf* 1991):

In Geschäftsfeld x sei Unternehmen A Marktführer mit einem – am Ende der Wertschöpfungskette gemessenen – Marktanteil, der den des Konkurrenten B um das Vierfache übersteigt. Die Wertschöpfungskette der beiden Wettbewerber soll vereinfacht in die beiden Stufen „Produktion“ und „Vertrieb“ unterteilt werden. Beide Unternehmen nutzen die betreffenden Produktionsanlagen ausschließlich für die Herstellung der in Geschäftsfeld x abgesetzten Produkte. Da die von Unternehmen A produzierte (und abgesetzte) Menge viermal so hoch ist wie die von Unternehmen B, ergibt sich ein Vorteil im Sinne der Erfahrungskurve von 4 zu 1. Im Vertrieb hingegen kann Unternehmen B seinerseits einen Vorteil von 3 zu 1 erzielen, da es die Vertriebsorganisation von Geschäftsfeld x auch für weitere Produkte aus anderen Geschäftsfeldern nutzt. Unterstellt man, dass die Erfahrung in beiden Wertschöpfungsstufen die gleiche Auswirkung auf die Kosten hat und dass beide Stufen jeweils die Hälfte des Endwertes des Produktes ausmachen, lässt sich die relative Position der beiden Unternehmen in dem betrachteten Geschäftsfeld anhand des **normierten Marktanteils** folgendermaßen bestimmen:

$$\text{NMA} = \begin{pmatrix}\text{Marktanteil}\\ \text{der}\\ \text{Produktion}\end{pmatrix} \times \begin{pmatrix}\text{Wertschöpfung}\\ \text{der}\\ \text{Produktion}\end{pmatrix} + \begin{pmatrix}\text{Marktanteil}\\ \text{des}\\ \text{Vertriebs}\end{pmatrix} \times \begin{pmatrix}\text{Wertschöpfung}\\ \text{des}\\ \text{Vertriebs}\end{pmatrix}$$

$$= \begin{pmatrix}\text{4 zu 1}\\ \text{bzw.}\\ 4/5\end{pmatrix} \times 0{,}5 + \begin{pmatrix}\text{1 zu 3}\\ \text{bzw.}\\ 1/4\end{pmatrix} \times 0{,}5$$

$$= 0{,}8 \times 0{,}5 + 0{,}25 \times 0{,}5$$

$$= 0{,}525$$

Der normierte Marktanteil (NMA) von Unternehmen A liegt bei 52,5 Prozent. In gleicher Weise lässt sich für Unternehmen B ein entsprechender Wert von 47,5 Prozent errechnen. Der normierte relative Marktanteil von Unternehmen A gegenüber Unternehmen B beträgt dementsprechend nur 0,525 ÷ 0,475 = 1,1. Er liegt also weit niedriger als das Verhältnis von 4 zu 1, das man am Ende der Wertschöpfungskette beobachten kann.

4.3 Die Verwendung von Normstrategien

Es ist intuitiv nachvollziehbar, dass für ein Unternehmen in einer bestimmten Situation die Wahl eines bestimmten Strategietyps nahe liegen kann. So ist es in der Regel zweckmäßig, für ein unprofitables Geschäftsfeld am Ende seines Lebenszyklus eine Desinvestitionsstrategie zu wählen, für ein zukunftsträchtiges, innovatives Geschäftsfeld hingegen eine Investitionsstrategie. Die Orientierung an solchen Normstrategien, wie sie von der *Boston Consulting Group* aus der Marktwachstum-Marktanteil-Matrix abgeleitet werden, hat den Vorteil, dass einem Unternehmen auf diese Weise eine in aller Regel sinnvolle Stoßrichtung für die strategische Planung aufgezeigt werden kann. Andererseits bergen Normstrategien den Nachteil, dass sie in ihren Handlungsempfehlungen zumeist sehr unspezifisch bleiben. So wird im Rahmen der BCG-Methodik aufgezeigt, dass mit der Erwirtschaftung und der zweckmäßigen Verwendung von Cash-Flow bestimmte strategische Ziele eines Unternehmens zu erreichen sind. Auf welche Weise der Cash-Flow jedoch erwirtschaftet werden kann, bleibt unbeantwortet. Es wird als genereller Wirkungszusammenhang unterstellt, dass eine Erhöhung der Investitionen in ein Geschäftsfeld zu einer Erhöhung des Marktanteils und somit zu einer verbesserten Wettbewerbsposition führt, die ihrerseits eine Ergebnisverbesserung bewirkt. Eine solche Gesetzmäßigkeit existiert in der Praxis jedoch nicht. So ist für eine Steigerung des Marktanteils beispielsweise nicht nur die Höhe, sondern auch die Verwendung der investierten finanziellen Mittel entscheidend. Eine Erhöhung der Investitionssumme ist als solches zwar in aller Regel eine notwendige, keinesfalls aber eine hinreichende Bedingung für einen Ausbau des Marktanteils bzw. eine Verbesserung der Wettbewerbsposition.

Eine weitere Gefahr bei der Orientierung an Normstrategien besteht darin, auf der Basis einiger weniger Indikatoren allzu schnell einen bestimmten standardisierten Strategietyp zu verfolgen. In aller Regel unterliegt das Geschäft in unterschiedlichen Branchen und Situationen einer Vielzahl von Einflussfaktoren, die eine differenziertere Ausgestaltung der Strategie erfordern, als dies in einer begrenzten Anzahl normierter Strategiemuster abgebildet werden kann. Individuelle Oberziele eines Unternehmens, die nicht auf den Wachstums- und Rentabilitätsgedanken zurückgehen, lassen sich in der Marktwachstum-Marktanteil-Methodik zudem nicht erfassen. Die von der *Boston Consulting Group* formulierten Strategien orientieren sich ganz maßgeblich an der Zielsetzung eines ausgeglichenen Cash-Flows, also an der Fähigkeit, Investitionen aus internen Mitteln finanzieren zu können. Ein häufiger Einwand besteht in diesem Zusammenhang darin, dass eine solche Zielsetzung nur dann sinnvoll sein kann, wenn externe Finanzierungsmöglichkeiten institutionell oder materiell begrenzt sind. Die Argumentation der *Boston Consulting Group* hingegen hebt hervor, dass letztendlich jede externe Mittelaufnahme durch einen entsprechenden internen Cash-Flow finanziert werden muss.

5. Erweiterungen des klassischen Ansatzes

5.1 Dynamische Analysen

Auch die unmittelbar auf dem ursprünglichen Ansatz der *Boston Consulting Group* basierenden Erweiterungsvorschläge greifen methodische Kritikpunkte auf. So erfolgt in der Marktwachstum-Marktanteil-Matrix beispielsweise lediglich eine statische Momentaufnahme des Geschäftsportfolios, die nicht dazu in der Lage ist, Trends und Entwicklungslinien einzelner Geschäftsfelder im Zeitablauf abzubilden. Eine Möglichkeit, eine entsprechende Dynamisierung methodisch umzusetzen, besteht darin, die Bewegungen der betrachteten Geschäftsfelder über mehrere Zeiteinheiten hinweg in der ursprünglichen Matrix darzustellen (siehe Abb. 8). Der Nachteil dieses Ansatzes besteht jedoch darin, dass sich bei einer jährlichen Analyse über einen längeren Zeitraum – in der Praxis werden üblicherweise fünf Jahre angesetzt – häufig sprunghafte Verschiebungen der einzelnen Geschäftsfelder und eine insgesamt wenig übersichtliche Darstellung der Zusammenhänge ergibt. Zudem besteht das Problem, dass die zugrunde gelegte Wachstumsrate, die attraktive Geschäftsfelder von unattraktiven trennt, in aller Regel von Jahr zu Jahr neu festgelegt werden muss, so dass sich die ent-

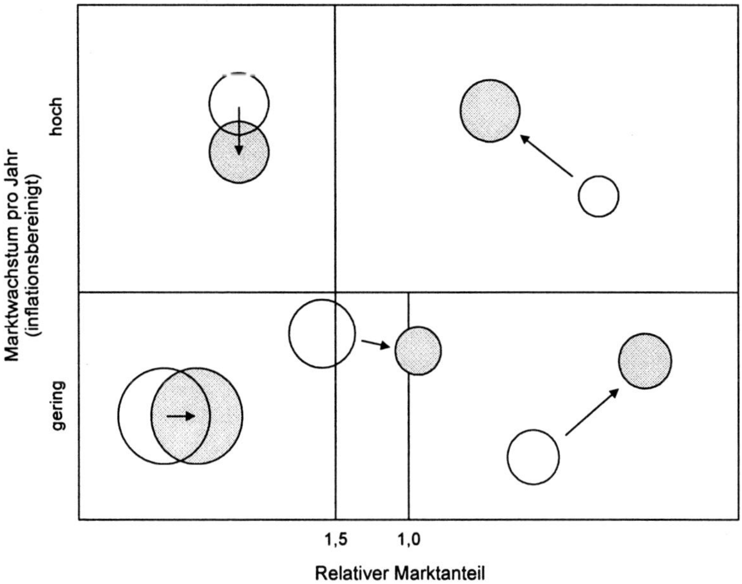

Abb. 8: Portfoliodynamik in der Marktanteil-Marktwachstum-Matrix über einen Betrachtungszeitraum von zwei Jahren

sprechende Trennlinie in der Matrix im Zeitablauf verschiebt. Um dem entgegenzuwirken, ist es möglich, eine durchschnittliche Wachstumsrate für den gesamten Betrachtungszeitraum anzusetzen. Dies birgt jedoch die Gefahr, dass strategisch bedeutende Detailinformationen verlorengehen, die nur aus jährlich aufbereiteten Daten ersichtlich werden (vgl. zur dynamischen Analyse mit Hilfe der Marktwachstum-Marktanteil-Matrix auch *Hax/Majluf* 1978).

Eine andere, anschauliche Möglichkeit zur Analyse zeitlicher Veränderungen in den Geschäftsfeldern eines Unternehmens bietet das in Abbildung 9 dargestellte **Marktanteil-Umsatzentwicklung-Diagramm** (vgl. *Lewis* 1977). Hier wird der eigenen Umsatzsteigerung, die während des zugrunde gelegten Betrachtungszeitraums in den einzelnen Geschäftsfeldern erzielt werden konnte, das gesamte Wachstum des betreffenden Marktes in dieser Periode gegenübergestellt. Graphisch werden die einzelnen Geschäftsfelder, wie in der Marktwachstum-Marktanteil-Matrix, als Kreise dargestellt, wobei die Kreisflächen in diesem Fall proportional dem Umsatzbeitrag im letzten Jahr der Betrachtungsperiode entsprechen. In den Geschäftsfeldern, die auf der von links unten nach rechts oben verlaufenden Diagonale liegen, ist der Umsatz des betrachteten Unternehmens in der untersuchten Zeitspanne genauso schnell gewachsen wie der Gesamtmarkt. Das Unternehmen hat seinen (absoluten) Marktanteil in diesen Fällen also genau

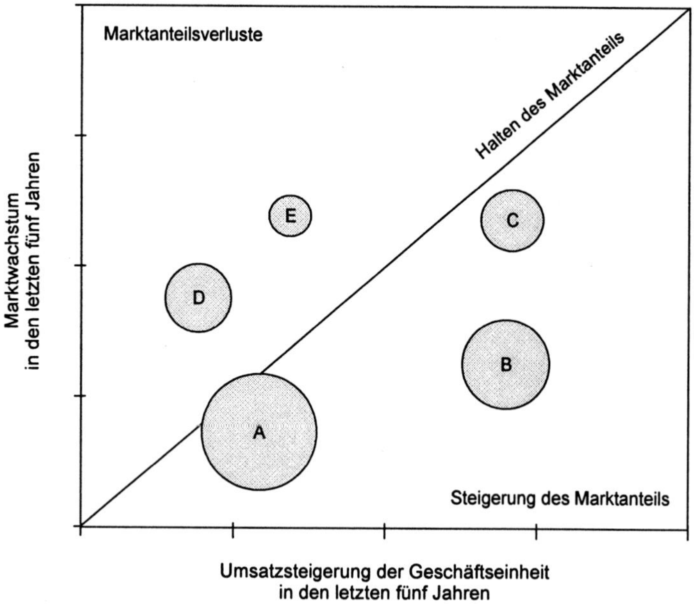

Abb. 9: Das Marktanteil-Umsatzentwicklung-Diagramm
(Quelle: In Anlehnung an Hax/Majluf 1991)

gehalten. Liegt ein Geschäftsfeld unterhalb der Diagonale, bedeutet dies, dass das betrachtete Unternehmen seinen Umsatz stärker steigern konnte als der gesamte Markt gewachsen ist. Das Unternehmen konnte seinen Marktanteil in diesen Fällen also ausbauen. In Abbildung 9 gilt dies für die Geschäftsfelder A, B und C. In den Geschäftsfeldern D und E hingegen, die oberhalb der Diagonale liegen, hat das Unternehmen Marktanteile verloren, da der eigene Umsatz hier langsamer gewachsen ist als der Gesamtmarkt.

Das Marktwachstum-Umsatzentwicklung-Diagramm ist ein nützliches Diagnosewerkzeug, das es ermöglicht, Trends im Marktwachstum-Marktanteil-Portfolio zu identifizieren und die Konsistenz der geplanten strategischen Positionierung mit der bisherigen Entwicklung in den betrachteten Geschäftsfeldern zu überprüfen. Gerade in solchen Geschäftsfeldern, in denen der eigene Umsatz kontinuierlich zunimmt, ist es wichtig, diese Zuwächse nicht vorschnell als hinreichend positiv einzustufen, sondern sie am Gesamtmarktwachstum zu relativieren. Liegt dieses oberhalb der eigenen Wachstumsraten und bleibt die Zahl der Wettbewerber konstant, so reduziert sich – im Tagesgeschäft häufig unbemerkt – der eigene relative Marktanteil und damit, im Sinne der *Boston Consulting Group*, die Wettbewerbsstärke des eigenen Unternehmens.

Mit Hilfe des Marktwachstum-Umsatzentwicklung-Diagramms lassen sich über das eigene Unternehmen hinaus zudem auch die Aktivitäten und Strategien der relevanten Wettbewerber in einem Geschäftsfeld analysieren. Hierzu wird das Diagramm entsprechend für jedes einzelne Konkurrenzunternehmen aufgestellt. So lassen sich mögliche Schwächen aufdecken, die Ansatzpunkte zur Erringung strategischer Wettbewerbsvorteile bieten, andererseits aber auch Bereiche identifizieren, in denen für das eigene Unternehmen beträchtliche Widerstände abzusehen sind.

5.2 Der Ansatz von Marakon Associates

Ein weiterer Ansatz, der sich überaus kritisch mit den Gedanken der *Boston Consulting Group* auseinandersetzt, stammt von der US-amerikanischen Managementberatung *Marakon Associates*. Er basiert auf drei wesentlichen Aussagen (vgl. *Marakon* 1980):

(1) Wachstum und Rentabilität sind in aller Regel nicht positiv miteinander verknüpft; sie stehen üblicherweise vielmehr in Konkurrenz zueinander.

(2) Ein strategischer Planungsansatz darf nicht dazu führen, dass rentable Investitionschancen aufgrund methodischer Beschränkungen nicht wahrgenommen werden.

(3) Ein optimales Geschäftsportfolio muss im Hinblick auf den Cash-Flow nicht unbedingt ausgeglichen sein.

Die erste Aussage wird wie folgt begründet: Ein Unternehmen, dass dazu bereit ist, Marktanteilsverluste hinzunehmen, kann bei der Investition finanzieller Mittel wesentlich selektiver vorgehen als ein Unternehmen, das eine Ausdehnung seines Marktanteils anstrebt. Es kann seine finanziellen Mittel gezielter in solche Aktivitäten investieren, die eine hohe Rendite versprechen. Oder anders ausgedrückt: Um zu wachsen, muss ein Unternehmen umfangreiche Investitionen tätigen. Investitionsobjekte, die einen hohen Ertrag abwerfen, sind jedoch nicht unbegrenzt verfügbar. So muss das Unternehmen auch solche Investitionsmöglichkeiten akzeptieren, die geringere Renditeaussichten besitzen.

Die zweite Aussage beruht auf dem Additivitätsprinzip. Dieses besagt, dass jedes Investitionsobjekt für sich genommen danach beurteilt werden sollte, ob der zu erwartende Ertrag die mit der Investition verbundenen Kapitalkosten übersteigt. Ist dies der Fall, dann sollte nach Auffassung von *Marakon Associates* die entsprechende Investitionsmöglichkeit entgegen den Empfehlungen der *Boston Consulting Group* auch dann wahrgenommen werden, wenn dies ein hinsichtlich des Cash-Flows unausgewogenes Portfolio zur Folge hat. Diese Auffassung wird in Aussage drei explizit formuliert und lässt sich anhand von

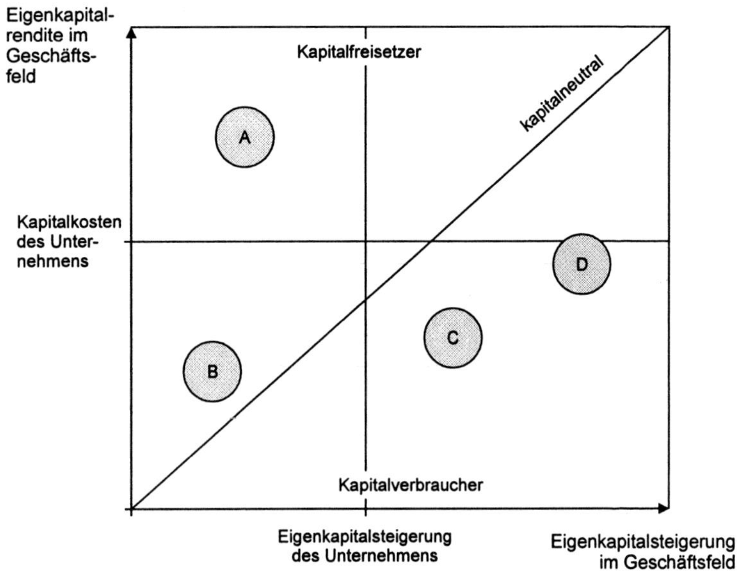

Abb. 10: Ausgewogenes Portfolio mit geringer Rendite
(Quelle: Hax/Majluf 1991)

Abbildung 10 näher verdeutlichen. Auf der Ordinate ist die Eigenkapitalrendite abgetragen, die in einem Geschäftsfeld erwirtschaftet wird. Auf der Abszisse wird dieser die Eigenkapitalsteigerung in dem entsprechenden Geschäftsfeld gegenübergestellt. In einem Geschäftsfeld auf der eingezeichneten Diagonale wächst das eingesetzte Eigenkapital des Unternehmens um exakt den Prozentsatz der erwirtschafteten Eigenkapitalrendite. Das bedeutet, in einem solchen Geschäftsfeld wird in der Summe weder Kapital freigesetzt noch muss zusätzliches Kapital investiert werden. Liegen Geschäftsfelder oberhalb der Diagonale, so handelt es sich entsprechend um „Kapitalfreisetzer" – in Abbildung 10 sind dies die Geschäftsfelder A und B –, liegen sie unterhalb der Diagonale – wie die Geschäftsfelder C, D und E – handelt es sich um „Kapitalverbraucher".

Der Argumentation von *Marakon Associates* folgend, kann sich ein Geschäftsportfolio, das ausschließlich aus Kapitalfreisetzern besteht, aus Unternehmenssicht durchaus positiver darstellen als ein ausgewogenes, vorausgesetzt, es wird eine entsprechende Rendite erzielt. In den Abbildungen 10 und 11 ist ein solcher Fall exemplarisch dargestellt. Während in Abbildung 11 in sämtlichen Geschäftsfeldern eine Eigenkapitalrendite erwirtschaftet werden kann, die oberhalb der Kapitalkosten des Unternehmens liegt, gilt dies in Abbildung 10 lediglich für Geschäftsfeld A.

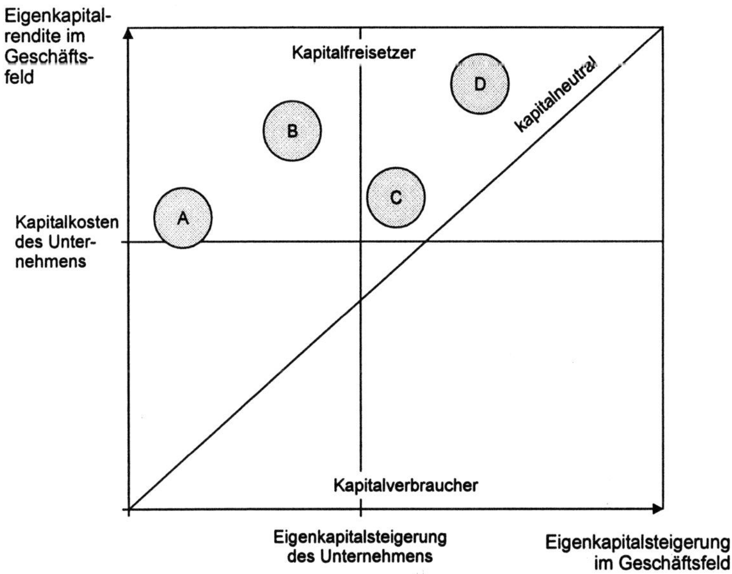

Abb. 11: Unausgewogenes, aber sehr rentables Portfolio
(Quelle: Hax/Majluf 1991)

5.3 Erweiterungen der Boston Consulting Group

Auch die *Boston Consulting Group* selbst hat verschiedene Ansatzpunkte zur Verbesserung bzw. Erweiterung der ursprünglichen Methodik aufgegriffen und in eigenen Modellen umgesetzt. Bereits in den Achtzigerjahren wurde eine neue Matrix vorgestellt, die vor allem den Einwand von *Marakon Associates* gegen eine prinzipiell positive Verknüpfung von Marktanteil und Rentabilität weiterführt. Auf der Ordinate dieser Matrix ist die Vielfalt der Möglichkeiten aufgetragen, die in einem Geschäftsfeld bestehen, um Wettbewerbsvorteile zu erzielen, auf der Abszisse das Ausmaß des resultierenden Vorteils. Auf dieser Grundlage werden die in Abbildung 12 dargestellten Geschäftsfeldkategorien unterschieden: (1) „Zersplitterung", (2) „Spezialisierung", (3) „Patt" und (4) „hoher Umsatz".

(1) In Geschäftsfeldern, die der Kategorie **„Zersplitterung"** zuzurechnen sind, ist die Anzahl der Möglichkeiten, einen Wettbewerbsvorteil zu erzielen, groß, das Ausmaß eines Vorteils hingegen nur gering. Vor diesem Hintergrund ist keinerlei Korrelation von Rentabilität und Marktanteil zu beobachten. Unternehmen können mehr oder weniger erfolgreich sein, unabhängig von ihrer Größe in dem betreffenden Geschäft.

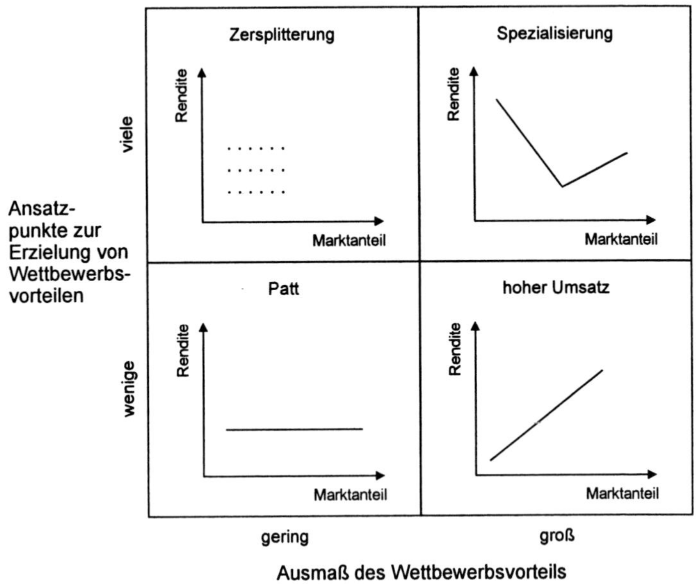

Abb. 12: Die Beziehung zwischen Marktanteil und Rendite (Quelle: Hax/Majluf 1991)

(2) Im Bereich der **„Spezialisierung"**, wenn also viele Ansatzpunkte zur Erzielung relativ großer Wettbewerbsvorteile existieren, zeigt sich, dass Unternehmen, die sich in einem relativ kleinen Segment des Geschäftsfelds erfolgreich differenzieren, dazu in der Lage sind, die höchste Rentabilität zu erwirtschaften.

(3) In Geschäftsfeldern, die als **„Patt"** klassifiziert werden, existieren aufgrund der wenigen Möglichkeiten, einen gegebenenfalls zudem nur geringen Wettbewerbsvorteil zu erzielen, keine bedeutenden Unterschiede zwischen den rentabelsten und den unrentabelsten Wettbewerbern. Die Rendite aller Unternehmen ist relativ gering und korreliert nicht mit dem Marktanteil.

(4) In der Geschäftsfeldkategorie **„hoher Umsatz"** findet man schließlich die in der ursprünglichen Methodik der *Boston Consulting Group* zugrunde gelegte enge Verknüpfung von Marktanteil und Rentabilität. Hier existieren nur wenige Möglichkeiten, einen Wettbewerbsvorteil zu erzielen. Unternehmen, denen dies gelingt, besitzen einen maßgeblichen Vorsprung gegenüber ihrer Konkurrenz.

Wenngleich sich seit den Siebziger und Achtzigerjahren die strategische Planung fraglos erheblich weiterentwickelt hat und – auch von der *Boston Consulting Group* – zahlreiche neue Ansätze entworfen wurden (vgl. z.B. *Heuskel*

1999), gehört die Portfolio-Analyse noch immer zum Standardinstrumentarium der Managementberater und der Planungsabteilungen von Unternehmen. Vor dem Hintergrund veränderter Wettbewerbsbedingungen und der dargestellten methodischen Einwände gegen den Ansatz, wird dieser heute jedoch üblicherweise weniger im Sinne einer eigenständigen Analyse, sondern vielmehr als eine von vielen Komponenten im Rahmen eines umfassenden strategischen Planungskonzeptes genutzt.

Literatur

Abell, D.F. (1980): Defining the Business: The Starting Point of Strategic Planning, Englewood Cliffs 1980.

Bea, F.X./Haas, J. (1997): Strategisches Management, 2. Aufl., Stuttgart 1997.

Buzzle, R.D./Gale, B.T. (1987): The PIMS Principles: Linking Strategy to Performance, New York, London 1987.

Hax, A.C./Majluf, N.S. (1978): A Methodological Approach for the Development of Strategic Planning in Diversified Corporations, in: Studies in Operations Management, hrsg. von A.C. Hax, Amsterdam 1978, S. 41-98.

Hax, A.C./Majluf, N.S. (1991): Strategisches Management: Ein integratives Konzept aus dem MIT, Frankfurt/Main, New York 1991.

Henderson, B.D. (1984): Die Erfahrungskurve in der Unternehmensstrategie, 2. Aufl., Frankfurt/Main, New York 1984.

Henderson, B.D./Zakon, A.J. (1980): Corporate Growth Strategy: How to Develop and Implement It, in: Handbook of Business Problem-Solving, hrsg. von K.J. Albert, New York 1980, S. 1/3 - 1/19.

Heuskel, D. (1999): Wettbewerb jenseits von Industriegrenzen: Aufbruch zu neuen Wachstumsstrategien, Frankfurt/Main, New York 1999.

Markowitz, H.M. (1952): Portfolio Selection, in: Journal of Finance, No. 7/1952, pp. 77-92.

A.2

Das Marktattraktivität-Wettbewerbsstärke-Portfolio – ein Ansatz von McKinsey & Company

*Dietmar H. Fink**

* Prof. Dr. Dietmar Fink leitet das Institut für Unternehmensberatung in Rheinbach bei Bonn und ist Inhaber der Professur für Unternehmensberatung und -entwicklung an der Fachhochschule Bonn-Rhein-Sieg.

1. Der strategische Ansatz von McKinsey & Company

Anfang der Siebzigerjahre begann sich der US-amerikanische Konzern *General Electric* intensiv mit den Ideen auseinander zu setzen, die die *Boston Consulting Group* in ihrem Ansatz zum Portfoliomanagement entwickelt hatte. Das Konzernmanagement erkannte die weitreichenden Möglichkeiten, die das Konzept für die strategische Unternehmensplanung eröffnete – vor allem in einem Unternehmen mit einer ausgeprägten multidivisionalen Organisationsstruktur, wie sie *General Electric* besaß. Der Gedanke, das Geschäftsportfolio des Konzerns anhand von zwei Dimensionen – der Marktattraktivität und der Wettbewerbsstärke – abzubilden und strategische Schlussfolgerungen für die Ressourcenallokation abzuleiten, erschien den Konzernmanagern sehr attraktiv. Kritisch hingegen standen sie der verwendeten Portfoliomatrix gegenüber, die diese beiden Dimensionen jeweils nur anhand eines einzelnen Indikators, dem Marktwachstum bzw. dem relativen Marktanteil, beschreibt.*

Das Management von *General Electric* vertrat die Ansicht, dass die Marktattraktivität und die Wettbewerbsstärke auf das Zusammenwirken einer Vielzahl unterschiedlicher Faktoren zurückzuführen sind, die im Vorfeld der Positionierung eines Geschäftsfelds identifiziert und bewertet werden müssen. Vor diesem Hintergrund beauftragte der Konzern die Managementberatung *McKinsey & Company*, einen modifizierten Ansatz zu entwickeln, der den Gedanken der *Boston Consulting Group* fortführt, jedoch eine fundiertere Methodik zur Ermittlung der beiden Dimensionen verwendet.

Der von *McKinsey* konzipierte Ansatz – das **Marktattraktivität-Wettbewerbsstärke-Portfolio** – zählt mittlerweile ebenso wie sein Vorläufer zu den klassischen Beratungsansätzen im strategischen Management. Er unterscheidet sich von der Vorgehensweise der *Boston Consulting Group* – abgesehen von der detaillierteren, qualitativen Beschreibung der Marktattraktivität und der Wettbewerbsstärke – vor allem darin, daß nicht der Cash-Flow als zentrale Größe gewählt wurde, sondern die Kapitalrendite, der sogenannte „Return on Investment“ (ROI), der das Verhältnis des Gewinns in einem Geschäftsfeld zum gesamten investierten Kapital ausdrückt. Statt einer Vier-Felder-Matrix verwendet *McKinsey* zur Visualisierung der Ergebnisse zudem eine Neun-Felder-Matrix (siehe Abb. 1).

---

* Siehe hierzu die ausführliche Darstellung des Ansatzes der *Boston Consulting Group* in Abschnitt A.1.

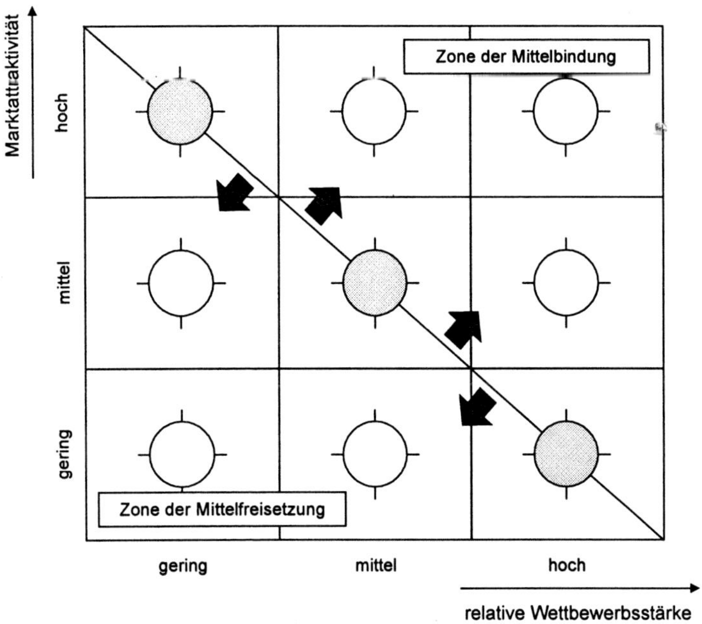

Abb. 1: Die Marktattraktivität-Wettbewerbsstärke-Matrix

Auf der Abszisse der Matrix wird als Ausdruck der Wettbewerbsstärke der relative Wettbewerbsvorteil des betrachteten Unternehmens gegenüber seinen Konkurrenten in Bezug auf die einzelnen strategischen Geschäftsfelder aufgetragen. Die Ordinate gibt die jeweilige Marktattraktivität der betreffenden Geschäftsfelder an. Beide Dimensionen werden qualitativ bewertet und nach dem Muster „gering", „mittel" und „hoch" kategorisiert.

Die Portfoliomatrix von *McKinsey* ermöglicht es, die strategische Situation und die Stärken und Schwächen des Geschäftsportfolios eines Unternehmens vor dem Hintergrund einer komplexen, systematischen Analyse kompakt und anschaulich zu illustrieren. Ähnlich dem von der *Boston Consulting Group* entwickelten Ansatz lassen sich auch in der Konzeption von *McKinsey* verschiedene Zonen der Mittelbindung und der Mittelfreisetzung unterscheiden. Während in Geschäftsfeldern, die oberhalb der in Abbildung 1 eingezeichneten Diagonale liegen, Kapital gebunden wird, kann in Geschäftsfeldern, die sich unterhalb der Diagonale befinden, Kapital freigesetzt werden. Auf der Diagonale selbst wird eine selektive Vorgehensweise empfohlen. Zudem können den einzelnen Feldern der Matrix wiederum Normstrategien zugeordnet werden, die als Leitlinien zur Formulierung strategischer Maßnahmen dienen.

2. Methodische Grundlagen

2.1 Analyse der Marktattraktivität

Ein wesentliches Ziel des von *McKinsey* entwickelten Ansatzes bestand, wie oben dargelegt, darin, die Attraktivität der betrachteten Märkte nicht eindimensional anhand ihres Wachstums zu messen, sondern auf der Grundlage einer Vielzahl geeigneter Indikatoren. Die Auswahl dieser Indikatoren ist in der Praxis unweigerlich mit einer gewissen Subjektivität behaftet und kann je nach Markt und Verfügbarkeit der Daten durchaus unterschiedlich ausfallen. Als Anhaltspunkt können drei wesentliche Kriteriengruppen herangezogen werden: (1) das Marktpotenzial, (2) die Marktstruktur und (3) die Umweltsituation (vgl. z.B. *Hinterhuber* 1996, *Kreikebaum* 1993, *Porter* 1988).

(1) Das **Marktpotenzial** kennzeichnet die maximale Aufnahmefähigkeit eines Marktes, entweder bezogen auf die absetzbaren Mengen (Absatzpotenzial) oder die zu erwirtschaftenden Werte (Umsatzpotenzial). Dividiert man das aktuelle Marktvolumen – also den auf dem betreffenden Markt tatsächlich realisierten Umsatz bzw. Absatz – durch das Marktpotenzial, so erhält man den Marktsättigungsgrad. Dieser bildet einen wichtigen Anhaltspunkt hinsichtlich der in dem betrachteten Geschäftsfeld liegenden Wachstumschancen. Wie schnell diese Chancen realisiert werden können, lässt sich auf der Grundlage des aktuellen und des in Zukunft zu erwartenden Marktwachstums abschätzen. Dieses lässt zudem einen Rückschluss darauf zu, in welcher Phase des Branchenlebenszyklus sich ein Markt befindet (Entstehung, Wachstum, Reife, Alter).

(2) Die **Marktstruktur** gibt Hinweise auf die Gewinnstabilität eines Marktes. Sie lässt sich nur schwer quantitativ erfassen, so dass in der Regel eine qualitative Einschätzung vorgenommen werden muss. Diese kann sich an verschiedenen Kriterien orientieren, wie beispielsweise dem Vorhandensein einer im Zeitablauf weitgehend konstanten Rentabilität, der Entwicklung der Gewinnspannen in Zeiten von Überkapazitäten oder dem Preisspielraum der auf dem Markt tätigen Unternehmen. Der wohl bekannteste Ansatz zur Untersuchung der Marktstruktur stammt von *Michael E. Porter*. Er unterscheidet im Rahmen seiner „Branchenstrukturanalyse" fünf Kräfte, die Einfluss auf die Rentabilität einer Branche und damit auf ihre Attraktivität ausüben (vgl. *Porter* 1988): die Verhandlungsstärke der Lieferanten, die Verhandlungsstärke der Abnehmer, die Bedrohung durch neue Anbieter, die Bedrohung durch Ersatzprodukte sowie die interne Rivalität zwischen den Wettbewerbern einer Branche. Je stärker die Verhandlungsmacht der **Lieferanten** ausgeprägt ist, desto geringer ist der Gewinnspielraum der Abnehmer auf der Einkaufsseite. Wie stark die Verhandlungsposition der Lieferanten

auf einem Markt konkret ausfällt, ist abhängig von verschiedenen Strukturmerkmalen – der Konzentration auf dem Beschaffungsmarkt, den Substitutionsmöglichkeiten bezüglich der zu beschaffenden Güter, den Umstellungskosten, die ein Lieferantenwechsel verursachen würde, und dergleichen mehr. Die Bedrohung durch neue **Anbieter** hat im Gegensatz hierzu nur einen mittelbaren Einfluss auf die Branchenrentabilität – nämlich dann, wenn potenzielle neue Anbieter tatsächlich in den Markt eintreten. Vor diesem Hintergrund ist es wichtig, die bestehenden Eintrittsbarrieren zu betrachten. Diese können vor allem in Economies of Scale, einer ausgeprägten Produktdifferenzierung, einer starken Käuferloyalität, hohen Umstellungskosten auf Abnehmerseite, einem schwierigen Zugang zu bestehenden Distributionssystemen, staatlichen Regulierungen oder einem hohen Kapitalbedarf bestehen. Die Verhandlungsstärke der **Abnehmer** wirkt sich wiederum direkt auf die Rentabilität einer Branche aus, da sie unmittelbar den Gewinnspielraum auf der Absatzseite limitiert. Vor allem dann, wenn der Konzentrationsgrad auf dem Absatzmarkt und das Abnahmevolumen hoch ist, wenn den Abnehmern bei einem Wechsel des Anbieters nur geringe Umstellungskosten entstehen, wenn die Produkte nur wenig differenziert und aus Kundensicht von untergeordneter Bedeutung sind, ist die Verhandlungsmacht der Abnehmer hoch. Die Bedrohung einer Branche durch **Ersatzprodukte** ist um so größer, je besser deren Preis/Leistungsverhältnis im Vergleich zu den brancheneigenen Produkten ausfällt. Ähnlich den oben dargestellten Markteintrittsbarrieren ist auch hier zu untersuchen, wie gut sich die Branche als Ganzes oder einzelne Unternehmen gegen potenzielle Substitute zur Wehr setzen können – beispielsweise durch das Besetzen von Vertriebswegen, die Etablierung von Produktstandards oder ähnlichem. Die **Rivalität** der Wettbewerber einer Branche schließlich wird vor allem von der Auslastung der verfügbaren Kapazitäten, dem Differenzierungsgrad der angebotenen Produkte und Leistungen, den Umstellungskosten der Abnehmer, den Marktaustrittsbarrieren – z.B. den Kosten eines Sozialplans, dem Wertverlust bestehender Anlagen, emotionalen Bindungen etc. – sowie der allgemeinen Branchenkultur bestimmt.

(3) Die zur Beurteilung der Attraktivität einer Branche relevante **Umweltsituation** kann ganz unterschiedliche Bereiche betreffen. So können beispielsweise staatliche Eingriffe den Handlungsspielraum der auf einem Markt tätigen Unternehmen begrenzen, Wechselkursrisiken und Konjunkturabhängigkeiten die Rentabilität gefährden, die öffentliche Meinung kann ein bestimmtes Handeln erforderlich machen etc. Um eine systematische Umweltanalyse zu ermöglichen, ist es sinnvoll, zunächst verschiedene Analysefelder zu definieren (vgl. z.B. *Steinmann/Schreyögg* 1993, *Dunst* 1983). Eine praktikable Möglichkeit besteht beispielsweise in der Unterscheidung gesamtwirtschaftlicher, politisch-rechtlicher, technologischer und gesellschaftlicher Einflüs-

se. Deren Auswirkung auf den betrachteten Markt kann dann anhand verschiedener Indikatoren näher untersucht werden. Ein weiterer, sehr verbreiteter Ansatz ist die sogenannte „Stakeholder-Analyse“ (vgl. *Freeman* 1984). Hierbei werden verschiedene Bezugsgruppen definiert und analysiert, die gegenüber den Unternehmen der betrachteten Branche bestimmte Interessen oder Ansprüche vertreten.

Sind die Indikatoren, die die Marktattraktivität in einem Geschäftsfeld bestimmen, identifiziert, gilt es, den positiven oder negativen Beitrag jedes einzelnen zur Gesamtattraktivität zu bewerten. Hierbei können zwei Gruppen von Indikatoren unterschieden werden: solche, die sämtliche Wettbewerber in einem Geschäftsfeld gleichermaßen betreffen, und solche, die sich auf einzelne Unternehmen in unterschiedlichem Ausmaß auswirken. Zu der ersten Gruppe gehören Indikatoren wie das Marktvolumen, der Sättigungsgrad oder das Marktwachstum. In diesem Fall ist es zweckmäßig, als Vergleichsgrundlage zur Bewertung der Attraktivität die durchschnittliche Investitionsrendite eines Unternehmens anzusetzen. Zur zweiten Gruppe zählen Indikatoren wie Wechselkurse, Inflationsraten oder die Bedingungen auf nationalen Arbeits- und Kapitalmärkten, denen beispielsweise multinationale Unternehmen ganz anders begegnen können als solche, deren Aktivitäten auf bestimmte Länder begrenzt sind. Hier ist es erforderlich, die Situation der relevanten Konkurrenten bei der Beurteilung der Attraktivität zu berücksichtigen.

In der Praxis erfolgt die Bewertung der Indikatoren üblicherweise im Rahmen einer Diskussion mit Vertretern der divisionalen, funktionalen und regionalen Bereiche, die für die strategische Planung in einem Geschäftsfeld verantwortlich sind. Häufig ist es zudem zweckmäßig, einige „Außenstehende“ in den Diskussionsprozess einzubinden, um eine kreative Distanz zum Tagesgeschäft der beteiligten Manager und eine Vergleichbarkeit mit anderen Branchen zu ermöglichen. Auch wenn die Einschätzungen der Beteiligten zu Beginn einer solchen Diskussion häufig weit auseinander gehen, ist es im Allgemeinen dennoch möglich, in ihrem Verlauf einen weitgehenden Bewertungskonsens zu erzielen. Ist dies nicht der Fall, können Durchschnittswerte gebildet, zusätzliche Informationen eingeholt oder das uneinheitliche Bewertungsergebnis der zuständigen Instanz zur Entscheidung vorgelegt werden. In jedem Fall wird das Resultat von der subjektiven Einschätzung der am Bewertungsprozess beteiligten Personen geprägt. Dies ist, da objektive Daten nicht verfügbar sind, ein durchaus erwünschter Effekt, um vom Wissen und den Erfahrungen der einbezogenen Führungskräfte zu profitieren. Vor diesem Hintergrund muss die Bewertung der Indikatoren einem strukturierten, systematischen Prozess folgen, der eine geordnete Aggregation der verschiedenen subjektiven Inputs erlaubt. Üblicherweise geht man dabei folgendermaßen vor (siehe Abb. 2): Zunächst werden die betrachteten Indikatoren entsprechend ihrer Bedeutung gewichtet, d.h. es wird ihnen

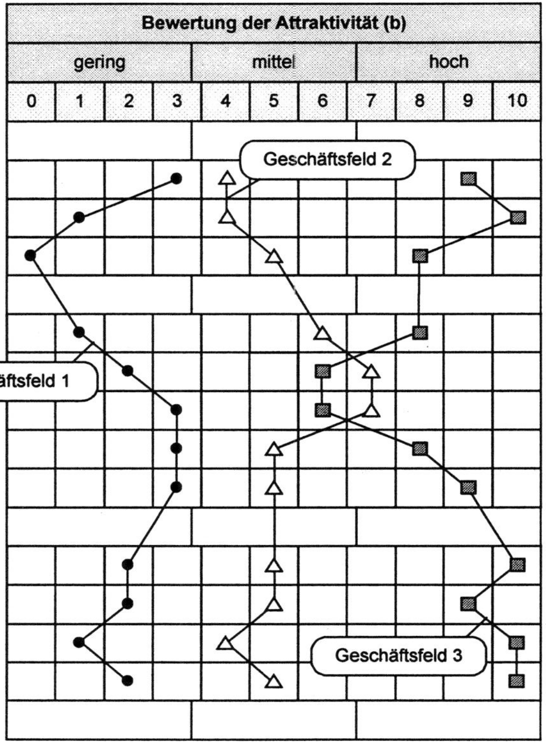

Indikator der Marktattraktivität	Gewichtung (g)	Attraktivitätsbeitrag (b x g) / Marktattraktivität GF 1	GF 2	GF 3
Marktpotenzial	30%	(0,30)	(1,30)	(2,75)
- Marktvolumen	5%	0,15	0,20	0,45
- Marktausschöpfung	15%	0,15	0,60	1,50
- Marktwachstum	10%	0,00	0,50	0,80
Marktstruktur	50%	(1,10)	(3,10)	(3,60)
- Lieferanten	10%	0,10	0,60	0,80
- Abnehmer	20%	0,40	1,40	1,20
- Neue Anbieter	5%	0,15	0,35	0,30
- Ersatzprodukte	5%	0,15	0,25	0,40
- Interne Rivalität	10%	0,30	0,50	0,90
Umweltsituation	20%	(0,30)	(0,90)	(1,95)
- Gesamtwirtschaft	2%	0,04	0,10	0,20
- Politik	5%	0,10	0,25	0,45
- Technologie	10%	0,10	0,40	1,00
- Gesellschaft	3%	0,06	0,15	0,30
Summe	100%	1,70	5,30	8,30

Abb. 2: Formblatt zur Ermittlung der Marktattraktivität

ein Wert beigemessen, der ihren prozentualen Beitrag zur Gesamtattraktivität ausdrückt. Die einzelnen Gewichtungsfaktoren summieren sich dabei zu 100 Prozent. Im zweiten Schritt werden die Indikatoren bewertet; hierzu kann beispielsweise eine Skala von 0 („extrem unattraktiv“) bis 10 („extrem attraktiv“) zugrunde gelegt werden. Durch eine Multiplikation der Bewertung mit dem zugehörigen Gewichtungsfaktor erhält man den Attraktivitätsbeitrag eines Indikators. Summiert man die einzelnen Attraktivitätsbeiträge für ein Geschäftsfeld über alle relevanten Indikatoren auf, so erhält man einen Wert für die Gesamtattraktivität dieses Geschäftsfelds, der seinerseits wiederum zwischen den Polen 0 und 10 – also zwischen „extrem unattraktiv“ und „extrem attraktiv“ – liegen kann. Das in Abbildung 2 dargestellte Formblatt dient der Strukturierung und Visualisierung dieser Vorgehensweise.

Die Ermittlung der Marktattraktivität mit Hilfe des gewichteten Durchschnitts ist nicht unumstritten. So wird vor allem kritisiert, dass durch die Quantifizierung sehr vielschichtiger und subtiler Zusammenhänge eine scheinbare Objektivität und damit möglicherweise eine überzogene Zahlengläubigkeit resultieren kann. Als alternative Vorgehensweise wird empfohlen, die endgültige Klassifikation eines Geschäftsfelds im Anschluss an eine strukturierte, offene Diskussion in Form einer gemeinsamen Übereinkunft unmittelbar in den Kategorien „gering“, „mittel“ und „hoch“ der Marktattraktivität-Wettbewerbsstärke-Matrix vorzunehmen (vgl. *Hax/Majluf* 1991).

2.2 Analyse der Wettbewerbsstärke

Wie eingangs dargelegt, bestand eine Zielsetzung des von *McKinsey* entwickelten Ansatzes darin, die Wettbewerbsstärke eines Unternehmens nicht, wie von der *Boston Consulting Group* vorgeschlagen, lediglich auf der Grundlage seines relativen Marktanteils zu bemessen; vielmehr sollte eine umfassende Analyse sämtlicher Faktoren vorgenommen werden, die einen Einfluss auf die Fähigkeit eines Unternehmens ausüben, im Wettbewerb erfolgreich zu bestehen. Ganz allgemein kann als Maß einer so verstandenen Wettbewerbsstärke die Möglichkeit eines Unternehmens angesehen werden, **Wettbewerbsvorteile** zu erlangen – Vorteile gegenüber Konkurrenzunternehmen, die daraus resultieren, dass den Abnehmern mit den eigenen Produkten und Leistungen ein überlegenes Preis/Leistungsverhältnis geboten werden kann (vgl. *Kotler/Armstrong* 1991). Solche Vorteile lassen sich prinzipiell auf allen Stufen der Wertschöpfungskette eines Unternehmens realisieren. Bildet aus Kundensicht beispielsweise eine schnelle Auslieferung der bestellten Waren ein entscheidendes Leistungsmerkmal, so kann diese nicht nur durch effiziente Distributionskanäle, sondern auch in vorgelagerten Bereichen, beispielsweise durch eine flexible Fertigung mit kurzen

Wettbewerbsfaktor (Geschäftsfeld 1)	Bewertung der Wettbewerbsstärke schwach 0	1	2	3	4	stark 5	Relative Wettbewerbsposition schwach -5	-4	-3	-2	mittel -1	0	+1	+2	stark +3	+4	+5	Gewichtung	Faktorbeitrag / relative Wettbewerbsstärke
Beschaffung		●			□				x									5%	- 0,15
Produktion			●		□					x								5%	- 0,10
Distribution		●		□						x								10%	- 0,20
Organisation		●	□								x							5%	- 0,05
Kapitalausstattung		□	●										x					10%	+0,10
Personal		□			●										x			10%	+0,30
Technologie			□		●									x				20%	+0,40
Forschung & Entwicklung		□				●										x		25%	+1,00
Unternehmenskultur		□			●										x			10%	+0,30
etc.																		n.a.	n.a
Summe																		100%	+1,60

Legende: ● eigenes Unternehmen □ stärkster Wettbewerber

Abb. 3: Formblatt zur Ermittlung des relativen Wettbewerbsvorteils

Rüstzeiten oder durch eine effiziente Beschaffungspolitik kritischer Produktionsfaktoren, erreicht werden. Beschaffung, Produktion, Distribution, Aufbau- und Prozessorganisation, Kapitalausstattung, Personal, Technologie, Forschung und Entwicklung, Unternehmenskultur – all diese Bereiche bieten Ansatzpunkte zur Realisation möglicher Wettbewerbsvorteile.

Die Bewertung dieser Faktoren erfolgt methodisch im Wesentlichen analog zur Bewertung der Marktattraktivität. Auch hier ist es wiederum zweckmäßig, die subjektiven Einschätzungen der für die Strategieplanung verantwortlichen Führungskräfte in einem strukturierten, systematischen Diskussionsprozess zu aggregieren (siehe Abb. 3). Zudem ist es, da es sich bei Wettbewerbsvorteilen um primär marktbezogene Erfolgsfaktoren handelt, prinzipiell unabdingbar, die Beurteilung aktueller und potenzieller Abnehmer zu einem zentralen Bestandteil des Bewertungsprozesses zu machen. Darüber hinaus impliziert das Konzept der Wettbewerbsvorteile immer eine Betrachtung in Relation zu den relevanten Konkurrenten eines Unternehmens. Hierbei kann entweder der bedeutendste Wettbewerber als Vergleichsgrundlage bei sämtlichen Faktoren herangezogen werden, oder es wird jeweils der hinsichtlich eines bestimmten Faktors stärkste Konkurrent betrachtet. Die letztgenannte Vorgehensweise birgt allerdings die Gefahr, dass man die eigenen Stärken zu gering einschätzt, da man das eigene Unternehmen mit einem fiktiven Idealprofil vergleicht. Vor diesem Hintergrund erscheint es vorteilhafter, die erstgenannte Vorgehensweise mehrfach für unterschiedliche Wettbewerber durchzuspielen.

Zunächst gilt es dabei, die eigene Wettbewerbsstärke und die des betrachteten Konkurrenten in Bezug auf die einzelnen Faktoren einzuschätzen. Hierzu kann beispielsweise eine Bewertungsskala mit den Polen 0 und 5 zugrunde gelegt werden, wobei der Wert 0 eine sehr schwache und der Wert 5 eine sehr starke Wettbewerbsposition bezeichnet. Es ergibt sich das in Abbildung 3 dargestellte Polaritätsprofil für das eigene und das betrachtete Konkurrenzunternehmen. Hieraus lässt sich nun faktorweise die relative Wettbewerbsposition ableiten, die das eigene Unternehmen gegenüber dem Konkurrenten einnimmt; bei der hier gewählten Bewertungsskala ergeben sich dabei jeweils Positionen zwischen den Extremwerten +5 („sehr stark"; Wettbewerbsvorteil) und –5 („sehr schwach"; Wettbewerbsnachteil). Da üblicherweise nicht alle Faktoren die gleiche Relevanz besitzen, ist es auch hier wieder zweckmäßig, Gewichtungsfaktoren zu vergeben. Diese müssen sich, wie schon im Rahmen der Bewertung der Marktattraktivität dargestellt, zu 100 Prozent aufsummieren. Multipliziert man die relative Wettbewerbsposition mit dem betreffenden Gewichtungsfaktor, so erhält man einen Wert für den faktorspezifischen Beitrag zum gesamten Wettbewerbsvorteil (bzw. Wettbewerbsnachteil) des Unternehmens. Diese relative Wettbewerbsstärke ergibt sich durch eine Addition der einzelnen Faktorbeiträge; auch sie kann wiederum Werte zwischen +5 und –5 annehmen.

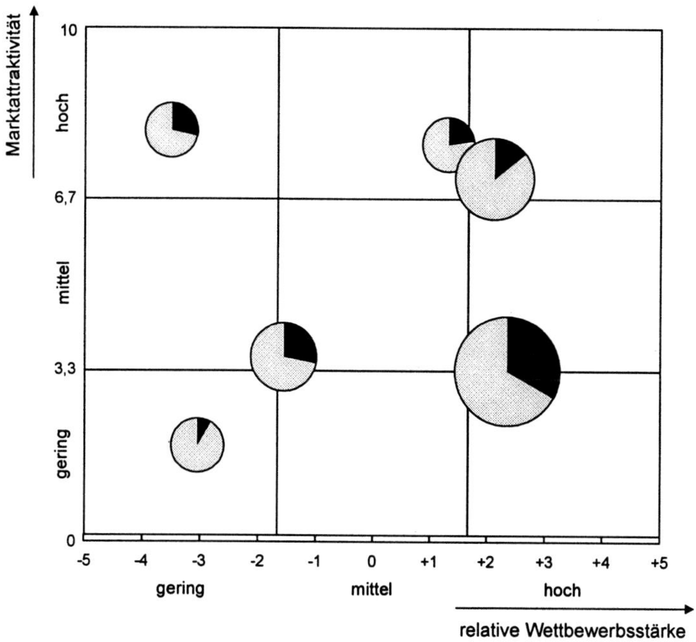

Abb. 4: Positionierung strategischer Geschäftsfelder in der Marktattraktivität-Wettbewerbsstärke-Matrix

Auch die Ermittlung der relativen Wettbewerbsstärke eines Unternehmens mit Hilfe des gewichteten Durchschnitts ist nicht unumstritten. Die Argumente sind im Wesentlichen die gleichen, die auch im Rahmen der Analyse der Marktattraktivität gegen diese Vorgehensweise angeführt werden: die Quantifizierung komplexer Zusammenhänge, eine scheinbare Objektivität und ein überzogenes Vertrauen in die ermittelten Zahlenwerte. Als Alternative kann auch hier die endgültige Einschätzung der eigenen Wettbewerbsstärke in einem Geschäftsfeld unmittelbar in den Kategorien „gering", „mittel" und „hoch" der Marktattraktivität-Wettbewerbsstärke-Matrix vorgenommen werden.

2.3 Positionierung der Geschäftsfelder

Die Positionierung der Geschäftsfelder erfolgt durch eine Übertragung der für die Marktattraktivität und die relative Wettbewerbsstärke ermittelten Werte in die Systematik der Neun-Felder-Matrix. Hierbei lassen sich zwei prinzipielle Vorgehensweisen unterscheiden: Zum einen können, wie in Abbildung 4 gezeigt, die exakten Koordinaten der einzelnen Geschäftsfelder aus den zugrunde gelegten Bewertungsskalen berechnet werden. Diese Darstellungsweise wird vor allem von den Befürwortern der Methode der gewichteten Durchschnittswerte favorisiert. In der Praxis wird sie häufig durch eine Visualisierung weiterer quantitativer Kennzahlen ergänzt. So kann beispielsweise die Kreisfläche, die ein bestimmtes Geschäftsfeld repräsentiert, proportional zu dessen Marktvolumen gewählt werden, der Marktanteil des betrachteten Unternehmens in diesem Geschäftsfeld kann als prozentualer Kreisausschnitt abgetragen werden. Eine andere Möglichkeit besteht darin, die Kreisflächen proportional zum Beitrag eines Geschäftsfelds darzustellen, den dieses zum Gesamtumsatz des Unternehmens leistet. Als Kreisausschnitt kann dann beispielsweise die Umsatzrendite in diesem Geschäftsfeld angegeben werden.

Alternativ zu dieser Vorgehensweise können die betrachteten Geschäftsfelder nicht ihren exakten quantitativen Koordinaten, sondern in qualitativer Hinsicht genau einem der neun Felder der Matrix zugeordnet werden (siehe auch Abb. 1). Diese Vorgehensweise erscheint auf den ersten Blick weniger präzise, trägt jedoch der Kritik an der Methode der gewichteten Durchschnittswerte Rechnung. Und auch dann, wenn diese Methode als Basis zur Ermittlung der Marktattraktivität und der Wettbewerbsstärke herangezogen wurde, erscheint eine möglichst eindeutige Zuordnung zu einem der Matrixfelder durchaus zweckmäßig, da diese die Grundlage zur Ableitung strategischer Handlungsempfehlungen bilden.

3. Konsequenzen für die Unternehmensführung

3.1 Statische Strategieplanung

In Abhängigkeit ihrer Lage in der Marktattraktivität-Wettbewerbsstärke-Matrix können den betrachteten Geschäftsfeldern **Normstrategien** zugewiesen werden. Im Gegensatz zur Konzeption der *Boston Consulting Group* steht dabei nicht die Erwirtschaftung eines ausgeglichenen Cash-Flows im Vordergrund, sondern die Definition von Investitionsprioritäten. Hierzu werden drei grundsätzliche Strategietypen unterschieden (siehe Abb. 5):

(1) Investitions- und Wachstumsstrategien,

(2) Abschöpfungs- bzw. Desinvestitionsstrategien sowie

(3) selektive Strategien.

Investitions- und Wachstumsstrategien werden für solche Geschäftsfelder formuliert, die oberhalb der von links oben nach rechts unten verlaufenden Diagonale der Matrix positioniert sind (Zellen B, C und F in Abbildung 5). In diesen

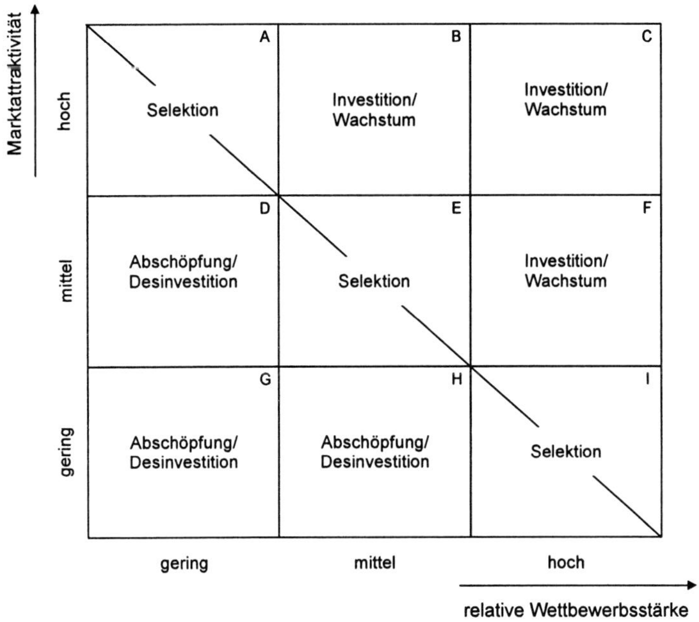

Abb. 5: Normstrategien in der Marktattraktivität-Wettbewerbsstärke-Matrix

Geschäftsfeldern gilt es vor allem, die solide eigene Wettbewerbsposition zu festigen bzw. auszubauen, die vorhandenen Kapazitäten zu erweitern und strategische Barrieren zu errichten, die dazu geeignet sind, potenzielle neue Konkurrenten von einem Markteintritt abzuhalten. Da die Aktivitäten in diesen Geschäftsfeldern zur zukünftigen Wertsteigerung des Unternehmens beitragen, rechtfertigen sie hohe Investitionen. Diese sind andererseits auch erforderlich, da zur Sicherung und zum Ausbau der vorhandenen Wettbewerbsvorteile in der Regel höhere finanzielle Ressourcen benötigt werden, als sie kurz- bis mittelfristig in Form von Deckungsbeiträgen erwirtschaftet werden können. Der Netto-Cash-Flow ist in diesen Geschäftsfeldern somit üblicherweise negativ. Lediglich bei mittlerer Marktattraktivität (Zelle F), die zumeist ein geringeres Wachstum impliziert, kann die eigene Expansionsrate im Allgemeinen selbst finanziert werden.

Strategische Geschäftsfelder, die in den Bereich unterhalb der Diagonale fallen (Zellen D, G und H), bergen aufgrund der vergleichsweise geringen Marktattraktivität und der ebenfalls relativ geringen Wettbewerbsstärke des betrachteten Unternehmens keine zukunftsträchtigen Potenziale. Hier liegt es nahe, eine schrittweise **Abschöpfungs- bzw. Desinvestitionsstrategie** zu verfolgen. Solan-

Marktattraktivität ↑	gering	mittel	hoch
hoch	Spezialisieren Nischen suchen Akquisitionen erwägen	Potenzial zur Marktführerschaft durch Segmentierung prüfen Schwächen identifizieren Stärken ausbauen	Wachstum Vorherrschaft anstreben Investitionen maximieren
mittel	Spezialisieren Nischen suchen Marktaustritt erwägen	Wachstumssegmente identifizieren Spezialisieren Selektiv investieren	Wachstumssegmente identifizieren Stark investieren Wettbewerbsposition halten
gering	Zeit des Marktaustritts festlegen und veräußern	Produktlinien kürzen Investitionen minimieren Veräußerung vorbereiten	Cash-Flow anstreben Investieren, um Position zu halten

relative Wettbewerbsstärke →

Abb. 6: Strategische Handlungsempfehlungen nach A.T. Kearney (Quelle: In Anlehnung an Hax/Majluf 1991)

ge positive Deckungsbeiträge erzielt werden können, sollten diese ohne zusätzlichen Ressourceneinsatz maximiert werden, um Investitions- und Wachstumsstrategien in anderen Geschäftsfeldern zu finanzieren (Abschöpfung). Wenn hingegen auch unter Ausnutzung möglicher Rationalisierungsmaßnahmen und Synergieeffekte keine positiven Deckungsbeiträge mehr erwirtschaftet werden können, sollte sich das Unternehmen baldmöglichst aus dem Geschäftsfeld zurückziehen und die freigesetzten Ressourcen gewinnbringend in anderen Bereichen einsetzen (Desinvestition).

Selektive Strategien werden für solche Geschäftsfelder empfohlen, deren Matrix-Position unmittelbar auf der in Abbildung 5 eingetragenen Diagonale liegt. Hierbei können drei strategische Unterkategorien unterschieden werden: Offensiv-, Defensiv- und Übergangsstrategien. Eine Offensivstrategie ist zweckmäßig, wenn ein Unternehmen in einem attraktiven Geschäftsfeld eine schwache Wettbewerbsposition besitzt (Zelle A). Hier gilt es, entweder die eigene Wettbewerbsstärke durch umfangreiche Investitionen maßgeblich zu verbessern oder sich schrittweise zurückzuziehen und das Geschäftsfeld aufzugeben. Defensivstrategien sind angebracht, wenn ein Geschäftsfeld einerseits durch eine geringe Marktattraktivität, andererseits jedoch durch eine starke eigene Wettbewerbspo-

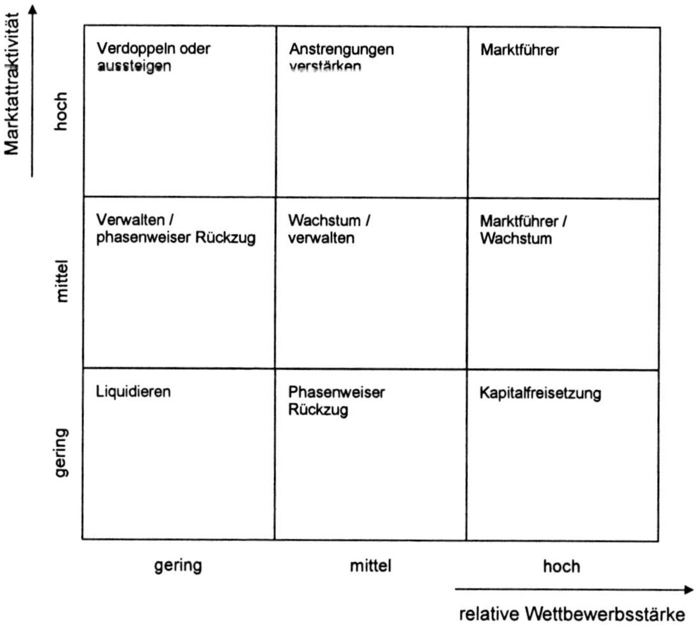

Abb. 7: Strategische Handlungsempfehlungen nach Royal Dutch Shell (Quelle: In Anlehnung an Hax/Majluf 1991)

sition gekennzeichnet ist (Zelle I). In diesem Fall können üblicherweise sehr hohe positive Deckungsbeiträge erwirtschaftet werden. Vor diesem Hintergrund gilt es, die eigenen Wettbewerbsvorteile bzw. den positiven Cash-Flow mit begrenztem Ressourcenaufwand aufrechtzuerhalten. In Geschäftsfeldern, die sowohl hinsichtlich der Marktattraktivität als auch in Bezug auf die eigene Wettbewerbsstärke eine mittlere Position einnehmen, wird eine Übergangsstrategie empfohlen (Zelle E). Hier stehen einem Unternehmen zwei prinzipielle Vorgehensweisen offen: Einerseits kann versucht werden, ohne großen Ressourceneinsatz die eigene Wettbewerbsposition zu verbessern, um so eine horizontale Positionsänderung in der Portfoliomatrix herbeizuführen („aktive Übergangsstrategie"). Andererseits kann das Unternehmen darauf abzielen, die erlangte Position zu halten, um abzuwarten, wie sich der Markt in Zukunft entwickeln wird („passive Übergangsstrategie").

In den Abbildungen 6 und 7 sind weitergehende strategische Handlungsempfehlungen dargestellt, die die Managementberatung *A.T. Kearney* und der Mineralölkonzern *Royal Dutch Shell* auf der Basis des Portfolioansatzes von *McKinsey* entwickelt haben.

3.2 Dynamische Strategieplanung

Die Ableitung der bisher dargestellten strategischen Handlungsempfehlungen beruhte auf einer statischen Momentaufnahme der Position verschiedener Geschäftsfelder in der Marktattraktivität-Wettbewerbsstärke-Matrix. Ein Kritikpunkt an dieser Vorgehensweise besteht darin, dass diese nicht dazu in der Lage ist, die Dynamik der Märkte und die daraus resultierenden zukünftigen Trends und Entwicklungslinien einzelner Geschäftsfelder abzubilden. Um dem entgegenzuwirken, kann im Rahmen **dynamischer Analysen** eine Trendprognose für die externen, marktbezogenen Faktoren erfolgen, auf deren Grundlage eine optimale Positionierung der Aktivitäten in einem Geschäftsfeld und die Formulierung entsprechender strategischer und operativer Maßnahmen vorgenommen werden kann.

Der erste Schritt besteht darin, das Marktpotenzial, die Marktstruktur und die Umweltbedingungen zu ermitteln, denen das eigene Unternehmen am Ende des zugrunde gelegten Planungszeitraums – in der Praxis werden zumeist fünf Jahre angesetzt – voraussichtlich gegenüberstehen wird. In der Regel erhält man als Ergebnis nicht ein einziges, sehr wahrscheinliches Bild der zukünftigen Marktkonstellationen – den sogenannten „Most-Likely-Case“ –, sondern eine Reihe unterschiedlicher, alternativer Szenarien, die sich weiter systematisieren lassen, beispielsweise in einen „Best-Case“ und einen „Worst-Case“. Für alle entwickelten Szenarien müssen später alternative Handlungspläne aufgestellt werden. Zunächst besteht das Ziel jedoch darin, abzuschätzen, ob ein Geschäftsfeld innerhalb des Planungshorizonts seine Attraktivität beibehält, steigert oder verliert. Dieser prognostizierte Attraktivitätstrend bildet im Rahmen der dynamischen Analyse die Grundlage für die mittel- bis langfristige Investitionsplanung und damit für die Zuweisung von Ressourcen zu einzelnen Geschäftsfeldern.

Im nächsten Schritt muss vor dem Hintergrund der prognostizierten Entwicklung für jedes Geschäftsfeld eine optimale zukünftige Positionierung entwickelt werden. Das bedeutet vor allem, dass der in einem Geschäftsfeld angestrebte Grad der relativen Wettbewerbsstärke definiert werden muss. Auf dieser Grundlage gilt es dann, konkrete Maßnahmen zu formulieren, die das Unternehmen in diese Position führen werden. Diese Maßnahmen können sich auf alle in Abschnitt 2.2 dargestellten Faktoren beziehen, die prinzipiell dazu geeignet sind, einen Wettbewerbsvorteil zu erringen. Bereits bei der Entwicklung der in Zukunft beabsichtigten Positionierung ist jedoch zu berücksichtigen, dass die gewählte Strategie mit den realistischen Fähigkeiten des Unternehmens – sowohl den vorhandenen als auch solchen, die zusätzlich aufgebaut werden können – harmoniert.

Eine hierauf aufbauende, leicht modifizierte Vorgehensweise zur Durchführung dynamischer Analysen ist in Abbildung 8 dargestellt (vgl. *Rothschild* 1976). Den

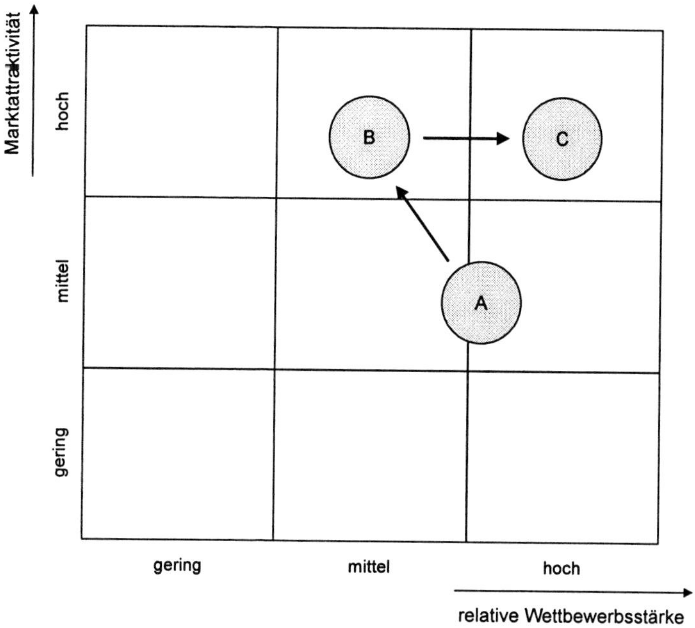

Abb. 8: Dynamische Strategieplanung in der Marktattraktivität-Wettbewerbsstärke-Matrix

Ausgangspunkt bildet die aktuelle Position eines Geschäftsfelds in der Marktattraktivität-Wettbewerbsstärke-Matrix (Position A in Abb. 8). Im nächsten Schritt wird die zukünftige Position des betrachteten Unternehmens in diesem Geschäftsfeld bestimmt, so wie sie sich darstellen würde, wenn die derzeitige Strategie beibehalten würde und die dem Geschäftsfeld zugewiesenen Ressourcen dementsprechend unverändert blieben. In dem in Abbildung 8 dargestellten Beispiel wäre hiermit ein Rückgang der eigenen Wettbewerbsstärke auf einem Markt mit zunehmender Attraktivität verbunden (Position B). Auf der Grundlage dieser Informationen muss das betreffende Unternehmen nun entscheiden, welche zukünftige Position es anstreben will und mit welchen strategischen und operativen Maßnahmen diese konkret erreicht werden kann. In dem hier gewählten Beispiel wäre eine Erhöhung der eingesetzten Ressourcen nahe liegend, um in dem in Zukunft sehr attraktiven Geschäftsfeld eine starke Wettbewerbsposition aufzubauen (Position C).

In Abbildung 8 wird ebenfalls noch einmal deutlich, dass ein Unternehmen auf die externen Faktoren, die die Attraktivität eines Geschäftsfelds bestimmen, keinen Einfluss nehmen kann. Lediglich die internen Stärken können den entsprechenden Entwicklungen angepasst werden.

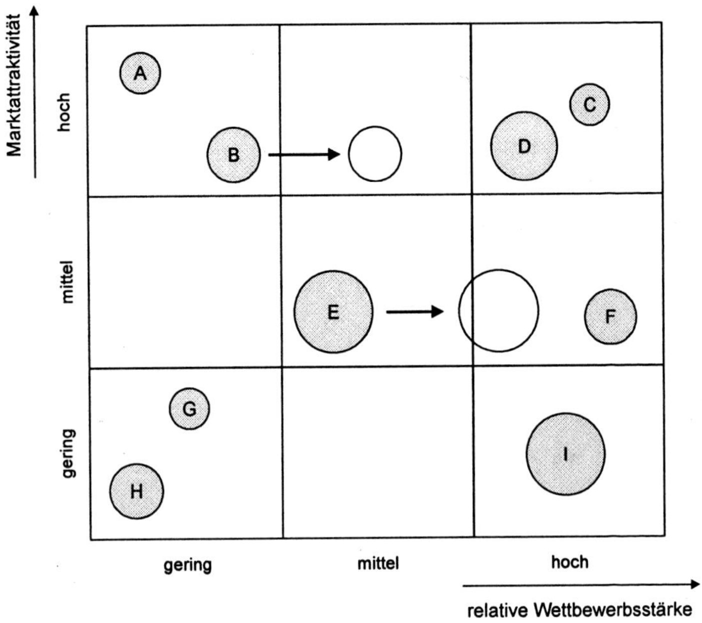

Abb. 9: Konkurrenzanalyse nach McKinsey – eigenes Portfolio (Quelle: In Anlehnung an Hinterhuber 1996)

3.3 Konkurrenzanalyse

Ein wesentliches Element der strategischen Planung ist die Auseinandersetzung mit den Zielen, Strategien und Handlungsweisen der relevanten Wettbewerber. Auch hierbei kann die Marktattraktivität-Wettbewerbsstärke-Matrix als sehr hilfreiches Analyseinstrument genutzt werden. So bildet die Darstellung des Gesamtportfolios der relevanten Konkurrenzunternehmen eine gute Grundlage zur Einschätzung ihrer strategischen Möglichkeiten sowie ihrer voraussichtlichen zukünftigen Verhaltensweisen. Hierauf aufbauend kann eine Konkurrenzanalyse in vier Schritten erfolgen (vgl. *Hinterhuber* 1996):

(1) Beschreibung der aktuellen Strategien der wichtigsten Wettbewerber.

(2) Beschreibung der wesentlichen Ressourcen und Kernkompetenzen, über die diese Unternehmen in der Vergangenheit verfügen konnten und die sie zur Umsetzung der unter (1) beschriebenen Strategien eingesetzt haben. Hierbei sollte man sich vor allem auch an den Faktoren orientieren, die im Rahmen der Analyse der eigenen Wettbewerbsstärke als relevant erachtet wurden (siehe Abschnitt 2.2).

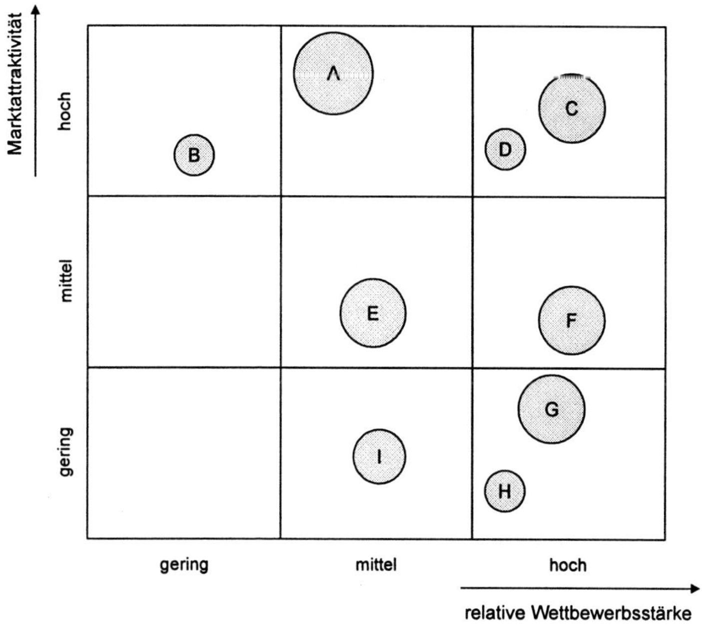

Abb. 10: Konkurrenzanalyse nach McKinsey – Konkurrenzportfolio (Quelle: In Anlehnung an Hinterhuber 1996)

(3) Prognose der wichtigsten Ressourcen und Kernkompetenzen, die den betrachteten Wettbewerbern in Zukunft bei der Verfolgung ihrer strategischen Ziele zur Verfügung stehen werden, und Ermittlung ihrer voraussichtlichen Strategien.

(4) Charakterisierung der vermuteten Beweggründe der betrachteten Wettbewerber, ihrer mutmaßlichen Selbsteinschätzung sowie ihrer Beurteilung der Branchenentwicklung.

Auf dieser Basis kann nun ein **strategisches Wettbewerbsprofil** für die relevanten Konkurrenzunternehmen erstellt werden, das aufzeigt, inwieweit ein Wettbewerber mit seiner aktuellen Position zufrieden erscheint, in welchen Bereichen er auf Wettbewerbsvorteile hofft, wo er am leichtesten zu treffen ist, welche Aktivitäten er als Bedrohung betrachten wird, wie stark und mit welchen Maßnahmen er auf die Strategien des eigenen Unternehmens reagieren wird, in welchen Bereichen das eigene Unternehmen seine Marktposition ausbauen kann, ohne mit Gegenmaßnahmen rechnen zu müssen, und dergleichen mehr.

Die Abbildungen 9 und 10 zeigen auf, welche strategischen Maßnahmen im Rahmen der Konkurrenzanalyse unmittelbar aus der Marktattraktivität-Wettbewerbsstärke-Matrix abgeleitet werden können. In Abbildung 9 ist das Portfolio des eigenen Unternehmens dargestellt, in Abbildung 10 das Portfolio des wichtigsten Konkurrenten bzw. eine Aggregation der Portfolios mehrerer relevanter Wettbewerber. Folgende strategische Handlungsempfehlungen lassen sich aus dieser Darstellung ableiten (vgl. *Hinterhuber* 1996): In Geschäftsfeld A muss eine selektive Verbesserung der eigenen Wettbewerbsposition erfolgen, andernfalls ist es angebracht, die entsprechenden Aktivitäten aufzugeben. In den Geschäftsfeldern B und E sollte es das Unternehmen hingegen anstreben, seine Konkurrenten zu überholen. Die Geschäftsfelder C, D und F legen zunächst eine Beobachtung der Aktionen der Konkurrenz nahe. In den Geschäftsfeldern G und H sollte aufgrund der geringen Marktattraktivität und der schwachen eigenen Wettbewerbsposition eine graduelle Desinvestition erfolgen. In Geschäftsfeld I schließlich muss es das Unternehmen anstreben, seine aktuellen Wettbewerbsvorteile mit begrenztem Ressourceneinsatz zu halten.

4. Problemfelder der Methodik

4.1 Generelle Problemfelder der Portfolio-Analyse

Die Portfolio-Analyse birgt einige grundsätzliche kritische Aspekte, die bei ihrer Anwendung berücksichtigt werden müssen. Dies betrifft vor allem die Marktabgrenzung, die Datenbeschaffung und die Vorgabe von Normstrategien.* Zu den problematischesten Punkten zählt dabei die Definition des **relevanten Marktes**, der bei der Analyse der Attraktivität eines Geschäftsfelds und der Wettbewerbsstärke des betrachteten Unternehmens zugrunde gelegt wird. Eine zu weite Definition des Marktes kann dazu führen, dass die Wettbewerbsposition des Unternehmens schwächer erscheint, als sie es tatsächlich ist. Andererseits besteht die Gefahr, eine zu enge Marktabgrenzung zu wählen, so dass dem betreffenden Unternehmen unangemessenerweise die Position des Marktführers zugesprochen wird. Und auch im Rahmen der Beurteilung der Marktattraktivität kann eine inadäquate Marktabgrenzung die Analyseergebnisse stark verfälschen. So kann ein zu eng oder zu weit gefasster Markt ein wesentlich höheres oder auch geringeres Wachstumspotenzial aufweisen, als es in dem betreffenden Geschäftsfeld realistischerweise zu erwarten ist.

Eine weitere Schwierigkeit besteht darin, **fundierte Daten** zu den verwendeten Kenngrößen der Marktattraktivität und der Wettbewerbsstärke zu beschaffen.

---

* Siehe hierzu auch die detaillierteren Ausführungen in Abschnitt A.1.

Dies gilt um so mehr, wenn die Portfolio-Analyse auch auf Konkurrenzunternehmen ausgedehnt wird. Mit abnehmender Genauigkeit des verwendeten Datenmaterials sinkt jedoch auch die Zuverlässigkeit des gesamten methodischen Konzepts.

Die empfohlene Orientierung an **Normstrategien** besitzt zwar einerseits den Vorteil, dass einem Unternehmen ein klares, einfach nachzuvollziehendes Handlungsmuster an die Hand gegeben werden kann, andererseits birgt sie jedoch auch die Gefahr, allzu schnell einen bestimmten standardisierten Strategietyp zu verfolgen. In aller Regel unterliegt das Geschäft in unterschiedlichen Branchen und Situationen komplexeren Einflüssen, als sie in einer begrenzten Anzahl normierter Strategiemuster abgebildet werden können.

4.2 Spezifische Problemfelder des Ansatzes

Eine spezielle Problematik des Ansatzes von *McKinsey* ist unmittelbar mit der zugrunde liegenden Zielsetzung verbunden: Dadurch, dass die Marktattraktivität und die Wettbewerbsstärke nicht allein auf der Basis des Marktwachstums und des relativen Marktanteils bestimmt, sondern auf das Zusammenwirken einer Vielzahl unterschiedlicher Faktoren zurückgeführt werden, erhöht sich zwangsläufig die **Komplexität** der Analyse und der vorgelagerten Datenbeschaffung. Vor allem die Bildung gewichteter Durchschnittswerte ist – wie oben dargelegt – in diesem Zusammenhang vielfach kritisiert worden. Wenn der Einschätzung eines Geschäftsfelds aber eine größere Anzahl von Bewertungsfaktoren zugrunde gelegt werden soll, ist ein Gewichtungsprozess, ob er nun explizit oder implizit durchgeführt wird, andererseits unvermeidlich.

Aufgrund der mit der Bewertung der Faktoren verbundenen **Subjektivität** kann es in der Praxis zudem dazu kommen, dass ein Geschäftsfeld von unterschiedlichen Managergruppen ganz unterschiedlich eingestuft wird. Häufig neigen die Befragten im Rahmen der Bewertung auch dazu, einem Geschäftsfeld einen mittleren Wert auf der zugrunde gelegten Beurteilungsskala zuzuweisen, wenn die Informationslage unzureichend erscheint oder in der Diskussionsgruppe keine einheitliche Meinung erzielt werden kann.

Eine weitere Schwierigkeit besteht darin, **Beurteilungsstandards** aufzustellen, die gewährleisten, dass jedes Geschäftsfeld nach einem einheitlichen Muster bewertet wird und die resultierende Portfoliomatrix hinsichtlich der abgetragenen Klassifikationswerte die notwendige Vergleichbarkeit besitzt. Einige Unternehmen haben versucht, dieser Schwierigkeit mit normierten Listen externer und interner Bewertungsfaktoren zu begegnen, die für die Einschätzung eines jeden Geschäftsfelds verwendet werden sollen. Diese Vorgehensweise birgt jedoch die Gefahr, spezifische Eigenschaften bestimmter Märkte und interner Geschäftseinheiten nicht zu erkennen und in der Folge die betreffenden Chancen, Risiken, Stärken und Schwächen nicht hinreichend genau abzuschätzen.

Zusammenfassend ist die Marktattraktivität-Wettbewerbsstärke-Matrix ein fundiertes, aber auch ein sehr komplexes Instrument der strategischen Planung.

Literatur

Dunst, K.W. (1983): Portfolio-Management: Konzeption für die strategische Unternehmensplanung, 2. Aufl., Berlin, New York 1983.

Freeman, E.R. (1984): Strategic Management: A Stakeholder Approach, Marshfield 1984.

Hax, A.C./Majluf, N.S. (1991): Strategisches Management: Ein integratives Konzept aus dem MIT, Frankfurt/Main, New York 1991.

Hinterhuber, H.H. (1996): Strategische Unternehmensführung: I. Strategisches Denken, 6. Aufl., Berlin, New York 1996.

Kotler, P./Armstrong, G. (1991): Principles of Marketing, Englewood Cliffs, 1991.

Kreikebaum, H. (1993): Strategische Unternehmensplanung, 5. Aufl., Stuttgart u.a. 1993.

Porter, M.E. (1988): Wettbewerbsstrategie, 5. Aufl., Frankfurt/Main 1988.

Steinmann, H./Schreyögg, G. (1993): Management, 3. Aufl., Wiesbaden 1993.

A.3

Das Marktlebenszyklus-Wettbewerbsposition-Portfolio – ein Ansatz von Arthur D. Little

*Dietmar H. Fink**

---

* Prof. Dr. Dietmar Fink leitet das Institut für Unternehmensberatung in Rheinbach bei Bonn und ist Inhaber der Professur für Unternehmensberatung und -entwicklung an der Fachhochschule Bonn-Rhein-Sieg.

1. Der strategische Ansatz von Arthur D. Little

Anfang der Siebzigerjahre entwickelte die Managementberatung *Arthur D. Little* einen Portfolioansatz, der die Grundidee der *Boston Consulting Group*, das Geschäftsportfolio eines Unternehmens anhand von zwei Dimensionen – der Marktattraktivität und der Wettbewerbsstärke – abzubilden, aufgreift und methodisch variiert (vgl. z.B. *Osell/Wright* 1980, *Forbes/Bate* 1980).* Wie in der BCG-Matrix werden auch im Ansatz von *Arthur D. Little* die strategischen Geschäftsfelder eines Unternehmens in Bezug auf die externen, nicht zu beeinflussenden Kräfte in der Unternehmensumwelt (Marktattraktivität) sowie hinsichtlich der spezifischen Stärken des Unternehmens in den betrachteten Geschäftsfeldern (Wettbewerbsstärke) positioniert. Der Hauptunterschied zum Konzept der *Boston Consulting Group* besteht zum einen darin, dass zur Bestimmung der Wettbewerbsstärke kein quantitatives Kriterium wie der relative Marktanteil herangezogen wird, sondern eine qualitative Einschätzung der Wettbewerbsposition des betrachteten Unternehmens. Zum anderen werden die Einflüsse der Unternehmensumwelt nicht wie in der BCG-Matrix durch das Marktwachstum abgebildet, sondern durch die Branchen- bzw. Marktlebenszyklusphase, in der sich ein Geschäftsfeld befindet.

Die Phasen des Marktlebenszyklus – Entstehung, Wachstum, Reife und Alter – lassen sich vor allem hinsichtlich der Entwicklung des Branchenumsatzes charakterisieren (siehe Abb. 1): In der Entstehungsphase wächst der Markt nur langsam, in der Wachstumsphase steigen die Umsätze stark an, die Reifephase ist durch Stagnation gekennzeichnet, das Alter durch rückläufige Umsatzzahlen bzw. Degeneration. Vor diesem Hintergrund liegt die Vorgehensweise der *Boston Consulting Group* nahe, das Marktwachstum als wesentlichen Indikator der Marktattraktivität heranzuziehen. Aber auch andere ökonomische Kennzahlen – z.B. der Gewinn oder der Cash-Flow – weisen in den verschiedenen Lebenszyklusphasen unterschiedliche Verläufe auf. Wie in Abbildung 1 dargestellt, ist der Gewinn üblicherweise während der Entstehungsphase negativ, steigt in der Wachstumsphase steil an, bevor die Kurve abflacht und in der Reifephase, wenn die Wettbewerbsintensität zunimmt, kontinuierlich sinkt. Am Ende des Lebenszyklus, in der Alterungsphase, kann der in einem Geschäftsfeld erzielte Gewinn wiederum negative Werte annehmen, wenn die entsprechenden Aktivitäten nicht

---

* Zur ausführlichen Darstellung des Ansatzes der *Boston Consulting Group* siehe Abschnitt A.1.

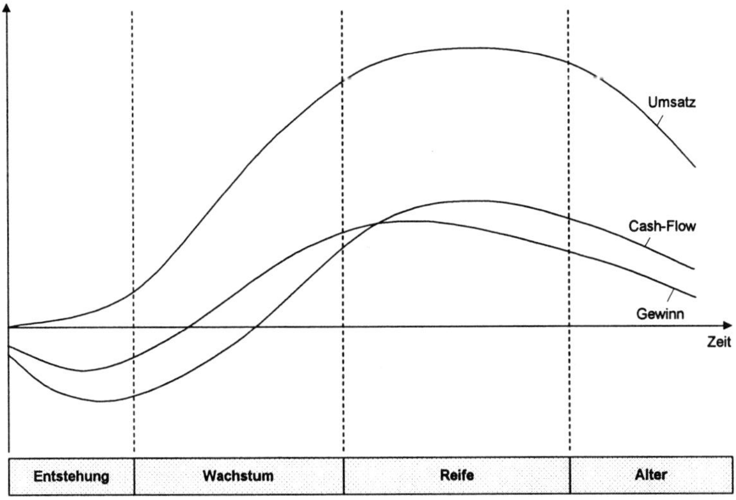

Abb. 1: Idealtypische Umsatz-, Cash-Flow- und Gewinnverläufe in den Phasen des Marktlebenszyklus

rechtzeitig eingestellt werden. Ganz ähnlich, wenn auch in seinen Ausschlägen extremer, verhält sich der Verlauf des Cash-Flows. Die durch entsprechende Investitionen verursachten stark negativen Werte während der Entstehungs- und Wachstumsphase können bzw. müssen durch positive Cash-Flows in der Reife- und Alterungsphase kompensiert werden.

Natürlich handelt es sich bei diesen Verläufen um idealtypische Zusammenhänge, deren ökonomische Details vor allem in der Wissenschaft kontrovers diskutiert werden. Dessen ungeachtet müssen in der Praxis in vielen Branchen – vor allem in der Hochtechnologie mit ihren zum Teil rapiden Innovationszyklen – Produkte mit kurzen Lebensspannen gemanagt werden. Vor diesem Hintergrund, so die Argumentation von *Arthur D. Little*, können die Implikationen des Marktlebenszyklus zu einem zentralen Bestandteil der strategischen Planung werden und sollten daher explizit – und nicht lediglich in Form der Wachstumsrate – in den Planungsansatz einfließen.

Der auf dieser Basis entwickelte Ansatz – das **Marktlebenszyklus-Wettbewerbsposition-Portfolio** – zählt mittlerweile ebenso zu den klassischen Beratungsansätzen im strategischen Management wie die Portfoliokonzepte der *Boston Consulting Group* und von *McKinsey*. Anders als diese wird er von *Arthur D. Little* jedoch nicht nur zur Ableitung strategischer Handlungsempfehlungen eingesetzt, sondern auch zur Leistungsanalyse, zur Analyse der Führungssysteme eines Unternehmens sowie zur Risikoanalyse. Rein äußerlich unterscheidet er sich vom Marktwachstum-Marktanteil-Portfolio und vom Markt-

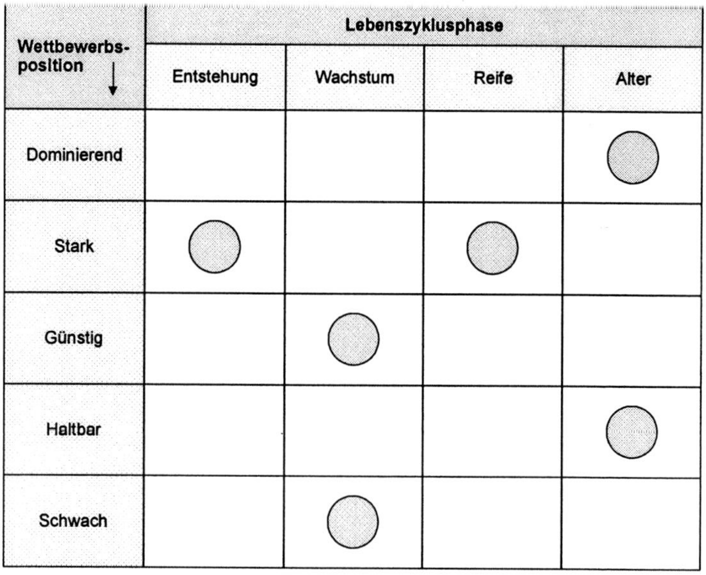

Abb. 2: Die Wettbewerbsposition-Marktlebenszyklus-Matrix

attraktivität-Wettbewerbsstärke-Portfolio zudem dadurch, dass keine Vier- oder Neun-Felder-Matrix, sondern eine Zwanzig-Felder-Matrix zur Visualisierung der Ergebnisse verwendet wird (siehe Abb. 2).

2. Methodische Grundlagen

2.1 Analyse der Lebenszyklusphase

Arthur D. Little legt zunächst großen Wert auf eine sinnvolle Abgrenzung der organisatorischen Bereiche, die innerhalb eines Unternehmens für die Bearbeitung eines oder mehrerer Geschäftsfelder verantwortlich sind – die sogenannten **strategischen Geschäftseinheiten**. Eine strategische Geschäftseinheit ist ein Teil des Gesamtunternehmens, für den sich – weitestgehend unabhängig von den anderen Teilen des Unternehmens – Strategien definieren lassen und dessen Produkte und Leistungen überwiegend außerhalb des Unternehmens abgesetzt werden. Es ist ein Unternehmensteil, der in den meisten Fällen auch alleine überleben könnte, wenn er beispielsweise vom Unternehmen veräußert würde. Die von *Arthur D. Little* vorgeschlagenen Kriterien, auf deren Basis ein Unternehmen in strategische Geschäftseinheiten aufgespalten werden kann, stellen vor allem den Marktbezug in den Mittelpunkt und weniger die vorhandenen internen

Strukturen und Ressourcen (vgl. *Laukamm/Steinthal* 1986): Hat eine Geschäftseinheit eine besondere Gruppe von Wettbewerbern, die nicht auch mit den restlichen Unternehmensteilen in einer Konkurrenzbeziehung steht? Verkauft die Geschäftseinheit ihre Produkte und Leistungen an einen bestimmten Kundenkreis, der nicht auch von den restlichen Unternehmensteilen bedient wird? Hätte eine Veränderung in der Qualität der Produkte und Leistungen der Geschäftseinheit Auswirkungen auf andere Teile des Unternehmens? Können sich die Produkte und Leistungen der Geschäftseinheit gegenseitig fast ersetzen und unterscheiden sie sich hinreichend vom Angebot anderer Unternehmensteile? Hat eine Veränderung des Preisniveaus in der Geschäftseinheit Auswirkungen auf andere Teile des Unternehmens? Kann die Geschäftseinheit aus dem Gesamtunternehmen ausgegliedert oder stillgelegt werden, ohne andere Unternehmensteile zu gefährden? Bestehen zwischen zwei Geschäftseinheiten Synergien, gibt es gemeinsam genutzte Kapazitäten etc. und damit Kostenvorteile?

Ist das Unternehmen auf der Grundlage dieser Fragen in sinnvolle Teilbereiche segmentiert worden, so muss im nächsten Schritt bestimmt werden, in welcher Phase des Marktlebenszyklus sich die einzelnen strategischen Geschäftseinheiten befinden. Hierzu werden von *Arthur D. Little* verschiedene Indikatoren definiert, die einen Hinweis auf das Entwicklungsstadium eines Geschäftsfelds geben können (vgl. *Arthur D. Little* 1974):

- die Wachstumsrate des Marktes und das Potenzial für zukünftiges Wachstum, ausgedrückt durch den Grad der Marktsättigung;
- die Breite des Sortiments und die Intensität und Häufigkeit von Produktveränderungen;
- die Anzahl der Wettbewerber, die Wettbewerbsstruktur, die Stabilität der Marktanteile sowie Trends und Tendenzen im Wettbewerb;
- das Abnehmerverhalten, die Loyalität der Kunden und die Stabilität der Kaufgewohnheiten;
- die Eintrittsmöglichkeiten in das Geschäftsfeld bzw. bestehende Eintrittsbarrieren sowie die Attraktivität der Branche für neue Wettbewerber;
- die Bedeutung und Stabilität der technologischen Entwicklung.

Eine Branche, die sich in der Entstehungsphase befindet, ist in der Regel durch zunehmende Wachstumsraten, technologische Neuerungen, starke Bemühungen um neue Abnehmer und wechselnde Marktanteile gekennzeichnet. In einer Wachstumsbranche wächst der Markt stark an, die relevanten Abnehmer und die eingesetzten Technologien sind jedoch weitgehend bekannt; der Markteintritt wird schwieriger. Eine reife Branche ist durch eine hohe Stabilität bezüglich der Abnehmer, der Technologien und der Marktanteile gekennzeichnet. Aufgrund der rückläufigen Wachstumsraten steigt häufig die Rivalität unter den etablierten

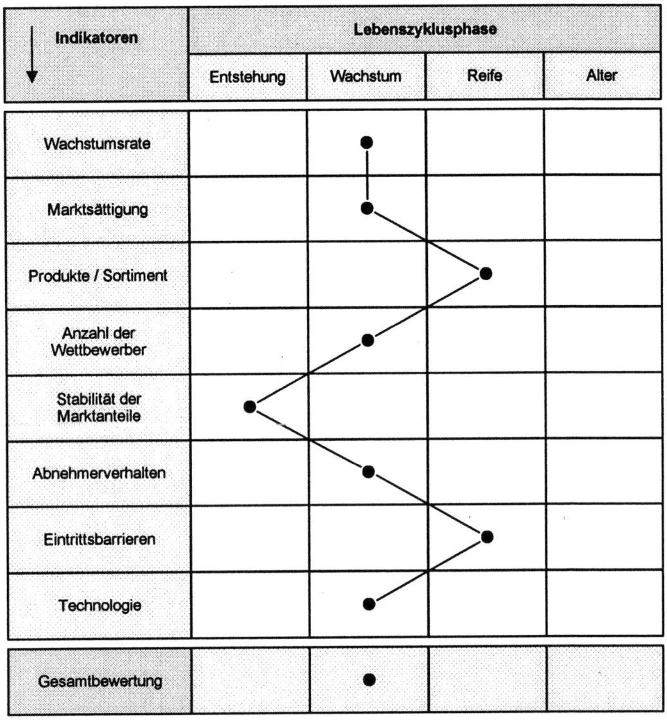

Abb. 3: Formblatt zur Bestimmung der Lebenszyklusphase

Unternehmen. Alternde Branchen schließlich zeichnen sich üblicherweise durch eine abnehmende Nachfrage, eine sinkende Anzahl konkurrierender Unternehmen und – in vielen Fällen – durch eine Verengung der angebotenen Sortimente aus. In aller Regel wird ein strategisches Geschäftsfeld nicht in Bezug auf jeden einzelnen Indikator derselben Lebenszyklusphase zuzuordnen sein. Das in Abbildung 3 dargestellte Formblatt kann dazu dienen, die Beurteilung einer Branche zu strukturieren.

Die so ermittelte Lebenszyklusphase einer Branche hat den Überlegungen von *Arthur D. Little* zufolge einen Einfluss auf vier wesentliche Aspekte, die für das Management einer Geschäftseinheit bedeutend sind:

(1) Die Lebenszyklusphase bestimmt die als „natürliche Strategien" bezeichneten **Handlungsmöglichkeiten**, die eine Geschäftseinheit ohne außerordentliche Risiken verfolgen kann. So ist beispielsweise eine aggressive Marktdurchdringungsstrategie in alternden Branchen weniger „natürlich" – d.h. mit einem höheren Risiko behaftet – als in einer Wachstumsbranche.

(2) Zudem erlaubt die Lebenszyklusphase Rückschlüsse auf die zukünftige **Leistungsfähigkeit** einer Geschäftseinheit – bezogen auf die zu erwartende Entwicklung der Erträge und des Cash-Flows. So generieren Geschäfte in einer reifen Branche beispielsweise in der Regel einen Cash-Flow-Überschuss, während in der Entstehungsphase und zu Beginn der Wachstumsphase mit einem negativen Cash-Flow gerechnet werden muss.

(3) Die Lebenszyklusphase hat zudem einen Einfluss auf die **Führungssysteme** eines Unternehmens bzw. eines Geschäftsfelds. Geschäfte in stabilen, reifen Märkten erfordern andere Managementmethoden und -instrumente als solche in Entstehungs- oder Wachstumsbranchen.

(4) Schließlich lassen sich aus der Lebenszyklusphase auch Aussagen über das mit den Aktivitäten einer Geschäftseinheit verbundene **Risiko** ableiten. So lässt sich die Beständigkeit der Ertragsleistung einer starken Geschäftseinheit in einer alternden Branche mit größerer Sicherheit vorhersagen als die einer eher schwachen Geschäftseinheit in einem entstehenden Markt.

Insgesamt ist hervorzuheben, dass es keine „guten" oder „schlechten" Lebenszyklusphasen gibt. Ein bestimmtes Reifestadium einer Branche kann nur dann „schlecht" sein, wenn die Strategien eines Unternehmens nicht auf die entsprechende Phase abgestimmt oder die Erwartungen des Unternehmens nicht mit der Lebenszyklusposition vereinbar sind.

2.2 Analyse der Wettbewerbsposition

Ähnlich der dem Portfolioansatz von *McKinsey* zugrunde liegenden Argumentation,* befand auch *Arthur D. Little*, dass die Wettbewerbsstärke einer Geschäftseinheit nicht ausschließlich – wie von der *Boston Consulting Group* vorgeschlagen – auf der Basis des relativen Marktanteils beurteilt werden kann, sondern vielmehr auf das Zusammenwirken einer Vielzahl unterschiedlicher Faktoren zurückzuführen ist, die im Vorfeld der Positionierung einer Geschäftseinheit identifiziert und bewertet werden müssen. Die Bedeutung des Marktanteils für die Wettbewerbsposition ist zudem davon abhängig, in welcher Lebenszyklusphase sich eine Branche befindet. In reifen und alternden Branchen ist der Marktanteil auch nach Meinung von *Arthur D. Little* einer der wichtigsten Einflussfaktoren der Wettbewerbsstärke. In entstehenden oder wachsenden Branchen hingegen wird ihm eine weit geringere Bedeutung beigemessen. Hier sind

* Zum Ansatz von *McKinsey* siehe Abschnitt A.2.

die Markt- und Wettbewerbsstrukturen noch nicht stabil und können beispielsweise durch neue Technologien, neue Wettbewerber und ähnliches aufgebrochen werden. Vor diesem Hintergrund wird der Marktanteil, der selbst wiederum das Resultat vergangener Stärken und Schwächen im Vergleich zum Wettbewerb ist, auch von *Arthur D. Little* als eine wichtige Determinante der Wettbewerbsposition angesehen. Darüber hinaus werden aber auch die relativen Kostenstrukturen, die ihrerseits durch den Marktanteil, durch Kostendegression, Produktivität und Faktorkosten bestimmt werden, sowie weitere, vor allem interne Faktoren zur Bestimmung der Wettbewerbsposition angesetzt.

Zur Beschreibung der Wettbewerbsposition definiert *Arthur D. Little* fünf Kategorien: Eine Geschäftseinheit kann (1) dominierend, (2) stark, (3) günstig, (4) haltbar oder (5) schwach am Markt aufgestellt sein (vgl. *Laukamm/Steinthal* 1986; *Arthur D. Little* 1980).

(1) Unternehmen, die einen Markt **dominieren**, sind relativ selten. Ihre überlegene Stellung ist häufig die Folge eines „Quasi-Monopols“ oder eines gut geschützten technologischen Vorsprungs. In einer Branche kann es jeweils nur einen dominanten Wettbewerber geben. Existiert ein solches Unternehmen, dann setzt es üblicherweise die Standards, an denen sich alle weiteren Anbieter orientieren müssen.

(2) Ein Unternehmen mit einer **starken** Wettbewerbsposition verfügt über einen maßgeblichen Vorteil gegenüber seinen Konkurrenten und hält in der Regel einen relativen Marktanteil, der über 1,5 liegt. Unternehmen in dieser Position können zumeist unabhängig vom Verhalten der anderen Wettbewerber Strategien ihrer Wahl verfolgen.

(3) Nicht auf allen Märkten gibt es dominierende oder starke Unternehmen. In fragmentierten Branchen, in denen kein herausragender Wettbewerber existiert, sind die jeweiligen Marktführer in der Regel in einer **günstigen** Wettbewerbsposition. Auch sie besitzen Wettbewerbsvorteile gegenüber ihren Konkurrenten, diese sind jedoch nicht ausreichend, um eine umfassende Überlegenheit zu erreichen.

(4) Eine **haltbare** Wettbewerbsposition ist durch erste Symptome der Erosion gekennzeichnet. Sie ist nur dann profitabel, wenn sich die Geschäftseinheit auf ein enges Marktsegment oder eine geschützte Nische spezialisiert. Ein solches Vorgehen kann beispielsweise geographisch oder produktbezogen erfolgen.

(5) Eine **schwache** Wettbewerbsposition resultiert häufig daraus, dass eine Geschäftseinheit nicht die nötige Größe besitzt, um mit der Wettbewerbsdynamik ihrer Branche mitzuhalten und auf lange Sicht profitabel zu überleben. Es können jedoch auch größere und potenziell stärkere Wettbewerber in

Wettbewerbs-position ↓	Lebenszyklusphase: Entstehung	Wachstum	Reife	Alter	Σ
Dominierend		SGE 2 SGE 11		SGE 10	3
Stark	SGE 12	SGE 7	SGE 5 SGE 8		4
Günstig		SGE 1 SGE 9	SGE 6		3
Haltbar					0
Schwach	SGE 4	SGE 3			2
Σ	2	6	3	1	

Abb. 4: Positionierung strategischer Geschäftseinheiten in der Marktlebenszyklus-Wettbewerbsposition-Matrix

eine schwache Position geraten, wenn sich strategische Fehler der Vergangenheit im Geschäft der Gegenwart fortschreiben oder wenn eine kritische Schwäche besteht.

Auf der Basis der eingangs angeführten Faktoren müssen die betrachteten Geschäftseinheiten eines Unternehmens einer dieser sechs Kategorien zugeordnet werden.

2.3 Positionierung der Geschäftseinheiten

Die Positionierung der Geschäftseinheiten erfolgt durch eine Übertragung der für die Lebenszyklusphase und die Wettbewerbsposition ermittelten Ausgangslage in die Systematik der Portfoliomatrix von *Arthur D. Little* (siehe Abb. 4). Die betrachteten Geschäftseinheiten werden dabei genau einem der zwanzig Matrixfelder zugeordnet. Darüber hinaus kann der Leistungsbeitrag der Geschäftseinheiten, wie in Abbildung 5 dargestellt, anhand verschiedener finanzieller Indikatoren – z.B. Umsatz, Gewinn, Aktiva, Nettokapitalrendite – in Abhängigkeit der Phasen des Lebenszyklus und der Wettbewerbsposition aufgeschlüsselt werden (vgl. *Osell/Wright* 1980). Hinsichtlich der Wettbewerbsposition

Aufschlüsselung des Konzernumsatzes (%)

Wettbewerbsposition	Lebenszyklusphasen E	W	R	A	Σ
D	-	34,7	-	6,8	41,5
S	1,0	14,4	4,4	-	19,8
G	-	25,8	0,3	-	26,1
H	-	-	-	-	-
S	1,5	11,1	-	-	12,6
Σ	2,5	86,0	4,7	6,8	100

Aufschlüsselung der Nettoeinnahmen des Konzerns (%)

Wettbewerbsposition	Lebenszyklusphasen E	W	R	A	Σ
D	-	50,9	-	15,8	66,7
S	1,1	25,9	5,9	-	32,9
G	-	12,5	0,5	-	13,0
H	-	-	-	-	-
S	-1,3	-11,3	-	-	-12,6
Σ	-0,2	78,0	6,4	15,8	100

Aufschlüsselung der Konzernaktiva (%)

Wettbewerbsposition	Lebenszyklusphasen E	W	R	A	Σ
D	-	26,9	-	5,8	32,7
S	1,1	14,8	3,5	-	19,4
G	-	32,3	0,3	-	32,6
H	-	-	-	-	-
S	1,7	13,6	-	-	15,3
Σ	2,8	87,6	3,8	5,8	100

Aufschlüsselung der Nettokapitalrendite des Konzerns (%)

Wettbewerbsposition	Lebenszyklusphasen E	W	R	A	Σ
D	-	13,3	-	19,1	14,3
S	6,5	12,3	11,8	-	11,9
G	-	2,7	11,7	-	2,8
H	-	-	-	-	-
S	-5,3	-5,0	-	-	-5,7
Σ	-0,5	6,3	11,8	19,1	7,0

Legende:
Lebenszyklusphasen: E = Entstehung, W = Wachstum, R = Reife, A = Alter
Wettbewerbsposition: D = dominierend, S = stark, G = günstig, H = haltbar, S = schwach

Abb. 5: Aufschlüsselung finanzieller Größen in der Marktlebenszyklus-Wettbewerbsposition-Matrix (Quelle: Osell/Wright 1980)

kann die Lage eines Unternehmens beispielsweise als um so besser eingestuft werden, je mehr Umsatz und Gewinn es mit Geschäftseinheiten erwirtschaftet, die in der jeweiligen Branche eine dominierende oder starke Stellung einnehmen. Bezogen auf die Lebenszyklusphase ist es hingegen vorteilhaft, das Portfolio möglichst ausgeglichen zu gestalten. Denn nähern sich alle Geschäftseinheiten eines Unternehmens der Alterungsphase, so wird es gegenwärtig zwar eine sehr hohe Rentabilität bzw. einen hohen positiven Cash-Flow erwirtschaften können, es verfügt jedoch über keine zukunftsträchtigen Geschäftseinheiten, die den mittel- und langfristigen Erfolg sicherstellen können. Befinden sich die Geschäfte eines Unternehmens hingegen vor allem in der Entstehungsphase, kann es über ein großes zukünftiges Potenzial verfügen, ist aber unter Umständen nicht dazu in der Lage, dieses zu realisieren, da ihm die Mittel fehlen, um

Wettbewerbsposition ↓	Lebenszyklusphase			
	Entstehung	Wachstum	Reife	Alter
Dominierend	Aggressiv um Marktanteil kämpfen Position halten	Marktanteil halten Position halten	Mit der Branche wachsen Position halten	Position halten
Stark	Aggressiv um Marktanteil kämpfen Versuchen, Position zu verbessern	Um Marktanteil kämpfen Versuchen, Position zu verbessern	Mit der Branche wachsen Position halten	Position halten oder abschöpfen
Günstig	Selektiv od. aggressiv um Marktanteil kämpfen Selektiv versuchen, Position zu verbessern	Selektiv um Marktanteil kämpfen Versuchen, Position zu verbessern	Verwalten oder halten Nische finden und verteidigen	Abschöpfen oder schrittweiser Rückzug
Haltbar	Selektiv um Position kämpfen	Nische finden und verteidigen	Nische finden und ausharren oder schrittweiser Rückzug	Schrittweiser Rückzug oder Aufgabe
Schwach	Verbessern oder aussteigen	Umschwung oder aussteigen	Umschwung oder schrittweiser Rückzug	Aufgabe

Abb. 6: Normstrategien bezüglich des Marktanteils
(Quelle: In Anlehnung an Hax/Majluf 1991)

die erforderlichen Investitionen zu finanzieren. Der Vorteil, der sich aus einer diversifizierten Unternehmenstätigkeit ergibt, besteht vor diesem Hintergrund vor allem in der Möglichkeit, finanzielle Mittel aus reifen und alternden Geschäftsfeldern mit beschränktem Wachstumspotenzial abzuziehen, um damit zukunftsträchtige Geschäftseinheiten in der Entstehungs- und Wachstumsphase zu finanzieren.

3. Konsequenzen für die Unternehmensführung

3.1 Strategische Handlungsempfehlungen

Für die strategische Planung eines Unternehmens lassen sich aus dem Marktlebenszyklus-Wettbewerbsposition-Portfolio vor allem Aussagen darüber ableiten, welche grundsätzliche strategische Stoßrichtung für ein bestimmtes Geschäftsfeld gewählt werden sollte. Hierzu werden von *Arthur D. Little* zwei grundsätzliche Ansatzpunkte aufgezeigt: (1) Eine unmittelbare Ableitung strategischer Handlungsempfehlungen bezüglich des Marktanteils und der erforderli-

Wettbewerbs-position ↓	Lebenszyklusphase			
	Entstehung	Wachstum	Reife	Alter
Dominierend	Etwas schneller investieren, als der Markt vorschreibt	Investieren, um Wachstumsrate zu halten (und neue Wettbewerber abzuschrecken)	Soviel wie nötig reinvestieren	Soviel wie nötig reinvestieren
Stark	So schnell investieren, wie der Markt vorschreibt	Investieren, um Wachstumsrate zu steigern (und um Position zu verbessern)	Soviel wie nötig reinvestieren	Minimale Reinvestition oder halten
Günstig	Selektiv investieren	Selektiv investieren, um Position zu verbessern	Minimale und/oder selektive Reinvestition	Minimale Erhaltungsinvestition oder Veräußerung
Haltbar	(Sehr) selektiv investieren	Selektiv investieren	Minimal reinvestieren oder veräußern	Veräußern oder liquidieren
Schwach	Investieren oder liquidieren	Investieren oder liquidieren	Selektiv investieren oder liquidieren	Liquidieren

Abb. 7: Normstrategien bezüglich der erforderlichen Investitionen (Quelle: In Anlehnung an Hax/Majluf 1991)

chen Investitionen sowie Aussagen über die Rentabilität bzw. den Cash-Flow einer Geschäftseinheit und (2) eine mittelbare, systematische Ableitung verschiedener detaillierter Strategietypen, die eine Geschäftseinheit bei bestimmten Konstellationen der betrachteten Matrixdimensionen verfolgen kann:

(1) Unmittelbar auf der Basis der Marktlebenszyklus-Wettbewerbsposition-Matrix formuliert *Arthur D. Little* jeweils zwanzig **Normstrategien**, die einem Unternehmen Anhaltspunkte für Wachstums- und Investitionsentscheidungen geben können (siehe Abb. 6 und 7). Bezüglich des Wachstums reichen diese von einem aggressiven Kampf um Marktanteile im Falle einer dominierenden Wettbewerbsposition in einer entstehenden Branche bis hin zur Aufgabe des Geschäfts bei einer schwachen Position in einem alternden Markt. Entsprechend wird empfohlen, im ersten Fall mehr zu investieren, als es erforderlich ist, um dem allgemeinen Marktwachstum zu entsprechen. Im Falle einer schwachen Wettbewerbsposition in einer alten Branche hingegen wird die Liquidation des Geschäfts nahe gelegt.

Zudem können unmittelbar aus der Position einer Geschäftseinheit in der Marktlebenszyklus-Wettbewerbsposition-Matrix Aussagen über ihre Rentabilität und den zu erwirtschaftenden Cash-Flow abgeleitet werden (siehe

Wettbewerbs-position ↓	Lebenszyklusphase			
	Entstehung	Wachstum	Reife	Alter
Dominierend	Wahrscheinlich, aber nicht unbedingt Mittelverbraucher	Rentabel Wahrscheinlich Mittelfreisetzer	Rentabel Mittelfreisetzer	Rentabel Mittelfreisetzer
Stark	Möglicherweise unrentabel Mittelverbraucher	Wahrscheinlich rentabel Wahrscheinlich Mittelverbraucher	Rentabel Mittelfreisetzer	Rentabel Mittelfreisetzer
Günstig	Wahrscheinlich unrentabel Mittelverbraucher	Wahrscheinlich unrentabel Mittelverbraucher	Marginal rentabel Mittelverbraucher	Mäßig rentabel Mittelfreisetzer
Haltbar	Unrentabel Mittelverbraucher	Unrentabel Mittelverbraucher oder neutraler Cash-Flow	Minimal rentabel Neutraler Cash-Flow	Minimal rentabel Neutraler Cash-Flow
Schwach	Unrentabel Mittelverbraucher	Unrentabel Mittelverbraucher oder neutraler Cash-Flow	Unrentabel Möglicherweise Mittelverbraucher oder -freisetzer	Unrentabel

Abb. 8: Normstrategien bezüglich der Rentabilität und des Cash-Flows (Quelle: In Anlehnung an Hax/Majluf 1991)

Abb. 8). So handelt es sich bei dominanten Geschäftseinheiten in einem alternden Markt beispielsweise mit hoher Wahrscheinlichkeit um rentable Aktivitäten, die dazu in der Lage sind, einen positiven Cash-Flow zu generieren. Schwache Geschäftseinheiten in einem entstehenden Markt hingegen sind üblicherweise nicht rentabel und erfordern einen größeren Mitteleinsatz als sie selbst erwirtschaften können – der resultierende Netto-Cash-Flow ist somit in der Regel negativ.

(2) Der zweite Ansatz besteht darin, aus der Marktlebenszyklus-Wettbewerbsposition-Matrix zunächst vier grundsätzliche strategische Stoßrichtungsgruppen abzuleiten, für jede dieser Gruppen unterschiedliche spezifische Handlungsmöglichkeiten zu definieren und diesen wiederum 24 verschiedene Strategietypen zuzuordnen, die aufzeigen, auf welche Weise sich die Handlungsoptionen konkretisieren lassen (vgl. im Einzelnen *Hax/Majluf* 1991). Als grundlegende **Stoßrichtungsgruppen** werden dabei die in Abbildung 9 dargestellten Alternativen „natürliche Entwicklung", „Nischenentwicklung", „Sanierung" und „Rückzug" unterschieden. Die verschiedenen Verknüpfungsmöglichkeiten dieser Gruppen mit den spezifischen Handlungsmöglichkeiten und den vorgeschlagenen Strategietypen sind in Abbildung 10 wiedergegeben. Dabei ist hervorzuheben, dass die resultierende Aufstellung

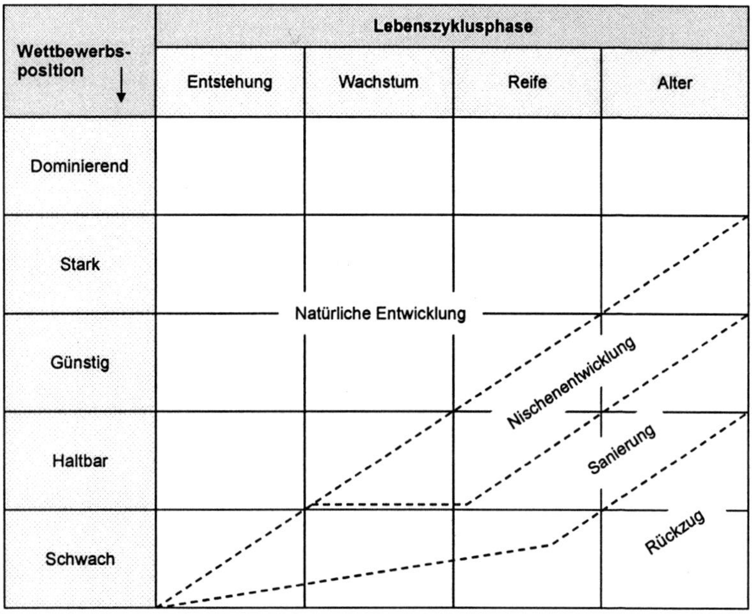

Abb. 9: Stoßrichtungsgruppen
(Quelle: Sommerlatte/Deschamps 1986)

nicht als erschöpfend angesehen werden soll. So geht *Arthur D. Little* zwar davon aus, dass die dargestellten Strategietypen einen maßgeblichen Teil der prinzipiell möglichen strategischen Optionen eines Unternehmens abdecken, zugleich sollen Führungskräfte jedoch dazu angeregt werden, den vorgegebenen Rahmen auszubauen, zu verbessern und auf die spezifische Situation des eigenen Unternehmens zu übertragen.

3.2 Leistungsanalyse

In den vorangegangenen Abschnitten wurde bereits mehrfach gezeigt, dass bestimmte Leistungsgrößen eines Unternehmens in Abhängigkeit der Position einer Geschäftseinheit im Marktlebenszyklus variieren: In Abbildung 1 sind idealtypische Umsatz-, Cash-Flow- und Gewinnverläufe entlang des Lebenszyklus dargestellt, in den Abbildungen 7 und 8 der erwartete Investitionsbedarf, die Rendite und der Cash-Flow in den unterschiedlichen Feldern der Portfoliomatrix. Hat sich ein Unternehmen entschieden, eine bestimmte Strategie zu verfolgen, dann können diese Zusammenhänge genutzt werden, um die Implementierung der Strategie zu überwachen. Das von *Arthur D. Little* zu diesem Zweck

Strategietypen	a	b	c	d	e	f	g	h	i	j	k	l	m	n	o	p	q	r	s	t	u	v	w	x
Stoßrichtungsgruppen / Handlungsoptionen																								
Gruppe 1	Natürliche Entwicklung																							
Voranstürmen					e				i			l												
Mit der Branche wachsen	a	b	c			f	g			j				n		p				t	u			
Schrittw. Terrain gewinnen							g					l								t				
Aggressiv Terrain gewinnen		b	c		e		g					l		n	o	p				t		v		
Position verteidigen	a		c											n							u	v	w	
Abschöpfen				d				h			k		m				q	r			u		w	
Gruppe 2	Nischenentwicklung																							
Nische finden	a						g		i			l	m					r		t				
Nische ausbeuten		b	c		e							l		n		p					u	v		
Nische halten			c	d										n			q				u			
Gruppe 3	Sanieren																							
Aufholen				d	e							l	m			p	q	r						
Erneuern				d									m		o	p	q	r			u			
Umschwung				d								l	m	n			q	r				v	w	
Existenz verlängern	a			d		f				j	k		m	n			q	r	s	t			w	
Gruppe 4	Rückzug																							
Rückzug				d									m				q	r					w	
Veräußern				d							k						q	r	s					
Aufgeben																								x

Legende:

a = Rückwärtsintegration
b = Aufbau von Produktionsanlagen im Ausland
c = Aufbau einer Geschäftseinheit im Ausland
d = Rationalisierung des Vertriebs
e = Kapazitätsausweitung
f = Export vorhandener Produkte
g = Vorwärtsintegration
h = Zögern
i = Markterschließung
j = Lizenzvergabe ins Ausland
k = Kleine Perle
l = Marktdurchdringung
m = Rationalisierung des Marktes
n = Effizienz der Methoden und Funktionen
o = Neue Produkte / neue Märkte
p = Neue Produkte / vorhandene Märkte
q = Rationalisierung der Produktion
r = Rationalisierung der Produktlinie
s = Reines Überleben
t = Vorhandene Produkte / neue Märkte
u = Aufrechterhalten
v = Technologische Effizienz
w = Herkömmliche Kostensenkungseffizienz
x = Auflösen der Geschäftseinheit

Abb. 10: Stoßrichtungsgruppen, Handlungsoptionen und Strategietypen (Quelle: In Anlehnung an Hax/Majluf 1991)

entwickelte Instrument, der sogenannte **Ronagraph**, bildet auf der Ordinate die Nettokapitalrendite (Return on Net Assets, RONA) einer Geschäftseinheit ab, auf der Abszisse wird das Verhältnis der unternehmensinternen Cash-Flow-Verwendung aufgetragen. Letzterer Wert gibt den Anteil der von einer Geschäftseinheit erwirtschafteten finanziellen Mittel an, der von ihr selbst weiterverwendet wird. Beträgt der Wert 100 Prozent, so werden sämtliche Mittel in die betreffende Geschäftseinheit reinvestiert – aus Unternehmenssicht weist diese somit einen neutralen Cash-Flow auf. Bei einem Wert über 100 Prozent wird die Geschäftseinheit zu einem Mittelverbraucher, bei einem Wert unter 100 Prozent zu einem Mittelfreisetzer. Liegt der Wert im negativen Bereich, so bedeutet dies, dass eine Veräußerungs- bzw. Liquidationsstrategie verfolgt wird, da der Geschäftseinheit mehr finanzielle Mittel entzogen werden als sie am Markt erwirtschaften kann. Entsprechend lassen sich im Ronagraph drei wesentliche Bereiche unterscheiden: eine **Subventionierungs-**, eine **Beitrags-** und eine **Liquidierungszone** (siehe Abb. 11).

Die Position einer Geschäftseinheit in den verschiedenen Zonen des Ronagraphen bringt ihre Stellung im Lebenszyklus zum Ausdruck. So können Geschäftseinheiten in der Entstehungs- und Wachstumsphase zwar bereits eine attraktive Nettokapitalrendite abwerfen, bezogen auf den Cash-Flow handelt es sich bei ihnen jedoch typischerweise um Mittelverbraucher – das heißt, sie liegen im Allgemeinen in der Subventionierungszone des Ronagraphen. Ist dies nicht der Fall – kann ein Unternehmen also in Geschäftsfeldern, die sich in der Entstehungs- oder Wachstumsphase befinden, finanzielle Mittel freisetzen –, so ist dies ein Indiz dafür, dass das Unternehmen zu wenig in diese Bereiche investiert und somit das Risiko von Marktanteilsverlusten eingeht. Die Beitragszone und auch die Liquidierungszone sollten vor diesem Hintergrund in aller Regel reifen und alternden Geschäftsfeldern vorbehalten sein.

Neben der reinen Darstellung finanzieller Schlüsseldaten der eigenen Geschäftseinheiten kann der Ronagraph auch eingesetzt werden, um diese mit der Leistung relevanter Konkurrenzunternehmen zu vergleichen. So kennzeichnen die in Abbildung 11 skizzierten Ellipsen die typische Leistungsfähigkeit eines starken Wettbewerbers in den verschiedenen Zonen des Ronagraphen. Geschäftseinheit A liegt genau im Rahmen dieser Vergleichswerte, während die Geschäftseinheiten B und C besser bzw. schlechter abschneiden.

3.3 Analyse der Führungssysteme

Eine zentrale Aufgabe des strategischen Managements besteht darin, die im Unternehmen eingesetzten Führungssysteme so auszugestalten, dass sie mit den kulturellen Gegebenheiten im Unternehmen harmonieren. Dabei ist zu beachten, dass es sich bei der Unternehmenskultur nicht um einen statischen Aspekt handelt, sondern vielmehr um einen komplexen, hochdynamischen Bereich, der es erforderlich macht, die Führungsstruktur eines Unternehmens stetig an veränderte Rahmenbedingungen anzupassen. Dieser Grundgedanke wurde von *Arthur D. Little* auf den Lebenszyklus-Ansatz übertragen. Dabei steht die Erkenntnis im Mittelpunkt, dass sich die Kultur eines Unternehmens – aber auch die Führungs-

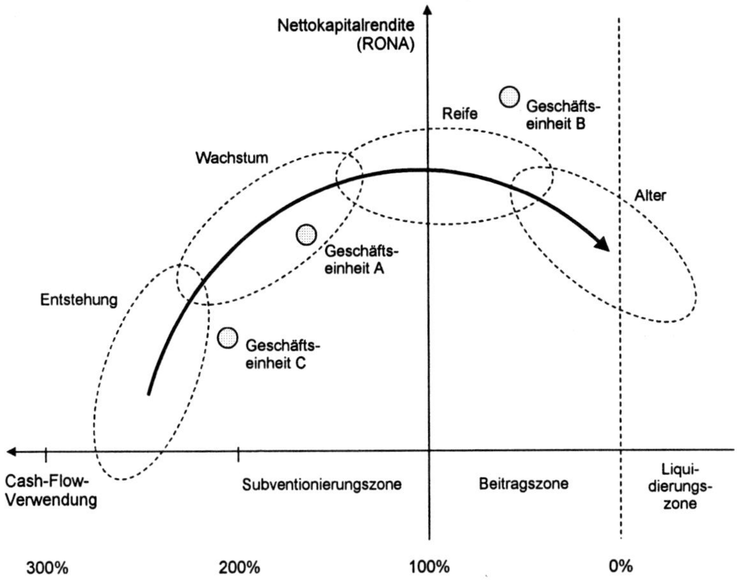

Abb. 11: Ein typischer Ronagraph
(Quelle: In Anlehnung an Hax/Majluf 1991)

aufgaben des Managements – signifikant verändern, wenn sich eine Geschäftseinheit von der Entstehungsphase zum Alter entwickelt. Entsprechend gilt es, verschiedene Aspekte des Führungssystems entlang des Lebenszyklus stetig anzupassen und neu zu gestalten (vgl. auch *Hax/Majluf* 1991):

- Während die **allgemeine Stoßrichtung** einer Geschäftseinheit in der Entstehungsphase vor allem von einem flexiblen, pragmatischen „Unternehmertum" geprägt ist, steht in der Wachstumsphase der Aufbau einer starken Wettbewerbsposition im Vordergrund. In der Reifephase folgt zumeist eine formale Verwaltung der erlangten Position, die Effizienz der internen Prozesse wird maximiert, die Gewinne werden optimiert. Im Alter konzentriert man sich schließlich auf das opportunistische Abschöpfen des Geschäfts. Die Gewinne werden nun maximiert, die Aktivitäten so lange fortgeführt, bis kein positiver Deckungsbeitrag mehr zu erzielen ist.
- Die **Organisationsstruktur** verliert entlang des Lebenszyklus in aller Regel deutlich an Flexibilität, der Formalisierungsgrad steigt entsprechend an. Während die in der Entstehungsphase üblicherweise noch kleinen – aber schnell wachsenden – Geschäftseinheiten häufig nach Produkten oder Abnehmern strukturiert sind, bilden in der Wachstumsphase im Allgemeinen das Produktprogramm, in der Reifephase die Produkte, Märkte und Funktio-

nen und im Alter schließlich die Betriebsstätten der Geschäftseinheit das wesentliche Gliederungskriterium.

- Das **Weisungssystem** einer Geschäftseinheit ist in der Entstehungsphase häufig locker und informell gestaltet. Autoritäten und Verantwortlichkeiten sind oft nicht klar definiert, an vielen Stellen bestehen Kompetenzüberschneidungen. In der Wachstumsphase bildet sich in der Regel ein formaleres System heraus, das in der Reifephase häufig in starre Strukturen mündet, mit eindeutigen, klar umrissenen Verantwortungsbereichen. Im Alter ist es häufig zu beobachten, dass sich der Formalisierungsgrad reduziert und einige der etablierten Strukturen wieder aufbrechen.
- Die **Führungsausrichtung** des Managements konzentriert sich in der Entstehungsphase vor allem auf die operative Aufgabenerfüllung, auf Finanzierungsfragen und das Wachstum der Geschäftseinheit. Auch in der Wachstumsphase bildet die Erfüllung operativer Aufgaben in der Regel den Kern der Managementtätigkeit, wobei der erwirtschaftete Ertrag und die Mitarbeiterführung zunehmend an Bedeutung gewinnen. Diese beiden Aspekte bestimmen üblicherweise auch in der Reifephase die zentrale Ausrichtung des Führungssystems. Im Alter stehen dann zumeist der Ertrag und das „Überleben" der Geschäftseinheit im Vordergrund.
- Der **Führungsstil** ist in der Entstehungsphase meistens offen, spontan und hat beratenden Charakter. In der Reifephase wird er zumeist formaler, Partizipation und Delegation gewinnen an Bedeutung. In der Reifephase nimmt der Formalisierungsgrad weiter zu, Delegation und Kontrolle stehen im Mittelpunkt. In der Alterungsphase findet sich häufig ein autokratischer Führungsstil, oft wird auch „nach Zweckmäßigkeit" geführt.
- Hinsichtlich der erforderlichen **Managementfähigkeiten** sind die Entstehungsphase und das Alter eher durch Generalistentum, die Wachstums- und die Reifephase durch Spezialistentum geprägt. In der Entstehungsphase spielt vor allem die Innovationsfähigkeit eine entscheidende Rolle. In der Wachstumsphase stehen planerische Fähigkeiten im Vordergrund, in der Reifephase der Umgang mit Systemen und Prozessen. Im Alter liegt das Schwergewicht im Bereich der Kontrolle der Geschäftsentwicklung.
- Das **Belohnungs- und Anreizsystem** eines Geschäftsbereichs besitzt in der Entstehungsphase zumeist einen eher lockeren, informellen Charakter. Die Gehaltsstruktur teilt sich nicht selten in ein niedriges Fixum und einen hohen variablen Gehaltsanteil, der in Form eines leistungsabhängigen Bonusses gewährt wird. Als zusätzliche Anreizkomponente werden den Führungskräften häufig Aktien bzw. Unternehmensanteile angeboten. In der Wachstumsphase wird das Anreizsystem zumeist formaler. Fixe und variable Anteile gleichen sich an, Firmenanteile gehören neben einem Bonus zu den

Standardkomponenten des Systems. Zusätzliche Anreize werden vor allem durch das Angebot arbeitsfreier Zeit geschaffen. In der Reifephase ist das Anreizsystem üblicherweise bereits sehr formal und starr. Ein hohes Fixum dominiert einen geringen variablen Gehaltsanteil, zusätzliche Anreize bestehen in arbeitsfreier Zeit und in der Möglichkeit, vorzeitig in den Ruhestand zu treten. Ganz ähnliche Systeme findet man auch in der Alterungsphase, wobei hier oft ganz auf einen variablen Gehaltsbestandteil verzichtet wird.

- Der Hauptzweck des **Informations- und Kommunikationssystems** besteht in der Entstehungsphase vor allem darin, eine schnelle Reaktionsgeschwindigkeit sicherzustellen. In der Wachstumsphase muss es Planungsprozesse unterstützen, in der Reifephase und im Alter die Koordination und Kontrolle der Geschäftsprozesse. Während in der Entstehungsphase vor allem qualitative, marktorientierte – und zum Teil noch relativ unsystematisch zusammengestellte – Informationen im Mittelpunkt stehen, gewinnen im Verlauf des Lebenszyklus systematisch aufbereitete, quantitative Daten zunehmend an Bedeutung. In der Wachstumsphase muss das Informations- und Kommunikationssystem hauptsächlich die Rolle eines Frühwarnsystems erfüllen, in der Reifephase nimmt die Produktionsorientierung zu, im Alter schließlich die Bilanzorientierung.
- Die **Kontrollsysteme** einer Geschäftseinheit sind in der Entstehungsphase vor allem darauf ausgelegt, Marktveränderungen zu identifizieren, die schnelle Reaktionen erforderlich machen. Die zu verwendenden Kontrollgrößen sind zumeist von der Unternehmensleitung fest vorgegeben und werden in kurzen Zeitintervallen erhoben. In der Wachstumsphase wandelt sich der Fokus üblicherweise vom Marketing zur Produktion. Die Anzahl der Kontrollgrößen nimmt zu, ihre Handhabung wird flexibler. In der Reifephase steht die Herstellung und der finanzielle Ertrag im Mittelpunkt. Die Zielsetzung der Kontrollsysteme besteht nun weniger in der Frühwarnung als vielmehr in der allgemeinen Verbesserung der Qualität von Führungsentscheidungen. Die Häufigkeit der Datenerhebung nimmt ab und folgt zumeist festen Zyklen. Im Alter schließlich konzentrieren sich die Kontrollsysteme auf die Überwachung des finanziellen Ertrags. Die Anzahl der Kontrollgrößen nimmt zumeist wieder ab, die Vorgaben hinsichtlich der zu verwendeten Kriterien hingegen zu. Die Häufigkeit der Datenerhebung wird in der Regel weiter reduziert.

3.4 Risikoanalyse

Im letzten Schritt der Methodik von *Arthur D. Little* wird das mit dem Geschäftsportfolio eines Unternehmens verbundene Risiko analysiert. Das Risiko wird dabei durch die mit der Ertragsleistung einer Geschäftseinheit verbundene Unsicherheit operationalisiert – je besser die jeweiligen Erträge zu prognostizieren sind, desto geringer ist das Risiko.

Die Risikoeinschätzung ist ein höchst subjektiver Prozess. Um ihn zu strukturieren, unterscheidet *Arthur D. Little* zunächst zwei Risikogruppen – das interne und das externe Risiko – und formuliert darauf aufbauend verschiedene Risikodeterminanten, die zunächst unabhängig voneinander beurteilt und dann zu einem Gesamtrisiko aggregiert werden:

(1) Das **interne Risiko** wird vor allem von der Lebenszyklusphase und der Wettbewerbsposition einer Geschäftseinheit – also von ihrer Position in der Portfoliomatrix – bestimmt. Das höchste Risiko besteht für eine Geschäftseinheit mit schwacher Wettbewerbsposition in einem entstehenden Markt, am geringsten ist es bei einer dominanten Geschäftseinheit in einer alternden Branche ausgeprägt. Verallgemeinert steigt das Risiko, wenn man sich in der Portfoliomatrix horizontal von rechts nach links und vertikal von oben nach unten bewegt. Weitere Determinanten des internen Risikos sind beispielsweise die spezifischen Charakteristika der Branche, in der eine Geschäftseinheit tätig ist, die verfolgte Strategie der Geschäftseinheit, die Annahmen, auf deren Basis diese Strategie entwickelt wurde, sowie die Leistungsfähigkeit des verantwortlichen Managements.

(2) Zur Bewertung des **externen Risikos** werden zunächst die Elemente einer Geschäftseinheit identifiziert, die einem entsprechenden Risiko ausgesetzt sind. Dies können beispielsweise Sachanlagen sein, Finanzanlagen, immaterielle Vermögenswerte, Mitarbeiter, der Zugang zu wichtigen Ressourcen oder auch die operative Flexibilität der Geschäftseinheit. Im Anschluss daran werden die Umweltfaktoren identifiziert, die diese Elemente beeinflussen können – hier ist zum Beispiel an die politische Lage zu denken, an die volkswirtschaftliche Entwicklung, die internationale Stabilität, an technologische und gesellschaftliche Trends und dergleichen. Abschließend erfolgt eine Bewertung der möglichen Auswirkungen der Umweltfaktoren auf die identifizierten Elemente sowie eine Prognose der entsprechenden Eintrittswahrscheinlichkeiten.

4. Problemfelder der Methodik

4.1 Generelle Problemfelder der Portfolio-Analyse

Die Portfolio-Analyse birgt einige grundsätzliche kritische Aspekte, die bei ihrer Anwendung berücksichtigt werden müssen. Zu den problematischesten Punkten zählt die Definition des **relevanten Marktes**, der bei der Analyse der Marktattraktivität und der Wettbewerbsposition einer Geschäftseinheit zugrunde gelegt wird.* Eine zu weite Definition des Marktes kann dazu führen, dass die Wettbewerbsposition der Geschäftseinheit schwächer erscheint, als sie es tatsächlich ist. Andererseits besteht die Gefahr, eine zu enge Marktabgrenzung zu wählen, so dass dem betreffenden Unternehmen unangemessenerweise eine starke oder gar dominante Position im Wettbewerb zugesprochen wird. Und auch im Rahmen der Beurteilung der Marktattraktivität kann eine inadäquate Marktabgrenzung die Analyseergebnisse stark verfälschen. So kann ein zu eng oder zu weit gefasster Markt in einer ganz anderen Lebenszyklusphase erscheinen, als es tatsächlich der Fall ist.

Eine weitere Schwierigkeit besteht darin, **fundierte Daten** zur Bestimmung der Lebenszyklusphase und der Wettbewerbsposition einer Geschäftseinheit zu beschaffen. Dies gilt um so mehr, wenn die Portfolio-Analyse auch auf Konkurrenzunternehmen ausgedehnt wird. Mit abnehmender Genauigkeit des verwendeten Datenmaterials sinkt jedoch auch die Zuverlässigkeit des gesamten methodischen Konzepts.

Die empfohlene Orientierung an **Normstrategien** und differenzierten **Strategietypen** besitzt zwar einerseits den Vorteil, dass einem Unternehmen ein klares, einfach nachzuvollziehendes Handlungsmuster an die Hand gegeben werden kann, andererseits birgt sie jedoch auch die Gefahr, allzu schnell eine bestimmte standardisierte Strategie zu verfolgen. In aller Regel unterliegt das Geschäft in unterschiedlichen Branchen und Situationen komplexeren Einflüssen, als sie in einer begrenzten Anzahl normierter Strategiemuster abgebildet werden können.

4.2 Spezifische Problemfelder des Ansatzes

Der Portfolioansatz von *Arthur D. Little* basiert ganz wesentlich auf den Annahmen des **Marktlebenszyklus**, der dem Konzept als Gesetzeshypothese zugrunde liegt. Die theoretische Fundierung des Marktlebenszyklus wird heute jedoch kritisch diskutiert. So ist es zwar unstrittig, dass Produkte, Märkte oder auch Branchen einen Lebenszyklus durchlaufen, jedoch folgt dieser keiner autonomen Gesetzmäßigkeit, sondern lässt sich maßgeblich durch die absatzpolitischen Instrumente eines Unternehmens – und die der relevanten Konkurrenten – beeinflussen. Nähere Erkenntnisse über den Verlauf des Lebenszyklus lassen sich zudem in aller Regel erst ex post – also im Nachhinein – gewinnen. Eine empirisch fundierte Prognose seiner Entwicklung, vor allem auch hinsichtlich

---

* Siehe hierzu und im Folgenden auch die detaillierteren Ausführungen in Abschnitt A.1.

der Verweildauer einer Branche in den einzelnen Phasen, ist vorab kaum möglich. Vor diesem Hintergrund ist es häufig nicht einfach, die Lebenszyklus-Phase zu bestimmen, in der sich ein Geschäftsfeld gerade befindet, oder seine zukünftigen Entwicklungspotenziale abzuschätzen.

Zudem wird angeführt, dass sich die Art des Wettbewerbs in einer Branche entlang des Lebenszyklus nachhaltig verändern kann – ohne dass jedoch zu prognostizieren wäre, in welcher Form eine solche Veränderung abläuft (vgl. z.B. *Porter* 1980). So entwickeln sich manche Branchen von einer stark zersplitterten Struktur zu Beginn ihres Lebenszyklusses zu einer hochkonzentrierten Struktur in der Reifephase – wie dies zum Beispiel in der Automobilindustrie zu beobachten war. Andere Branchen zeigen einen genau entgegengesetzten Verlauf. Sie beginnen als konzentrierte Branchen und werden im Laufe der Zeit immer fragmentierter – zum Beispiel die Telekommunikationsindustrie. Vor diesem Hintergrund erscheint die Frage berechtigt, ob sich allein aus der Position einer Geschäftseinheit im Lebenszyklus strategische Handlungsempfehlungen ableiten lassen, wenn gleichzeitig entsprechende strukturelle Veränderungen in der Branche auftreten, die in ihrer Art nicht einer bestimmten Lebenszyklus-Phase zugeordnet werden können.

Ein weiterer Einwand, der gegen den Ansatz von *Arthur D. Little* vorgebracht wird, betrifft die im letzten Abschnitt bereits angeführten generellen Schwierigkeiten einer Orientierung an **Normstrategien**. Die sehr detaillierten Handlungsempfehlungen mit 24 verschiedenen Strategietypen, die situationsspezifisch mit unterschiedlichen Stoßrichtungsgruppen und Handlungsmöglichkeiten verknüpft werden können, bergen die Gefahr einer allzu mechanischen Ableitung strategischer Vorgehensweisen und können – obwohl dies von *Arthur D. Little* nicht beabsichtigt wurde – die Kreativität und Innovationsfähigkeit des Managements hemmen. Zudem sind einige der Strategietypen nicht überschneidungsfrei und präzise formuliert, so dass sie nur begrenzt als unmittelbare Handlungsanweisung geeignet sind.

Literatur

Arthur D. Little (1974): A System for Managing Diversity, Cambridge, Mass. 1974.

Arthur D. Little (1980): A Management System for the 1980s, San Francisco 1980.

Forbes, E.H./Bate, T.J. (1980): The Life Cycle Approach to Strategic Planning, Sloan School of Management, Cambridge, Mass. 1980.

Laukamm, T./Steinthal, N. (1986): Methoden der Strategieentwicklung und des Strategischen Managements: Von der Portfolio-Planung zum Führungssystem, in: Management im Zeitalter der strategischen Führung, hrsg. von Arthur D. Little, 2. Aufl., Wiesbaden 1986, S. 5-36.

Osell, R.R./Wright, R.V.L (1980): Allocating Ressources: How to Do It in Multi-Industry Corporations, in: Handbook of Business Problem-Solving, hrsg. von K. J. Albert, New York 1980, S. 1/89 - 1/109.

Porter, M.E. (1998): Competitive Strategy, Techniques for Analyzing Industries and Competitors, New York 1998.

Sommerlatte, T./Deschamps, J.-P. (1986): Der strategische Einsatz von Technologien: Konzepte und Methoden zur Einbeziehung von Technologien in die Strategieentwicklung des Unternehmens, in: Management im Zeitalter der strategischen Führung, hrsg. von Arthur D. Little, 2. Aufl., Wiesbaden 1986, S. 37-76.

Teil B

Neuere Ansätze der Managementberatung

B.1

Value-Growth: Neue Strategieregeln für wertorientiertes Wachstum – ein Ansatz von Mercer Management Consulting

*Rainer G. Nehls / Peter Baumgartner**

---

* Rainer G. Nehls ist Vice President von Mercer Management Consulting mit Sitz in München. Peter Baumgartner ist Geschäftsführer der Mercer Management Consulting GmbH in München und Mitglied des Aufsichtsrates der Mercer Management Consulting Corp., New York.

1. Value-Growth – eine Einführung

Was zeichnet erfolgreiche Unternehmen gegenüber schwächeren Konkurrenten aus? Wie schaffen es *America Online, SAP, General Electric, SMH (Swatch), Marschollek, Lautenschläger und Partner (MLP), Intel, Walt Disney, Microsoft, Sixt, Trumpf, Boss* oder *Fresenius*, Jahr für Jahr den Ertrag und Unternehmenswert um durchschnittlich mehr als 23 Prozent zu steigern? Warum ist *Coca-Cola* seinen Wettbewerbern *Pepsi-Cola* oder *Schweppes* haushoch überlegen; wie hat es der Newcomer *Nucor Steel* geschafft, den Marktwert des Branchenriesen *Bethlehem Steel* zu übertreffen; worauf gründet sich die Überlegenheit von *Cisco* über *Bay Networks* bzw. von *Wal-Mart* über *K-Mart*? Dieser Beitrag analysiert die Erfolgsmuster für eine nachhaltige Steigerung des Unternehmenswertes und zeigt, was man von diesen „Champions" lernen kann.

Eine aktuelle Untersuchung zeigt, dass in der Zeit von 1980 bis 1997 die S&P 500 Unternehmen* ihren Unternehmenswert (Börsenkapitalisierung) um durchschnittlich 11,4 Prozent pro Jahr gesteigert haben (siehe Abb. 1). Dagegen weist eine Gruppe von sogenannten Marktführern, d.h. weltbekannten Großunternehmen wie *American Airlines, Digital Equipment, Ford, General Motors, IBM, Sears* etc. nur eine unterdurchschnittliche Performance von 6,9 Prozent pro Jahr auf. Die Gruppe der „Business-Design-Champions" wie *Coca-Cola, Disney, Intel, Microsoft, General Electric, ABB, SMH* u.a. übertrifft mit einem Wertzuwachs von ca. 23 Prozent pro Jahr deutlich den S&P-Durchschnitt.

Kontinuierlicher Wertzuwachs über eine Dekade und länger sind um so bemerkenswerter, wenn man berücksichtigt, dass es sehr schwierig ist, überhaupt in die Zone nachhaltigen Wertzuwachses zu gelangen und erst recht, sich dort dauerhaft zu behaupten. Nur 36 Prozent der Fortune 1000-Unternehmen, die im Zeitraum von 1986 bis 1991 durch umfangreiche Restrukturierungsmaßnahmen versucht haben, kontinuierliche Wertzuwächse zu erreichen, haben es in den darauffolgenden Jahren bis 1996 auch tatsächlich geschafft, und nur 38 Prozent der Unternehmen, denen das gelungen ist, konnten ihren Wert auch in den Folgejahren steigern.

Was sind die Erfolgsrezepte? Das Auffälligste an den erfolgreichen Business-Designs der Wertzuwachs-Champions ist ihre Unterschiedlichkeit. Die Erfolgslogik, auf der das Business-Design von *Coca-Cola* basiert, ist völlig anders als das Erfolgsmuster von *General Electric. Thermo Electron* und *Adidas* trennen Welten, ebenso *Microsoft* und *Disney.*

---

* Standard & Poors-Aktienindex, USA, analog Dax-Index.

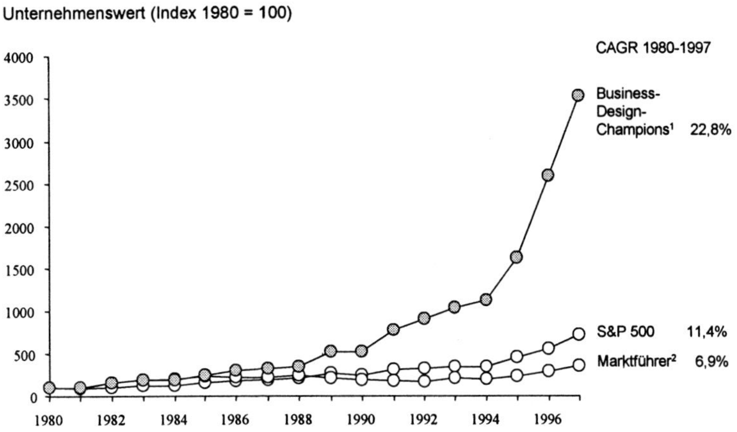

¹⁾ Champions sind Microsoft, Intel, Coca-Cola, Disney, Schwab, GE, ABB, Thermo Electron und SMH. Champions ohne Microsoft und Intel haben eine jährliche Wachstumsrate von 19,9%.

²⁾ Unternehmen mit großen Marktanteilen sind American Airlines, Bethlehem Steel, Digital Equipment, Ford, GM, IBM, K-Mart, Sears, United Airlines und U.S. Steel.

Abb. 1: Vergleich S&P 500, Marktführer und Business-Design-Champions (Quelle: Mercer Management Consulting)

Eines haben sie jedoch gemeinsam: Sie haben es verstanden, die Markt-, Technologie- und Wettbewerbsdynamik frühzeitig zu antizipieren und einen vielschichtigen Paradigmenwechsel aktiv zu nutzen.

2. Strategieregeln für nachhaltigen Unternehmenserfolg

2.1 Marktanteile – der Wert zählt und nicht die Menge

Die Jagd nach Marktanteilen hat häufig nicht zum erwünschten Renditeziel geführt, weil die wichtigste Frage meist außer Acht gelassen wurde: Was sind meine Marktanteile wert? Nicht auf die Höhe des Marktanteils kommt es an, sondern auf den **größten Wertanteil** innerhalb eines definierten Industriesektors. Erst dann ist es sinnvoll, in diesem Bereich Marktanteile auszubauen. Ein Beispiel aus der Stahlindustrie verdeutlicht das:

In den vergangenen zwanzig Jahren haben die großen US-Stahlunternehmen, wie *Armco, Bethlehem Steel, U.S. Steel* u.a., durch Vergrößerung ihrer Marktanteile und Kostensenkung mehr oder weniger vergeblich versucht, ihre Profitabilität und ihren Unternehmenswert zu steigern. *Nucor*, ein US-Newcomer im

Stahlbusiness, hat – anfangs nahezu unbemerkt, mittlerweile bewundert – auf der Basis der „Ministahlwerk"-Technologie (Technologie von *SMS*, Düsseldorf, und *VA-Tech*, Wien) eine völlig neue Strategie entwickelt. „Ministahlwerke" ermöglichten es *Nucor*, durch deutlich geringere Investitionen, höhere Flexibilität und überlegene Distributionsstrukturen im etablierten Markt der Betreiber von großen integrierten Stahlwerken neue Maßstäbe zu setzen. *Nucor* erzielte 1997 3 Milliarden US-Dollar Umsatz, das entspricht ca. 50 Prozent des größten Stahlherstellers *U.S. Steel*. *Nucors* Marktwert dagegen betrug Ende 1997 mehr als 6 Milliarden US-Dollar; das ist etwa doppelt so viel wie der Marktwert von *U.S. Steel* und ca. 15 Prozent des Gesamtmarktwertes aller Stahlhersteller.

Die nachhaltige, überdurchschnittliche Steigerung des Unternehmenswertes (der sog. **„Value-Growth"**) ist trotz mitunter heftig geführter Debatten über das Pro und Kontra wohl die sinnvollste Erfolgs- und Attraktivitätsbewertungsmethode für börsennotierte Unternehmen. Die Wertentwicklung wird zwar von spekulativen Effekten überlagert, berücksichtigt die Bedürfnisse der wesentlichen beteiligten Gruppen aber in bestmöglicher Form.

Dabei zeigt sich, dass eine zu einseitige Fokussierung auf den „Shareholder-Value" zwar für einige Zeit zu deutlichen Unternehmenswertsteigerungen führen, jedoch den betrieblichen Konsens zerstören kann. Nachhaltigkeit kann nur durch eine gleichrangige Berücksichtigung der Interessen von Kunden, Mitarbeitern und Aktionären sichergestellt werden. Dies gilt insbesondere in Deutschland.

2.2 Die Gewinnzonen von morgen

1986 betrug der Marktwert von *IBM* mehr als 50 Prozent des Gesamtwertes aller in der IT-Industrie tätigen Unternehmen. In dieser Zeit war das Unternehmenskonzept (das sog. „Business-Design") von *IBM* ebenso wie das der anderen großen IT-Anbieter wie *DEC, Bull* etc. **vollstufig vertikal**. Vereinfacht gesagt: Alle Hard- und Software wurde selbst entwickelt, in eigenen Produktionsstätten hergestellt und durch die eigene Vertriebsorganisation weltweit „verteilt". Zehn Jahre später, im Jahr 1996, betrug der Marktwert von *IBM* nur noch ca. 15 Prozent des Gesamtmarktwertes. Unternehmen wie *Microsoft* (Betriebssysteme) und *Intel* (Prozessoren) halten mittlerweile einen höheren Wertanteil als *IBM*. *EDS* (Systemlösungen und Outsourcing) sowie *Oracle* (Datenbanken) erreichen ca. ein Drittel des Marktwertes von *IBM*. Der Marktwert von *SAP* ist mittlerweile um einige Milliarden DM höher als der von *Siemens* bei nur ca. 10 Prozent des Umsatzes! Wie ist das möglich?

Aufgrund der schnellen und dramatischen technologischen Entwicklungen findet der Wettbewerb in der IT-Industrie nicht mehr vertikal über die gesamte Wert-

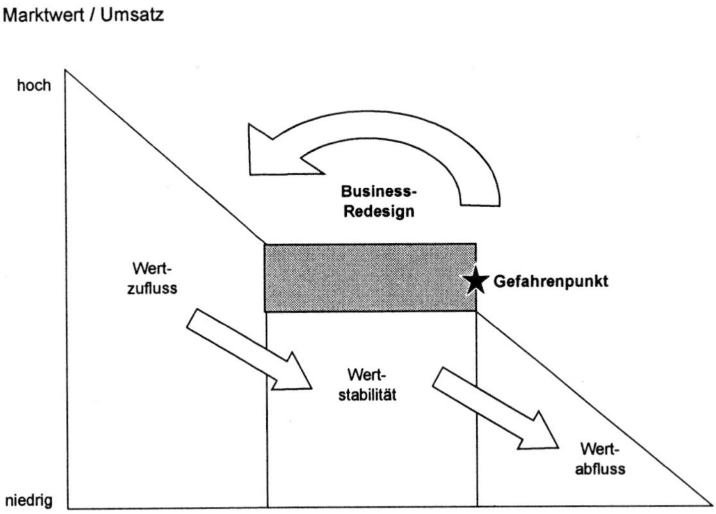

Legende:

Marktwert / Umsatz als Indikator für die Qualität des Business-Designs (Marktwert relativ zur Unternehmensgröße); die Skalierung kann branchenabhängig sein; Wertzufluss: Unternehmen erhöht Wertanteil im Markt; Wertstabilität: Wertanteil wird gehalten; Wertabfluss: Unternehmen verliert Wertanteil.

Abb. 2: Das Value-Migration-Modell

schöpfungskette hinweg statt, sondern **horizontal** in den einzelnen Elementen wie Prozessoren, Hardware und Betriebssysteme. *IBM* hat diesen Trend, der zu einer völlig neuen Verteilung der Wertanteile (**„Value-Migration“***) führte, zu spät erkannt und es versäumt, sein Business-Design rechtzeitig anzupassen.

Value-Migration ist ein unvermeidbarer Prozess, der die Lebenszeit eines Business-Designs begrenzt, und zwar auf durchschnittlich fünf bis sieben Jahre. In einigen Branchen, zum Beispiel bei Telekommunikationsdienstleistungen, ist der Lebenszyklus mit zwei bis drei Jahren sogar noch kürzer. Nur wenn Wertverschiebungen frühzeitig erkannt werden, kann ein Business-Redesign eingeleitet werden, das auf neue, lukrative Gewinnzonen ausgerichtet ist. Value-Migration verläuft in drei Phasen (siehe Abb. 2):

(1) **Wertzuflussphase**: Ein Unternehmen erhöht seinen Wertanteil im Markt durch ein wettbewerbsüberlegenes, innovatives Business-Design, das die veränderten Kundenprioritäten besser als der Wettbewerb erfüllt. Das führt zu Wachstum und einer erhöhten Rentabilität.

---

* ® Mercer Management Consulting.

(2) **Stabilitätsphase:** Das Unternehmen hält seinen Wertanteil, weil sein Business-Design noch leistungsfähig, aber ausgereift ist. Wettbewerb, Marktanteile und Margen sind stabil.

(3) **Wertabflussphase:** Der Wert wandert vom Unternehmen ab hin zu Wettbewerbern mit einem überlegeneren Business-Design, das die inzwischen veränderten Kundenprioritäten besser erfüllt. Überholte Business-Designs stehen in einem ruinösen Wettbewerb und verlieren an Wert, ausgelöst durch tiefgreifende und nachhaltige, zum Teil irreversible Veränderungen: verkürzte Wertschöpfungskette, geänderte Kundenprioritäten, neue Vertriebskanäle, neue Technologien, effizientere Organisationsformen etc.

Aus der Analyse der verschiedenen Industrien und einer Vielzahl von Unternehmen lassen sich **Value-Migration-Muster** ableiten, die realitätsnahe Prognosen über Zeitpunkt, Richtung und Umfang kommender Wertverschiebungen unterstützen. Daran lässt sich ablesen, wann sich der Lebenszyklus eines Business-Designs dem Ende neigt. Den schlimmsten Fehler, den Unternehmen begehen können, ist, diese Warnzeichen zu ignorieren und an überholten Unternehmenskonzepten festzuhalten.

2.3 Rigorose Betrachtung von außen

In den vergangenen Jahren ist die Zahl der Beiträge zum Thema „Kundenorientierung" und „kundenorientierte Unternehmensstrategien" dramatisch angestiegen. Fast alle Unternehmen nehmen für sich in Anspruch, kundenorientiert zu handeln, tatsächlich sind die meisten aber stark innenzentriert. Ein Blick hinter die Kulissen zeigt, dass nur wenige Unternehmen mit strategischer Weitsicht ihr Produkt- und Dienstleistungsangebot sowie die internen Prozesse, Systeme und Ressourcen – die unter anderem auch das Verhalten prägen – den dynamischen Kundenbedürfnissen ständig anpassen.

Positive Beispiele für durchgängig kundenzentrierte Unternehmen sind zum Beispiel der Finanzdienstleister *MLP*, die Autovermietung *Sixt* und *General Electric* bei Flugzeugtriebwerken, *Aldi* und *Feinkost Käfer* im Lebensmittelhandel.

2.4 Erweiterung der Wettbewerbsbetrachtung

Ein Grund, warum viele Unternehmensstrategien fehlschlagen, ist eine zu eng gesteckte Wettbewerbspositionierung, die sich ausschließlich auf die eigene Branche richtet. Hätte *Bang & Olufsen* sich lediglich an den anderen TV- und HiFi-Herstellern orientiert, wäre dieses Unternehmen heute nicht das innovativste und profitabelste Unternehmen in einer Branche, die durch negatives Wachs-

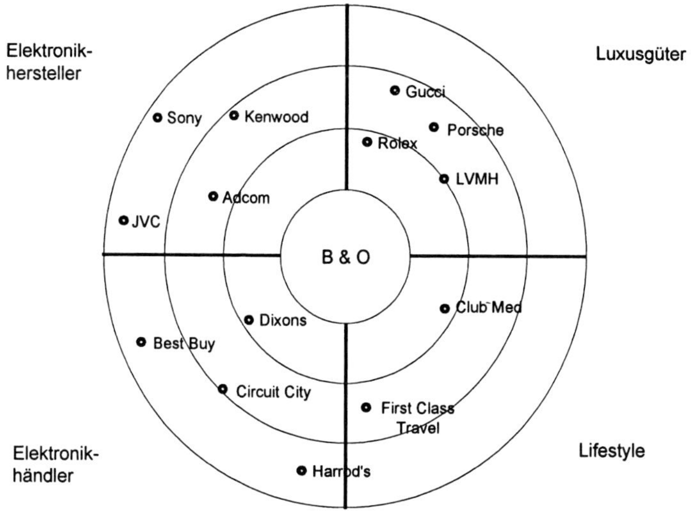

Abb. 3: Radarschirm für Bang & Olufsen

tum, Verluste, Übernahmen und Konkurse gekennzeichnet ist. *Bang & Olufsen* hat statt dessen analog einem **Radarschirm** alle möglichen Wettbewerber unabhängig ihrer Branche geortet und misst sich vorwiegend an Anbietern von Design- und Luxusgütern sowie Lifestyleprodukten wie *Rolex, Porsche, LVMH, Club Med, First Class Travel* etc. (siehe Abb. 3). Was viele Hifi-Hersteller verkannt haben, ist, dass die Gewinnzone in verschiedenen Branchen bei Lifestyleprodukten für eine finanzkräftige Käuferschicht liegt. Eine auf dieses Kundensegment ausgerichtete Marktpositionierung ermöglicht Spitzenpreise und damit wesentlich höhere Margen.

Auch viele klassische Telekommunikationsanbieter, wie die *Deutsche Telekom, AT&T, British Telecom* etc., haben sich viel zu lange an den Wettbewerbern der eigenen Branche gemessen. Diese Scheuklappen haben dazu geführt, dass sich ursprünglich artfremde Unternehmen aus anderen Branchen (Hardware, Software) mit ihren Technologien und ihrem Produkt- und Dienstleistungsangebot sowie neue Netzwerkdienstleister (z.B. *Yahoo*) etablieren konnten. Das neue Satellitenkommunikationssystem *IRIDIUM* zwingt die Branchenteilnehmer abermals, ihren Fokus zu erweitern.

2.5 Vom Asset-Manager zum Wissens-Champion

Unternehmenskonzepte der Vergangenheit waren zu einseitig auf Produkte, Technologien, Werke und das vorhandene Anlagevermögen ausgerichtet. Alles drehte sich um Ausbau und Auslastung der Kapazitäten. Erfolgreiche Unternehmenskonzepte basieren heute neben dem geschickten Management des „Working-Capitals" auf der Definition und Entwicklung von dem **aus Kundenperspektive** erforderlichen Know-How und dessen Nutzung. Die Logikkette muss lauten: Welche Produkte und Leistungen bieten werthaltigen Zielkunden einen Zusatznutzen und erlauben dem Unternehmen gleichzeitig, daraus Gewinn zu erzielen? Mit welchem Mechanismus zur Gewinnerzielung (Gewinnmodell) ist das möglich? Welche Kernkompetenzen und Assets sind dafür erforderlich?

Infolgedessen muss sich der Ressourceneinsatz nach dieser Reihenfolge richten. Human-Ressources-Management, Wissensmanagement, Aufbau von Produktions- und Beschaffungsnetzwerken, Schnittstellenmanagement und Akquisitionsmanagement müssen bei der Mittelverteilung im Rahmen der Planung viel stärker berücksichtigt werden.

2.6 Die systematische Erschließung der Gewinnzone

„Business-Design-Champions" antizipieren zukünftige Wertverschiebungen und Gewinnzonen. Sie identifizieren unerfüllte Kundenwünsche, neue Kundenprioritäten und leiten daraus zukünftige „Value-Spaces" ab. Sie richten konsequent ihr gesamtes Business-Design darauf aus. Größtes Augenmerk liegt dabei auf der Wahl eines geeigneten Gewinnmodells als Mechanismus, mit dem die Gewinnzone und „Value-Spaces" voll ausgeschöpft werden können. Es ist wichtig und hilfreich, die bis heute bekannten Gewinnmodelle zu kennen, da sie als Referenzmodelle für die Entwicklung von firmenspezifischen Modellen dienen können (siehe Kasten). Häufig haben die Champions mehrere Gewinnmodelle kombiniert. So hat *Coca-Cola* eine Kombination aus **Markenmanagement** und **Beherrschung der Wertschöpfungskette** angewendet (siehe Fallbeispiel am Ende des Artikels). Unternehmen wie *SMH* und *Nokia* haben als Gewinnmodell die **Produktpyramide** gewählt. Eine breite Produktpalette deckt unterschiedliche Kundenanforderungen ab, der größte Gewinn wird jedoch an der Pyramidenspitze mit den hochwertigen Produkten generiert. Die Produkte der Pyramidenbasis bilden Eintrittsbarrieren für Wettbewerber und schützen die oberen Segmente.

Intel und *Trumpf* setzen auf den **Zeitvorteil.** Innovative Produkte generieren für eine kurze Zeitspanne besonders hohe Gewinne, bevor preisgünstige Nachahmer die Spannen verringern. Dabei ist kontinuierliche Innovation nötig, um in der Gewinnzone zu bleiben. **Installierte Basis** (*Tretra Pak, Agfa, Gillette*) und **After-Sales** (*General Electric*) sind weitere lukrative Gewinnmodelle.

Wie Gewinn entsteht: 7 Gewinnmodelle

Nachfolgend werden beispielhaft einige Gewinnmodelle kurz beschrieben. Derzeit sind über zwanzig derartige Gewinnmodelle bekannt, auf die das Buch „Die Gewinnzone" (von *A. Slywotzky, D. Morrison* mit *B. Adelman und R. Nehls*; Verlag Moderne Industrie, 1998) näher eingeht.

1. Gewinnmodell: Kundenlösungen

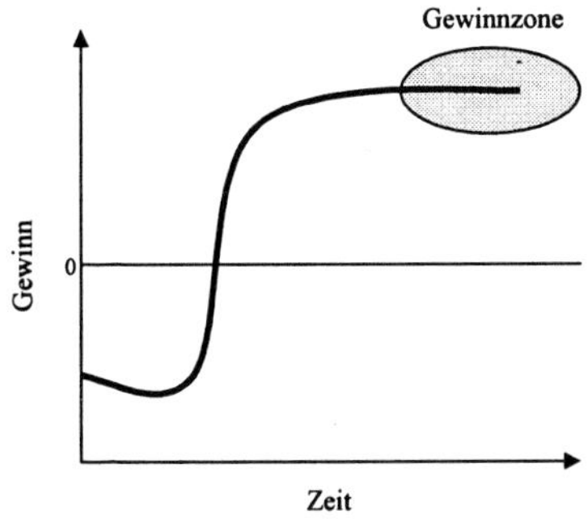

Dieses Modell erfordert hohe Anfangsinvestitionen, um komplette Lösungen für Kunden zu entwickeln und die Kundenbeziehungen zu intensivieren. Im Frühstadium entstehen dadurch zwar Verluste, mit zunehmender Dauer der Beziehung verwandeln sich diese aber in hohe Gewinne. Anwender: z.B. *General Electric* (von Hardware zu Dienstleistungen und Lösungen) und *MLP* (Finanzdienstleistungen).

2. Gewinnmodell: Produktpyramide

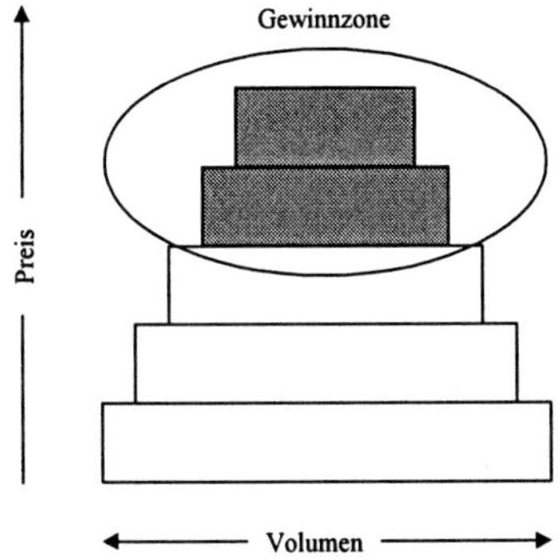

Auf der untersten Stufe der Pyramide befinden sich Niedrigpreisprodukte mit hoher Auflage, an der Spitze teure Produkte in geringer Stückzahl. Der Gewinn konzentriert sich hauptsächlich an der Spitze der Pyramide. Die unterste Stufe fungiert als Eintrittsbarriere für Wettbewerber und schützt die hohen Gewinne an der Spitze. Anwendung: z.B. Uhrenherstellung oder Automobilindustrie.

3. Gewinnmodell: Zeitvorsprung

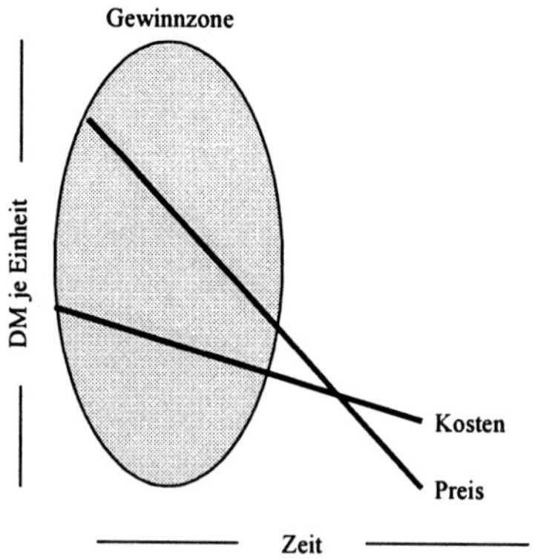

Dieses Gewinnmodell basiert auf dem Nutzen von Zeitvorsprung. Gewinn entsteht durch Einzigartigkeit, die Premiumpreise ermöglicht, bis Imitationen einen Preisverfall in Gang setzen. Anwender: z.B. *Intel.*

4. Gewinnmodell: Installierte Basis

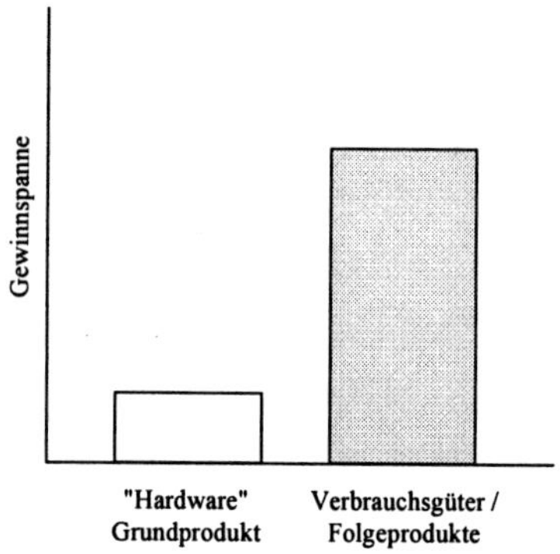

In vielen Geschäften, die sich auf eine installierte Basis stützen, lässt sich nicht viel am Verkauf der Grundprodukte verdienen, dafür sind die Gewinnspannen bei Folgeprodukten um so attraktiver. Der Schlüssel zum Erfolg liegt im Aufbau einer größtmöglichen installierten Basis als Ausgangspunkt für Umsätze aus Folgeprodukten und der daraus resultierenden Profitabilität. Anwendung: z.B. Kopierer, Drucker, Rasierapparate.

5. Gewinnmodell: Schaltzentrale

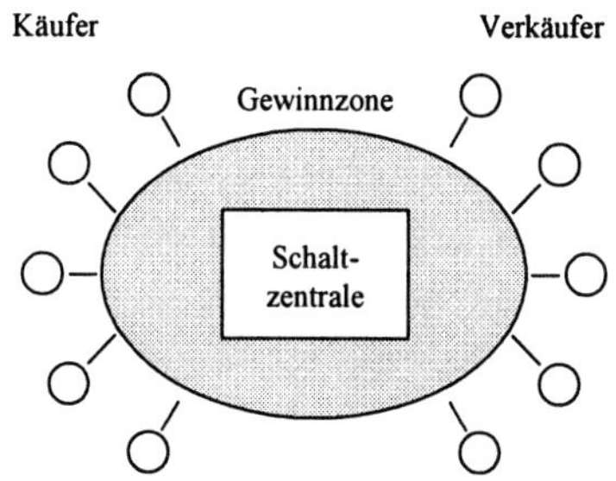

Einige Märkte sind charakterisiert durch die Kommunikation zwischen einer Vielzahl von Verkäufern auf der einen Seite und einer Vielzahl von Käufern auf der anderen. Für beide Seiten entstehen dabei hohe Abwicklungskosten. Ein zentraler Vermittler kanalisiert die vielfältigen Elemente und reduziert Kosten auf beiden Seiten. Je mehr Teilnehmer, desto größer der Wert des Systems. Anwender: z.B. der Finanzdienstleister *MLP*.

6. Gewinnmodell: Beherrschung der Wertschöpfungskette

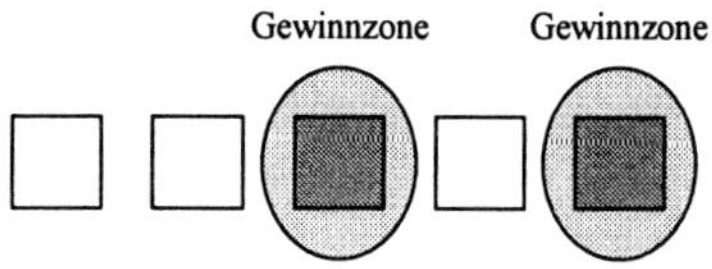

In vielen Branchen konzentriert sich der Gewinn auf bestimmte Stufen der Wertschöpfungskette, während andere Stufen völlig unprofitabel sind. Bei PCs sind die Gewinnzonen Mikroprozessoren und Software. Bei Chemikalien ist die Gewinnzone in der Herstellung, nicht im Vertrieb; bei einfachen Handelsgütern im Vertrieb, aber nicht in der Fertigung. Anwender: z.B. *Coca-Cola*.

7. Gewinnmodell: After-Sales-Gewinne

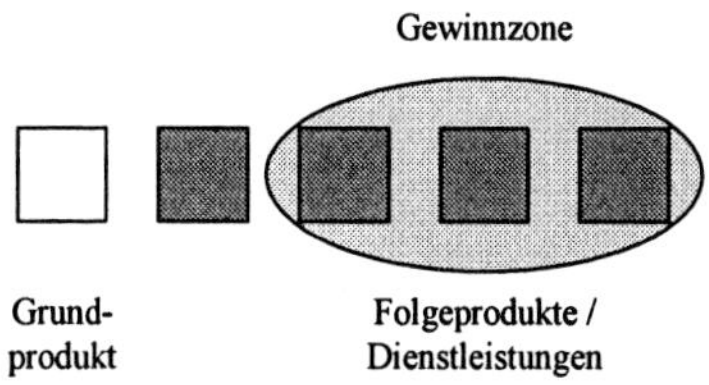

In einigen Industriezweigen ist nicht das Primärgeschäft (Verkauf eines Produkts oder einer Dienstleistung) lukrativ, sondern die anschließenden Dienstleistungen, Kundendienste, Finanzierungen etc. Anwender: z.B. *GE Capital*, Automobilbranche.

2.7 Integriertes Change-Management statt isolierter Projekte

Erfahrungsgemäß ist jede größere Veränderung des Business-Designs ein **komplexer Change-Prozess**, der systematisch gesteuert werden muss. Die erforderlichen Veränderungen unterliegen unterschiedlichen Randbedingungen, die individuelle Change-Ansätze erfordern. Diese reichen von Sanierungsmaßnahmen, einem sogenannten „Change for Survival", wie zum Beispiel bei der *Metallgesellschaft* vor vier Jahren, bis zur Sicherstellung einer Spitzenposition („Change for Excellence"), wie bei *Microsoft* und *General Electric*. Damit die angestrebten Veränderungen effizient und nachhaltig sind, müssen für alle Change-Ansätze folgende Grundregeln beachtet werden:

- keine Suboptimierung, sondern ganzheitliche Betrachtung;
- konkreter Geschäftsbezug;
- gleichzeitige Neuausrichtung von Strategie, Betriebssystem und Change-Management zur Beschleunigung der Umsetzung;
- Einbeziehung bzw. Schwerpunktbildung auf der Motivations- und Verhaltensebene statt auf der Sachebene;
- intensive und offene Kommunikation;
- kontinuierlich hohe Energiezufuhr während des gesamten Prozesses durch den CEO;
- systematische Überwindung der Veränderungsbarrieren;
- Verbindlichkeit des Change-Prozesses.

3. Value-Growth und Business-Design

3.1 Business-Design – eine neue Sicht der Unternehmensarchitektur

Bei der Entwicklung und Überprüfung von Unternehmensstrategien beschränkte sich die Diskussion in der Vergangenheit vorwiegend auf eine Fokussierung auf Kerngeschäfte, auf Kostenreduzierungen, auf eine Steigerung des Marktanteils, eine Modifikation und Erneuerung von Produkten und Dienstleistungen sowie auf die Erschließung von neuen Vertriebskanälen, Kunden und regionalen Absatzmärkten. Nur das Business-Design als Ganzes wird selten systematisch und regelmäßig auf den Prüfstand gestellt.

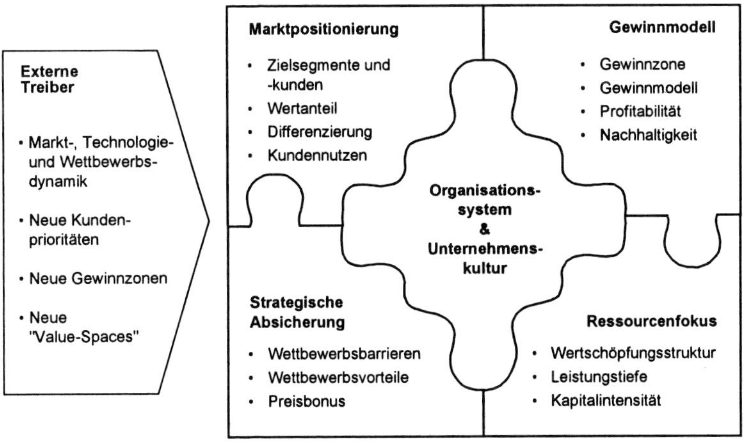

Abb. 4: Mercer Business-Design-Modell

Unter **Business-Design** werden hier die eng verzahnten Komponenten Marktpositionierung, Gewinnmodell, strategische Absicherung, Ressourcenfokus, Organisationssystem und Unternehmenskultur verstanden (siehe Abb. 4). Das Business-Design eines Geschäftsfeldes, eines Unternehmensbereiches oder eines ganzen Unternehmens wird durch externe Faktoren getrieben. Die Markt-, Technologie- und Wettbewerbsdynamik lösen Werteverschiebungen aus, schaffen neue Kundenprioritäten, Gewinnzonen und „Value-Spaces".

Die unternehmensspezifischen Einflussfaktoren, wie das Wertesystem, das Welt- und Menschenbild der Führung, prägen das Business-Design. Die meisten Faktoren beschränken den Aktionsrahmen des Unternehmens. Ein starres Wertesystem engt das Aktionsfeld ein. Häufig ist das die größte Veränderungsbarriere. Im Rahmen der Ausgestaltung eines Business-Designs stellen sich folgende Kernfragen:

- Welche **Marktpositionierung** wird angestrebt? Was sind die werthaltigen Marktsegmente und Kunden? Welche Zielkunden sind attraktiv? Welche Kundenprioritäten sollen wie erfüllt werden? Wie kann eine bestmögliche Differenzierung gegenüber Wettbewerbern erfolgen?
- Welches **Gewinnmodell** wird als Basis zur Erschließung der neuen Gewinnzonen und Value-Spaces gewählt: überlegene Kostenstruktur, niedriger Break-Even, Produktpyramide, Zeitvorsprung, Kassenschlager, Schaltzentrale, Zyklizitätsmanagement, Kapitalisierung des Markenwertes etc.?
- Auf welche Bereiche wird der **Ressourcenfokus** gerichtet, um eine nachhaltige Differenzierung und eine überdurchschnittliche Kapitalrendite zu erzielen? Auf welche Wertschöpfungsstufen, welche Leistungstiefe, welche

regionalen Schwerpunkte etc. werden die Ressourcen eingesetzt? Wo besteht die größte Hebelwirkung?

- Wie kann die **strategische Absicherung** des gewählten Gewinnmodells gegenüber dem Wettbewerb gestaltet werden: Kundenbindung, Zeitvorsprung, Technologievorsprung, Schutzrechte, Marke, Infrastruktur?
- Wie unterstützen das **Organisationssystem** (Führung, Mitarbeiter, Organisation, Prozesse und Infrastruktur) und die **Unternehmenskultur** (Werte, Verhalten, Riten und Symbole) das angestrebte Business-Design?

Entscheidend ist, dass die Elemente des Business-Designs wie Zahnräder ineinandergreifen. Andererseits müssen die internen Gegebenheiten (Werte und persönliche Präferenzen von Führungskräften, Traditionen und Unternehmenskultur) mit den externen Faktoren in Einklang gebracht werden. Wenn hier eine Lücke klafft, ist ein Kulturwandel notwendig.

3.2 Der Zusammenhang von Wertsteigerung und Business-Design

Der aktuelle Wert eines börsennotierten Unternehmens definiert sich durch den Aktienkurs, dessen Entwicklung maßgeblich durch Großanleger und Analysten bestimmt wird. Im Wesentlichen basieren deren Bewertungen auf drei Parametern: dem erwarteten Wachstum von Betriebsgewinn und Kapitalrendite sowie der Nachhaltigkeit dieser Entwicklung.

Analysten sind in ihrer Entscheidung zwar unabhängig, jedoch kann das Management eines Unternehmens durchaus Einfluss nehmen. Wenn man spekulative Sondereffekte einmal beiseite lässt, kommt es neben einer wirkungsvollen Investor-Relationship-Politik vor allem auf die Struktur und Ausgestaltung des Business-Designs an: Das **erwartete Wachstum des Betriebsgewinns** ergibt sich aus den beiden Komponenten Marktpositionierung und Gewinnmodell. Die **Kapitalrendite** wird maßgeblich durch den Ressourcenfokus und die damit verbundene Kapitaleffizienz bestimmt. Die **Nachhaltigkeit** dieser beiden Beurteilungskriterien schließlich wird im Wesentlichen durch die strategische Absicherung, die verschiedenen Elemente des Organisationssystems und der Unternehmenskultur beeinflusst.

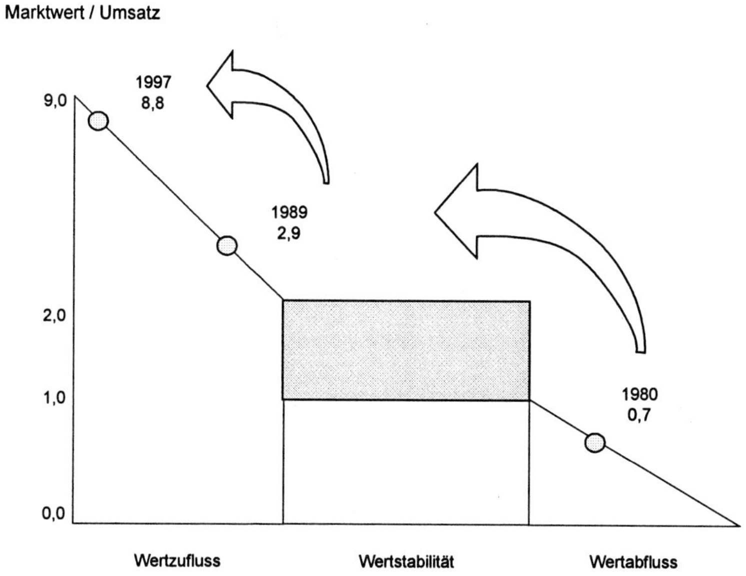

Abb. 5: Die Business-Redesigns von Coca-Cola
(Quelle: Mercer Value-Growth-Database, Compustat, 1996)

4. Coca-Cola – ein herausragendes Fallbeispiel für erfolgreiches Business-Redesign

Unternehmen wie *Coca-Cola, Microsoft, General Electric* etc. zeichnen sich dadurch aus, dass sie permanent alle Business-Design-Komponenten in Frage stellen und, wenn notwendig, konsequent verändern. *Coca-Cola* blickt unter der Führung des inzwischen verstorbenen CEOs, *Roberto Goizueta*, auf 15 Jahre kontinuierliche, überdurchschnittliche Wertsteigerung zurück. Daran haben auch die jüngsten Pannen mit kontaminierten Produkten nichts geändert. Basis für diesen langanhaltenden Erfolg ist die permanente Veränderung der verschiedenen Buisness-Design-Komponenten gewesen.

Noch 1980 war *Coca-Cola* lediglich auf zwei Stufen der Wertschöpfungskette ihres Geschäfts aktiv, das zu über 80 Prozent auf den amerikanischen Markt begrenzt war: Siruphерstellung und Werbung. Abfüllung, Logistik und Vertrieb waren in der Hand von Lizenznehmern und anderen Partnern. Die lukrativsten Gewinnzonen befanden sich jedoch in der Distribution, insbesondere im Ausschank und bei Getränkeautomaten. *Coca-Cola* war durch seine mangelnde Prä-

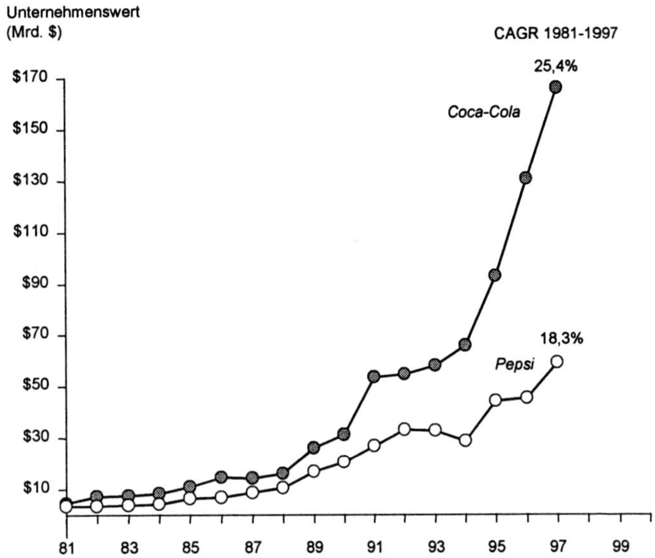

Abb. 6: Die Unternehmensentwicklung von Coca-Cola vs. Pepsi (Quelle: Mercer Value-Growth-Database)

senz in diesen Wertschöpfungsstufen von den Endverbrauchern abgeschnitten und hatte wenig Einfluss auf die Abfüllunternehmen, die ihre eigenen Interessen verfolgten und sich nicht auf eine gemeinsame Linie einschwören ließen. Es war höchste Zeit zum Handeln.

Nacheinander kaufte *Coca-Cola* die vielen kleinen Abfüller auf und konsolidierte sie zu einer deutlich geringeren Zahl von großen, professionell arbeitenden Einheiten. Anschließend ging das Unternehmen daran, die beiden lukrativsten Vertriebskanäle in eigener Regie aufzubauen. Parallel dazu polierte *Coca-Cola* das Image seiner Softdrinks durch aggressives Marken-Management auf Hochglanz. Weltumspannende Werbekampagnen machten Cola-Konsum zu einer Frage des Lifestyle. Der Verbraucher hörte die Botschaft und reagierte.

Die darauffolgende systematische Erschließung neuer Märkte reduzierte den Anteil des Nordamerikageschäftes auf unter 50 Prozent. Das Ergebnis dieses mehrstufigen Business-Redesigns von der Sirupherstellung zur Beherrschung der Wertschöpfungskette ist eine der beeindruckendsten kontinuierlichen Wertsteigerungen in der Industriegeschichte (siehe Abb. 5 und 6). Der Marktwert des Unternehmens schnellte von 4 Milliarden. US-Dollar in 1980 auf 130 Milliarden US-Dollar in 1996.

5. Fazit

Die hier skizzierten Business-Redesigns sind außergewöhnlich erfolgreich gewesen. Ausgangsbasis war die Erkenntnis, wo sich die zukünftigen Gewinnzonen und Value-Spaces befanden. Daraufhin wurde das geeignete Gewinnmodell ausgewählt, um Gewinnzonen und Value-Spaces in vollem Umfang erschließen zu können und das gesamte Business-Design darauf ausgerichtet. Diese Techniken können von jedem Management in jedem – selbstverständlich auch in nicht börsennotierten – Unternehmen angewendet werden. Es versetzt sie in die Lage, zusätzlichen Wert für Kunden zu schaffen und daraus gleichzeitig Gewinn zu ziehen.

B.2

Value-Building-Growth: Wie man werttreibendes Wachstum erzielt – ein Ansatz von A.T. Kearney

*Fritz Kröger**

* Dr. Fritz Kröger ist Vice President von A.T. Kearney mit Sitz in Berlin.

1. Value-Building-Growth – eine Einführung

Wachstum ist aus betriebswirtschaftlicher Sicht ein positiv besetzter Begriff, wogegen man nur schwer argumentieren kann. Wenn Wachstum also grundsätzlich positiv ist, dann müsste es das Ziel jedes Managers sein, sein Unternehmen auf einen sicheren Wachstumspfad zu bringen. Warum dies jedoch so wenigen gelingt – und was die erfolgreichen Unternehmen richtig machen –, das soll der vorliegende Artikel aufzeigen.

Als *A.T. Kearney* 1999 mit ausgewählten europäischen Managern die Ergebnisse einer globalen Studie zum Thema „Wachstum" diskutierte, begannen sich konkrete Antworten auf diese Frage herauszukristallisieren. So gaben deutsche Manager in den Diskussionsrunden an, im Schnitt nur die Hälfte des Wachstumspotenzials ihrer Unternehmen auszuschöpfen. Die entscheidenden Gründe für Engpässe und Wachstumsbarrieren waren dabei im Unternehmen selbst zu finden, und nicht etwa in externen Faktoren wie der Steuerpolitik, den Lohnnebenkosten oder dem Konkurrenzumfeld. Wir nennen diese Denkweise die „Controller-Mentalität", die auf die Siebzigerjahre zurückgeht und sich nur um Kostensenkung bemüht.

Damals hat der *Club of Rome* eine Diskussion über die Grenzen des Wachstums angestoßen. Wie der britische Ökonom *Thomas Malthus*, der 150 Jahre zuvor Weltuntergangsszenarien entwickelt und damit die Welt in Aufregung versetzt hatte, prophezeite der *Club of Rome* Umweltzerstörung und Verelendung als unausweichliche Folgen für den Fall, dass Politik und Wirtschaft weiteres industrielles Wachstum zuließen. Diese neue, durch Sparsamkeit und ökologisches Bewusstsein geprägte Denkweise hatte weitreichende Folgen für die wirtschaftliche Entwicklung. Vor allem in den Folgejahren haben diese inzwischen weitgehend widerlegten Behauptungen dazu geführt, dass Wachstum als Unternehmensziel sehr in den Hintergrund trat.

Stattdessen sind die Siebzigerjahre mit Methoden wie Zero-Based-Budgeting und Overhead-Value-Analysis als Jahrzehnt des Sparens und des Gesundschrumpfens in die Wirtschaftsgeschichte eingegangen. Und die Sparmentalität setzte sich selbst bis in die Neunzigerjahre fort. Bottomline-Denken sorgte dafür, dass Unternehmen mehr Wert auf Einsparungen – z.B. durch Business-Process-Reengineering – legten als auf Wachstum. Häufig sind Ankündigungen oder Ergebnisse solcher Projekte von Analysten so positiv bewertet worden, dass der Aktienkurs zeitweise anstieg. Derartige Zwischenhochs sind in vielen Fällen zu Unrecht als das Schaffen von Shareholder-Value bezeichnet worden.

Was *Alfred Rappaport* Mitte der Achtzigerjahre mit dem Shareholder-Value-Gedanken tatsächlich thematisiert hat, haben Unternehmen erst Jahre später verstanden: Dass die Verbesserung von schon x-mal optimierten Kostenpositionen allein ein Unternehmen keineswegs weiterbringt. Was zwanzig Jahre lang funktioniert hat und auch zu Beginn des Shareholder-Value-Zeitalters noch gang und gäbe war, funktioniert im Jahr 2000 endgültig nicht mehr: Kostenreduktion zur Steigerung des Shareholder-Values und Kostenführerschaft als Strategie zur Steigerung des Shareholder-Values gehören der Vergangenheit an.

Mit anderen Worten: Die „Controller-Mentalität", die in Deutschland noch viele Anhänger hat, ist mit einer langfristigen Steigerung des Shareholder-Values nicht vereinbar. Dies ist ein Kernergebnis der Wachstumsstudie von *A.T. Kearney*, die das Wachstum und die Wertsteigerung von 20.000 Unternehmen über einen Zeitraum von zehn Jahren verfolgte. Das Erzielen und Steigern von Shareholder-Value ist und bleibt jedoch das Kriterium, mit dem der Erfolg eines Unternehmens zu messen ist. Doch wie können Manager den Shareholder-Value am besten und vor allem langfristig steigern?

Die Antwort auf diese Frage heißt **Value-Building-Growth** oder **werttreibendes Wachstum**. Diese Art von Wachstum fokussiert weder einzig und allein auf Gewinn noch auf Umsatzwachstum um jeden Preis, sondern versucht, zwischen diesen beiden die Balance zu halten. Wer heute noch eine Devise wie „Gewinnmaximierung um jeden Preis" ausgibt, wird seinem Aufsichtsrat gegenüber in Argumentationsschwierigkeiten kommen. Auf der anderen Seite hatten auch Unternehmen, die nur Umsatzwachstum um des schieren Wachstums willen produzieren, in der Vergangenheit häufig mit großen Schwierigkeiten zu kämpfen. Für derartiges, meist ungesundes und letztendlich auch nur kurzfristiges Wachstum gibt es unzählige Beispiele, wie die koreanischen Chaebols, die von ihren Kreditgebern wegen ihres unprofitablen Wachstums unter Druck gesetzt oder sogar zerschlagen werden. Value-Building-Growth dagegen ist eine Kombination aus stabilem, robustem Umsatzwachstum und Profitabilität, die den Shareholder-Value langfristig steigert.

Mit dieser neuen Einstellung können Manager sich einer der größten Herausforderung des „E-Business-Zeitalters" stellen: Die richtige Balance zwischen Wachstum und Profitabilität zu finden. Die „digitale Welt" leitet nicht nur eine radikale Umschichtung von Ressourcen ein, sondern definiert auch die (traditionellen) Methoden der Unternehmensbewertung völlig neu. Beobachter staunen, wenn Unternehmen wie *Amazon.com* in kürzester Zeit einen Börsenwert von 30 Milliarden Dollar aufbauen, ohne einen einzigen Pfennig verdient zu haben, während andere Unternehmen, die von Jahr zu Jahr über steigende Gewinne berichten, nur wenig Resonanz auf dem Börsenparkett finden. Was unter Top-Managern lange als unumstößliche Tatsache galt – „ein Unternehmen einfach nur gut zu führen, reicht aus, um über die Zeit den Wert des Unternehmens für den Anteilseigner zu steigern" –, hat unter dieser neuen Betrachtungsweise ausgedient.

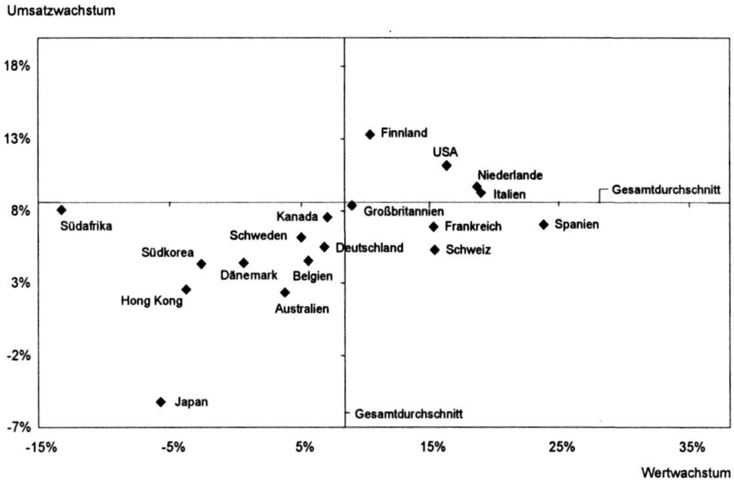

Abb. 1: Welt-Wachstumsportfolio
(CAGR 1994 - 1998)

Durch das Streben nach Value-Building-Growth können Manager Wachstum und Profitabilität sinnvoll kombinieren. Die *A.T. Kearney*-Studie hat gezeigt, wie Unternehmen Schritt für Schritt Value-Building-Growth erzielen. Dieser Beitrag wird zunächst die Ausgangssituation in Europa – vor allem in Deutschland – vorstellen und dann beschreiben, wie Top-Unternehmen aus der ganzen Welt Value-Building-Growth erzielt haben. Zum Abschluss werden einige konkrete Ergebnisse dargestellt.

2. Das Wachstumsportfolio

Natürlich ist werttreibendes Wachstum nicht einfach zu erzielen. Alle Manager wissen sehr genau, dass es mit dem bloßen Willen zum Wachstum nicht getan ist. Das neue wachstumsorientierte Denken allein bewegt die Shareholder-Value-Kurve keinen Prozentpunkt nach oben. Was lässt also ein Unternehmen werttreibend wachsen? Wer das Basiswissen der Betriebswirtschaftslehre beherrscht, der weiß, wie man traditionell vorgeht: Neue Produkte in alten Märkten, alte Produkte in neuen Märkten, neue Produkte in neuen Märkten etc. Dazu kommen – aufgrund der immer vollständigeren IT-Unterstützung und Internet-Nutzung – immer häufiger Marketingtools, die den Umsatz steigern (wie Data-Warehouse, Data-Mining, Micro-Marketing) und neue Vertriebskanäle, die unter dem breiten Oberbegriff E-Commerce zusammengefasst werden können.

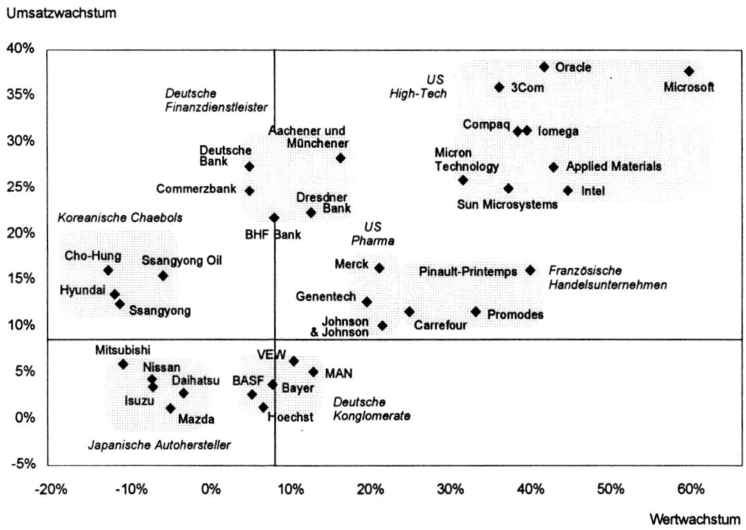

Abb. 2: Wachstumsportfolio globaler Unternehmen (CAGR 1988 - 1999)

Unternehmen, die ihre Marktstrategien verändern bzw. erweitern und sich mit Hilfe der Informationstechnologie auch operativ verbessern, sind ganz sicher fähig, Absatz und Umsatz zu steigern. Wozu sie allerdings nicht unbedingt in der Lage sind, ist die Steigerung des Shareholder-Values. Doch erst sie ist der Indikator für wirklich gesundes Wachstum.

Wie sieht die Situation in Deutschland aus? Trotz eines Höhenfluges des DAX lag Deutschland 1999 beim Erzielen von Shareholder-Value im internationalen Vergleich abgeschlagen im unteren Mittelfeld (siehe Abb. 1). Die vertikale Achse des in Abbildung 1 gezeigten Wachstumsportfolios stellt die absoluten Umsatzwachstumsraten in den jeweiligen Ländern im Zeitraum 1994 bis 1998 dar, die horizontale Achse die Wertsteigerung. Die deutsche Wirtschaft liegt in beiden Fällen unter dem Gesamtdurchschnitt, während viele andere europäische Länder wenigstens in einem Bereich positiv abschneiden.

Splittet man das Weltwachstumsportfolio in einzelne Industrien auf, so kristallisieren sich meist länderspezifische Gruppierungen heraus (siehe Abb. 2). Einige deutsche Großkonzerne sind zum Beispiel unterdurchschnittlich gewachsen und haben zwischen 1988 und 1998 nur ein geringes Wertwachstum erzielt. Während diese Unternehmen immer die Jahresergebnisse und die Wahrung des Erreichten im Auge hatten und in der untersuchten Zeit nur äußerst moderat wuchsen, konnten sie nur einen bestenfalls durchschnittlichen Wertzuwachs erzielen. Der deutsche Finanzsektor wuchs dagegen stark an, was sich jedoch nicht auf die Aktienkurse auswirkte.

Wir führen die Leistung der Großunternehmen nochmals auf eine ausgeprägte „Controller-Mentalität" zurück. Ergebnisse aus anderen Teilen der Welt, vor allem aus den USA, machen deutlich, dass sich dieser Ansatz als falsch erweist. So zeigte sich, dass US-amerikanische High-Tech-Unternehmen wie *Dell*, *Microsoft* und *Oracle* Wert für die Aktionäre schaffen – aber auch französische Einzelhändler, die nicht zum High-Tech-Sektor gehören. Betrachtet man die Positionierung der deutschen Unternehmen in der Wachstumsmatrix, so wird deutlich, dass nur wenige deutschsprachige Unternehmen ein Wachstum realisieren, das mit internationalen Spitzenergebnissen zu vergleichen ist. Die meisten Unternehmen konzentrieren sich allein auf die Gewinnsteigerung und vergeben dadurch erhebliche Wachstums- und damit Wertsteigerungschancen. Mit einem Wort, die deutschen Unternehmen nutzen ihre Wachstums- und Wertpotenziale nicht bzw. nicht in dem Maß, wie sie es könnten.

Was bringt es dem Unternehmen, wenn es nach Wachstum strebt bzw. nach einer Kombination aus Wachstum und Gewinn? Die Studie zeigt, dass Unternehmen mit einer derartigen Orientierung über einen längeren Zeitraum erheblich mehr Wert schaffen als die Unternehmen, die die eine oder die andere Seite zu stark in den Vordergrund stellen. Ein kurzes Beispiel soll dies verdeutlichen: Wenn 1988 zwei Unternehmen den gleichen Börsenwert hatten, so hat das Unternehmen, das Value-Building-Growth verfolgt hat, nach zehn Jahren den zweifachen Wert des Unternehmens, das sich primär am Gewinn orientiert hat.

Ein Unternehmen sollte wachsen, nicht nur damit die Zahlen stimmen, sondern auch aufgrund der weiteren Wirkungen, die werttreibendes Wachstum mit sich bringt:

- **Wachstum ist attraktiv:** Die ersten neun Unternehmen der *Fortune*-500-Liste „America's Most Admired Companies" sind tatsächlich „Value-Builder", also Unternehmen, die Value-Building-Growth angestrebt und erzielt haben. Offensichtlich strahlen erfolgreiche Wachstumsunternehmen einen Geist aus, der sie für andere – seien es Kunden, Partner oder Arbeitnehmer – attraktiv macht, was sicherlich dazu beiträgt, dass weiteres Wachstum möglich wird.
- **Wachstum ist spannend:** Wo Wachstum ist, da ist auch Aktivität und Lebendigkeit. Es ist schon per definitionem nicht möglich, dass ein Unternehmen, das beständig schneller und auf Dauer nachhaltiger wächst als die übrigen Wettbewerber, nur als „ferner liefen" beurteilt wird. Ein solches Unternehmen ist in der Regel einer der Branchenführer oder auf dem Weg dorthin – ein Unternehmen, das mit Neugierde und Spannung beobachtet wird, weil der Wettbewerb merkt: Da ist noch etwas zu erwarten.

- **Wachstum ist in jeder Beziehung positiv:** Wer werttreibend wächst, kann seinen Mitarbeitern mehr versprechen als nur ein „interessantes, herausforderndes Umfeld, in dem es Spaß macht zu arbeiten". So wichtig diese Umfeldfaktoren auch sein mögen, letztlich geben doch die Finanzen den Ausschlag. In Unternehmen, die Wert schaffen, ist es erheblich einfacher, den Mitarbeitern finanzielle Anreize für das Durchhalten eines hohen Leistungsniveaus zu geben.

Den Unternehmen, die sich nicht auf das Erzielen von werttreibendem Wachstum konzentrieren, droht dagegen ein harter Rückschlag. Die Studie von *A.T. Kearney* macht deutlich, dass die Polarisierung der Matrix immer mehr zunimmt: Weil sich Investoren immer mehr für die Value-Builder interessieren, wird ihr Abstand zu den „Underperformern" – also zu den Unternehmen, die auf beiden Achsen eine unterdurchschnittliche Leistung zeigen – immer größer. Die Positionen links oben und rechts unten in der Matrix verschwinden langsam. Unternehmen, die wenig Chancen haben, zum Value-Builder heranzuwachsen, werden wahrscheinlich den Markt verlassen – entweder aus (Mangel an) eigener Kraft oder durch eine Übernahme.

Wie oben erwähnt, ist der Schlüssel zum Erfolg ein in jeder Hinsicht ausgeglichener Ansatz, der im Folgenden erläutert wird. Wachstum und Profitabilität sind berechtigte strategische Ziele, wobei Wachstum eher im Vordergrund stehen sollte. Wachstum, das sich nur am Umsatz orientiert, oder reines Profitstreben, das sich nur auf Einsparungen konzentriert, sind beide wenig geeignet, nicht nur die Gegenwart, sondern auch die Zukunft Erfolg versprechend aussehen zu lassen. Es kommt darauf an, die richtige Balance zu finden und die Kräfte im Unternehmen, die Umsatz wollen, mit denen zu harmonisieren, die sich auf Kostenreduktion spezialisiert haben. Die Vorgehensweise besteht im Wesentlichen darin, Balance in dreierlei Hinsicht zu erzielen. Erstens muss das Unternehmen die richtige Balance zwischen Wachstum und Profitabilität finden. Zweitens muss sich das Unternehmen verstärkt auf interne Möglichkeiten und Fähigkeiten verlassen, weniger auf externe Einflüsse und Faktoren. Die interne Sicht selbst ist ebenfalls eine Frage der Balance: Eine Überfokussierung oder Vernachlässigung des einen oder anderen Wachstumstreibers bringt das Unternehmen weg vom optimalen Wachstumspfad.

3. Balanciertes Wachstum

3.1 Balance I: Wachstum und Profitabilität

Hoher Umsatz bedeutet noch lange nicht gesundes Wachstum. Ebensowenig garantiert ein hohes Wachstum Shareholder-Value. Erst ein Unternehmen, das

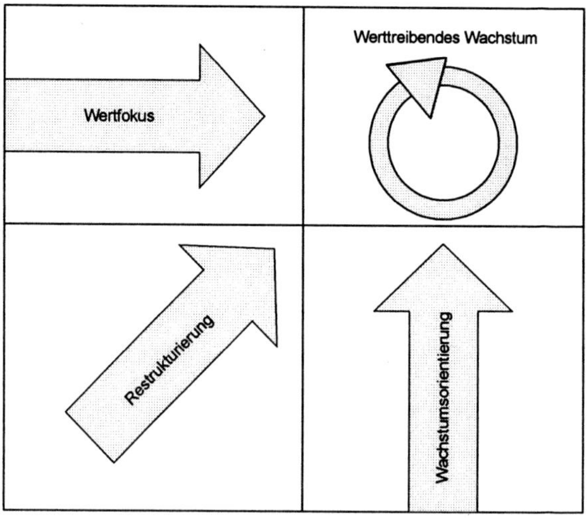

Abb. 3: Wege zum werttreibenden Wachstum

überproportionalen Umsatz mit überproportionalem Shareholder-Value verbindet, ist ein Value-Builder.

Ein Unternehmen kann einen erklecklichen Marktanteil besitzen und dennoch kein Value-Builder sein, wenn es ihm nicht gelingt, das Vertrauen der Investoren zu gewinnen. Denn einen hohen Shareholder-Value erzielt langfristig nur der, dem es gelingt, seine Wachstumsidee überzeugend zu vermitteln – sowohl innerhalb des Unternehmens als auch nach außen. Ein Unternehmen, das ständig Umsatzrekorde erzielt, dem aber das Vertrauen der Investoren fehlt, sollte seine Aufmerksamkeit also der Steigerung des Unternehmenswertes zuwenden.

Anders ein Unternehmen, dem die Investoren die Gunst schenken, die die Kunden ihm verwehren. Es kämpft mit dürftigen Umsätzen, erzielt aber einen hohen Shareholder-Value. Ihm fehlt die Wachstumsorientierung – die Definition einer klaren Zielvorgabe und die Gestaltung der Organisation, das diese erfüllen kann. Noch tiefer dürften die Eingriffe sein, die notwendig sind, ein Unternehmen, das bereits jahrelang ein „Underperformer" war, aus seinem Teufelskreis herauszuholen und strategisch völlig neu auszurichten. Diese Situation ist selten ohne eine umfassende Restrukturierung in den Griff zu bekommen (siehe Abb. 3).

3.2 Balance II: Externe vs. interne Sicht

Selbstverständlich ist es keinesfalls einfach, ein Unternehmen auf eine Wachstumskurve zu „hieven", während die meisten Manager noch an kurzfristige

Gewinne auf der Basis von gründlichsten Kostenreduktionen denken. In den allermeisten Fällen werden Verfechter der Sparmentalität überzeugende Gründe anführen, warum Wachstum derzeit nicht angegangen werden sollte: Externe Faktoren sprechen dagegen, der viel beschworene Markt gibt nicht mehr her, der Produktlebenszyklus läuft aus, die Konjunktur war schon günstiger etc. Tatsächlich ist es möglich, sich vorzubereiten, durch permanente Höchstleistungen hinsichtlich Zeit, Qualität und Kosten, aber eben auch hinsichtlich Ideen, Initiative, Innovation. Wichtig ist die Überwindung des rein profitorientierten Denkens, was eine tiefgreifende Kulturveränderung im Unternehmen bedeutet.

Denn der ständige Blick auf die vermeintlichen Wachstumsbehinderer in der „feindlichen Welt draußen" verstellt gar zu oft den Blick auf die im eigenen Unternehmen vorhandenen Wachstumspotenziale, die durch einen gezielten und ausgewogenen Einsatz der Wachstumstreiber auszuschöpfen wären. Sie finden sich in jedem Unternehmen, in jeder Branche unabhängig von externen Faktoren wie Konjunktur und Kultur.

3.3 Balance III: Interne Wachstumstreiber

Die Hebel, an denen ein Unternehmen ansetzen kann, um Value-Building-Growth zu erzielen, sind die internen Treiber. Auch hier ist ein ausgeglichener Ansatz erforderlich:

- **Vision:** An der Spitze erfolgreicher Value-Builder steht in aller Regel ein charismatischer CEO, der seine Vision gegen interne wie externe Widerstände verfolgt. Damit die Vision nicht Illusion wird, muss sie langfristig angelegt sein und den Shareholdern wie auch im Unternehmen selbst überzeugend vermittelt werden.
- **Strategische Ausrichtung:** Was das Kerngeschäft eines Unternehmens ist und womit es eigentlich sein Geld verdient, ist eine Frage, die sich in vielen diversifizierten Konzernen zu stellen lohnt. Ebenso wachstumsförderlich kann es aber auch sein, mutig in „White-Spaces" vorzudringen. Value-Builder haben auf dem Weg zu Wachstum beide Wege beschritten. In jedem Fall sollte, wer seine Wachstumsvision auch auf dem Börsenparkett überzeugend verkaufen will, sich von allen Wertvernichtern in seinem Unternehmen trennen und gegebenenfalls sein Portfolio entsprechend bereinigen.
- **Kulturelles Klima:** Erst wenn das Wachstumsziel von allen Mitarbeitern des Unternehmens mitgetragen wird, rückt es in greifbare Nähe. Denn: Wachstum beginnt im Kopf jedes einzelnen Mitarbeiters – nicht nur in dem des CEOs.

Wertfokus

Investor Relations
- Aufbau einer vertrauensvollen Beziehung zu den Kapitalgebern

Strategische Ausrichtung
- Portfoliobereinigung: Aussonderung der Wertvernichtung
- (Neu-)Definition und/oder Stärkung des Kerngeschäftes

Organisationsstruktur
- Ausrichtung von Mess- und Anreizsystem an der Wertschöpfung
- Heben von Effizienzsteigerungspotenzialen

Wachstumsspirale

Kultur
- Kontinuierliche Neuorientierung der Kultur

Strategische Ausrichtung
- Konstante Steigerung des „Stretch", Neuschöpfung des Geschäfts

Ressourcenprofil
- Kontinuierliche Neudefinition der Wertschöpfungskette

Ressourcenprofil
- Kontinuierliche Neudefinition der Wertschöpfungskette

Kundenverständnis
- Permanente Neuerschaffung von Wettbewerbsvorteilen, Kundenempathie, Kreieren neuer Kundenbedürfnisse

Restrukturierung

Wachstumsvision
- Einführung einer klaren, quantitativen Vision mit Fokus auf profitablem Wachstum

Strategische Ausrichtung
- Klare Ausrichtung, Refokussierung auf Kerngeschäft,
- Portfoliobereinigung auf Grundlage von Wachstum und Profitabilität

Ressourcenprofil
- Neuausrichtung von Ressourcen, Prozessen und Systemen an Restrukturierungserfordernissen
- Neugestaltung der Wertschöpfungskette

Führungsstruktur
- Etablierung eines wachstumsorientierten Führungsteams
- Motivation neuer Mitarbeiter zur Unterstützung des Wachstums

Wachstumsorientierung

Wachstumsvision
- Einführen einer klaren, quantitativen Vision mit Wachstumsfokus

Kultur
- Kreieren einer eindeutigen Wachstums- u. Unternehmenskultur
- Abkehr von der Controllingmentalität

Organisationsstruktur
- Einführung einer wachstumsförderlichen Struktur

Externes Wachstum
- Selektive Akquisitionen zur Marktanteilssteigerung und geographischen Expansion

Customer Intelligence
- Erneuerung/Neuerfindung der Kundenbeziehungen

Abb. 4: Einsatz der internen Wachstumstreiber

– **Führungsstruktur:** Erfolgreiche Value-Builder haben nicht nur einen überzeugenden CEO. Zusammensetzung und Organisation des Führungsteams zeugen ebenfalls vor allem von einem: dem Willen zu wachsen. Neben regelmäßigen Treffen, in denen das Erreichte überprüft wird und neue Ziele gesetzt werden, gehört dazu auch eine Kopplung der Management-Gehälter an das erreichte Wachstum.

– **Organisations-, Prozess- und IT-Struktur:** Eine wachstumsfördernde Unternehmensorganisation verfügt selbstverständlich über die notwendige IT-Ausstattung. Doch auch alle anderen Organisationsstrukturen und Produktionsprozesse müssen die Dynamik und Flexibilität ermöglichen, die schnelles Wachstum auszeichnet. Hierzu gehören auch Mess- und Anreizsysteme für die Mitarbeiter, um eventuelle Effizienzsteigerungspotenziale auszuschöpfen.

– **Ressourcen/Kompetenzprofil**: Die Ressourcen eines Unternehmens zu beschneiden bedeutet, sein Wachstum von vorneherein zu vereiteln. Value-Builder sparen in Zeiten abschwingender Wachstumskurve weder an Ausgaben für Forschung und Entwicklung noch an der Qualifizierung ihrer Mitarbeiter, um für den Moment fit zu sein, an dem die Wachstumsspirale wieder nach oben steigt. Eine weitere wichtige Voraussetzung dafür, dass die Ressourcen eines Unternehmens optimal genutzt werden können, ist ein ausgefeiltes Knowledge-Management.

- **Kundenorientierung**: Vor allen anderen Dingen ist eines für Value-Builder entscheidend: Kunden. Angefangen bei der Kenntnis der Kunden und ihrer Bedürfnisse über die Förderung von Markenbewusstsein und Treue des Kunden zu den Produkten des Unternehmens bis hin zu kreativem Einsatz von Marketing- und Distributionsmöglichkeiten – etwa durch E-Business – steht der Kunde im Zentrum der strategischen Aktivitäten eines Value-Builders.
- **Beziehungsnetze**: Value-Builder sind Meister darin, strategische Partnerschaften und Allianzen mit anderen Unternehmen einzugehen, die sie auf ihrem Kurs begleiten und unterstützen und dabei meist ihren eigenen Wachstumskurs verfolgen.

Wo und inwieweit man diese Treiber einsetzt, hängt von der spezifischen Ausgangssituation eines Unternehmens ab (siehe Abb. 4).

3.4 Balance IV: Mittel und Methoden werttreibenden Wachstums

Da Wachstum kein linearer Prozess ist, sondern die Form einer Spirale beschreibt, ist der Rückfall in einen der anderen Quadranten der in Abbildung 4 dargestellten Matrix ein höchst wahrscheinliches Ereignis, aber nicht zwangsläufig ein Unglück. Für den wahren Value-Builder ist der Rückfall vielmehr eine Möglichkeit, neue Kräfte zu sammeln, um die Spirale immer höher zu schrauben. Erfolgreiche Value-Builders schaffen es, sich relativ lange im „Value-Building-Growth-Quadranten" zu halten oder – für den Fall, dass sie zurückfallen – schnell wieder dorthin zu gelangen. Bei näherer Betrachtung wird deutlich, dass Value-Builder meistens im Kerngeschäft sehr aktiv sind und sich selten mit Experimenten verzetteln, die deutlich außerhalb des Kerngeschäftes liegen. Sie „bleiben bei ihren Leisten", wie der sprichwörtliche Schuster, diversifizieren nicht bei jeder passenden Gelegenheit und ziehen vor allem kein Geld aus profitablen Geschäften ab, um es weniger profitablen Bereichen zukommen zu lassen.

Natürlich bedeutet das nicht, dass alle werttreibenden Wachstumsunternehmen nur ein Produkt verkaufen oder sich in Marktnischen aufhalten. Tatsächlich ist das Gegenteil der Fall. Sie gestalten nur ihre Produktpaletten logischer, kundennäher und innovativer als der Rest der Wettbewerber. Dabei muss Innovation nicht immer den großen Durchbruch bedeuten. Es können auch schrittweise Verbesserungen der Produktpalette zu gesundem Wachstum führen. Auf keinen

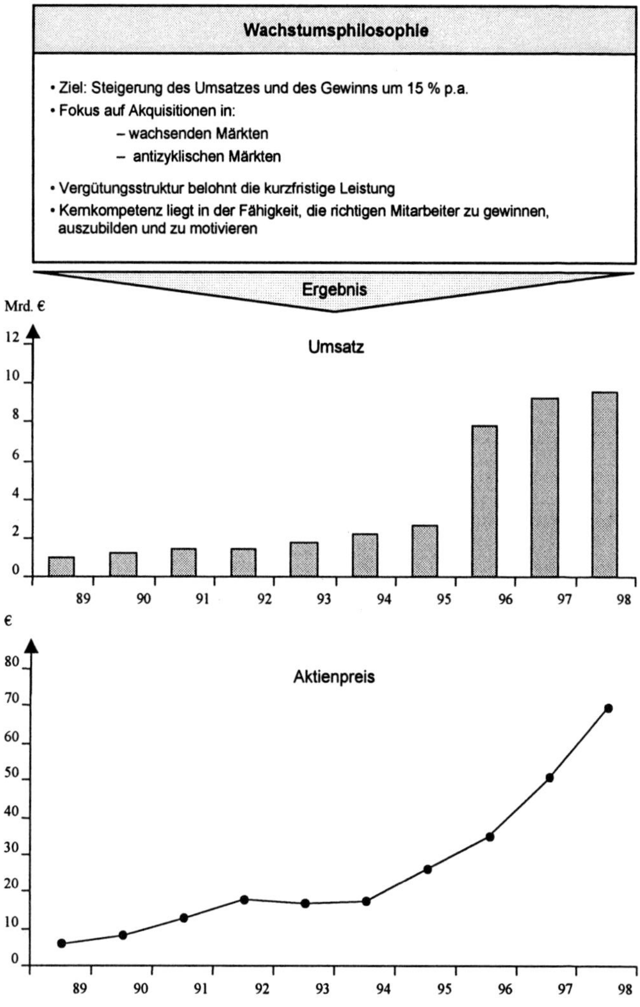

Abb. 5: Wachstumsphilosophie und Ergebnisse eines Beispielunternehmens

Fall sparen Value-Builders am F&E-Budget ein, was in harten Zeiten durch profitablen Umsatz nicht hereinkommt.

Auffällig ist auch, dass Value-Builder mutiger vorgehen als die übrigen Unternehmen. Im Schnitt investieren sie viermal häufiger in „White-Spaces" – also völlig neue Produkte – als ihre Konkurrenten. Auch geographische Expansion ist eine wichtige Art des Wachstums, bei der ein erfolgreiches Business-Modell in anderen Ländern etabliert wird. Value-Builder wachsen somit schneller als der Markt und dehnen den Markt mitunter sogar aus.

Ob internes oder externes Wachstum: Wichtig ist die Qualität der Implementierung. Exzellente Unternehmen haben diesen Prozess längst professionell gestaltet und perfektioniert.

4. Fazit

Ein Unternehmen muss nicht unbedingt „punkt.com" heißen, um Wachstum zu erzielen, das von den Investoren honoriert wird. Weltweit ist es auch vielen anderen Unternehmen gelungen, werttreibend zu wachsen. Der Ansatz eines solchen Unternehmens – und die entsprechenden Ergebnisse – sind in Abbildung 5 dargestellt. Bei der Betrachtung der Ergebnisse fällt zunächst auf, dass das Unternehmen sowohl Wachstum als auch Gewinn als strategische Ziele definiert hat. Auch Akquisitionen wurden unter dem Blickwinkel von Wachstum und Gewinn gezielt durchgeführt. Darüber hinaus wird das Unternehmen von einer unternehmerischen Kultur geprägt, in der Leistung nicht nur zählt, sondern sich – für die Mitarbeiter – auch auszahlt. Akquisitionen wurden gezielt durchgeführt, immer mit Blick auf Wachstum und Gewinn.

Das Ergebnis spricht für sich, und viele Unternehmen reihen sich diesem einen Beispiel an die Seite: Dank eines balancierten Einsatzes der Wachstumstreiber konnten Umsatz und Aktienkurs in den letzten zehn Jahren kontinuierlich gesteigert werden.

B.3

Innovation-Premium: Shareholder-Value durch Innovation – ein Ansatz von Arthur D. Little

Michael Braun / Tom Sommerlatte[*]

---

[*] Dr. Michael Braun und Prof. Dr. Tom Sommerlatte sind Vice Presidents von Arthur D. Little International, Inc. in Wiesbaden.

1. Innovative Unternehmen erzielen mehr als nur höhere Renditen

Innovation ist das Modewort der Stunde. Nachdem Unternehmen unter dem Druck des weltweiten Strukturwandels viele Jahre lang dem Kostenabbau und der Rationalisierung ihrer Geschäftsprozesse oberste Priorität eingeräumt haben, steht heute wieder die Frage im Vordergrund: Mit welchen innovativen Geschäften, mit welchen neuen Produkten und Leistungen wollen wir unsere Zukunft sichern? Innovationsfähigkeit als Schlüssel zur Sicherung der Wettbewerbsfähigkeit ist zur wichtigsten unternehmerischen Herausforderung geworden. Angesichts von Globalisierung, immer kürzeren Produktlebenszyklen und der drastischen Veränderung der Spielregeln des Wettbewerbs im Internet-Zeitalter entscheidet die Innovationsfähigkeit eines Unternehmens mehr denn je über seine zukünftige Wettbewerbsposition, sein langfristiges Wachstumspotenzial und seine Ertragskraft.

Ein Blick auf wirtschaftliche Kenngrößen zeigt, dass Innovation sich tatsächlich lohnt (siehe Abb. 1). Aber eine genauere Betrachtung der führenden Unternehmen offenbart auch, dass gerade diese sich vom traditionellen Verständnis des Begriffs „Innovation" gelöst haben und nach neuen Wegen suchen, um Herausforderung auf eine neue umfassendere Art anzugehen.

In der Vergangenheit wurde erfolgreiches Innovationsmanagement gleichgesetzt mit leistungsfähigen Forschungs- und Entwicklungsbereichen, die überlegene, neue Produkte hervorbrachten. Im Vordergrund der Verbesserungsanstrengungen standen strategisches Technologiemanagement, die Optimierung der Projektportfolien und ein effizientes Projektmanagement. Der von *Arthur D. Little* regelmäßig durchgeführte Global-Innovation-Survey, bei dem letztmalig 1998 weltweit über 600 führende Unternehmen befragt wurden (vgl. *Arthur D. Little* 1998), bestätigte, dass dabei große Fortschritte erzielt wurden. Aber dieselbe Befragung zeigte auch – auf den ersten Blick überraschend – dass trotzdem über 85 Prozent aller Unternehmen mit ihrer Innovationsleistung unzufrieden sind.

Woran liegt das? Die erste Erkenntnis ist unterdessen Allgemeingut geworden: Es genügt nicht mehr, „nur" neue Produkte hervorzubringen! Um neue Werte für die Kunden zu schaffen und damit einen dauerhaften Wettbewerbsvorteil zu erzielen, müssen Produkt-, Prozess- und Dienstleistungsinnovation Hand in Hand gehen mit dem Ziel, dem Kunden Lösungen seiner Probleme zu bieten. Und dies alles muss immer schneller gehen. **Time-to-Market** entscheidet, wer aus einer Innovation den Wettbewerbsvorteil zieht, der Follower wird zum Verlierer. Traditionelle Innovationsprozesse sind dieser Komplexität nicht gewachsen. An die Stelle der bisherigen, linearen Produktentwicklungspfade müssen durchgängige Innovationsprozesse treten, die das gesamte Unternehmen ein-

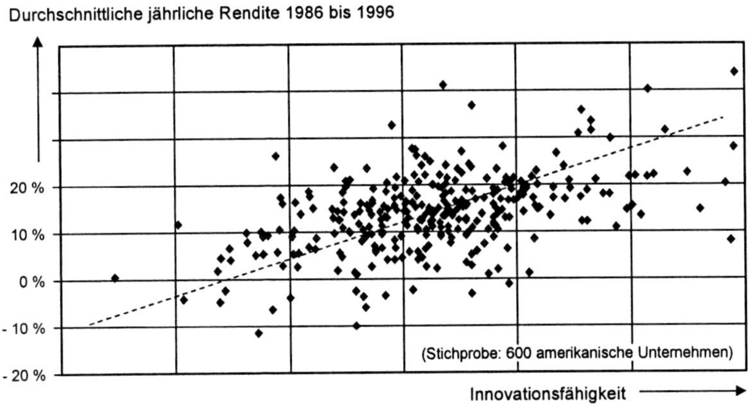

Abb. 1: Innovative Unternehmen liefern den höchsten Shareholder-Value

binden. Es müssen Innovationsnetzwerke aufgebaut und gemanagt werden, in denen interne und externe Partner mit den eigenen Entwicklungsressourcen zusammenwirken.

Unternehmen, denen es offensichtlich gelingt, zwischen sich und ihre Wettbewerber einen „Innovationskeil" zu treiben, zeichnen sich durch solche durchgängigen Innovationsprozesse aus. Aber auch andere Faktoren unterscheiden sie von ihren Verfolgern: Eine kompromisslose Ausrichtung auf Innovation als Top-Priorität des ganzen Unternehmens, neue strategische Ansätze wie der Aufbau von Innovationsplattformen und eine fruchtbare Innovationskultur sind Beispiele hierfür.

Deshalb definieren wir heute neu: Innovation ist die Fähigkeit, den gesamten Geschäftsprozess, von der Entstehung neuer Produkte, Dienstleistungen und Prozesse bis zu ihrer Nutzung, von der Produktion bis zu Marketing, Vertrieb und Kundenmanagement, ständig zu verbessern und zu erneuern und hierfür optimale Voraussetzungen zu schaffen. Unser Global-Innovation-Survey bestätigt diese Sicht (vgl. *Arthur D. Little* 1998; siehe auch Abb. 2). Und diese Definition schließt auch ein Kommunikationselement ein: Der Wert des Unternehmens – reflektiert in seinem Börsenkurs – wird auch davon bestimmt, ob es gelingt, die eigene Innovationskraft überzeugend zu vermitteln.

Ausgehend von dieser Erkenntnis hat *Arthur D. Little* führende Innovatoren analysiert und ihre Erfolgsfaktoren herausgearbeitet. Daraus entstand das Konzept der **Innovation-Premium** (vgl. *Jonash/Sommerlatte* 1999): Innovative Unternehmen sind langfristig profitabler und wachstumsstärker, wenn es ihnen gelingt, sich in den folgenden vier Premium-Bereichen von ihren Wettbewerbern abzusetzen (siehe Abb. 3):

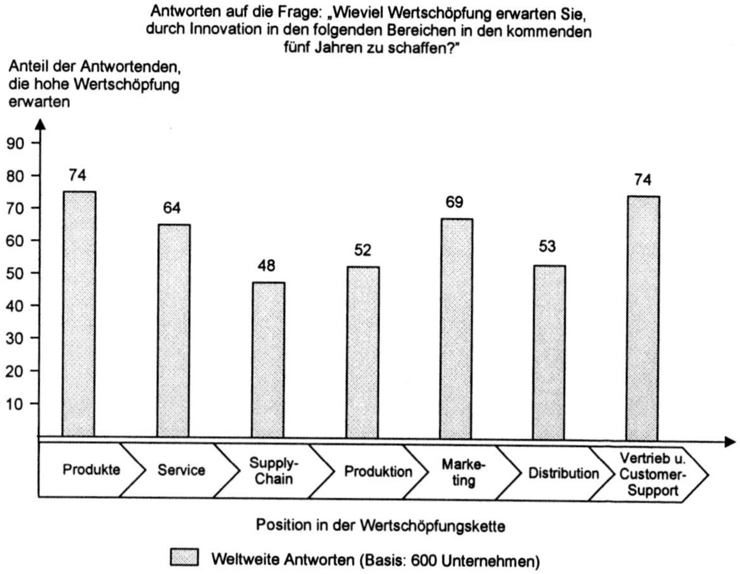

Abb. 2: Wertschöpfung durch Innovation
(Quelle: Arthur D. Little 1998)

- **Eigentümer** erwarten eine gesteigerte finanzielle Leistungsfähigkeit. Umsatzwachstum, höhere Renditen, gesteigerte Price/Earning- oder Börsenwert/Buchwert-Verhältnisse sind Messgrößen, die diese Dimension transparent machen.

- Die richtigen **Partner** – sei es im Entwicklungs-, Produktions- oder Vertriebsbereich – sind Voraussetzung für den Aufbau leistungsfähiger Innovationsnetzwerke. Um sie zu gewinnen, muss das Unternehmen selbst als Partner attraktiv sein, jede Zusammenarbeit muss im Sinne von „Win-Win" für beide Seiten Werte schaffen.

- Die **Mitarbeiter** sind das wichtigste Kapital des Unternehmens. Ein motivierendes Umfeld zu schaffen, in dem sie kreativ sein und unternehmerisch denken und handeln können, ist eine der wichtigsten Investitionen in die Zukunft des Unternehmens.

- Die Fähigkeit, **Kunden** zu gewinnen und an sich zu binden, beruht auf überragenden Produkten und auf konsequenter Kundenorientierung. Innovative Wege, für die Kunden zusätzliche Werte zu schaffen, müssen Hand in Hand gehen mit optimaler Qualität und konkurrenzfähigen Preisen.

Der Weg zum Innovation-Premium-Unternehmen wird nicht am Schreibtisch gefunden. Er kann nur abgeleitet werden aus Best-Practices, aktuellen Konzepten

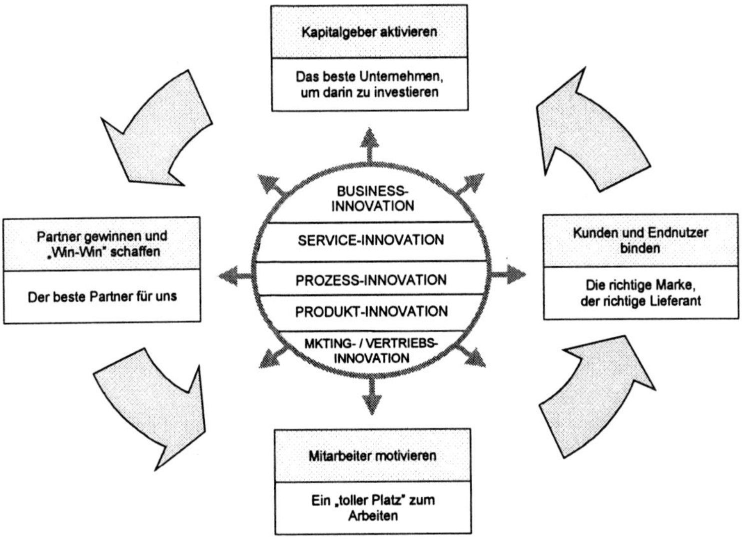

Abb. 3: Die vier Premium-Bereiche

und den Erfahrungen, die die Vordenker damit machen. Deshalb sollen im Folgenden einige ausgewählte Schlüsselelemente der Innovation-Premium an repräsentativen Beispielen erläutert werden.

2. Schlüsselerfolgsfaktoren – wie machen es erfolgreiche Innovatoren?

2.1 Neue strategische Wege: Innovationsplattformen und strategische Partnerschaften

Canon, ein Unternehmen das schon früh begonnen hat, überkommene Werte japanischer Unternehmen zu überdenken und neue Wege in seinen Strategien, Strukturen und Prozessen zu suchen, war einer der Vordenker beim Aufbau von Innovationsplattformen. 1962 erklärte *Canon* Diversifikation zum strategischen Ziel, um führend im Büromaschinenmarkt zu werden. Zunächst begann das Unternehmen, seine Kernkompetenzen im Bereich Optik, Optoelektronik, Druckertechnologien, Anwendungen in Büroautomation und Computerperipherie zu entwickeln. Erstes Ergebnis waren Markterfolge mit revolutionären Kopierer-Technologien in den Siebzigerjahren. *Canon* hat diese Basis systematisch ausgebaut:

- **Technologieführerschaft:** Technologiesprünge waren für *Canon* keine Bedrohung, sondern eine Chance. Das Unternehmen investierte intensiv in neue Technologien und ihre Anwendbarmachung und konnte so von sich aus immer an den Erneuerungen des Kopierermarkts teilhaben, Vorteile daraus ziehen und seine einmal errungenen Marktanteile halten, ja sogar ausbauen.
- **Innovationsplattformen:** Die zunächst aus der Kopierer-Entwicklung resultierenden Kernkompetenzen wurden in neue Anwendungen, zum Beispiel bei Druckern, eingebracht. So konnte *Canon* dort ebenfalls eine führende Position erlangen. Für die absehbare zunehmende Integration von Kopierer, Fax und Drucker in ein Gerät ist *Canon* bestens gerüstet.

Solche Plattformkonzepte haben ihren Ursprung in der Automobilindustrie, wo sie zum entscheidenden Werkzeug wurden, um der ständig weiter wachsenden Zahl von Modellen und Varianten Herr zu werden. Ausgehend vom ursprünglichen Ziel, Entwicklungs- und Produktionskosten entscheidend zu senken, wurden systematisch Kernkompetenzen in Schlüsseltechnologien und -komponenten, zum Beispiel im Antriebs- und Fahrwerksbereich, aufgebaut, die unterdessen selbst zum Motor für neue Produkte und verbesserte Leistungen werden.

Diese Konzepte werden zunehmend in andere Industrien übertragen. Ein Beispiel aus dem Bereich der Biotechnologie ist *Millenium Pharmaceuticals*, ein Unternehmen, das sich der Entwicklung von Technologien verschrieben hat, mit denen die Entwicklung neuer Heilmittel gewaltige Impulse erhält. Dabei konzentriert sich *Millenium* darauf, die dafür erforderlichen Innovationsplattformen zu schaffen. Die Umsetzung in fertige Produkte, maßgeschneidert für unterschiedliche Anwendungsbereiche und Marktsegmente, überlässt *Millenium* seinen Partnern, die hierfür die erforderlichen Kompetenzen, Ressourcen und Vertriebskanäle haben.

2.2 Management immaterieller Vermögenswerte

Ein weiterer Blick auf die Börse zeigt: Nicht die – in Buchwerten ausgedrückten – „harten“ Vermögenswerte bestimmen, welche Unternehmen eine Innovation-Premium erzielen (siehe Abb. 4). Investoren versuchen vielmehr, sich ein Bild vom Zukunftspotenzial des Unternehmens zu machen, seiner Fähigkeit, sich den ständigen Veränderungen unserer Wirtschaft anzupassen und aus ihnen Nutzen zu ziehen. Nur so sind die spektakulären Erfolge vieler Start-Ups, zum Beispiel im Internetbereich, zu verstehen, nur so kann erklärt werden, warum Unternehmen wie *Amazon*, *Yahoo* oder *eBay*, die erst vor wenigen Jahren gegründet wurden, Börsenwerte im Milliarden-Bereich erzielen und damit viele alteingesessene Unternehmen ihrer Branche weit hinter sich lassen.

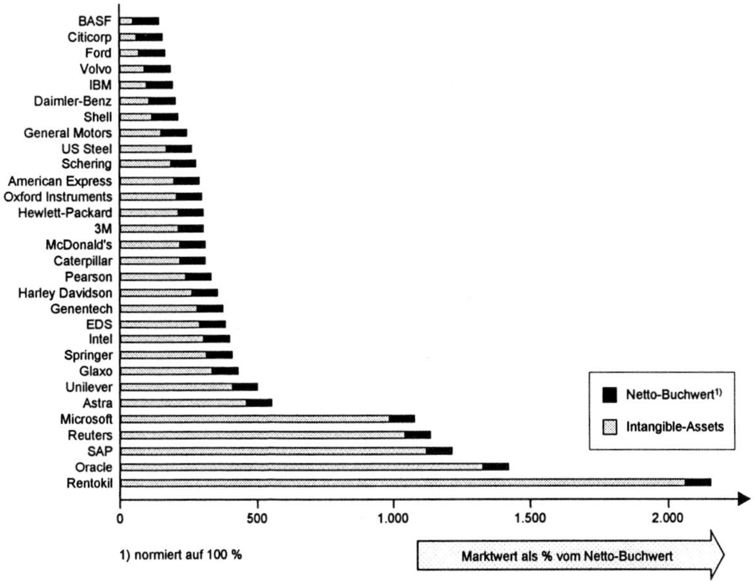

Abb. 4: Der Marktwert innovativer Unternehmen übertrifft den Buchwert um ein Vielfaches

Wesentlicher Bestandteil der so erzielten Innovation-Premium ist die Fähigkeit, solche immateriellen Werte zu schaffen und zu nutzen. Diese Nutzung geht weit über die interne Verwendung hinaus: Unternehmen wie *Texas Instruments*, *Lucent* oder *Dow Chemicals* erzielen bereits heute große zusätzliche Einkommen durch die systematische Vermarktung ihres Wissens, zum Beispiel durch Lizenzgebühren oder das Einbringen in Partnerschaften.

Dazu ist aber ein systematisches Management des immateriellen Kapitals des Unternehmens erforderlich. Dieses „verborgene Vermögen“ muss systematisch identifiziert, klassifiziert, bewertet und genutzt werden.

2.3 Die Umsetzung von Innovationsideen als Kernprozess des Unternehmens

Der Innovationsprozess beginnt an dem Punkt, an dem die Idee entsteht, sichert die Umsetzung der Idee in ein tragfähiges Konzept und die Umsetzung des Konzepts in ein Produkt – und geht so nahtlos durch alle Stadien bis zu dem Wert, der für den Endnutzer geschaffen wird. Ein Beispiel dafür ist der in Abbildung 5 dargestellte Innovationsprozess bei *Nokia*: Ziel der ersten Stufe ist es, Innovatoren mit dem „Rohstoff“, mit einem ständigen Strom von Ideen und An-

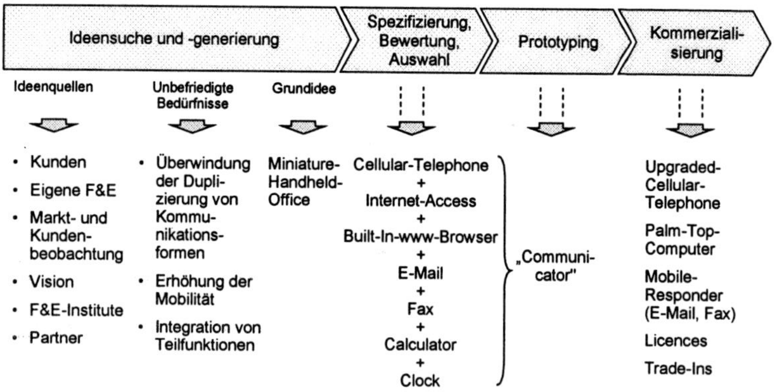

Abb. 5: Der Nokia-Innovationsprozess – von der Idee zum Kunden

regungen, Informationen über unbefriedigte Kundenbedürfnisse, neuen Technologien etc. zu versorgen. Diese Anregungen kommen aus allen denkbaren Quellen, innerhalb des Unternehmens, aus der Markt- und Technologiebeobachtung, von Zulieferern, Kunden und Partnern. Aus diesem Ideen-Pool werden als attraktiv und „machbar" eingeschätzte Grundideen für neue Produkte, Dienstleistungen und Prozesse abgeleitet. Natürlich wird es nicht jede von ihnen bis zum Markt schaffen oder gar ein Durchbruchserfolg werden. Aber ein konstanter Nachschub an neuen Ideen aus dem ersten Schritt sorgt dafür, dass die Pipeline nie leer wird. Ein durchdachter Bewertungs- und Filterprozess sorgt dafür, dass die wirklich Erfolg versprechenden jetzt in die Entwicklungsphase eintreten und ein effizientes Projektmanagement führt sie rasch zum Prototypen. Dabei wird frühzeitig im engen Dialog mit Anwendern getestet, ob das Produkt tatsächlich deren Erwartungen erfüllt. Wichtig dabei ist es, bereits jetzt alle möglichen Anwendungen und Zielgruppenbedürfnisse zu berücksichtigen, um im Sinne des Plattformkonzepts sofort mit maßgeschneiderten Lösungen für alle Zielmärkte präsent sein zu können.

Der Entwicklungsprozess kann also mit einem Venturi-Rohr verglichen werden (siehe Abb. 6): An seinem Anfang ist er weit geöffnet für die Vielzahl möglicher Innovationsquellen. Danach verengt er sich, Ziel ist die Fokussierung auf das Wesentliche und die Beschleunigung der Entwicklung. Am Ende öffnet er sich wieder, um Raum zu schaffen für eine optimale Markteinführung der Ergebnisse des Entwicklungsprozesses.

2.4 Die eigenen Kompetenzen systematisch ergänzen

Sun Microsystems setzt mehr als vier Milliarden Dollar mit Zulieferern um, zu denen Unternehmen wie *Sony*, *Seagate*, *Samsung* oder *Zytec* gehören. Aber diese

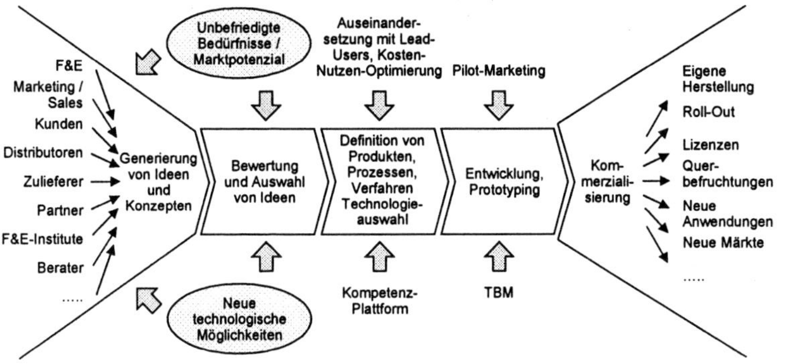

Abb. 6: Innovationsprozess als „Venturi-Rohr"

Zulieferer sind mehr als das, sie sind zugleich Entwicklungspartner. Ihre Ingenieure und Wissenschaftler werden regelmäßig eingeladen, an Entwicklungsprojekten für neue Server und Netzwerkprodukte teilzunehmen. So kann *Sun* seine eigene Entwicklung schlank halten und bekommt gleichzeitig Zugriff auf das Know-How seiner Partner.

Bei *DaimlerChrysler* haben Management und Innovation entlang der Supply-Chain ebenfalls nicht den Charakter eines „von oben Befehle gebens". Im Geist des gemeinsamen Lernens werden gemeinsame Entwicklungsprojekte initiiert, die je nach Interessenlage von einer der beiden Seiten oder gemeinsam finanziert werden. Unternehmensintern werden Innovation und Wissensgenerierung in den Technologie-Clubs vorangetrieben. Ihre Mission ist es, in Schlüsselbereichen der Automobilentwicklung Initiative und Führerschaft zu sichern, einen regen Gedankenaustausch – der über das Unternehmen hinaus auch die Entwicklungspartner einschließt – zu initiieren, einen virtuellen Ressourcenpool für ihr Thema aufzubauen und damit innovative Beiträge für die neuen Modelle des Konzerns, für die Verbesserung der Herstell- und Serviceprozesse etc. zu leisten.

2.5 Lern- und wissensbasierte Kultur

Innovative Unternehmen sind lernbereit und fördern Lernprozesse bewusst. Dies beginnt mit dem Vorhandensein von Lernbereitschaft. Ein Beispiel dafür, wie man dadurch drastische Verbesserungen seiner neuen Produkte und Beschleunigung der Entwicklungsprozesse erzielt, ist die *Hilti AG*. Ausgehend von der Einsicht, dass niemand besser als der Anwender weiß, wo die Schwachstellen der eigenen Produkte liegen, lud sie zum Beispiel Installateure ein, ihre Produkte zu bewerten und erhielt daraus wertvolle Anregungen, die eine rein interne Sicht nie hervorgebracht hätte.

BP hat sich in den letzten zehn Jahren zu einer schlanken, flexiblen und hochprofitablen Organisation gewandelt. Wesentliche Instrumente bei diesem Veränderungsprozess sind die Performance-Improvement-Teams (PITs). Diese PITs, in denen auch die aufeinander aufbauenden Ziel- und Messgrößen diskutiert werden, die die unterschiedlichen Bereiche und hierarchischen Ebenen verbinden, spielen eine wichtige Rolle darin, allen Angestellten ihren Anteil an der Verantwortung für den Erfolg des gesamten Unternehmens deutlich zu machen. Ein anderes Instrument des organisationalen Lernens, das Peer-Assist-Program, dient auch dazu, Mitarbeiter dazu anzuhalten, selbst Lösungen für Probleme zu finden anstatt Experten von außen anzuheuern. Die weltweite, komplexe und diversifizierte *BP*-Organisation zeigt auch, wie wichtig moderne Informationstechnologie bei der Schaffung, Dokumentation und Verbreitung von Wissen im Unternehmen ist. Aber moderne Datenverarbeitung und Telekommunikation ist nur das Werkzeug hierfür. Ein wirksames Wissensmanagement umfasst viel mehr.

Diese wenigen Beispiele illustrieren, wodurch Innovationsführer sich differenzieren. Ihre Ansätze sind im Detail verschieden, aber ihnen allen ist gemeinsam, dass Innovation „Chefsache" ist, dass sie Neues wagen und ihr Ziel konsequent verfolgen, von der Vision einer innovativen Organisation bis zu ihrer Umsetzung.

3. Wie wird man ein Innovation-Premium-Unternehmen?

3.1 Handlungsfelder

Wie sich gezeigt hat, ist Innovation mehr als die Entwicklung neuer Produkte oder Dienstleistungen. Das Ziel ist vielmehr, neue Werte für die eigenen Kunden und für deren Kunden zu schaffen und dies auf neuen Wegen zu tun, um die Grenzen der traditionellen inkrementellen Weiterentwicklung heutiger Produkte oder Services zu durchbrechen. Unsere Arbeit zeigt dafür fünf entscheidende Handlungsfelder auf – (1) Strategie, (2) Prozess, (3) Strukturen, (4) Ressourcen und (5) Kultur:

(1) **Innovationsstrategie:** Traditionelle Strategien wurden von den Zielen einzelner Bereiche wie Marketing und Produktion geprägt. Unternehmen neuer Prägung orientieren sich an ihren Stärken und Kernkompetenzen und nutzen neue Ansätze, wie zum Beispiel den Aufbau von Innovationsplattformen. Und Innovation wird „von oben" vorgelebt.

(2) **Innovationsprozess:** Durchgängige Innovationsprozesse beziehen alle Interessengruppen in den Innovationsprozess ein. F&E, Produktion, Marketing,

Vertrieb und andere Bereiche müssen vertrauensvoll und kooperativ zusammenarbeiten. Dies schließt auch externe Partner ein – vom Zulieferer über Entwicklungspartner bis hin zu den Kunden. Klare Verantwortungen sorgen für zielgerichtetes Vorgehen. Trotzdem sind alle Beteiligten motiviert, ihre kreativen Ideen einzubringen.

(3) **Strukturen:** Traditionelle funktionale Strukturen werden durch Innovationsnetzwerke ersetzt. Im Modell der Extended-Enterprise tritt an die Stelle des sich gegen Wettbewerb und Angst vor Know-How-Abfluss abgrenzenden, auf seine eigene Sicht, Kompetenzen und Ressourcen beschränkten Unternehmens eine Matrix von Partnern. Ihre unterschiedlichen Kernkompetenzen ergänzen sich gegenseitig, sie sind durch intensive, vertrauensvolle Kooperation miteinander verbunden und alle Partner haben von ihren konstruktiven Beiträgen einen direkten Nutzen.

(4) **Ressourcen:** Traditionell wurden hierunter Human- und Sachressourcen verstanden. Innovative Unternehmen gehen darüber weit hinaus: Ihr wichtigstes Ziel ist, ihr intellektuelles Kapital und ihr Wissen ständig zu erweitern, systematisch zu dokumentieren und zu nutzen und es in eigene Kernkompetenzen und Wettbewerbsvorteile umzusetzen. Unternehmensintern fokussieren sie sich auf das Management ihres Wissens und Erhalt und Nutzung ihrer organisationalen Lernfähigkeit. Darüber hinaus suchen sie nach ständigen Ergänzungen der eigenen Basis durch Partnerschaften, sei es in gemeinsamen Entwicklungen, durch Akquisition oder andere Formen.

(5) **Innovationskultur:** Innovation beruht auf Inspiration, Mut zum Risiko und offener, partnerschaftlicher Zusammenarbeit. Unternehmen, die Eigeninitiative, Risikobereitschaft und kooperatives Verhalten nicht fördern, ziehen auch keine innovativen Mitarbeiter an und schaffen es nicht, vorhandene Kreativitätspotenziale zu aktivieren. Das Ziel ist eine lernende Organisation, in der diese Kreativitätspotenziale synergistisch verknüpft werden, die daraus entstehenden Ideen umgesetzt werden und das erzeugte Wissen systematisch genutzt wird.

Die Kunst, die erfolgreiche Innovatoren beherrschen, ist nicht eindimensional in einem dieser Bereiche führend zu sein, sondern sich entlang aller Achsen gleichmäßig weiterzuentwickeln. Eine solche umfassende Entwicklung muss auch – weit über die in der Vergangenheit üblichen eindimensionalen Projekte hinaus – das Ziel jeder Veränderungsinitiative sein, durch die ein Unternehmen zum Innovationsführer werden will.

3.2 Umsetzung

Der Schritt vom Ist-Zustand zum aufgezeigten Ideal wird in vielen Fällen voller Stolpersteine sein. Manche Unternehmen sind bereits in einigen der Handlungsfelder weit fortgeschritten, andere haben noch einen weiten Weg zu gehen. Dies erfordert klare Ziele und Prioritäten, umgesetzt in einem zielgerichteten Veränderungsprogramm. Aber ein solches Veränderungsprogramm allein ist noch keine Garantie für den Erfolg: Veränderungen erzeugen Widerstände, eingefahrene Denk- und Verhaltensmuster sind langlebig und schwer aufzubrechen. Deshalb hat es sich bewährt, in einen abgestuften Prozess vorzugehen:

(1) **Schritt 1: „Standortbestimmung“:** Basis jeder Innovationsinitiative sind ein realistisches Bild der eigenen Position und klar ausformulierte, visionäre Innovationsziele. Dabei ist jedoch häufig festzustellen, dass gerade diese Innovationsziele noch gar nicht klar sind und vom ganzen Unternehmen geteilt werden. Aber erst auf dieser Basis können Soll und Ist einander gegenübergestellt, Lücken darin identifiziert und daraus Handlungsfelder und strategische Stoßrichtungen abgeleitet werden. Deshalb hat sich das von *Arthur D. Little* eingesetzte Instrument des Innovations-Audits bewährt, um Handlungsbedarf, Handlungsspielraum, Ziele und Prioritäten abzuklären. Um Startpunkt für den weiterführenden Entwicklungsprozess zu werden, führt er zu folgenden Ergebnissen:

   - Standortbestimmung: Wo stehen wir in unserer Innovationsfähigkeit – und wo sollten wir stehen, gemessen an unseren Zielen, aber auch gemessen an heutigen und zukünftigen Anforderungen von Markt und Wettbewerb?
   - Identifikation der wichtigsten Schwachstellen und Verbesserungspotenziale für ein wirkungsvolleres Innovationsmanagement im Unternehmen, das auf einem vertieften Verständnis der Faktoren beruht, die die nachhaltige Innovationsfähigkeit ausmachen bzw. behindern.
   - Schaffung einer Vision und daraus abgeleiteter Ziele für die Entwicklung eines Innovation-Premium-Unternehmens und Festlegung des weiteren Weges dorthin.

   Wenn dieser Prozess abgeschlossen ist, besteht Konsens über das weitere Vorgehen und seine Ziele.

(2) **Schritt 2: „Entscheidende Hebel aktivieren“:** Der Weg zur Innovation-Premium führt über ein straff gesteuertes Veränderungsprogramm. Es muss eine Konzentration auf das Wesentliche herbeiführen, gleichzeitig aber auch die Mitarbeiter, insbesondere die involvierten Leistungs- und Entscheidungsträger einbinden. Wenn es nicht gelingt, „Betroffene zu Beteiligten“ zu machen, bleibt jede echte Veränderung stecken, findet nur auf dem Papier

statt. Welches die richtigen Hebel sind, mit denen die Innovationsfähigkeit aktiviert werden kann, hängt vom jeweiligen Unternehmen, seinen Zielen, Rahmenbedingungen und Marktanforderungen ab. Aber typische Ansätze sind zum Beispiel:

- Entwicklung einer Innovationsstrategie;
- Aufbau von Kompetenz- und Innovationsplattformen;
- Neukonzeption und wirkungsvolles Management des Innovationsprozesses;
- Aufbau von Innovationsnetzwerken;
- Implementierung eines Wissensmanagements und der dafür erforderlichen Prozesse und Infrastruktur;
- Management der Kernkompetenzen.

Wichtig ist, dass diese neuen Konzepte und/oder Anpassungen von Bestehendem von innen heraus, durch die Beteiligten selbst erarbeitet werden, mit externer Unterstützung, wo erforderlich. Um Transparenz zu schaffen und die Nachhaltigkeit der Innovationsinitiative zu gewährleisten, hat es sich bewährt, alle Maßnahmen in eine Gesamtprojektstruktur mit definierten Zielen, Meilensteinen und Verantwortlichkeiten einzubinden.

(3) **Schritt 3: „Lernende Organisation aufbauen“:** Innovative Unternehmen zeichnen sich durch vier zentrale Merkmale ihrer Kultur und Organisation aus:

- **Innovationskultur:** Eine Innovationskultur beruht auf einer prägnanten, von allen Mitarbeitern getragenen Vision. Ihre Kennzeichen: Sie fördert Eigeninitiative und Risikobereitschaft, den gemeinsamen Glauben an einen Wachstumsimperativ, sich gegenseitig nicht ausschließende Ehrgeiz- und Kooperationsbereitschaft, bereichs- und funktionsübergreifende Teams und einen ausgewogenen Mix unterschiedlicher Persönlichkeiten, in denen auch innovative Querdenker ihren Platz finden. Eine solche Unternehmenskultur ist auch in der Lage, Konflikte, die durch unterschiedliche Wahrnehmung der Realität entstehen, schnell und nachhaltig zu entschärfen und Krisen als Chance zur Weiterentwicklung zu verstehen.

- **High-Performance-Teams:** Ein Team wird erst dann zum Team, wenn es von gemeinschaftlich akzeptierten Ambitionen, Spielregeln und Wertsystemen getragen wird. Nur in einer solchen Umgebung kann die Art kreativer Spannung entstehen, aus der heraus Innovation wächst und produktive Kommunikation, systemisches Denken und Lernen werden zum festen Bestandteil jedes Projektes.

- **Fluid-Network-Organisation:** Innovative Organisationen zeichnen sich dadurch aus, dass sie auf einer Seite effizient und schnell sind, auf der anderen Seite aber auch flexibel und kreativ. Dies bedeutet eine ständige Gratwanderung zwischen Chaos und Erstarren in rigiden Strukturen. Hier die richtige Balance zu finden, ist eine Grundvoraussetzung jeder innovativen Organisation.
- **Anreize:** Die Messgrößen, anhand derer die Leistung jedes Mitarbeiters – sei er Vorstandsvorsitzender oder Mechaniker – beurteilt werden und die damit verbundenen Anreize oder Sanktionen, bestimmen sein Verhalten maßgeblich. Solche Bewertungs- und Anreizsysteme können Motivation, Kreativität und Innovationsbereitschaft entscheidend fördern. Wenn sie falsch konzipiert werden, können sie aber auch zu einer unüberwindlichen Innovationsbremse werden.

Gerade aus dem letzten Punkt geht hervor, wie wichtig ein funktionierendes Innovationscontrolling ist. Innovation, die Innovationsfähigkeit des Unternehmens und die Innovationsbeiträge aller Mitarbeiter müssen messbar sein, damit klare Ziele definiert werden können, der eigene Standort realistisch eingeschätzt wird und der weitere Weg zur Innovation-Premium festgelegt werden kann (vgl. Braun 1999).

Und der Weg dorthin ist Teamarbeit: Die **Unternehmensführung** schafft die Vision, gibt die Ziele vor und etabliert den Freiraum, in dem Kreativität und Innovation erst gedeihen können. Dazu gehört auch, dass Innovation und das Commitment zu ihr „vorgelebt" werden. Signalwirkung für die Veränderungsbereitschaft bei den Mitarbeitern geht davon aus, wenn deutlich wird, dass auch der Vorstand bereit ist, traditionelle Denkmuster zu überdenken, Neues zu wagen und Kreativität und Risikobereitschaft seiner Mitarbeiter zu honorieren. Die **operative Ebene** ist entscheidend für die Umsetzung jeder Innovationsstrategie. Wenn das Mittelmanagement zur „Lehmschicht" wird, die undurchlässig für die Vermittlung der Innovationsvision an die Mitarbeiter ist, oder wenn die Mitarbeiter diese Innovationsvision nicht verstehen und akzeptieren, vielleicht sogar als „von oben befohlen" empfinden, wird die Veränderungsoffensive scheitern. Der **Consultant** spielt als „Katalysator" und kritischer Begleiter eine entscheidende Rolle. Von ihm muss die permanente Herausforderung kommen, sich aus den gewohnten Bahnen, in die wir alle so leicht zurückfallen, wenn der Druck von außen fehlt, zu lösen und Neues zu wagen. Er liefert Anregungen durch Best-Practice-Vergleiche, unterstützt die notwendigen Neukonzeptionen methodisch und inhaltlich und hilft als Coach, sich in neue Rollen und Verantwortungen einzufinden und die mit jeder Veränderung einhergehenden Widerstände und Ängste abzubauen.

Innovation-Premium erreicht man nicht einmal, sondern man muss sie sich ständig wieder neu verdienen!

Literatur

Arthur D. Little (1995): Management der Lernprozesse im Unternehmen, Wiesbaden 1995.

Arthur D. Little (1997): Management von Innovation und Wachstum, Wiesbaden 1997.

Arthur D. Little (1998): Global Innovation Survey, Cambridge 1998.

Braun, M. (1999): Controlling im Innovationsprozess – Vom Innovations-Kontrolleur zum Innovations-Lotsen, Bilanzbuchhalter und Controller, Nr. 10/1999, S. 217-240.

Jonash, R./Sommerlatte, T. (1999): The Innovation Premium, Reading, Mass. 1999.

Roussel, P /Saad, K. /Ericksson, T. (1991): Third Generation R&D, Boston, 1991.

B.4

Business-Transformation: Ein umfassendes Modell zur Unternehmenserneuerung – ein Ansatz von Gemini Consulting

Klaus Baumann[*]

---

[*] Klaus Baumann ist Managing Director Central Europe bei Gemini Consulting in Bad Homburg.

1. Unternehmenstransformation – Neugestaltung und konstanter Wandel der Strukturen

1.1 Grundlagen und Determinanten erfolgreicher Unternehmenstransformation

Jedes Unternehmen ist mit einem lebenden Organismus vergleichbar: Es besitzt eine Persönlichkeit, einmalig in ihrer spezifischen Herausforderung, und ist ausgestattet mit vitalen Kräften, deren sich die Organisation selbst oftmals nicht bewusst ist. Dieser Denkansatz stammt von den *Gemini Consulting*-Visionären *Francis J. Gouillart* und *James N. Kelly*. Im Jahr 1995 veröffentlichten sie erstmals das Konzept der „Business-Transformation" („Transforming the Organization", McGraw-Hill, Inc., New York, 1995). Seither hat sich ihr Modell uneingeschränkt in der betrieblichen Praxis bewährt. Ihr Anspruch besteht nicht darin, alles auf einmal zu transformieren, sondern vielmehr an dem richtigen Stellhebel zum richtigen Zeitpunkt im holistischen Sinne zu drehen, um so das Gesamtunternehmen von „Wand zu Wand" zu verändern. Die ganzheitliche Perspektive ihres Denkansatzes ermöglicht es, die schlummernden Kräfte eines Unternehmens planvoll zu aktivieren und systematisch auf ein gemeinsames Ziel zu lenken: Erfolg durch Erneuerung.

Dieser Beitrag beschreibt, wie die vier zentralen Bereiche von Business-Transformation einem Unternehmen helfen, seinen individuellen Transformationspfad zu finden. Die 4 „R" – Renew, Reframe, Restructure und Revitalize – stehen dabei für die Erneuerung des Denkens, der Strukturen, der Märkte und des gesamten Selbstverständnisses einer Organisation.

Transformation ist die konzentrierte Neugestaltung und der konstante Wandel der gesamten genetischen Struktur eines Unternehmens. Ihre Bedeutung formulierte der Management-Philosoph *Charles Handy* wie folgt: „In an uncertain world, where all we know for sure is that nothing is for sure, we are going to need organizations that are continually renewing themselves, reinventing themselves, reinvigorating themselves. These are the learning organizations, the ones with the learning habit. Without the habit of learning, they will not dream the dream, let alone have any hope of achieving it."

Das Veränderungstempo steigt. In den letzten zehn Jahren sind rund die Hälfte aller Erfindungen seit Bestehen der Menschheit gemacht worden, und es ist abzusehen, dass sich diese Entwicklung in den nächsten zehn Jahren wiederholen wird. Allein die Größe der heutigen Forscher- und Technikergemeinde zeugt vom einzigartigen Innovationsschub des 20. Jahrhunderts: Ungefähr 80 Prozent aller Wissenschaftler seit Beginn der menschlichen Kulturgeschichte leben heute, gleiches gilt für Ingenieure. Dabei wird nicht nur mehr erfunden – auch die Geschwindigkeit, mit der die Menschheit Innovationen produziert, nimmt ständig zu. Vermeintlich Neues veraltet oft schneller als die kühnsten Prognosen das voraussehen: *Moore's* Gesetz von der Verdoppelung der Computergeschwindigkeit alle 18 Monate etwa gilt heute schon als überholte Schätzung.

Fortschritte in Wissenschaft und Technik, insbesondere in der Informationstechnologie, beginnen den Alltag und vor allem das Wirtschaftsleben grundlegend zu verändern. Vielerorts ist schon von der „Neuen Ökonomie" oder einer „Wirtschaft, Version 2.0" die Rede. Schlagworte wie diese illustrieren, wie stark sich die Art des menschlichen Wirtschaftens in Zukunft verändern wird – kein gradueller Fortschritt, sondern ein kompletter Paradigmenwechsel steht der Ökonomie bevor: Nicht mehr Kapital und Anlagevermögen, sondern die Produktionsfaktoren „Wissen" und „Information" werden in Zukunft die Wertschöpfung der Unternehmen bestimmen. Hier liegt die eigentliche Ursache für das steigende Veränderungstempo. Keine Ressource ist flüchtiger als Wissen und hat eine geringere Halbwertzeit. Der Besitz und die schnelle Nutzung von Wissen werden zum wirtschaftlichen Erfolgsfaktor Nummer Eins in einer sich ständig verändernden Umwelt.

Besonders Unternehmen bekommen das erhöhte Veränderungstempo zu spüren. Dabei hat sich der Ursprung des Wandels verschoben: Änderten sich bis vor kurzem hauptsächlich externe Rahmenbedingungen (Privatisierung von Industrien, Liberalisierung von Märkten), kommt der Druck jetzt aus der Wirtschaft selbst: Branchengrenzen verschwimmen, die Zahl der Wettbewerber steigt und Kunden können in der Zukunft unter einer immer größeren Anzahl von Produkten und Dienstleistungen wählen. Kurz: Die Außenwelt der Firmen ist zunehmend von Unsicherheit geprägt. Gleichzeitig sind die Anforderungen der Mitarbeiter an das Unternehmen gestiegen; in manchen Branchen wie Consulting und Informationstechnologie herrscht bereits Talentknappheit, und Angestellte erwarten bereits höhere Gegenleistungen für ihre Loyalität.

Organisationen von heute müssen die Fähigkeit besitzen, sich den Veränderungen rasch anzupassen: Kurze Reaktionszeiten, das Erkennen und Wahrnehmen von Expansionsmöglichkeiten auch außerhalb des angestammten Geschäfts werden überlebenswichtig. Nur wandlungsfähige Unternehmen können die heutigen Anforderungen an Stabilität, Wachstum und Shareholder-Value in Zukunft erfüllen. Doch Transformation ist kein ein- oder mehrmaliges Veränderungsprogramm, auch wenn es zu Beginn oftmals so aussehen mag. Veränderung ist eine permanente Aufgabe und Herausforderung; Transformation beschreibt einen neuen Dauerzustand flexibler Anpassung, mal mit größeren, mal mit kleineren Veränderungen, an eine sich permanent verändernde Umwelt.

Zum erhöhten Veränderungstempo von außen kommt seit einigen Jahren der verstärkte Druck der Finanzmärkte hinzu: Durch die Verbreitung der Shareholder-Value-Orientierung werden Unternehmen belohnt, die schnell und effektiv expandieren. Wachstum lautet die Forderung der Analysten und Aktionäre. Besonders in letzter Zeit versuchten viele Firmen, die überlebensnotwendige kritische Masse durch Fusionen zu erreichen. Dies scheint in der Zukunft nicht der Weg der Wahl zu sein: Ein Studie von *Gemini Consulting* und der *Economist Intelligence Unit* ergab, dass viele Manager heutzutage selektive Allianzen und organisches Wachstum für die dominante Wachstumsstrategie halten. Kreativität in den eigenen Reihen sei das wichtigste Instrument, um nachhaltig zu expandieren, gab die Mehrheit der Führungskräfte an.

Als ungeeignetes Vorgehen auf dem Weg zu mehr Innovationen hat sich das Streben nach dem „Big Bang", dem großen Wurf, erwiesen. Derartige Projekte sind oft ein Wagnis und sollten nur in Angriff genommen werden, wenn das Risiko für den Rest des Unternehmens gering gehalten werden kann. Erfolg versprechender erscheint in jedem Fall eine Vielzahl kleiner Initiativen.

Doch wie kann das interne Innovationspotenzial erschlossen werden? Die folgenden vier Bereiche sind für das erfolgreiche Management von Innovationen besonders wichtig:

(1) **Kreativität:** Nur wenige Manager wissen, dass sich Kreativität gezielt fördern lässt. Viele sehen Kreativität als eine mysteriöse und angeborene Tugend an. Es ist die Aufgabe des Managements, eine Kultur zu schaffen, in der neue Ideen entstehen können. Kreative Menschen benötigen einen großen Spielraum und pflegen individuelle und manchmal ungewöhnliche Arbeitsweisen. Diese Freiräume können im Unternehmen gefahrlos geschaffen werden, denn die Erfahrung zeigt: Ein höherer Freiheitsgrad schadet der Effizienz des Managements meistens nicht. Dafür zahlen sich Lockerungen aus. Die Innovations-Rendite in Form von Umsatzsteigerungen ist oft um ein Vielfaches größer als die Investitionskosten für Kreativität.

(2) **Fokussierung:** Viele Unternehmen streben wie besessen danach, der Konkurrenz nachzueifern und lassen sich von kurzlebigen Kundenanforderungen leiten. Sie binden ihre Entwickler an viele kleine, kurzfristige Projekte, die dem Unternehmen nur wenig Nutzen einbringen. Ein solcher Mangel an Fokussierung kann sich geradezu zerstörerisch auswirken. Effizientes Innovations-Management dagegen besteht in einer gezielten Auswahl und Einstufung von Entwicklungsprojekten. Der Ressourceneinsatz und der Aufbau von Fachkompetenzen muss sich an einer langfristigen Innovationsstrategie orientieren.

(3) **Effizienz:** Die beste Idee bringt oft wenig, wenn sie nicht schnell in ein marktfähiges Produkt umgesetzt werden kann. Voraussetzung dafür sind effiziente Entwicklungs- und Einführungsprozesse: Sie sichern eine rasche Markteinführung und tragen zur Kostenreduktion bei; der Zeitraum bis zum Deckungszeitpunkt („Time-to-Break-Even") und der Markteinführung („Time-

to-Market") wird so minimiert. Nach der Erfahrung von *Gemini Consulting* gelingt dies am besten durch parallel geschaltete Verarbeitungsschritte und gleichzeitig laufende Entwicklungsphasen. Dieses sogenannte „Concurrent Engineering" bringt Zeiteinsparungen von bis zu 20 Prozent.

(4) **Führung:** „Diversity"-Management, also das Führen von Mitarbeitern unterschiedlicher Kulturen und Hintergründe, hilft der Organisation, über den Tellerrand hinaus zu blicken. Das Management muss hier moderierend und motivierend eingreifen. Gleichzeitig hat die Unternehmensspitze dafür Sorge zu tragen, dass das Verhältnis von Arbeit und Zeit ausgeglichen ist – ein Schlüsselfaktor für die Innovationsfähigkeit des Unternehmens, denn überarbeitete Manager sind selten kreativ. In Zeiten von High-Potential-Knappheit muss die Mitarbeiterstrategie lauten: „Retention von Recruitment". Wissen und Fähigkeiten der Angestellten werden zum Kapital des Unternehmens, und dieses Kapital gilt es, langfristig zu binden.

1.2 Die Veränderung von Unternehmen

Innovative Produkte und Dienstleistungen können nur entstehen, wenn die Organisation als Ganzes wandlungsfähig wird und bleibt. Das erfordert in vielen Unternehmen eine grundlegende Transformation: Ziel ist das effiziente Management von Veränderungen insgesamt. Dabei gibt es kein Patentrezept: Jede Unternehmenstransformation erfordert einen spezifischen Weg, einen individuellen Transformationspfad. Industrien unterscheiden sich stark in der Intensität, mit der sie Veränderungen ausgesetzt werden, seien es technologische, soziologische oder regulatorische. Basierend auf individuellen Erfahrungen und anderen Unterscheidungskriterien lassen sich Unternehmen in folgende Kategorien einteilen: (1) das statisch-stabile Segment, (2) das dynamische Segment, (3) das Übergangssegment und (4) das Neugeschäft-Segment.

(1) **Das statisch-stabile Segment:** Hierbei handelt es sich um Industrien, deren Grenzen noch deutlich verlaufen. Die Veränderungskräfte sind relativ schwach und die Effizienz im operationellen Bereich entscheidet über die Marktposition. Transformationsprojekte werden meist von Unternehmen initiiert, die zu den Branchenbesten aufschließen wollen, oft sind Defizite in der finanziellen Performance der Auslöser. Für Change-Management im statisch-stabilen Segment eignet sich am besten die *Lewis*-Methodologie: „auftauen, bewegen, wieder einfrieren." Größte Hindernisse sind meist Widerstände innerhalb der Organisation.

(2) **Das dynamische Segment:** Unternehmen dieses Segments wollen im Rahmen eines Transformationsprozesses neue Geschäftsfelder erschließen. Das Orten und Einschätzen neuer Chancen hat in diesen Organisationen deshalb

oberste Priorität. Ziel ist es, die eigenen Fähigkeiten bestmöglich einzusetzen und so viele Zukunftsoptionen wie möglich zu eröffnen. Ist ein lukratives Geschäftsfeld geortet, muss die Organisation flexibel genug sein, um die Marktposition schnell zu besetzen.

(3) **Das Übergangssegment:** In diesem Segment befinden sich Firmen an der Schwelle von einer statisch-stabilen zur dynamischen Industrie. Das Management sieht sich hier der Herausforderung gegenüber, von einem Tag auf den anderen über Branchengrenzen hinweg denken und planen zu müssen. Transformationsprozesse in diesem Segment bedürfen häufig eines sehr großen Beratungsaufwandes, da die Organisationen den plötzlichen Paradigmenwechsel nicht aus eigener Kraft verarbeiten können.

(4) **Das Neugeschäft-Segment:** Ein typisches Beispiel für einen Transformationsprozess in diesem Segment ist die Gründung einer Tochterfirma. Der Aufbau einer Infrastruktur, eines Kundendienstes und der Entwurf von passenden Outsourcing-Strategien gehören zu den größten Herausforderungen bei der Eröffnung im Neugeschäft-Segment.

Um ein Transformationsprojekt wirklich bedarfsgerecht durchführen zu können, ist eine genaue Analyse der Unternehmenssituation unerlässlich. Nur eine individuell zugeschnittene Veränderungsstrategie garantiert langfristiges Wachstum.

2. Die Elemente erfolgreicher Unternehmenstransformation

2.1 Die vier „R“ der Transformation

Die Transformation von Unternehmen wird letztlich durch die Veränderungen der Umwelt (Kunden, Wettbewerb, Technologie, Regulierungen usw.) vorangetrieben. Unterschiedliche Unternehmensbereiche sind dabei unterschiedlich stark von den Veränderungen betroffen. Ganzheitliche oder auch integrative Ansätze sind hier gefragt. In der Vergangenheit widmete das Management häufig das Hauptaugenmerk zu sehr auf leicht quantifizierbare, vor allem finanzielle Elemente. Oftmals lagen die Probleme aber in ganz anderen Bereichen. Diese Vernachlässigung schwer quantifizierbarer Faktoren hat sich oft teuer und durchaus quantifizierbar gerächt.

Transformation ist die gesamtheitliche Neugestaltung und der konstante Wandel der genetischen Struktur eines Unternehmens. Sie wird dadurch erreicht, dass man gleichzeitig, allerdings mit unterschiedlicher Geschwindigkeit, an der Realisierung von Zielsetzungen in vier Bereichen oder Dimensionen arbeitet (siehe Abb. 1):

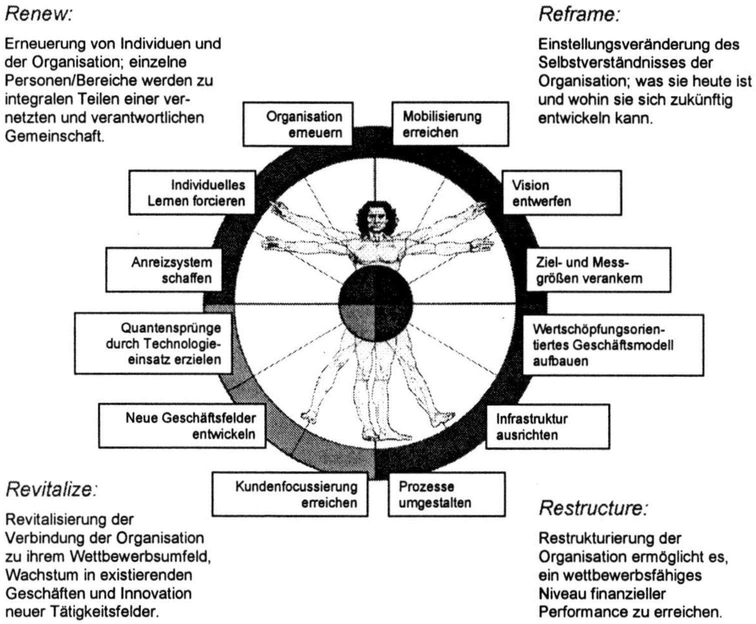

Abb. 1: Die vier „R" der Transformation

- **Reframe** (Einstellungsveränderung),
- **Restructure** (Restrukturierung),
- **Revitalize** (Revitalisierung) sowie
- **Renew** (permanentes Lernen und Erneuerung).

Jedes dieser vier „R" umfasst drei Elemente als Grundlage für ein ganzheitliches Management erfolgreicher Veränderungen. Die zwölf Elemente (siehe Abb. 1) sollen im Folgenden näher betrachtet werden.

2.2 Reframe/Einstellungsveränderung

Die Einstellungsveränderung gestaltet das Selbstverständnis der Mitarbeiter und damit das der Organisation als Ganzes. Es geht um die Fragen: Was verkörpert die Organisation und was kann sie erreichen? Unternehmen sind oft gefangen, in einer spezifischen Art zu denken; sie verlieren so mit der Zeit die Fähigkeit, ihre eigene Position und die Umwelt selbstkritisch zu überprüfen. Neue Ansätze und Optionen werden nicht oder zu spät erkannt oder bleiben in einzelnen Nischen der Organisation stecken. Potenzielle Wettbewerbsvorteile werden verschenkt. Drei Elemente sind im Reframe relevant:

(1) **Mobilisierung** ist der Prozess, der die Energie für den Transformationsprozess generiert. Jeder Mitarbeiter, jede Arbeitsgruppe bis hin zur gesamten Organisation muss motiviert und zu den Veränderungen verpflichtet werden. Der *General Electric* CEO *Jack Welsh* etwa hat mit seinem Programm „Work Out" ein hohes Maß an Mobilisierung für die Umgestaltung erreicht.

(2) **Vision:** Während die Mobilisierung das Potenzial in der Organisation freisetzt, muss das Ziel des Veränderungsprozesses mit einer überzeugenden Vision kommuniziert werden. Sie muss herausfordern und sich signifikant vom Status-Quo unterscheiden. Das neue Ziel muss zum „raison d'être" der Organisation werden. Dabei reicht es nicht, ein Mission-Statement in den Geschäftsbericht zu drucken. Die Vision muss nicht nur auf dem Papier, sondern auch im Bewusstsein der Mitarbeiter präsent sein. Viele bekannte Unternehmen verdanken ihren Erfolg unter anderem einer kraftvollen Vision: *Bill Gates'* Überzeugung, dass im Computergeschäft auf Dauer die Soft- und nicht die Hardware entscheidend sein wird, hat *Microsoft* über Jahrzehnte zum Marktführer und *Gates* selbst zum reichsten Mann der Welt gemacht. Die *Coca-Cola Company* wurde mit der Vision groß: „A Coke in everybody's reach", also etwa: Eine Cola soll immer nur eine Armlänge entfernt sein.

(3) **Ziele und Messgrößen:** Die Mobilisierung und eine herausfordernde Vision müssen – wie die wirtschaftliche Transformationsstrategie – auf die Organisation zugeschnitten werden. Die erforderliche Selbstverpflichtung der Mitarbeiter wird am besten erreicht, wenn es sich lohnt, an der Verwirklichung der Vision mitzuarbeiten. Wurden die Mitarbeiter mobilisiert und die Richtung der Veränderung festgelegt, müssen gemeinsam vereinbarte Ziele und adäquate Messgrößen das Handeln der Menschen in der Organisation leiten.

2.3 Restructure/Restrukturierung

Die Restrukturierung steigert unmittelbar die Wettbewerbsfähigkeit eines Unternehmens. Ihr Ziel ist es, eine möglichst schlanke Organisation zu schaffen. Die Versuchung, hier den Veränderungshebel als Erstes anzusetzen ist groß: Im Bereich Restructure sind die Erfolge am schnellsten zu realisieren und aufzuzeigen. Gleichzeitig sind die kulturellen Probleme in diesem Bereich am größten: Wenn es um Entlassungen oder die Aufteilung von Unternehmensbereichen geht, wird das unmittelbare Umfeld der Mitarbeiter verändert – mit einer Reihe von potenziellen Nebenwirkungen. Schlimmstenfalls wird das Gegenteil dessen erreicht, was man ursprünglich vorhatte.

Die oben angeführte Wachstumsstudie von *Gemini Consulting* und der *Economist Intelligence Unit* hat ergeben, dass Umstrukturierungen nicht automatisch eine Effizienzsteigerung mit sich bringen. Die Reorganisation von Mitarbeitern oder die Neustrukturierung von Abteilungen ist nur dann sinnvoll, wenn Rolle und Verantwortlichkeit eines jeden genau definiert werden. Umstrukturierungen sind zumeist auch teuer: Wichtige Entscheidungen verzögern sich, weil die Aufmerksamkeit des Managements auf dieses Thema gerichtet ist.

Manager, die mit Umstrukturierungsmaßnahmen befasst sind, sollten sich die Organisation als ein Flechtwerk aus Beziehungen zwischen Projekten und Funktionen vorstellen. Eine der wichtigsten Fragen dabei lautet: Welcher Anteil an Projektentscheidungen sollte den Funktionen überlassen werden? Unternehmen, die nach einem raschen Time-to-Break-Even bei Innovationen streben, können darauf nur eine Antwort geben: möglichst wenig.

Dennoch: Behutsame Restrukturierungsmaßnahmen sind oft notwendig. Folgende drei Elemente müssen im Bereich Restructure beachtet werden:

(1) **Economic-Model/wertschöpfungsorientiertes Geschäftsmodell:** Die Erarbeitung eines Economic-Model dient vor allem dem detaillierten Verständnis der finanziellen Implikationen von Restructuring. Analysen des Shareholder-Value, der Aktivitätskosten und des Service-Level geben Informationen darüber, wie und wo Wertschöpfung in der Organisation stattfindet oder wo Werte vernichtet werden. So hilft das Economic-Model, die Ressourcen des Unternehmens sinnvoll zu verteilen.

(2) **Infrastruktur:** Die Neuausrichtung der Infrastruktur ist vielleicht die augenfälligste Auswirkung unternehmerischen Wandels. Veränderungen sind hier sofort und deutlich sichtbar: Produktionsstätten, Lagerhäuser, Verkaufsbüros, Fuhrpark und Maschinen sind in vielen Industrien immer noch Hauptbestandteil der Arbeitsprozesse. Standort- und Kapazitätsfragen bleiben wichtig, verlieren jedoch zunehmend an Bedeutung: Die Aufteilung und Auslagerung vieler Glieder der Wertschöpfungskette werden in Zukunft vollständig virtuelle Unternehmen hervorbringen. Infrastrukturveränderungen werden hier nur noch in Bezug auf die informationstechnische Infrastruktur relevant sein. Der Fokus wandert von den unteren operativen Bereichen auf das Gesamtnetzwerk (Lieferanten, Kunden etc.).

(3) **Prozesse umgestalten:** Hier geht es um das vieldiskutierte Reengineering, das in den letzten Jahren auf der Agenda vieler Manager stand. Mittlerweile hat diese Methode ihren Status als Allheilmittel zu Recht verloren; es bleibt dennoch ein wichtiges Element von Unternehmenstransformationen. Solange sich Unternehmen umgestalten und in diesem Zusammenhang ihre Arbeitsprozesse überdenken und verändern, solange wird Reengineering ein relevantes Thema bleiben. Alle Arbeitsabläufe in einem Unternehmen sind

miteinander vernetzt und die Veränderung eines Prozesses hat erhebliche Auswirkungen auf andere. Diese Verflechtungen wurden bei reinen Reengineering-Projekten in der Vergangenheit oft vernachlässigt; man ließ es bei der Analyse einzelner Abläufe bewenden. Doch ohne Verbindung zu den anderen Elementen der Transformation sind solche Projekte zum Scheitern verurteilt. Um die ungenutzten Potenziale im Unternehmen zu erschließen, müssen die Prozesse adäquat ausgerichtet werden – entsprechend der spezifischen Ziele und Messgrößen, die durch die Vision geleitet werden. Reengineering umfasst heute übergreifend das gesamte internationale Supply-Chain-Netzwerk.

2.4 Revitalize/Revitalisierung

Die Revitalisierung beschäftigt sich mit der Beziehung zwischen Organisation und Umfeld. Das Verständnis und die kreative Nutzung der sich ändernden Märkte sind der Ausgangspunkt für eine Steigerung des Unternehmenserfolges. Bestehende Geschäftsfelder werden ausgebaut und die Grundlagen für andauerndes Wachstum geschaffen. Innovations- und Informationsmanagement sind Teilbereiche der Revitalisierung. Wachstum ist bekanntlich schwerer zu realisieren als Kostenreduzierung – ein Grund, warum Wachstum einen so bedeutenden Stellenwert eingenommen hat (siehe oben). In einem ganzheitlichen Bild von Unternehmenstransformation sind sowohl Wachstum als auch Reengineering relevante Aspekte der Veränderung. Die drei Elemente einer erfolgreichen Revitalisierung sind:

(1) **Kundenfokussierung:** Revitalisierung impliziert Wachstum; die Ausrichtung am Markt und neue, bisher unerkannte Kundenwünsche sind dafür ein guter Anfang. Beispiele für Unternehmen, die Kundenbedürfnisse rechtzeitig antizipiert und mit passenden Produkten besetzt haben, sind *3M*, *Sony* oder *Johnson & Johnson.* Die Aufdeckung latent vorhandener Kundenwünsche kann auch auf scheinbar gesättigten Märkten noch Potenziale freisetzen, wie der Boom bei Internetbanking und Finanzdienstleistungen zeigt.

(2) **Neue Geschäftsfelder:** Wachstum ist auch durch den Eintritt in neue Geschäftsfelder zu erreichen. Diese Strategie ist besonders für Unternehmen im dynamischen Segment (siehe Abschnitt 1.2) interessant: Zur Entwicklung neuer Geschäftsfelder müssen vorhandene Kompetenzen eingesetzt werden, die oft über verschiedene Geschäftsbereiche hinweg verstreut sind. Sie müssen miteinander auf kreative Art und Weise zu einem neuen Produkt oder Serviceangebot verwoben werden. In vielen Fällen werden Kompetenzen anderer Firmen benötigt, wodurch Partnerschaften und strategische Allianzen erforderlich werden.

Besonders die jüngste Vergangenheit hat gezeigt, dass Unternehmen auch in branchenfremden Geschäftsfeldern erfolgreich sein können: Versorgungsunternehmen wie *VEBA* nutzen ihr Know-How bei Übertragungsnetzen für den Einstieg in das Telekommunikationsgeschäft; das Mineralölunternehmen *Shell* baut über das vorhandene Filialnetz eine Einzelhandelskette auf; der Automobilhersteller *VW* verwertet seine Kundeninformationen und bietet Finanzdienstleistungen an. Auch erfolgreich ist die Ausdehnung der Wertschöpfungskette auf vor- oder nachgelagerte Produkte: *Sixt* Autovermietungen etwa verkauft mittlerweile nicht nur den Mietwagen am Urlaubsort, sondern auch den Flug dorthin. In vielen Fällen sind die diversifizierten Unternehmen auf den neuen Märkten sogar erfolgreicher als im angestammten Geschäft.

(3) **Einsatz von Informationstechnologie:** Technologischer Fortschritt ist mittlerweile der Hauptauslöser von veränderten Wettbewerbsbedingungen. Besonders die Informationstechnologie hat die Spielregeln in vielen Industrien neu definiert. Anfangs wurde sie dafür genutzt, die unternehmensinternen Prozesse stromlinienförmiger zu gestalten: Die Einführung von Enterprise-Resource-Planning-Systemen wie *SAP R/3* etwa hat in den Achtzigerjahren neue Maßstäbe bei der innerbetrieblichen Effizienz gesetzt. Jetzt wendet man sich der gesamten Wertschöpfungskette zu: Supply-Chain-Management soll Unternehmen, Zulieferer und Vertrieb in Zukunft elektronisch vernetzen. Auch die Beschaffung soll in naher Zukunft zu einem Großteil über elektronische Marktplätze abgewickelt werden. Firmen wie der US-Automobilhersteller *Ford* haben bereits begonnen, den Einkauf rein digital zu organisieren. Einige der alten Zulieferer – meist kleine Unternehmen – verfügen nicht über die nötige elektronische Infrastruktur und können bei der Auftragsvergabe nicht mehr teilnehmen. Der Einsatz von Informationstechnologie wird so überlebensnotwendig.

2.5 Renew/permanentes Lernen und Erneuerung

Die Erneuerung beschäftigt sich im Schwerpunkt mit der menschlichen Seite der Organisation: Es geht um Investitionen in die Mitarbeiter und deren Fähigkeiten. Die Menschen innerhalb der Organisation müssen lernen, mit den Herausforderungen des ständigen Wandels umzugehen. Relevantes Wissen muss effektiv und effizient in der Organisation verteilt werden, um eine lernende Organisation aufzubauen. Vor allem gilt es, die Voraussetzungen für eine schnelle Anpassung an Veränderungen im Wettbewerbsumfeld zu etablieren, damit bestehende Wettbewerbsvorteile erhalten und neue erzeugt werden können. Renew ist der subtilste und schwierigste Bereich der Transformation, weil er am wenigsten erforscht ist. Gleichzeitig umfasst er die möglicherweise kraftvollsten Elemente. Im Bereich dieses letzten „R" von Transformation finden sich die drei Elemente:

(1) **Anreizsystem:** Neue Anreizsysteme müssen im Einklang mit den Zielen der Organisation geschaffen werden. Ein Belohnungssystem im Sinne von Transformation soll Risikofreude belohnen und Mitarbeiter veranlassen, ihre eigene Zukunft im Zusammenhang mit der Unternehmensentwicklung zu sehen. Dabei dürfen nicht nur finanzielle Zielsetzungen eine Rolle spielen; auch Dimensionen wie Markt/Kunde, Lernen/Innovation und die interne/operative Ebene sollten berücksichtigt werden. Die Entlohnungs- und Belohnungsstruktur beeinflusst die innere Zufriedenheit der Menschen in der Organisation. Ein typisches Beispiel für die Umsetzung einer leistungsabhängigen Entlohnung im Sinne der Unternehmensziele bietet die US-Softwarefirma *Microsoft*: Hier werden Mitarbeiter auf allen Ebenen – bis hin zur Sekretärin – schon seit einiger Zeit über Stock-Options am Unternehmenserfolg beteiligt. In Deutschland praktiziert der Autovermieter *Sixt* ein ähnliches Modell: Die Gehälter der einzelnen Manager richten sich im Münchner Unternehmen nach dem Deckungsbeitrag des jeweiligen Verantwortungsbereiches.

(2) **Individuelles Lernen:** Es wird niemals eine Unternehmenstransformation ohne die Transformation der Individuen innerhalb der Organisation geben. Unternehmen müssen sich selbst zur Weiterentwicklung ihrer Mitarbeiter verpflichten und den Erwerb neuer Fähigkeiten sowie gemeinsames Lernen unterstützen. Dieses fördert die Selbstverwirklichung der Menschen, aus denen die Organisation letztendlich besteht.

Der Zwang zum ständigen Lernen erfordert neue Trainingsmethoden: In flexiblen Organisationen wird es schwieriger, alle Mitarbeiter zu einem Klassenraum-Training zusammenzubekommen. Das Modell der Weiterbildung über mehrtägige Präsenzkurse verlangt deshalb nach Ergänzung – im Zuge der Veränderungen in der Arbeitswelt wird das Computer-Based-Training immer wichtiger. Weiterbildungsinhalte müssen zeitgerecht und schnell am Ort des Bildungsbedarfs bereitgestellt werden. Die Veranstaltung eines Kurses oder Trainings reicht dafür oft nicht aus, weil diese Wege als zu langsam empfunden werden. Bildung muss heute während der Arbeit und am Arbeitsplatz vermittelt werden können. Mitarbeiter wollen am Arbeitsplatz lernen, genau dann, wenn der Wissensbedarf auftritt.

Dieser Forderung nach schneller Verfügbarkeit von Bildungsleistungen kommt auch die Online-Distance-Education entgegen, also die Vermittlung von Lerninhalten über Intra- oder Internet. Weiterbildung vor dem Computer wird besonders in großen Unternehmen an Bedeutung gewinnen. Die Vorteile liegen auf der Hand: Das Computer-Based-Training ist effizient und kostengünstig. Kurzfristige Nachfragespitzen in Transformationsprozessen können mühelos bewältigt werden. Freilich eignen sich diese Trainingsmethoden nicht für alle Lerninhalte und Zielgruppen. Am Ende gilt: Mitarbeiter und Manager lernen dann am schnellsten, wenn sie herausragende Aufgaben zu bewältigen haben. Das vielfach diskutierte Konzept der lernenden Organisation weist hier den Weg: d.h. lernen durch die Entwicklung konkreter Problemlösungen in cross-funktionalen Teams, Erweiterung des Handlungsspielraums sowie Gruppen- und individuelles Coaching.

(3) **Erneuerung der Organisation:** Unternehmen müssen sich selbst so organisieren, dass Lernen forciert wird. Den Wettbewerb gewinnt heute, wer schneller ist als die Konkurrenz und sich besser an relevante Veränderungen des Umfeldes anpassen kann. Jahrelang galt die Matrix als Organisationsstruktur der Wahl. Mittlerweile haben sich Mischformen zwischen klassischer Hierarchie und Teams durchgesetzt: Multifunktionale Teams bilden sich zeitweilig entlang bestimmter Kundenanforderungen und arbeiten an ihren Aufgaben relativ unabhängig von formalen Strukturen. Ein besonders gutes Beispiel für Reorganisationen entlang der Lerndimension ist das Unternehmen *Asea Brown Boveri*: Hier wird die Organisation häufig umstrukturiert, um die Administration zu minimieren und Geschäftseinheiten möglichst klein zu halten.

2.6 Integration der vier „R“

Keines dieser zwölf Elemente innerhalb der vier „R“ – Reframe, Restructure, Revitalize, Renew – existiert isoliert. Obwohl Unternehmen auf den Bereich Restrukturierung/Neuaufbau bisher sehr viel Aufmerksamkeit verwendet haben, sind die Aspekte einer neuen Zielsetzung (Reframe) und Revitalisierung oft vernachlässigt geblieben. Der Begriff der geistigen Erneuerung (Renew) ist häufig völlig außer Acht gelassen worden. Diesen Mangel gilt es zu beseitigen: Alle vier „R“ sollten Teile eines ganzheitlichen Rahmens für Unternehmenstransformationen bilden.

Mit der gleichzeitigen Berücksichtigung aller Elemente jedoch ist der Erfolg der Unternehmenstransformation noch nicht gewährleistet. Deshalb sollten diese Elemente nicht fälschlicherweise als Checkliste kritischer Erfolgsfaktoren missverstanden werden. Sie repräsentieren die wichtigsten Bausteine des Transformationspfades; dieser Transformationspfad selbst ist aber unternehmensspezifisch zu bestimmen, ebenso wie die Ziele in den vier „R“-Bereichen. Es bleibt die Frage, wie dieser Pfad erfolgreich beschritten wird und wie die Implementierung der Transformation gelingt.

3. Die Implementierung von Transformation

Management-Mythen sterben langsam. Eines der größten Management-Vorurteile stammt noch aus der Zeit des „Command and Control" und wird viel zu selten hinterfragt: Es ist der Mythos, das Top-Management müsse zunächst eine Strategie erarbeiten, um anschließend den Rest der Organisation über die anstehenden Veränderungen zu informieren. Zu diesem Zeitpunkt ist es eigentlich schon viel zu spät für die Frage, wie Veränderungen erfolgreich implementiert werden können.

Durch die Dezentralisierungswelle angetrieben, werden heute die Ziele der Organisation auf allen Ebenen diskutiert und Maßnahmen ergriffen, um diese Ziele zu erreichen. Ob ein Wechsel in der Unternehmensführung ein geeigneter Auslöser für Transformation ist oder nicht, kann nicht eindeutig festgelegt werden. Es gibt Fälle, in denen sich die Veränderungsresistenz der Organisation gegenüber den Entscheidungen des neuen Managements erhöht. Oft wird die Unternehmensleitung als zu weit entfernt vom tatsächlichen Geschäft gesehen; die kritische Menge an Vertrauen in den vorgeschlagenen Veränderungen wird so gar nicht erst erreicht. Die Chancen für eine erfolgreiche Transformation sind umso höher, je früher der Implementierungsaspekt berücksichtigt wird.

Die zwei kritischen Elemente der Implementierung sind:

(1) ein strategieorientiertes Konzept der Transformation und der Implementierungsplan (der Transformationspfad entlang der vier „R"),

(2) ein Team kompetenter Mitarbeiter, das die Implementierung leitet, vorantreibt und letztlich die Verpflichtung der Organisation zur Transformation herbeiführt.

Wenn diese zwei Dimensionen mit „Strategie" und „Integration" bezeichnet werden, kann die Herausforderung der erfolgreichen Implementierung einer Transformation wie in Abbildung 2 dargestellt werden. Dabei spielt die genaue Bezeichnung keine Rolle. Die Strategie kann ebenfalls als Transformationsplan oder Integration bezeichnet werden.

Die grafische Veranschaulichung zeigt, welches die Probleme und Erfolgsfaktoren sind. Der Startpunkt der Transformation liegt in der linken unteren Ecke der Abbildung. In der Vertikalen geht es um die Entwicklung und Detaillierung der Strategie bzw. des Konzeptes. Die Horizontale beschreibt die Integration – also die operative Umsetzung in der Organisation – beginnend mit einem kleinen Team bis zur vollständig ausgerichteten Organisation. Das Ziel ist es, die Organisation zur rechten oberen Ecke zu bewegen; dort bilden Strategie und Integration eine nahtlose Einheit. Doch wo liegt der beste Weg erfolgreicher Implemen-

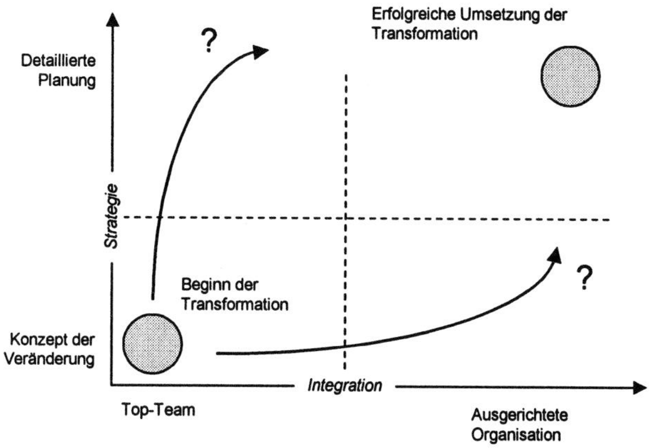

Abb. 2: Welcher Weg zur erfolgreichen Implementierung von Transformation?

tierung? Bewegt man sich am besten zuerst entlang der Strategieachse oder der Integrationsachse? Oder beider zugleich? Oder keiner von beiden?

Die klassische Antwort auf diese Fragen lautet: „Strategie zuerst". Eine kleine Gruppe von Top-Managern, möglicherweise nur der Vorstand, entwickelt – gegebenenfalls mit Hilfe eines Beraters – den neuen Plan. Danach erfährt die Organisation von den Veränderungen über das unternehmensweite Kommunikationsnetz. In der Abbildung bedeutet das eine Bewegung entlang der Strategieachse, gefolgt von dem Versuch einer horizontalen Bewegung in Richtung „mehr Integration". Die häufig enttäuschenden Ergebnisse einer solchen Top-Down-Vorgehensweise deuten auf ein Kernproblem hin: Je weiter man sich entlang der Strategieachse bewegt, desto schwieriger wird es, die Barriere hin zur horizontalen Bewegung zu überwinden. Gerade die besten Manager sind nicht bereit, mit vollem Einsatz an der Umsetzung einer Strategie zu arbeiten, an deren Entwicklung sie nicht beteiligt waren. Auch die Mitarbeiter einer Organisation haben nur wenig Interesse daran, Pläne zu realisieren, die sie nicht miterarbeitet haben. Die klassische Vorgehensweise „erst Strategie und dann Implementierung" funktioniert also nicht mehr.

Wie sieht es mit der umgekehrten Vorgehensweise aus, also einer Bewegung entlang der horizontalen Achse? Hierfür werden zunächst Teams gebildet, und über größere Teams und Kommunikationsmaßnahmen wird die Organisation integriert. Sobald das erreicht ist, kann die vertikale Achse (Strategie) in Angriff genommen werden. Doch je näher das Ende der Integrationsachse rückt, desto schwieriger wird es, harte und oft auch unangenehme Fakten, die für die Strategieentwicklung relevant sind, zu analysieren und angemessene Entscheidungen zu treffen. Die entstehende Barriere zur Realität und die erforderlichen Maßnahmen sind ebenso hinderlich für die erfolgreiche Implementierung wie die Barriere auf der Strategieachse. Umgangssprachlich: Die Manager, die gemeinsam auf Gebirgsbächen paddeln, werden zu einem exzellenten Team – wenn es darum geht, auf Gebirgsbächen zu paddeln. Für die strategischen Herausforderungen der Organisation ist damit noch nicht viel gewonnen. Die Vorgehensweise „zuerst planen und dann implementieren" funktioniert nicht. Ebenso wenig Erfolg versprechend ist die Strategie „zuerst ein Team bilden und dann den Plan erarbeiten". Der einzige Weg aus diesem Implementierungs-Dilemma führt über die Diagonale (siehe Abb. 3): Das Team, das die Strategie umsetzt, muss sie auch erarbeiten. Die oberste Führungsebene kann nicht erst eine Strategie entwickeln und dann die Mitarbeiter davon überzeugen – zumindest nicht, wenn eine schnelle und konsequente Umsetzung erforderlich ist.

Die Führungsaufgabe des Top-Managements bleibt trotz Beteiligung der Mitarbeiter bestehen – das Recht und die Verpflichtung, strategische Entscheidungen zu fällen. Die Herausforderung für das Management liegt darin, kritische Mitarbeiter in die Planung einzubinden. So wird die Dezentralisierung der Strategieentwicklung vorangetrieben, nicht die der strategischen Entscheidungen.

Ein Beispiel: *IBM* akquirierte das Softwareunternehmen *Lotus* aufgrund seiner eingeführten Produktpalette und des bekannten Markennamens. Doch das wertvollste Asset von *Lotus* war in Wirklichkeit das Mitarbeiterteam in der Forschungs- und Entwicklungsabteilung. Während die existierenden Softwareprodukte unter Umständen mit der Zeit veralten, behält dieses Humankapital sein Potenzial, nämlich: neue Software zu entwickeln und den Wert von *Lotus* – auch für *IBM* – zu erhalten. Einige Monate nach der Akquisition verließen sechs führende *Lotus*-Manager, einschließlich des früheren CEOs *Jim Manzi*, die Firma. Der Top-Down-Führungsstil von *IBM* könnte dies veranlasst haben. Um das Softwareentwicklungsteam weiter im Unternehmen zu halten, hätte *IBM* diese kritischen Mitarbeiter bei der Erarbeitung der Unternehmensstrategie einbinden sollen; ihnen hätten spezielle Rollen bei der Entwicklung einer Softwarestrategie und der Entwicklungsplanung zugewiesen werden müssen.

Zusammenfassend gilt: Unternehmenstransformationen sind nur erfolgreich, wenn Organisation und Transformation ganzheitlich betrachtet werden: Die Aufmerksamkeit des Managements sollte allen Anforderungen und Effekten entlang der vier Dimensionen Reframe/Einstellungsveränderung, Restructure/Restrukturierung, Revitalize/Revitalisierung und Renew/Erneuerung gelten. In sämtlichen vier „R"-Bereichen gibt es jeweils drei bedeutende Hauptelemente, deren Veränderung auf andere Elemente einwirkt und von denen keines vernachlässigt werden kann.

Andererseits sollte von Anfang an der Implementierungsaspekt berücksichtigt werden: Das Top-Management kann eine Transformation in Gang setzen und die

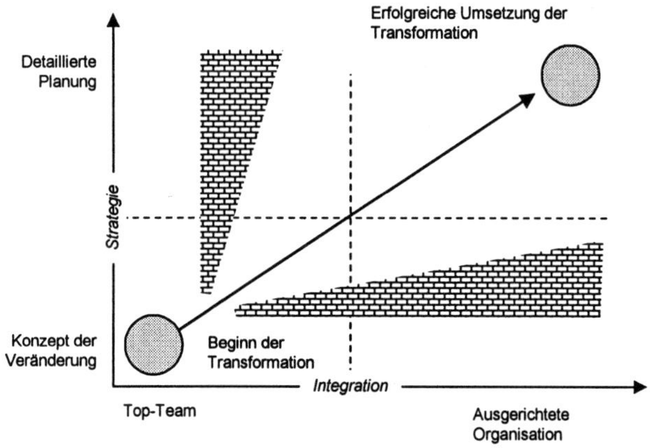

Abb. 3: Barrieren einer erfolgreichen Implementierung von Transformation

kritischen Bereiche persönlich unterstützen. Doch selbst wenn die richtigen strategischen Entscheidungen gefällt werden, hängt der Erfolg der Transformation letztendlich von den Mitarbeitern ab. Die von den Veränderungen Betroffenen müssen ihre eigene Transformation planen und realisieren. Dieser Vorgang läuft nicht von selbst ab, die Mitarbeiter müssen dazu stets aufs Neue motiviert werden. Hierfür bedarf es einer neuen Qualität von Transformationsmanagern: Führungskräfte müssen Veränderung persönlich vorleben und gleichzeitig klare Vorgaben machen; nur so werden sie zu Leitfiguren für den Wandel im Unternehmen und in den Köpfen der Mitarbeiter.

B.5

Vitalisierung von Unternehmen: Vom Taylorismus zum Organismus – ein Ansatz von CSC Ploenzke

*Jürgen Fuchs**

---

* Jürgen Fuchs ist Mitglied der Geschäftsleitung der CSC Ploenzke AG in Kiedrich.

1. Grundlagen der Vitalisierung

1.1. Das vitale Unternehmen: Ein lebendiger Organismus

Die klassischen Organisationsstrukturen wie die Stab/Linien- oder die Matrixorganisation waren und sind sehr gut geeignet, um Statik und Stabilität zu managen. Die Unternehmen waren durchkonstruiert wie Maschinen, mit festen Stellen und starren Abteilungen, die sich abteilten, und Hierarchieebenen, undurchlässig wie Beton. Die Kunden waren „Abnehmer" von Standardprodukten, die dankbar das abnahmen, was Entwicklung und Produktion sich ausgedacht hatten. Die Menschen waren in dem zentral gesteuerten Räderwerk mit Fließbändern und Kontrollapparaten nur Rädchen, Störfaktor, Fehlerquelle und Kostenfaktor. Produktivitätssteigerung hieß Eliminieren des Menschen aus dem Arbeitsprozess.

Lean-Management wurde häufig mit „mager" gleichgesetzt und erzeugte viele negative Emotionen, weil es mit Abbau, Abflachen, Reduzieren und Entlassen verbunden war. Wir erkennen heute, dass Reorganisation und Umstrukturierungen zu Ängsten, Blockaden und sinkender Loyalität führen, wenn man sich damit begnügt, nur neue Kästchen zu malen, Stellen umzubesetzen und Ebenen zu streichen. Uns fehlen aber heute Organisationsleitbilder und Strukturmodelle, die für dynamische Umfelder geeignet sind, bei denen Reorganisation nicht Zerstörung von Stabilität ist, sondern bei denen der stetige Wandel in die Struktur eingebaut ist: „Lern-Organisation" statt „Lean-Organisation"!

Dieser Beitrag beschreibt Modelle für lernende Organisation, Wege zum **vitalen Unternehmen** und Methoden zur Revitalisierung der Menschen. Dazu gehört insbesondere ein professionelles Management der Innovation eines Unternehmens: seiner Produkte, Prozesse, Spielregeln sowie des Führungs- und des Mitarbeiterverhaltens.

In vielen Unternehmen finden wir heute viel zu straff geführte stetige Prozesse und viel zu lasch geführte Projekte für die Innovation. Linienmanagement wird trainiert und praktiziert. Projektmanagement wird oft vernachlässigt, besonders im Top-Management. Die Vorstellungswelt in den Köpfen und Herzen der Manager aber auch der Mitarbeiter ist heute noch stark von der frühindustriellen Arbeitswelt beeinflusst. Die Bilder von Fließband, Unternehmensmaschinerie und Uhrwerk haben sich sogar in die Dienstleistungsunternehmen eingeschlichen und prägen das Verhalten der Menschen.

Wir alle verhalten uns gemäß unserer inneren Bilder, die wir gelernt und die wir gelebt haben und mit denen wir erfolgreich waren. Schule, Eltern, Nachbarn, Kollegen, Chefs und Freunde sind dabei starke Einflussfaktoren. Wenn wir unser Verhalten und das der Mitarbeiter ändern wollen oder müssen, brauchen wir zuerst neue Bilder der Unternehmensrealität, die Erfolg versprechende Perspektiven aufzeigen. Mit dieser neuen Wahrnehmung – was wir als wahr annehmen – kann sich dann das Verhalten der Menschen ändern.

Von der Natur können wir solche neuen Bilder gewinnen. Wir können von ihr lernen. Sie hat lebendige Organismen entwickelt, in denen die Organe gut zusammenarbeiten, Effektivität und Effizienz keine Fremdworte sind. In denen es keine Schnittstellen gibt, sondern nur Verbindungsstellen, und wo zentral oder dezentral keine Gegensätze sind, sondern eine sinnvolle Ergänzung. Diese Bilder gilt es jetzt auf die Unternehmenswelt zu adaptieren: Mitarbeiter sind die Zellen, die Abteilungen sind Organe und die Informatiknetze wirken als Nervensystem im vitalen Unternehmen. Die Unternehmensleitung kümmert sich nicht um das Tagesgeschäft, sondern gestaltet die Metamorphose des Unternehmensorganismus vom Fisch zum Lurch oder zum Vogel.

Der gegenwärtige Paradigmawechsel vom Anbieter- zum Käufermarkt mit schnellen Innovationszyklen macht eine Umgestaltung der etablierten Organisationskonzepte notwendig: Von der statischen Organisation zur lernenden Organisation, von mechanistischen zu kybernetischen Unternehmensmodellen, von der „geschobenen" zur „gezogenen" Wertschöpfungskette, von interner Plan- und Budgetwirtschaft zur internen Marktwirtschaft, vom Denken in Produkten zum Denken in Kundennutzen.

1.2 Das Koexistenzmodell: Management von Stabilität und Wandel

Jeder Mitarbeiter, jeder Kunde, jeder Mensch, jede Kundenbeziehung braucht Stabilität und Wandel. Hektisches Umorganisieren führt zu Verunsicherung, zerstört menschliche Netze und Kundenbindungen. Zu viel Statik aber schläfert ein, lässt Menschen in Routine erstarren, lähmt die Reaktionsfähigkeit auf Kundenwünsche und verschüttet menschliche Potenziale. In einer Lern-Organisation gilt es, die ständigen Prozesse der Leistungserstellung von den Innovationsprojekten, die diese Prozesse verändern, sauber zu trennen und sie gleichzeitig miteinander zu verzahnen. In Zukunft braucht sich die Unternehmensleitung weniger um die stetigen Prozesse zu kümmern, wenn sie dort mehr Selbstorganisation und gute Regelkreise mit selbstregulierendem Feedbacksystem eingeführt hat. Im **Koexistenzmodell** für eine Lern-Organisation ist die Geschäftsleitung die wesentliche Klammer zwischen der Prozessorganisation und der Projektorganisation (siehe Abb. 1). Sie sollte sich verstärkt um die Innovationsprojekte kümmern und dort professionelles Projektmanagement einführen und praktizieren.

Die **Prozessorganisation** (market-driven) ist der Teil des Unternehmens, in dem die eigentliche Wertschaffung geschieht. Sie ist konsequent an kundenorientierten

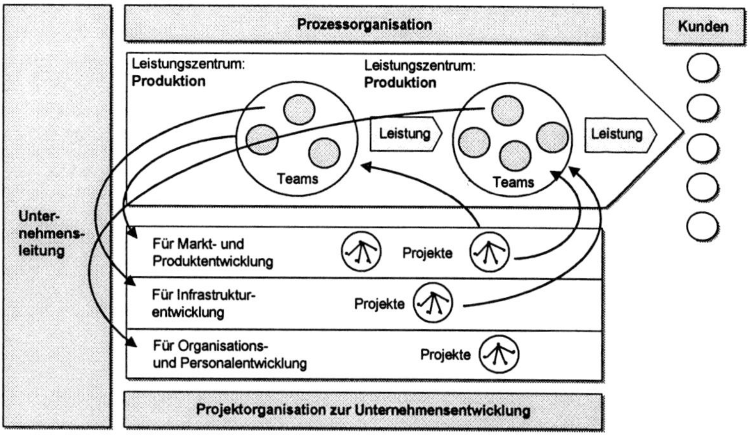

Abb. 1: Koexistenzmodell als Basis einer lernenden Organisation

Prozessen ausgerichtet und weitgehend in Teams mit Ergebnisverantwortung organisiert. Hier hat die klassische Linienorganisation weiterhin ihre Existenzberechtigung, allerdings nicht die „Titel-Hierarchie", sondern die „Verantwortungs-Hierarchie" als Teamsprecher, Leiter eines Leistungszentrums oder Geschäftsführer eines Unternehmens. Starre Stellenstrukturen weichen jetzt den selbstorganisierenden Teams.

In der **Projektorganisation** (market-driving) geschieht professionelles Innovationsmanagement in Form von Projekten. Hier sind die wichtigsten Entwicklungsprojekte, die das gesamte Unternehmen betreffen, zusammengefasst für Markt-, Produkt-, Organisations- und Personalentwicklung. Die **Geschäftsleitung** bildet eine Klammer. Damit sie ihre Verbindungsfunktion wahrnehmen kann, empfiehlt es sich, jedem Mitglied der Geschäftsleitung die Führungsverantwortung für mindestens eine Gruppe von Innovationsprojekten und mindestens ein Leistungszentrum in der Leistungserbringungs-Organisation zu übertragen. Gemeinsam steuern sie, dass das Geld sinnvoll, zielgerichtet und effektiv in den Projekten ausgegeben wird.

Das Koexistenzmodell ermöglicht einerseits die Optimierung der Leistungserbringungsprozesse mit dem Ziel, kostengünstig und kundengerecht Leistungen zu erstellen. Andererseits schafft es die Voraussetzung für das optimale und transparente Investieren in die Weiterentwicklung des Unternehmens mit dem Geld, das die Leistungserbringungs-Organisation erwirtschaftet hat. Es beschreibt ein Unternehmen gemäß den drei Grundprinzipien dynamischer Systeme:

(1) **Das Prinzip der Selbstähnlichkeit:** Im Kleinen wie im Großen finden wir ein und dasselbe fraktale Grundmuster. Beim Unternehmen ist das „Unter-

nehmersein" das bestimmende Grundmuster, das wir beim Mitarbeiter, Team, Profit-Center, bei der GmbH und beim Konzern wiederfinden.

(2) **Das Prinzip „Alles im Verbund":** Die Leistungsketten und die Leistungslandkarten zeigen, wie alles im Verbund für den Kunden zusammenwirkt.

(3) **Das Prinzip der Evolution:** Alle dynamischen Systeme, ob in der Natur, Soziologie, Wirtschaft oder Politik, befinden sich in einem evolutionären Prozess in Richtung größerer Komplexität. Dabei wechseln sich Zeiten der Ruhe und kleine Veränderungen ab mit Zeiten der Umbrüche. Im Koexistenzmodell eines Unternehmens wird dieses Prinzip durch eine professionelle Steuerung der Innovationsprozesse und durch das organische Zusammenwirken der beiden Organisationsformen unterstützt.

Die wesentlichen Vorteile der Koexistenzorganisation sind: (1) die Transparenz der Leistungsprozesse und der Leistungszentren als „Heimatorganisation" für die Mitarbeiter, (2) ein geregeltes Miteinander der Linienorganisation der Leistungszentren und der Projektorganisation durch Management auf Zeit und Abordnung der Mitarbeiter, (3) ein straffes Projekt-Controlling aller Projekte in einem Unternehmen, (4) flexible Personalentwicklung und Karrierewege über Linien- und Projektrollen sowie (5) klare Auftraggeber- und Auftragnehmerbeziehungen auch bei Projekten.

1.3 Der Geschäftsprozess als „Menschenkette"

„Jeder Mensch hat das Bedürfnis, von anderen Menschen als wichtig betrachtet zu werden und etwas zu tun, was einen Nutzen hat" (*John Schindler*). Das Unternehmen erbringt seine Leistung für den Kunden als ein Verbund von Leistungszentren, die sich durch ihre Leistungen für externe und interne Kunden definieren. Dabei geht der Impuls zur Leistungserbringung immer vom Kunden aus (Prinzip der **„gezogenen Wertschaffungskette"**, siehe Abb. 2). Beim Wandel von einer Industrie- in eine Dienstleistungsgesellschaft treten die greifbaren Produkte immer mehr in den Hintergrund. Service und Dienstleistungen rund um die Produkte oder quasi als Produkt bestimmen den Wettbewerb. Unternehmen, die bei diesem Prozess erfolgreich sein oder bleiben wollen, haben eine gigantische Aufgabe vor sich. Sie müssen den Wandel von einer produktorientierten Kultur in eine kundenorientierte Kultur vollziehen, von einer „geschobenen" Wertschöpfungskette in eine „gezogene" Wertschaffungskette. Bei der traditionellen Wertschöpfungskette wurden die Gewinne, die am Kunden entstanden, von den nachfolgenden Organisationseinheiten abgeschöpft, insbesondere durch die „gemeinen" Gemeinkosten, die im Umlageverfahren Gewinn zunichte machten. Heute honoriert der Kunde nur noch Leistungen, die für ihn Nutzen stiften. Er erwartet einen Gesprächspartner mit der nötigen fachlichen und

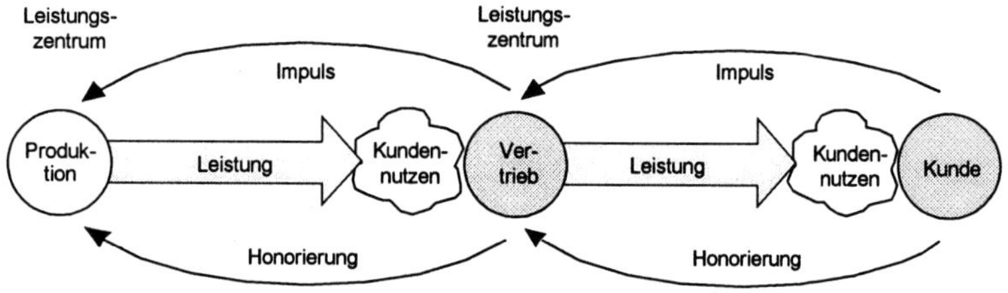

Abb. 2: Die gezogene Wertschaffungskette

unternehmerischen Kompetenz, der nicht in Produkten denkt, die er verkaufen soll. Der soll und muss alle Ressourcen eines Unternehmens auf die spezifische Kundensituation wie mit einem Brennglas fokussieren. Das Unternehmen und seine zentralen Stäbe, aber insbesondere die Führungskräfte, üben dabei eine Supportfunktion für den Mitarbeiter aus. In der kundenorientierten Kultur wird die Richtung der Impulse umgekehrt. Nicht die Zentrale sagt den Mitarbeitern, welche Produkte für den Kunden gut sind, sondern der Kunde sagt, welche Produkte oder Dienstleistungen er von dem Unternehmen haben will. Die Angler haben das Prinzip der „gezogenen Kette" schon lange entdeckt, denn schließlich muss der Wurm dem Fisch schmecken und nicht dem Angler.

Ein Geschäftsprozess, zum Beispiel die Abwicklung eines Kundenauftrages, wird vom Kunden ausgelöst. Der Kunde ist der wirkliche Arbeitgeber: Er gibt die Arbeit. Der Kundenimpuls bringt eine Menschenkette in Bewegung, die jetzt etwas für den Kunden unternimmt, weil „es beim Kunden brennt", weil er eine Maschine braucht, weil er eine Order (engl.: Befehl) gibt, weil er Geld braucht oder den Versicherungsschutz für sein Auto. Eigentlich sollte es normal und natürlich sein, dass die Menschenkette in dem Geschäftsprozess „Kundenauftragsabwicklung" Hand in Hand arbeitet, dass die Kette keine Schnittstellen, keine unnötigen Schleifen oder Knoten hat und dass ohne Verschwendung von Zeit, Menschen, Material und Geld gearbeitet wird.

Grundsätzlich entsteht Mehrwert in einem Geschäftsprozess durch vier Kategorien von Tätigkeiten der Menschen: (1) wenn sie Produkte veredeln, zum Beispiel aus Stahlblech einen Kotflügel pressen, aus Einzelteilen eine Waage zusammenbauen, aus einem leeren Stück Papier einen Brief machen oder aus einem Formular einen gültigen Versicherungsvertrag; (2) wenn sie Produkte näher zum Kunden bringen, zum Beispiel Reifen an das Montageband, Apfelsinen zum Supermarkt oder das Paket an die Haustür; (3) wenn sie Dienstleistungen am Kunden erbringen, wenn sie ihm mit Rat und Tat zur Seite stehen, zum Beispiel als Arzt, Lehrer, Finanzberater, Zugbegleiter oder Stewardess; (4) wenn sie etwas Neues, Innovatives kreieren, zum Beispiel neue Produkte, neue Fertigungsprozesse, neue Dienstleistungen oder neue Abläufe.

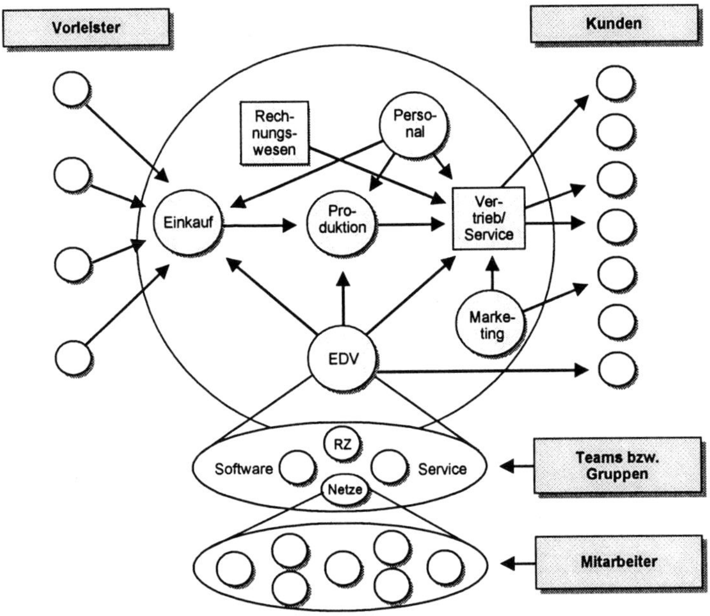

Abb. 3: Das Unternehmen als Verbund von Leistungszentren, gestaltet nach dem Prinzip der Selbstähnlichkeit

1.4 Stetige Prozesse im Unternehmen: Autonomie statt Monotonie

In der Prozessorganisation mit den „stetigen Prozessen" wie Vertrieb und Auftragsabwicklung inklusive der dazugehörigen internen Serviceleistungen wird die Leistung des Unternehmens erbracht und das Geld erwirtschaftet, das in Form von Projekten zur Unternehmensentwicklung wieder investiert oder ausgeschüttet wird. Durch das Prinzip der gezogenen Wertschaffungskette (market-driven) wird das Unternehmen zum Supportsystem für die kundennahen Bereiche. Es kann und muss schnell und flexibel auf Kundenwünsche reagieren, denn jetzt hat jeder Kunden: Die Zentrale hat die Werke und Niederlassungen als Kunden, die Niederlassungen haben die lokalen Geschäftsstellen und die Geschäftsstellen die Kundenberater, Servicetechniker, Verkäufer usw. Das Modell eines Unternehmens als Verbund von kundenorientierten Leistungszentren beschreibt Kunden-Beziehungen – „der Kunde zieht". Es ist output- und ergebnisorientiert, nicht tätigkeits- oder verrichtungsorientiert. Jeder muss für seinen Kunden Werte schaffen. Die für den externen und internen Kunden erbrachte Leistung zählt – in Abbildung 3 als Pfeile dargestellt. Diese **Leistungslandkarte** erleichtert den Überblick über das ganze Unternehmen und macht seine Leistungszentren als „Centers of Competence" und die Hauptleistungsprozesse transparent. Sie zeigt den Zusammenhang, d.h., wie die Leistungszentren und die Kunden zusammenhängen. Dabei ist es wichtig, den Kundennutzen und die Leistungsbeiträge der einzelnen Leistungszentren, der Teams in diesen Leistungszentren und der einzelnen Mitarbeiter zu der Leistungskette transparent zu machen. So wird es möglich, dass das Management und jeder Mitarbeiter das Unternehmen als Ganzes sieht und seine Rolle im Verbund begreift.

Die Leistungsprozesse quer durch das Unternehmen bis hin zum Kunden werden erkennbar. Der Blick aufs Ganze hilft der Organisationsentwicklung auf dem Weg zur kundenorientierten, lebenden und lebendigen Organisation, bei der alles im Verbund arbeitet und die rechte Hand weiß, was die linke tut. Das fordert und fördert ganzheitliches Denken und Handeln als Voraussetzung für die längst überfällige Flexibilisierung, für das Einführen von Teamstrukturen und für das Entdecken von „Blindleistungen", d.h. Leistungen, die von keinem externen oder internen Kunden gebraucht oder honoriert werden. Schlagworte wie Business-Reengineering, Redesign von Unternehmen, Kundenorientierung oder Prozessorganisation können schnell Realität werden, wenn wir das mechanische Modell verabschieden, an das wir uns seit *Taylor* und *Ford* gewöhnt haben.

Der Sinn bzw. Wert und die Existenzberechtigung eines Unternehmens und eines internen Leistungszentrums ergeben sich aus dem Kundennutzen, den sie erzeugen. Typische Kundennutzen von Unternehmen bei ihren (externen) Kunden sind beispielsweise: Mobilität (Autohersteller), Liquidität (Bank), Sicherheit (Versicherung), Erlebnis (Reiseveranstalter), Bequemlichkeit (Taxi) usw. Auch interne Dienstleister und Leistungszentren sollten Nutzen bei ihren Kunden stiften. Diese Nutzen-Kategorien sind üblicherweise Fähigkeiten, die bei den Menschen im Unternehmen erzeugt werden. Als Beispiel seien genannt:

- Einkauf: Produktionsfähigkeit der Fertigung;
- Produktion: Lieferfähigkeit des Vertriebs;
- Controlling: Entscheidungsfähigkeit der Mitarbeiter und Manager „vor Ort" und in der Zentrale;
- Personal: Einsatzfähigkeit der Mitarbeiter;
- EDV: Kommunikationsfähigkeit der Menschen innerhalb des Unternehmens und auch bei den Lieferanten bzw. Kunden;
- Führung: Leistungsfähigkeit der Mitarbeiter;
- Genehmigungen/Kontrollen: Sicherheit für den Mitarbeiter.

Zwischen den Leistungen sollten keine „Schnittstellen" existieren, sondern „Nahtstellen", „Verbindungsstellen" oder „Übergabepunkte", an denen Leistungen gemäß Vereinbarungen übergeben werden. Solche „Nahtstellenvereinbarun-

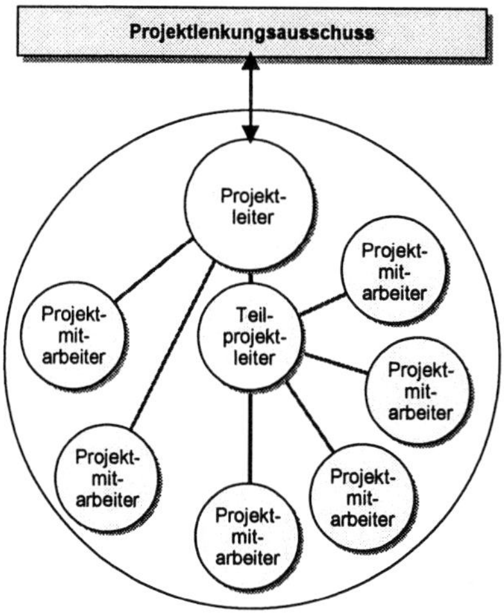

Abb. 4: Ein Projekt als „Hierarchie auf Zeit" mit temporär besetzten Rollen

gen" vermeiden Missverständnisse und klären Erwartungen und Notwendigkeiten. Nahtstellenvereinbarungen sollten nicht „von oben" vorgegeben, sondern von den Beteiligten erarbeitet werden. Zu jedem Leistungszentrum gibt es einen Leistungskatalog, aus dem seine Leistungen, Kunden und Leistungsvereinbarungen bezüglich Qualität, Zeit, Service-Level und Preisen hervorgehen. Er schafft und erleichtert Transparenz, Qualitäts- und Kostenbewusstsein. Bei allem, was im Unternehmen geschieht, muss jeder einem Kunden ins Auge sehen.

2. Innovationsprojekte: Die Metamorphose des Unternehmensorganismus

2.1 Innovationsmanagement und Projektorganisation

Bisher wurden die stetigen Prozesse dargestellt und Beispiele für ihre Optimierung gegeben. In diesem Abschnitt wird die zweite Säule der Koexistenzorganisation dargestellt: das **Innovations- und Investitionsmanagement** (market-driving). Alle größeren Veränderungsaktivitäten sollten in Form von Projekten innerhalb einer eigenen Projektorganisation abgewickelt werden (siehe Abb. 4). Projekte brauchen einen Auftraggeber als „Bauherren". Sie sind zeitlich begrenzt, haben einen klaren Projektauftrag und ein festes Projektbudget. Ein Projektleiter als „Manager auf Zeit" leitet das Projekt. Die Mitarbeiter werden aus den Leistungszentren für definierte Aufgaben in definierten Projekt-Rollen abgeordnet. Das heißt, die Leistungszentren sind die „Heimatorganisation“ für die Mitarbeiter, die in Projekten arbeiten. Sie besetzen für die Dauer des Projektes keine Stelle, sondern übernehmen Aufgaben und Rollen. Größere Veränderungsaktivitäten, die in solchen Projekten abgewickelt werden, sind z.B.:

- Entwicklung und Einführung neuer Produkte,
- Entwicklung und Einführung neuer EDV-Systeme,
- Entwicklung und Einführung neuer Entgeltsysteme,
- Eröffnung oder Änderung von Vertriebsniederlassungen,
- Gründung von Tochtergesellschaften,
- Umgestaltung der Leistungslandkarte (Umorganisation),
- Entwicklung und Einführung neuer Führungsprinzipien,
- Veränderung von Geschäftsprozessen, die mehrere Leistungszentren gravierend betreffen,
- große Marketingkampagnen.

Gesteuert wird ein Projektleiter durch einen Projektlenkungsausschuss, in dem die Auftraggeber vertreten sind. Initiiert werden Projekte entweder von der Geschäftsleitung oder den Leistungszentren, d.h. von der Leistungserbringungs-Organisation. Sie sind die „Hausherren“, die auch für die Umsetzung der Projektergebnisse verantwortlich sind. Die Geschäftsleitung priorisiert die Projekte und steuert das Projektportfolio. Die Projekte lassen sich organisatorisch in drei thematische Gruppen zusammenfassen: (1) Projekte für Markt- und Produktentwicklung, (2) Projekte für Weiterentwicklung der Infrastruktur – z.B. Bau, Informations- und Kommunikationstechnik – sowie (3) Projekte für Organisations- und Personalentwicklung.

Die Mitarbeiter in den Projekten haben ihre „Heimat“ entweder in eigenen Entwicklungseinheiten, die nur Projekte machen – z.B. Forschung und Entwicklung, Softwareentwicklung und Aus- und Weiterbildung – oder werden aus den Leistungszentren der stetigen Organisation („Heimatorganisation“) abgeordnet (siehe Abb. 5).

2.2 Grundprinzipien des Innovationsmanagements

Das in der stetigen Organisation zugrunde liegende Kunden- und Lieferantenprinzip setzt sich auch in der Organisation des Innovationsmanagements in Form eines Auftraggeber-/Auftragnehmerprinzips fort. Dabei wird der Auftragnehmer (Projektleiter) vom Auftraggeber (Projektinitiator – z.B. Leistungszentrum, Servicezentrum) mit der Durchführung eines Innovationsprojektes beauftragt und

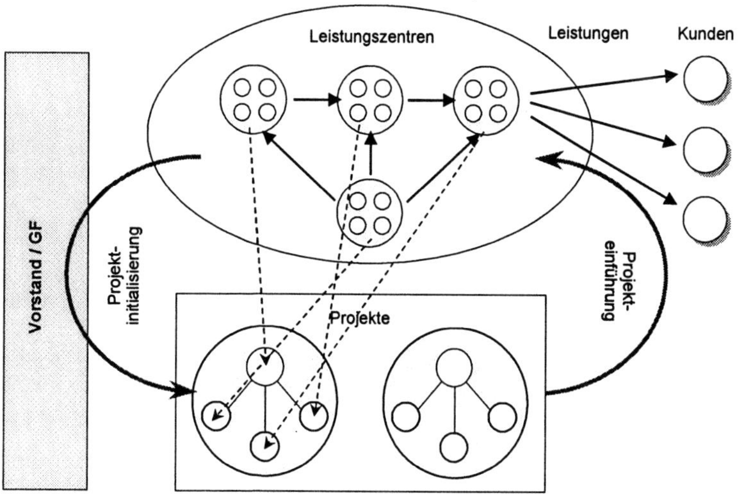

Abb. 5: Beispiel zur Besetzung der Projektgruppen aus der stetigen Organisation als „Heimat"

mit den zur Durchführung notwendigen Kompetenzen und Budgets ausgestattet. Ein weiteres wichtiges Grundprinzip ist, dass der Auftraggeber auch Verantwortung für die Folgekosten – z.B. Abschreibungen, Ausbildungskosten, Wartungskosten, Reparaturkosten – übernimmt. Die Einbeziehung aller betroffenen Bereiche des Unternehmens durch Mitsprache und/oder Information in übergreifende Entscheidungen und die Steuerung über alle Innovationsthemen hinweg ist für die Wahrnehmung des Gesamtunternehmensinteresses, die Sicherung der Akzeptanz von Entscheidungen und die Förderung der Kommunikation von Unternehmenszielen auf allen Ebenen unerlässlich. Zu einer konsequenten Durchsetzung des Auftraggeber-/Auftragnehmerprinzips gehört grundsätzlich auch Transparenz und Konsequenz, zum Beispiel bei Terminverzug, Qualitätsmängeln oder ähnlichem.

Der **Innovationsprozess** gliedert sich in (1) die „Ideenfindung" durch die operativen Einheiten samt ihrer Kunden, (2) die „Budgetierung" für die Innovationsprojekte (Festlegung eines groben Budgetrahmens, Priorisierung der Projekte), (3) die „Projektinitialisierung" (inhaltliche, zeitliche, kostenmäßige Grobplanung der Innovationsprojekte, Projektbeauftragung, Installierung der Projektgremien) sowie (4) die „Projektdurchführung" (inhaltliche, zeitliche, kostenmäßige Detailplanung und Durchführung der Innovationsprojekte, Steuerung durch die Gremien, Einführung in die stetigen Prozesse, Akzeptanzsicherung, Nutzeninkasso). Notwendig für den Erfolg der Innovationsprojekte sind unter anderem eine klare Definition der Rollen mit Beschreibung der Aufgaben und des

Selbstverständnisses im Rahmen des Auftraggeber-/Auftragnehmerprinzips, eine klare Verteilung der Verantwortungen und Kompetenzen für Auftraggeber und Auftragnehmer sowie eine intensive Mitwirkung des Top-Managements als Innovationsverantwortliche.

Eine Projektorganisation zeichnet sich durch ein Management auf Zeit in den Projekten aus. Dies bedingt ein neues Führungsverständnis im Unternehmen. Das Steuerungsgremium – Unternehmensleitung oder erweiterte Geschäftsleitung – steuert übergreifend den Initialisierungs- und den Durchführungsprozess in den Projekten aller Innovationsthemen, gestaffelt nach Projektkategorien. Anhand der Bedeutung der Innovationsprojekte wird definiert, welche Projekte immer im Steuerungsgremium entschieden werden müssen, in der Abwicklung dezentral delegiert werden können, kurzfristige, operative Maßnahmen geringen Volumens darstellen, für die gegebenenfalls ein Verfügungsfonds in dem jeweiligen Bereich bereit stehen kann.

Für die verschiedenen Innovationsthemen – z.B. Markt-/Produktentwicklung, Infrastrukturweiterentwicklung bzw. Organisations- und Personalentwicklung – gilt es, **Themenverantwortliche** zu definieren. Themenverantwortliche sind zunächst die Mitglieder der Unternehmensleitung, die auch für die Projekte zu ihrem Thema verantwortlich sind. In größeren Organisationen können die Verantwortlichkeiten delegiert werden. Die Themenverantwortlichen steuern die unterschiedlichen Innovationsthemen. Sie sind Auftragnehmer für Innovationsaufträge und tragen die übergreifende Verantwortung für alle Projekte, die innerhalb dieses Themas abgewickelt werden. Die Realisierungsverantwortung kann von ihnen an Projektleiter delegiert werden.

Das transparente und straffe **Projekt-Controlling** als Institution dient zur Unterstützung des Steuerungsgremiums bei der übergreifenden Steuerung aller Projekte in allen Themenbereichen, der Themenverantwortlichen bei der übergreifenden Steuerung aller Projekte in ihrem Themenbereich sowie der Projektleiter bei der operativen Projektsteuerung. Aufgaben des Projekt-Controllings sind die zukunftsorientierte Prognose von Chancen und Risiken sowie die gegenwartsorientierte Steuerung und vergangenheitsbezogene Kontrolle.

Die Unternehmensleitung hat bei der Koexistenzorganisation bildhaft „zwei Pferde vor ihren Wagen": die stetige Organisation zur Leistungserbringung und die Projektorganisation zur geordneten Erneuerung der stetigen Organisation. So kann gewährleistet sein, dass Wandel weniger Ängste erzeugt, Projektorganisation an Wert und Ansehen gewinnt, „Management auf Zeit" und Job-Rotation Realität wird, die stetigen Prozesse in geordneter Weise geändert werden und Betroffene zu Beteiligten gemacht werden.

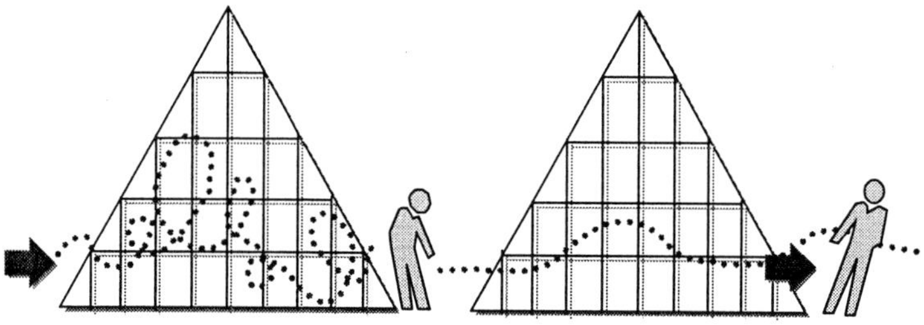

Abb. 6: Wenn der Kunde zieht, sind die Prozesse schneller, kürzer und billiger

3. I&K-Technik: Das Nervensystem im vitalen Unternehmen

3.1 Geschäftsprozesse im „Organismus"

„Eine Leistung, die nicht vom Kunden honoriert wird, ist keine Leistung – sie ist eine Blindleistung oder eine Fehlleistung." Bei der Optimierung der Geschäftsprozesse geht es im Wesentlichen

- um mehr Kundenorientierung, d.h. schnell und preiswert auf Kundenwünsche zu reagieren,
- um Mitarbeiterorientierung, d.h. das Potenzial der Mitarbeiter zu aktivieren und besser zu nutzen, z.B. durch Selbstverantwortung, Selbstorganisation, weniger Kontrollen und weniger Bürokratie, aber mehr Qualifikation und Qualifizierung der Menschen,
- um das Vermeiden von Verschwendung, Blindleistungen und Fehlleistungen.

Diese Ziele lassen sich erreichen, wenn man einerseits drei Empfehlungen beachtet – „Do the right thing! Do the things right! Do the things once!" – und wenn man andererseits konsequent die Richtung der Geschäftsprozesse von „Druck" auf „Zug" umstellt. Die Vorteile der gezogenen Kette – bei der jeder im Unternehmen Kunden hat und auf dessen Wünsche schnell reagiert – gegenüber der geschobenen Kette sind sehr plakativ in Abbildung 6 dargestellt. Wenn eine Kette bildhaft „von hinten" durch ein Unternehmen geschoben wird, ergeben sich Bögen, Knoten und Schleifen. Der Wirrwarr wird noch dadurch verstärkt, dass der Vorstand viele Entscheidungen an sich zieht: ein Abbild der heutigen Geschäftsprozesse in den Unternehmen!

Wenn der Kunde sich dann noch bewegt, d.h. seine Bedürfnisse ändert, hat man kaum eine Chance, ihn zu treffen. Klinkt man sich allerdings beim Kunden ein und lässt den Kunden ziehen, ergeben sich sogenannte „schlanke" Prozesse, die mit weniger Aufwand und weniger Zeit durch das Unternehmen laufen. Kundenwünsche können jetzt schneller, billiger und präziser befriedigt werden. Allerdings braucht man dazu eine sehr flexible Organisation, flexible Produktionsstätten, flexible Menschen und eine kundenorientierte Dienstleistungsbereitschaft bei allen Menschen im Unternehmen – vom Kundenberater bis zum Vorstand.

Die Restrukturierungsbemühungen vieler Konzerne zeigen uns zwar den Weg zum Kunden, aber auch die Probleme, die viele Menschen in den Unternehmen mit der Umkehrung der Wertekette von Druck auf Zug haben. Die Apotheke zum Beispiel arbeitet mit einem sehr ausgefeilten Lieferkonzept, um den Kunden mit Tausenden von Medikamentensorten schnell zu versorgen. Sie bedient sich dabei eines Kärtchensystems, das den minimalen Bestand anzeigt und gleich- zeitig der Kommunikation mit dem Großhandel dient. Das japanische Kanban-System benutzt dasselbe Verfahren in der Autoproduktion. Das Wort Kanban heißt auf Deutsch nichts anderes als „Kärtchen“.

3.2 I&K-Technik als Basis schlanker Prozesse

Bei allen Geschäftsprozessoptimierungs- und Business-Reengineering-Projekten zeigt sich, dass neben dem Redesign der Prozesse drei Bereiche neu zu gestalten sind: (1) Strukturen, (2) Informations- und Kommunikationssysteme und (3) Personal. Alle drei sind von der Produktorientierung („geschobene Kette“) auf Kundenorientierung („gezogene Kette“) umzustellen. Für anspruchsvolle Kunden, qualifizierte Menschen und komplexe Produkte bzw. Dienstleistungen zeichnet sich jetzt eine neue Technologie ab, die die Arbeitswelt in der Nach-*Taylor*-Zeit bestimmen wird: Informations- und Kommunikationsnetze (siehe Abb. 7). Sie erlauben den flexiblen Arbeitsverbund qualifizierter Mitarbeiterinnen und Mitarbeiter, um schnell Kundenprobleme zu lösen. Sie ermöglichen und erzwingen aber auch die Abkehr von den tayloristischen Strukturmodellen: sinnvolle Arbeitsteilung statt extremer Arbeitszerlegung. Die moderne Informations- und Kommunikationstechnik erlaubt jetzt intelligente Organisationsformen, die durch vier Eigenschaften gekennzeichnet sind:

(1) Direkt an dem Ort der Leistungserbringung können Verantwortung, Informationen und Entscheidungen zusammengeführt werden. Zum Beispiel im Reisebüro oder in der Bank beim Berater, in der Versicherung beim Vertreter oder Schadensregulierer „vor Ort“, in der Fabrik beim Monteur an der Maschine, im Einwohnermeldeamt oder in der Kfz-Zulassungsstelle beim

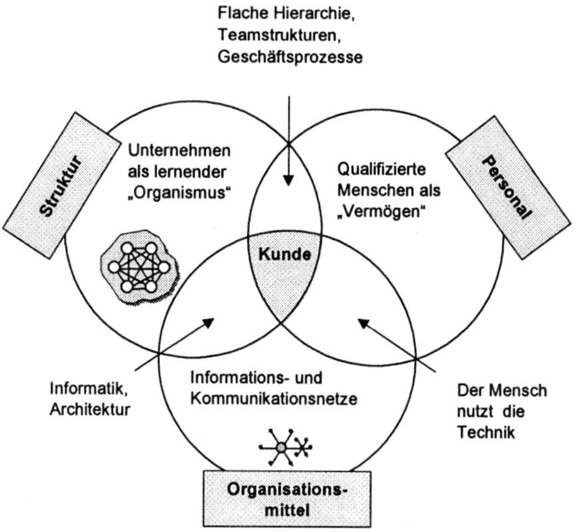

Abb. 7: Das Organisationsmittel I&K-Netze ermöglicht das lebendige Unternehmen: Im Zentrum steht der Kunde

Sachbearbeiter mit Kundenkontakt. Trotz Dezentralisierung von Kompetenz ist noch eine zentrale Information und Steuerung möglich, soweit sie nötig ist. „Zentral" und „dezentral" sind im Unternehmensorganismus keine Gegensätze, sondern sinnvolle Ergänzung. Die Zentrale ist verantwortlich für das sinnvolle Gestalten dezentraler Regelkreise und für ein sicherndes Informationsnetz der dezentralen Selbstorganisation, damit jeder weiß, ob er sich noch im Toleranzbereich bewegt oder den Organismus sprengt.

(2) Die extreme Arbeitszerlegung kann rückgängig gemacht werden, um sinnvolle Arbeitsprozesse wieder zusammenzuführen. Abschließende Sachbearbeitung, Vorgangsbearbeitung, Zusammenlegen von Arbeitsvorbereitung, Ausführung und Qualitätssicherung zeigen den Weg vom Fließband zur ganzheitlichen Arbeitsgestaltung.

(3) Teams mit hohem Grad der Selbstorganisation können im Verbund zusammenwirken, sozusagen als Organe in einem Organismus: z.B. als Fertigungszentren, Vertriebsinseln oder Projektteams.

(4) Bei allen Vorteilen dezentral ablaufender Prozesse braucht das Unternehmen ein sicherndes Netz, das die fraktale Struktur zu einem Ganzen zusammenhält und auf ein gemeinsames Ziel ausrichtet. Damit Leistungsprozesse erfolgreich ablaufen können, bedarf es einer zentral koordinierten Dezentralisierung, eines gemeinsamen Bewusstseins vom Ziel und einer zentral gesteuerten Einführung von dezentral ablaufenden Regelkreisen als Basis der

Selbstorganisation. Es wäre töricht, zu glauben, dass man ein Unternehmen nur zerschlagen muss, um Erfolg zu haben. Das sinnvolle Zusammenwirken im Unternehmensorganismus sollte nicht dem Zufall überlassen bleiben.

Hier ist die **Unternehmensleitung** gefordert – nicht als Verwalter, sondern als Gestalter. Sie muss festlegen, welche Leistungszentren im Unternehmen welche Leistungen für welche Kunden erbringen sollen und welche Leistungen von außen zugekauft werden. Sie muss entscheiden, welche Leistungsprozesse quer durch das Unternehmen laufen, und die Koordination der Prozesse absichern, damit alles wie in einem Organismus zusammenpasst. Sie muss Prozessverantwortliche einführen, zum Beispiel für den Auftragsabwicklungsprozess, die dann für die kontinuierliche Optimierung des Prozesses sorgen. Der Begriff „Prozess" kommt aus dem Lateinischen und bedeutet „Fortschritt", abgeleitet von Fortschreiten. Auf direktes Einwirken der Zentrale kann danach weitgehend verzichtet werden. Das Großhirn kontrolliert schließlich auch nur wenige Prozesse im Körper. Es steuert aber den koordinierten Ablauf von Beinen, Füßen, Händen beim Laufen, damit alles im Gleichgewicht bleibt. Es gibt auch die Richtung an, in die wir unsere Schritte lenken.

Die Reduzierung der Arbeitszerlegung und der arbeitsbedingten Schnittstellen, das Zusammenführen von planenden „Weißkitteln" und ausführenden „Blaukitteln" zu Teams und die wachsende Selbststeuerung mit starkem Bezug zum Kunden hat einige zwangsläufige Konsequenzen. Die Anzahl der Managementpositionen wird geringer, allerdings steigt die unternehmerische Verantwortung. Sie führt aber auch zur besseren Nutzung der Mitarbeiterfähigkeiten, zu größerer Kundennähe, zur Aufhebung einer alten Regel aus der Zeit der Monarchie: „Führen ist mehr wert als ausführen". Qualifizierte Mitarbeiter, die im Wertschaffungsprozess viel und Vielen dienen, dürfen und müssen auch viel verdienen.

Clevere Kunden fordern clevere Mitarbeiter in cleveren Organisationsstrukturen mit cleveren Informations- und Kommunikationssystemen. Der Computer wird zum „Intelligenzverstärker" für die Mitarbeiter, die etwas unternehmen wollen, die sich vom Mit-Arbeiter zum Mit-Unternehmer entwickeln wollen, müssen und dürfen.

4. Führung und Personalentwicklung im vitalen Unternehmen

„Man kann ohne Liebe Holz hacken, Ziegel formen, Eisen schmieden, aber man kann nicht ohne Liebe mit Menschen umgehen" (*Leo Tolstoi*). Neue Strukturen und Prozesse sind notwendig, aber nicht hinreichend. Denken und Ver-

	Personal = Untergebene	Personal = Arbeitnehmer	Personal = Mit-Unternehmer
Mitarbeiterbeteiligung	Dienstweg	Verträge	Beratung/Konsens
Personalbewegung	Aufstieg innerhalb eines Funktionsbereiches (Ochsentour)	Einstellungen und Entlassungen nach Bedarf	Lebenslange Beschäftigung, vertikale und laterale Bewegung
Bezahlungssystem	Anforderungsgerechte Bezahlung	Leistungsgerechte Bezahlung	Bezahlung nach Seniorität und Fähigkeiten, Erfolgsbeteiligung
Arbeiterorganisation	Hohe Arbeitsteilung, Integration durch Hierarchie	Arbeitsaufträge an Einzelne oder Gruppen	Ganzheitliche Aufgaben, Selbstabstimmung in Gruppen

Abb. 8: Drei Sichten des Personals

halten der Führungskräfte als Multiplikatoren, Promotoren oder Behinderer müssen sich auch ändern. Die bisher beschriebenen Prozesse können nur dann in optimaler Form zusammenspielen, wenn die Mitarbeiter mündig werden dürfen, wenn sie ent-fesselt werden, damit sie sich ent-wickeln und ent-falten können, wenn sie ihre Fähigkeiten, die sie üblicherweise erst nach 17:00 Uhr benutzen dürfen, auch schon vor 17:00 Uhr aktivieren können. Denn kundige und mündige Kunden wollen kundige und mündige Mitarbeiter als Gesprächs- und Service-Partner. Das bedeutet aber ein Umdenken im Management und eine Neugestaltung der Führungs- und Personalentwicklungsprozesse. Führen hieß in der Vergangenheit: Arbeiten vorzubereiten, sie zu verteilen, das Tagesgeschäft zu steuern und den Erfolg zu kontrollieren. Führen heißt jetzt: Vermögensentwicklung.

Die Führungskräfte sorgen dafür, dass die Menschen mehr vermögen, dass ihre Fähigkeiten und ihr Leistungsvermögen steigen, dass Leistungsbehinderungen in der Struktur und den Prozessen abgebaut werden. Führen heißt nicht mehr „Menschen dressieren“, sondern Fördern, Fordern, Feedback geben, Orientierung geben, Vorbild sein. Auch die Führungskräfte bekommen jetzt Kunden: ihre Mitarbeiter. Denn die Mitarbeiter entwickeln sich vom Untergebenen zum Mit-Unternehmer (siehe Abb. 8). Damit dieses neue Führungsverständnis gelebt werden kann, gilt es, den Führungs- und Personalentwicklungsprozess neu zu gestalten, zum Beispiel durch mehr Delegation, durch jährliche Beratungs- und Förderungsgespräche, durch Job-Rotation und Rollenwechsel zur Kompetenzerweiterung, durch mehrjährige Entwicklungspläne für die Mitarbeiter zur Erweiterung ihres Know-Hows und durch Feedbacksysteme, mit denen die Mitarbeiter ihre Führungskräfte bewerten können.

Um diese Gedanken zu verwirklichen, müssen wir Abschied nehmen von bürokratischen Stellen, Laufbahnen, Tarifsystemen und der Karrierehierarchie, die mit vielen Zwischenstufen eingerichtet wurde, um den Menschen den Aufstieg mit vielen Sprossen vorgaukeln zu können. Es wird zur Zeit viel gegen Hierarchien gesprochen. Sie werden zum Teil sogar verteufelt. Wir brauchen Hierarchien, aber echte. Wir sollten differenzieren zwischen einer unternehmerischen **Verantwortungshierarchie** als Projektleiter, Profit-Center-Leiter, Business-Unit-Leiter, Geschäftsführer oder Vorstand und einer **Statushierarchie** mit phantasievollen Titeln, hinter denen sich aber keine sinnvollen Verantwortungsbereiche verbergen. Solche karriereorientierten Scheinhierarchien werden dann von den Amtsinhabern als Instanzebene missbraucht, um ihre eigene Existenzberechtigung nachzuweisen, und führen zu Starrheit, Entscheidungsverzögerung, Entmündigung der Menschen, Zuständigkeitsgerangel und zur Diffusion der Verantwortung.

Die unternehmerische Verantwortungshierarchie mit drei bis vier Ebenen in einem Konzern erlaubt dagegen Marktnähe, Flexibilität, Beweglichkeit und unternehmerisches Handeln bei Mitarbeitern und Führungskräften. Jede Ebene muss ihren unternehmerischen Sinn und Zweck haben. So können Unternehmen lernfähig, lebendig, lebens- und überlebensfähig bleiben.

Bezeichnenderweise hat ein Organismus auch Hierarchien, die ihren Sinn haben: die Zelle, das Organ, der ganze Organismus und der Vogel- oder Fischschwarm, sozusagen vier Hierarchien. Hierarchien können hinderlich oder nützlich sein. Sie können Verbund schaffen oder den Wettkampf anheizen. Wir haben heute weder die Zeit noch das Geld noch die Menschen, um unsere Kraft im unternehmensinternen Machtgerangel zu vergeuden. Wettbewerbsorientierte Karrierebilder mit oben und unten, Gewinnern und Verlierern, Aufsteigern und Absteigern, Obermenschen und Untergebenen fördern Konfrontation statt Kooperation. Sie binden die Kräfte bei internen Kämpfen und lenken von der Hauptsache ab: dem Kunden.

5. Fit für den Kunden: Gesamtbild eines vitalen Unternehmens

Ein vitales Unternehmen ist wie ein lebendiger Organismus, der sich ständig weiter entwickelt und verändert. Ein vitales Unternehmen ist ein Verbund von Leistungszentren und Projekten, die für ihre externen und internen Kunden Leistungen erbringen. Die Leistungszentren und Projekte definieren sich durch ihre Leistungen für ihre Kunden. Die Leistungen innerhalb eines Unternehmens lassen sich in sechs Kategorien einteilen (siehe Abb. 9):

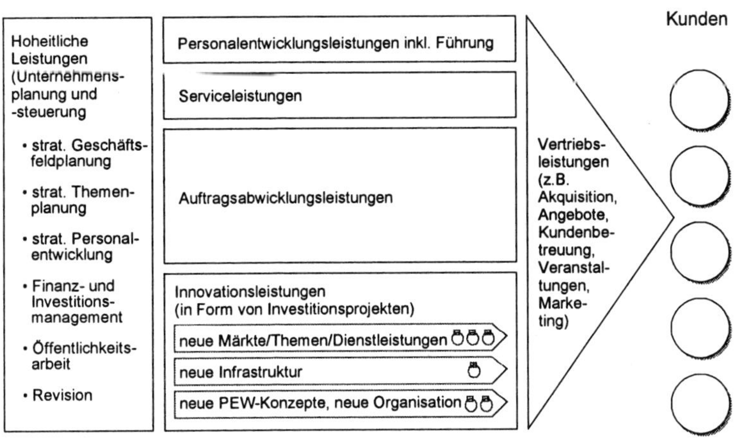

Abb. 9: Die sechs Hauptleistungen eines Unternehmens

(1) **Vertriebsleistungen** sind Leistungen, die die Kundenwünsche und die Fähigkeiten des Unternehmens zum Nutzen beider zusammenführen. Verkaufen heißt erkennen, was der Kunde braucht, und Wege finden, damit er es von uns bekommt.

(2) **Produktionsleistungen** sind Leistungen, die innerhalb des Erstellungsprozesses von Produkten und Dienstleistungen erbracht werden.

(3) **Serviceleistungen** sind Leistungen, die die anderen Prozesse durch (interne) Dienstleistungen unterstützen.

(4) **Hoheitliche Leistungen** sind Leistungen, die vom Gesetzgeber oder Kapitalgeber gefordert werden, bzw. Leistungen, die zu den Kernaufgaben des Vorstandes und der Geschäftsleitung gehören (z.B. Unternehmensplanung und Steuerung, Revision, Public-Relations).

(5) **Führungsleistungen** sind Leistungen, die Fähigkeiten und Fertigkeiten der Menschen im Unternehmen optimal zum Einsatz bringen und weiterentwickeln. Führen ist Vermögensentwicklung und Aktivieren des Humanvermögens.

(6) **Innovationsleistungen** sind Leistungen, die der Weiterentwicklung des Unternehmens dienen und nicht in den KVP-Prozessen erledigt werden, weil sie z.B. das ganze Unternehmen betreffen, sehr komplex sind oder ein bestimmtes Volumen überschreiten (z.B. Projektaufgaben).

Die ersten fünf Leistungsarten werden eher als stetige Prozesse gestaltet. Für die Innovationsleistungen empfiehlt sich die Projektorganisation.

Eine **Unternehmensverfassung** schafft die „Leitplanken", gibt die Orientierung und beschreibt die gemeinsamen Ziele, damit bei aller Selbstorganisation, Selbstverantwortung und bei allen schöpferischen Freiräumen noch Ordnung im dynamischen Chaos herrscht. In dem Maße, wie die interne Marktwirtschaft der horizontalen Geschäfts- und Leistungsprozesse eingeführt ist und sich selbst steuert, kann auf die vertikalen Eingriffe von oben immer mehr verzichtet werden. Die tote Unternehmensmaschinerie wird zu einem lebendigen Organismus.

Die klassischen Strukturen hatten die Aufgabe und den Sinn, Sicherheit in der Geschäftsabwicklung zu geben, insbesondere, wenn Produkte mit ungelernten Menschen erstellt werden sollen. *Max Weber* beschreibt 1921 dieses Verfahren als den „regelgebundenen Betrieb von Amtsgeschäften". Die „neue Sicherheit" nutzt die Fähigkeiten qualifizierter Menschen zum Mit-Denken, Mit-Handeln, Mit-Entscheiden und Mit-Unternehmen. Durch Leitplanken, Ziele und Visionen können sich die Menschen gemeinsam ausrichten, wie kleine Magneten oder die Autofahrer auf einer Autobahn.

Wie gelingt es, dass alle Menschen im Unternehmen das Gleiche für sinnvoll erachten? Wie kann das Zusammenspiel der Leistungserbringungs-Organisation und der Entwicklungs-Organisation geregelt werden? Wie steuert man das Zusammenwirken von Geschäftsleitung und Management, Management und Mitarbeitern, Mitarbeitern und Kunde? Wie schafft man die Ausrichtung des lernenden Unternehmens mit seinen Menschen auf ein gemeinsames Ziel hin? Führungskonzepte, die auf Befehl und Gehorsam oder Anweisung und Kontrolle beruhen, sind für ein stabiles Marktumfeld geeignet. In dynamischen Situationen sind sie ungeeignet und samt der bürokratischen Strukturen zu teuer geworden. Sie nutzen nicht die Potenziale der Mitarbeiter und versagen bei mündigen Kunden und mündigen Mitarbeitern.

Wie lässt sich ein Unternehmen aber noch führen, lenken und steuern? Wie geschieht Management von Dynamik und Wandel? Wenn in den Unternehmen Plan- und Kommandowirtschaft abgelöst wird durch mehr interne Marktwirtschaft, brauchen wir wieder Elemente der ehemaligen Dorfgemeinschaft, Zünfte oder Elemente von demokratischen Führungsstrukturen, zum Beispiel Ehrenkodex, Sinnorientierung, transparente Unternehmensziele, für die es sich lohnt zu arbeiten. Den Mitarbeitern und besonders den Kunden muss klar sein, welchen Sinn und Nutzen ein Unternehmen am Markt hat. Wer Leistung fordert, muss Sinn bieten.

Zu Zeiten von *Taylor* und *Ford* galt: Ein Unternehmen ist eine Organisation, die Güter und Dienstleistungen schafft mit dem Ziel, hohe Gewinne mit dem eingesetzten Kapital zu erwirtschaften. „Der Mensch ist Mittel." Beim Wandel in eine kundenorientierte Know-How- und Dienstleistungsgesellschaft gilt für ein Unternehmen eine neue Definition: Ein Unternehmen ist eine Gemeinschaft von Menschen, die Güter und Dienstleistungen schaffen, mit dem Ziel, hohe Gewinne zu erwirtschaften durch ihr Vermögen, den Kunden mit Produkten und Service zu begeistern. „Das Kapital ist Mittel."

Ein Unternehmen als eine Gemeinschaft von Menschen braucht eine organisierte Kooperation und Spielregeln, die das Miteinander der Menschen fördern. Wenn wir zu mehr Demokratie in der Arbeitswelt kommen und die Feudalherrschaft des Managements durch mehr Selbstbestimmung ersetzt wird, braucht man eine Unternehmensverfassung. Das Unternehmen als Ganzes **ist eine Persönlichkeit** und **hat eine Persönlichkeit:** zuverlässig, schnell, mutig, überheblich, umweltfreundlich, abweisend, glaubwürdig, innovativ, bürokratisch oder kundenfreundlich. Dieses Firmenimage strahlt nach innen und außen gleichermaßen. Es wird nicht durch CI-Prospekte geprägt, sondern durch Personen und Persönlichkeiten. Es ist dann authentisch, wenn es oben wie unten, sowohl im Umgang mit Mitarbeitern als auch mit Kunden, identisch gelebt wird – als Corporate-Identity, als Identität einer Persönlichkeit.

Die Persönlichkeit wechselt man nicht wie ein Hemd. Eine CI-Kampagne macht noch keinen neuen Menschen. Die Persönlichkeitsmerkmale des Unternehmens – z.B. Verhalten der Menschen, Bezahlungssysteme, Organisationsstrukturen, Führungsverhalten, Informations- und Kommunikationssysteme, Verhalten gegenüber Kunden und Lieferanten – müssen zusammenpassen. Die Persönlichkeit nach innen sollte dieselbe sein wie nach außen. Sonst ist sie nicht authentisch, sondern gespalten.

Heute ist zu beobachten, dass fast alle Unternehmen Teile solcher Verfassungen formulieren und auch einführen. Aber nur wenige haben das Gesamtgebilde konsequent durchdacht, stimmig gemacht, gemeinsam mit der sogenannten Basis entwickelt und zum Leben erweckt. Typische Schwachstellen sind:

- Bezahlungsmodelle, bei denen die Stelle honoriert wird und nicht die Person,
- Karrieremodelle, bei denen Führen automatisch mehr wert ist als Ausführen,
- Anreizsysteme, die die Konfrontation fördern, nicht die Kooperation,
- Controlling-Systeme, die kontrollieren, statt Orientierung und Selbststeuerung zu erleichtern,
- fehlende Kommunikations-Rituale, die das Zusammengehörigkeitsgefühl stärken,
- fehlende Anreize zur Job-Rotation auf allen Ebenen,
- fehlende „Leistungslandkarten", in denen die Rollen und Aufgaben der Leistungszentren oder Bereiche im Gesamtverbund des Unternehmens für jeden erkennbar werden,

- fehlende Kompetenzregelungen für die Projektorganisation als „Management auf Zeit“, z.B. Unterschriftsvollmachten für Projektleiter.

Wir erleben seit Jahren, dass viele Reorganisations- bzw. Reengineeringprojekte scheitern. In den USA wurden die sogenannten „ungeschriebenen Gesetze“ dafür verantwortlich gemacht. In Deutschland behindern nicht nur die ungeschriebenen, sondern besonders die geschriebenen, unternehmensinternen Gesetze den Erfolg: Bezahlungssysteme, Karriererichtlinien, Vorschriften über Statussymbole oder Stellenbeschreibungen.

6. Wege der Vitalisierung: Die Renaissance der Persönlichkeit

Es wäre eine Illusion zu glauben, dass man ein Unternehmen kurzfristig vom Kopf auf die Füße stellen kann und dass es dann auch noch in Richtung Kunde zu laufen beginnt. Man darf aber auch nicht tatenlos zusehen, wie wir an unserer unternehmensinternen und externen Bürokratie ersticken und am Weltmarkt Boden verlieren. Wir brauchen eine Vision vom neuen Unternehmen, nicht vom neuen Menschen. Es genügt, die „Nach-17:00-Uhr-Fähigkeiten“ der Mitarbeiter vor 17:00 Uhr zu aktivieren. Dazu empfehlen sich einige Wege, die in Abbildung 10 dargestellt sind.

Für den Erfolg auf diesem Weg sind vier Themen besonders wichtig: (1) Führung und Hierarchie, (2) Karriere, (3) Informatik und (4) der Mensch:

(1) **Führung als Dienst-Leistung:** Die Führungskräfte bekommen jetzt auch Kunden: die Mitarbeiter. Führen ist eine Dienstleistung. Hierarchie ist Dienst in Über- und Unterordnung und muss von dorther verstanden werden. Sie ist nicht einfach legitimiert durch eine starre Hierarchie der Macht, sondern ist erst hilfreich innerhalb eines Sozialgebildes, wenn jede einzelne Position sich auf die andere hin als ein sinnvoller Dienst ausweist. Dann ist die Überordnung nicht mehr Macht, sondern vielmehr sinnvoller Dienst für das Ganze und kann als Hilfe für und in der eigenen Rolle des Mitarbeiters verstanden und akzeptiert werden. Manager sollen das Humanvermögen verwenden, nicht verschwenden. Sie sollen es aktivieren, nicht amputieren. Sie haben die Aufgabe, für aktivierende Rahmenbedingungen zu sorgen. Der Mensch braucht nun einmal ein Umfeld, in dem er sich wohlfühlt und das ihm Mut macht, das ihm Sicherheit und Geborgenheit vermittelt, um sich mit Freude auf seine Aufgaben konzentrieren zu können. Er muss spüren, dass man ihn als Person und Persönlichkeit respektiert, um seinen Kunden und Kollegen mit dem gleichen Respekt begegnen zu können. Dann kann sich

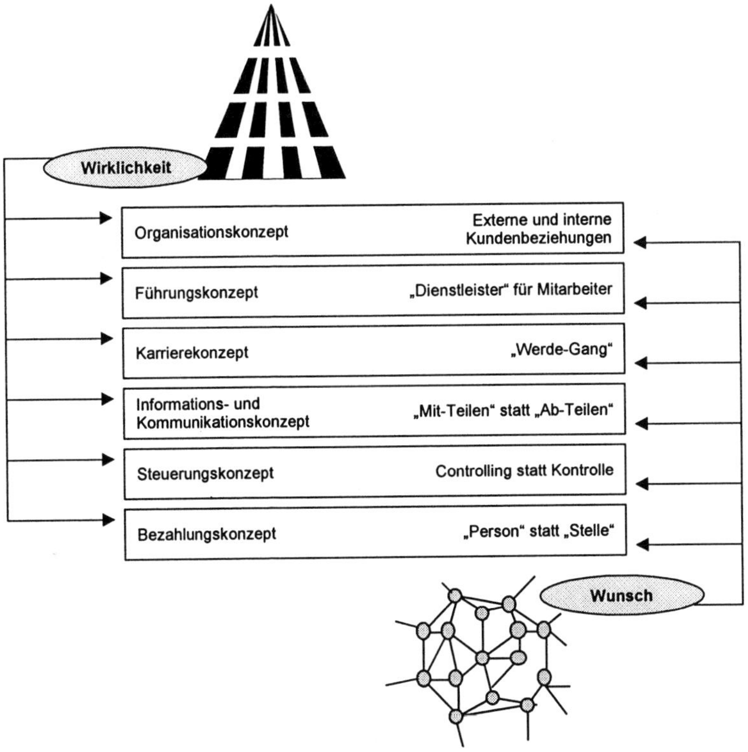

Abb. 10: Wege zu einem vitalen Unternehmen

auch eine hohe Identifikation mit dem Team, dem Unternehmen und seiner Arbeit entwickeln.

(2) **Karriere als Vermögens-Entwicklung:** Karriere im schlanken Unternehmen muss eine neue Bedeutung bekommen. Bisher hatte die Hierarchie eine Doppelrolle. Zum einen war sie als Organisationsmittel für die (ungelernten) Menschen notwendig. Zum zweiten war sie für die Darstellung von Lebenskarriere ge- bzw. missbraucht worden. Karriere bedeutete früher: „groß werden durch Aufstieg auf einer Leiter"– zu Lasten anderer. In Zukunft wird Karriere bedeuten: „groß werden durch persönliche Kompetenzentwicklung" – zum Nutzen anderer. Karriere wird in Zukunft entkoppelt werden von der organisatorischen Rolle. Karriere wird nur machen, wer Nutzen stiftet für Kollegen und Kunden, wer seine Kompetenz marktfähig hält – für den externen und internen Markt.

Die Bezahlung und die Statussymbole sind an der Kompetenzentwicklung einer Person als Persönlichkeit auszurichten, nicht mehr an der Hierarchiestufe. Die Doppelrolle der Hierarchie muss aufgelöst und der Mensch danach bezahlt werden, was übrigbleibt, wenn der Titel, der Dienstwagen, die Büromöbel und das Amt entzogen werden. Heute spielt man noch viel zu häufig den Hauptmann von Köpenick in den Unternehmen: Der Mantel zählt, nicht der Mensch.

Für die Karriere als Werde-Gang müssen die Manager „ihre" Mitarbeiter auch loslassen, gehen lassen. Lehr- und Wanderjahre werden gefordert und gefördert. Der Personalbereich und die Manager befördern dann die Menschen nicht nach oben, sondern in das nächste Projekt, in den Nachbarbereich oder in das andere Vorstandsressort. Durch Bewegung innerhalb des Leistungszentrums, entlang der Leistungskette und auch in andere Leistungszentren lernen sie das Unternehmen als Ganzes begreifen und sammeln Erfahrungen. Sie erweitern ihren Gesichtskreis – nicht durch Aufstieg, sondern durch Bewegung: Job-Rotation als Jogging fürs Gehirn.

Besonders alle dienstleistungs- und kommunikationsorientierten Unternehmen müssen erkennen, dass nur ihre Menschen die Quelle der Wertschöpfung sind. Sie müssen Karriere als Kompetenzentwicklung fordern und fördern: den Menschen den Mut und die Möglichkeit zum lebenslangen Lernen und Umlernen geben; die fachliche und persönliche Kompetenzentwicklung fördern und auch fordern, insbesondere Kreativität, Initiative, Lernfähigkeit und den Mut zu Neuem; die Menschen neugierig machen. Als „rerum novarum cupidus" (gierig nach Neuem) hat ein römischer Dichter den Menschen beschrieben.

Wenn ein Unternehmen seine Mitarbeiter fördert und fordert, „rerum novarum cupidus" zu sein, braucht es um seine Zukunft nicht zu bangen. Aber dann darf Karriere auch nicht Aufstieg auf einer fiktiven Leiter bedeuten. Dann muss Kompetenzentwicklung, das heißt Erweiterung der fachlichen, methodischen, sozialen und der Persönlichkeitskompetenz auch mit Geld und Status honoriert werden. Die Bezahlung darf sich weniger an Funktionen, sondern muss sich wesentlich stärker an Erfahrung von Personen orientieren. Dadurch ist es möglich, dass ein vom Aufgabenspektrum breit angelegter Mitarbeiter mehr verdient als seine unmittelbare Führungskraft. In Systemen, in denen dies möglich ist, ist ein großer Schritt in Richtung der Entkopplung von Hierarchie und Verdienst erfolgreich vollzogen. Zusammenfassend lässt sich feststellen: Neue anforderungsgerechte und flexible Entgeltsysteme sind als Bestandteile eines ganzheitlichen Umstrukturierungsprozesses notwendig – sogar zwingend. Sie unterstützen diese Prozesse durch eine für den einzelnen transparente, leistungsbezogene und damit motivationsfördernde Vergütung. Dennoch: Die Umsetzung neuer Entgeltsysteme kann immer nur ein begleitender Schritt sein. Die Basis für den Erfolg vitaler Unternehmen im internationalen Wettbewerb liegt zunächst in einer

Veränderung der Arbeitsorganisation und einer geänderten Führungsphilosophie, die diese Veränderungsprozesse nachhaltig absichern und die notwendigen Veränderungen unterstützen.

(3) **Informatik als Nervensystem:** Informationssysteme sollen die Autonomie fördern, nicht die Monotonie. Die traditionellen Informationssysteme in den Unternehmen haben häufig die tayloristischen Strukturen „elektrifiziert“ und dadurch „betoniert“. Heute behindert die Software in vielen Unternehmen die Restrukturierung, weil sie auf Zentralrechnern mit „dummen Terminals“ für „dumme Bediener“ entwickelt worden ist: eine Folge der traditionellen „Master-Slave-Architekturen“ der Informatik. Dabei zeigt sich die Software als gar nicht „soft“, weil sie die Menschen, die Strukturen und die Abläufe fest und starr zementiert hat. Dabei war der Mensch nur „Be-Diener“, der den Computer dienen musste. Bei Client-Server-Architekturen ist der PC des Benutzers der Client, d.h. der Kunde für den Großrechner, der jetzt zum Server wird – zum Dienstleister. Hier liegt noch eine gigantische mentale Neuorientierungsaufgabe für die klassischen EDV- bzw. Informatikbereiche. Sie bekommen jetzt Kunden. Und der Mensch wird „Be-Nutzer“. Er nutzt den Computer.

Komplexität im Großen kann man wirkungsvoll nur dadurch reduzieren, dass man Komplexität im Kleinen erhöht. Man darf den einzelnen Bausteinen, Organen oder Leistungszentren nicht vorschreiben, wie sie zu arbeiten haben, sondern was von ihnen erwartet wird. Dann haben sie die Chance zur Selbstorganisation, Selbstoptimierung und Selbststeuerung. Die Komplexität der Gesamtsteuerung sinkt, wenn die Regelkreise der Kommunikation zwischen den Objekten als schnelle Feedback-Mechanismen wirken können.

Nutzen wir doch die „innere Intelligenz“ lebendiger Systeme. Die Geschäftsprozesse in den Unternehmen lassen sich durch angemessene Software und Hardware wirkungsvoll unterstützen. Client-Server-Architekturen und Objektorientierung sind kein technischer Selbstzweck, sondern zeigen den natürlichen Weg vom Geschäftsprozess zum Softwareprogramm und vom Taylorismus zum Organismus.

(4) **Der Mensch als Vermögen:** Auf der Welt sind wir mit unseren Bemühungen zur Vitalisierung und Reanimation der Unternehmen nicht alleine. Aber sollen wir Deutschen jetzt die „Gruppenkultur“ der Japaner kopieren oder die revolutionären Ansätze der Amerikaner? Wir sollten die anderen nicht kopieren, sondern kapieren. Wir sollten erkennen, welche Strukturen, Organisationsmuster und Führungskonzepte *unserer* Kultur adäquat sind. Wir sollten uns auf unsere Stärken besinnen: Unternehmertum und Bürokratie.

Nachdem wir in den letzten vierzig Jahren erfolgreich versucht haben, das Unternehmertum in den Unternehmen durch Bürokratie zu zähmen, brauchen

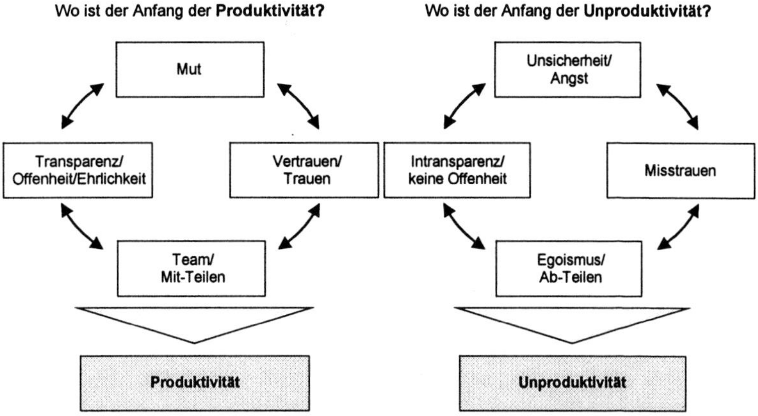

Abb. 11: Wirkungskreisläufe

wir nur unsere Stärken zu tauschen: weniger Bürokratie, mehr Unternehmertum. Dann können wir auch unser einziges Vermögen nutzen: die bestausgebildete Arbeitsgeneration seit Menschengedenken. Nehmen wir ihnen die Angst vor der Freiheit, die Angst vor dem Fehler, die Angst vor dem Neuanfang und die Angst vor der Metamorphose. Damit die Menschen mit dem Alter wertvoller werden – wie zu Zeiten des Handwerks, der Zünfte und der Klöster. Erfahrung und Lebensweisheit sind Werte, die wir schätzen und entwickeln sollten.

Die beiden Grafiken in Abbildung 11 zeigen die Wirkungskreisläufe von Mut oder Angst, von Vertrauen oder Misstrauen, von Offenheit oder Intransparenz und von Mit-Teilen oder Ab-Teilen. Die Zeit ist vorbei, als im ersten Lebensdrittel gelernt wurde, im zweiten Lebensdrittel gearbeitet und im dritten der Ruhestand oder die Arbeitslosigkeit kam. Lebenslanges Lernen hält fit. Die Zeit ist vorbei, als man glaubte, Menschen und ihre Arbeit exakt messen zu können. Menschen kann man nicht messen – nur ihre Körpergröße und ihr Gewicht. Ihr Vermögen und ihre Leistung kann man nur abschätzen und einschätzen. Dazu müssen wir sie aber zunächst schätzen und als Mensch schätzen lernen. Die Zeit ist auch vorbei, als man glaubte, Mitarbeiter motivieren zu können. Motivieren kann sich jeder Mensch nur selbst – zu seinem nächsten Schritt, zu seiner nächsten Tat, zu seiner nächsten Idee. Die Manager können ihm durch ein angstfreies Umfeld Mut dazu machen und ihm ein Motiv geben.

Erfolgreiches Vitalisieren und Mobilisieren geschieht meist in vier Phasen. Die *CSC Ploenzke AG* hat hierzu den folgenden Ansatz entwickelt (siehe hierzu auch Abb. 12):

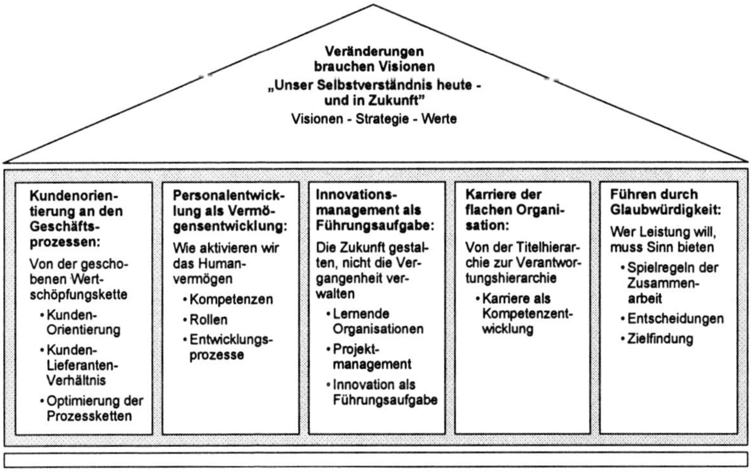

Abb. 12: Das Leistungsangebot der CSC Ploenzke AG

(1) Die erste Phase ist die „Revolution des Denkens“. Sie ist gekennzeichnet durch ganzheitliche Darstellung des Unternehmens mit seiner Leistungslandkarte für die internen und externen Kunden, Anpassung der Rahmenbedingungen, insbesondere Führungsverständnis und Führungsverhalten, Steuerungs- und Controlling-Systeme, Bezahlungs- und Belohnungssysteme, Arbeitszeitmodelle sowie Karrieremodelle, z.B. der Gleichrang von Fach- und Führungsaufgaben.

(2) Die zweite Phase besteht aus pilothaften, evolutionären Schritten, d.h. dem Ausprobieren des Neuen auf Testfeldern.

(3) Die dritte Phase ist die Schaffung einer Unternehmensverfassung mit den Erfahrungen der Testpiloten. Die Verfassung darf nicht von oben verordnet werden, sondern muss Abbild der gelebten Kultur sein – sonst bleibt sie nur Papier.

(4) In der vierten Phase wird das ganze Unternehmen erfasst und gemeinsam mit dem Menschen weiterentwickelt. Das Unternehmen als Gemeinschaft für die Menschen bewegt sich nur dann auf den Kunden zu, wenn jeder Mensch diese Schritte vollzieht.

Taylor schrieb 1911 in seinem Buch: „Bisher stand die Persönlichkeit im Vordergrund. In Zukunft werden Organisation und Systeme bestimmend.“ Jetzt brauchen wir die Renaissance der Persönlichkeit, die für den Kunden etwas unternehmerisch unternimmt.

B.6

Change-Management: Initiierung und Umsetzung von Organisationstransformationen – ein Ansatz von Andersen Consulting

Ayad Al-Ani / Susanne Kaßner[*]

---

[*] Dr. Dr. Ayad Al-Ani ist Manager bei Andersen Consulting in Wien, Susanne Kaßner ist Manager im Münchner Büro von Andersen Consulting.

1. Einführung und Hintergrund der Fallstudie

1.1 Begriff und Wesen des Change-Managements

Der Begriff des Change-Managements passt recht gut in unser schnelllebiges Zeitalter. Es ist zwar nicht gesagt, dass es besser wird, wenn es anders wird; wenn es aber besser werden soll, muss es anders werden. Dieser Aufbruch zu neuen Ufern ist jedoch meist komplex, keinesfalls trivial und muss daher geplant und gemanagt werden. Neue Möglichkeiten sind in der Regel reichlich vorhanden. Die zentrale Herausforderung ist, „sie lebendig, real zu machen, *durchzusetzen*“ (*Schumpeter* 1987, S. 128, Hervorhebung im Original). Zeitlich gesehen kann man den Beginn der Popularität von Change-Management etwa mit Mitte der Neunzigerjahre ansetzen. Damals mehrte sich die Kritik an den unter dem Schlagwort „Business-Reengineering“ zusammengefassten Restrukturierungsanstrengungen von Industrie, Dienstleistung und Verwaltung, die mittels effizienteren und kundenorientierten Strategien und Strukturen eine Antwort auf marktwirtschaftliche Anforderungen suchten. Im Mittelpunkt der Kritik stand dabei, dass der Faktor Mensch mit allen ihm eigenen Handlungssituationen, die *Friedberg* treffend mit „radikaler Kontingenz“ umschreibt (*Friedberg* 1988, S. 39 ff.), nicht oder nicht ausreichend berücksichtigt wurde und somit die Lücke zwischen dem Ist- und dem Soll-Zustand, d.h. zwischen der Ausgangssituation und der Vision, nicht befriedigend geschlossen wurde. Es zeigte sich deutlich, dass Entscheidungen in Organisationen letztlich sehr spezifische Lösungen sind, die von relativ autonomen Akteuren mit ihren jeweiligen Ressourcen und Fähigkeiten geschaffen und eingesetzt wurden, um ihre Ziele in Wechselwirkung mit den Zielen anderer zu erreichen.*

Gesucht wurde deshalb nach einer „Methode“ bzw. einer Vorgehensweise, die dem Verhalten und den Entscheidungen der Menschen, die in äußerst komplexe Wirkungsverhältnisse eingebunden sind, Rechnung trägt. Die Konsequenzen der Autonomie des Organisationsmitglieds, seine subjektive Nutzenfunktion und seine handlungsdeterminierende Biographie spannen den Bogen, in dem sich ein Management von Veränderungen bewegen muss, das mehr sein will als die eher hilflose Forderung, „Neues in die Köpfe der Leute“ zu bringen.

---

* Zur Frage der eingeschränkten Determinierbarkeit von menschlichem Handeln in Organisationen vgl. *Ortmann* 1995; *Crozier/Friedberg* 1993; *Arrow* 1974 und *Al-Ani* 1993.

Vor diesem Hintergrund kann nun der hier verwendete Begriff des Change-Managements bestimmt werden: *Unter Change-Management werden alle Maßnahmen subsumiert, die zur Initiierung, Steuerung und Umsetzung von neuen Strategien, Strukturen, Systemen und Verhaltensweisen auf Seiten der Führungskräfte und Mitarbeiter notwendig sind.* Primäres Thema des Change-Managements sind also weniger die Techniken zur Planung neuer Strategien – wie etwa Portfolioanalysen – noch das Design neuer Geschäftsprozesse als vielmehr Maßnahmen, die sicherstellen, dass neue Strategien und Strukturen überhaupt initiiert und in weiterer Folge umgesetzt werden können. Die Grenzen zwischen den Disziplinen sind dabei allerdings durchlässig. So kann es im Sinne einer besseren Implementierung von neuen Strategien und Prozessen sinnvoll sein, kundennahe Mitarbeiter in Strategieentwicklung und Prozessdesign einzubeziehen, um durch dieses Co-kreieren die Akzeptanz der Konzepte zu erhöhen (vgl. *Al-Ani* 1996a). Zum anderen kann ein im Rahmen eines auf die Befähigung der Mitarbeiter im Umgang mit neuen IT-Systemen abzielendes Change-Management-Programm durchaus auch bestehende Strukturen in Frage stellen und modifizierte Rollenbilder für die neuen Anwender entwerfen.

So gesehen beschäftigt sich Change-Management mit der genauen Analyse der Ausgangssituation der Organisation, nimmt darauf aufbauend Einfluss auf die Gesamtprojektplanung und entwickelt dann ein Maßnahmenset, das die Erhöhung der Veränderungsbereitschaft, das Skizzieren von Visionen und die Umsetzungsunterstützung der Führungskräfte und Mitarbeiter zum Inhalt hat.

1.2 Ausgangssituation und Aufgabenstellung der Fallstudie

In der vorliegenden Case-Study wird der Fall eines europäischen Finanzdienstleistungsunternehmens betrachtet, das sich im Rahmen eines Mergers mit einem zweiten Institut mit folgender Situation konfrontiert sah:

- Übernahme der IT-Systeme des anderen Instituts zur Schaffung einer einheitlichen IT-Plattform;
- Umsetzung entsprechender Vereinheitlichungen im Bereich der Ablauf- und Aufbaustruktur und der Produkte.

Für fast alle Führungskräfte und Mitarbeiter bedeutete dies in inhaltlicher Hinsicht eine tiefgreifende Veränderung ihrer Arbeit, aber auch ein massives psychologisches Problem im Sinne von „wir geben alles auf; nichts bleibt beim Alten“. Hinzu kam, dass diese Änderungen innerhalb eines relativ kurzen Zeitraums wirksam wurden. Das heißt, dass die Mitarbeiter und Führungskräfte nur wenig Zeit hatten, sich an die neuen Strukturen und Systeme zu gewöhnen. In dieser Situation wurde zusätzlich zu den Projektteams, die sich mit Themen wie

IT-Portfolios, Prozessdesign, Datenmigration und Organisationsstruktur beschäftigten, ein Change-Management-Team aufgesetzt, das folgende Aufgaben zu erfüllen hatte:

- Erhöhung der Akzeptanz für die Zielsetzungen des Mergers bei Mitarbeitern und Führungskräften;
- Erhöhung der Partizipation der für das Projekt relevanten Unternehmensbereiche und Schlüsselpersonen;
- Erhöhung der Veränderungskapazität bei den Umsetzungsverantwortlichen und den Mitarbeitern;
- Befähigung der Mitarbeiter zur Arbeit in der neuen Organisation und Systemumgebung;
- Messung des Umsetzungsfortschritts in den jeweiligen Organisationseinheiten und Ableitung von Steuerungsmaßnahmen.

Das Team wurde aufgefordert, einen entsprechenden Maßnahmenkatalog zu entwickeln und diesen „Change-Management-Plan" in das Merger-Programm zu integrieren und umzusetzen.

2. Entwicklung und Umsetzung eines Change-Management-Plans

2.1 Grundlagen

Der exakte Change-Management-Plan muss auf den Bedarf der Organisation und ihr Veränderungsziel abgestimmt sein. Wichtig ist in jedem Fall, dass alle Bereiche des Veränderungsprozesses abgedeckt werden.

Der erste Schritt zu einem fundierten Verständnis von Veränderungsprozessen ist die Unterscheidung zwischen einer Mikro- und einer Makroebene, deren jeweilige Aktivitäten aufeinander abgestimmt werden und in Balance zu halten sind (siehe Abb. 1).* Auf der Makroebene finden sich die beiden Managementbereiche Navigation und Führung, auf der Mikroebene die Mitarbeiterbereiche Befähigung und Identifikation. Des Weiteren ist im Modell zwischen Angebot und Nachfrage unterschieden, denn eine gut gestaltete Veränderung und eine aus-

---

* Zur Entwicklung von Change-Management-Plänen vgl. *Al-Ani/Gattermeyer* 2000; *Gattermeyer/Neubauer* 1996, S. 321 ff.

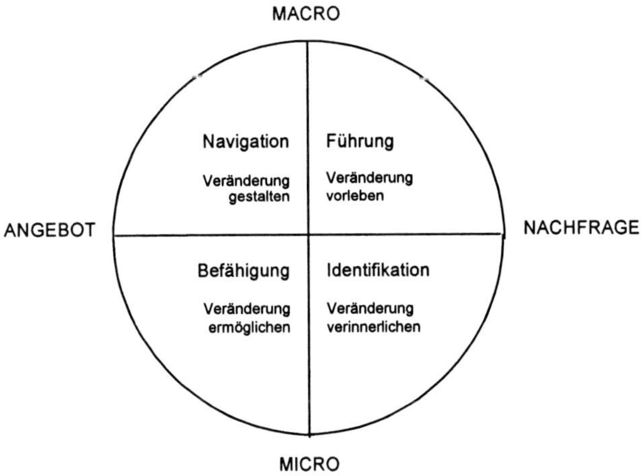

Abb. 1: Die Bereiche des Change-Management-Plans

reichende Befähigung bewirkt nichts, wenn nicht eine Nachfrage danach besteht bzw. generiert wird.

2.2 Navigation: Veränderung gestalten

Unter Navigation bzw. Gestaltung der Veränderung werden all jene Change-Management-Maßnahmen zusammengefasst, die den Veränderungsprozess entwerfen und steuern. Im vorliegenden Fall wurden, um den Wandel exakt an den Bedarf anzupassen und hinsichtlich der Tragbarkeit und Erreichbarkeit für die Organisation maßzuschneidern, als erster Schritt zur Navigation zwei Analysen durchgeführt: zum einen die der momentanen Veränderungskapazität, zum anderen die der Auswirkungen der geplanten Veränderung. Die Kombination dieser Ergebnisse gab hinreichend Aufschluss, um die weitere Programmplanung durchzuführen, ein Programm-/Projektmanagement aufzusetzen und ein Paket von Change-Management-Maßnahmen zusammenzustellen, die die gewollte Veränderung unterstützen.

(1) **Analyse der Veränderungskapazität:** Die Analyse der Veränderungskapazität erhebt sowohl die Bereitschaft als auch die Fähigkeit zur Veränderung der betroffenen Führungskräfte und Mitarbeiter. Sie ist vor allem in einer frühen Phase des Veränderungsprozesses, in der mit der Arbeit an zukunftsbeschreibenden Konzepten gerade erst begonnen wurde bzw. die Initiierung der Veränderungsbemühungen gerade erst bevorsteht, anzuwenden. Es ist davon auszugehen, dass eine hohe Veränderungskapazität von Organisatio-

nen einhergeht mit geringeren Aufwänden, diese Veränderung anzustoßen, zu erhalten und ihre Umsetzung sicherzustellen. In einer Zeit, in der die Phasen des „normalen Betriebs" immer kürzer werden und der Wandel ein stetiger Begleiter einer jeden Branche geworden ist, ist diese Eigenschaft zudem ein strategischer Wettbewerbsvorteil.

Ziel der Analyse, die über Fragebogen durchgeführt wurde, war es, Kennzahlen darüber zu erhalten, wie entwickelt die Veränderungskapazität der Organisation zum gegebenen Zeitpunkt war. Gleichzeitig sollte die Analyse Hinweise darauf geben, welche Bereiche beeinflusst werden mussten, um die Veränderungsbereitschaft und -fähigkeit in Bezug auf das konkrete Veränderungsprogramm zu erhöhen. Der Vorteil der Methode lag vor allem darin, dass als Ergebnis generelle Anforderungen – insbesondere im Bereich der Führungskräfterolle – bereits zu einem Zeitpunkt aufgezeigt wurden, als die detaillierte Ausformung des Soll-Zustands noch auf sich warten ließ. Neben den Erwartungen an und Kenntnissen über geplante Veränderungen, wurden aber auch Erfahrungen aus der Veränderungshistorie abgefragt. Ein weiterer Schwerpunkt der Analyse beinhaltete Einschätzungen über die Fähigkeit von potenziellen Sponsoren zur Initiierung und Umsetzung; abgerundet wurde das Spektrum schließlich mit einer Evaluierung über die vorhandenen Fähigkeiten zum Veränderungsmanagement, so etwa die Einschätzung über die Effektivität bisheriger Umsetzungsverantwortlicher (Change-Agents), gemeinsame Zielsetzungen durch das Management und Nutzung von Synergien. Die diesbezüglichen Fragen lauteten etwa: „Wenn man als Mitarbeiter ein kalkuliertes Risiko eingeht und scheitert, wird man dafür bestraft?" „Unterstützt das Management Veränderungen mit persönlichem Einsatz?" „Haben Veränderungsinitiativen bei uns eine klare Ausrichtung?"

Die Ergebnisse der Analyse wurden mit Best-Practices anderer Organisationen der gleichen Branche verglichen und ein Stärken-/Schwächenprofil erstellt, das wiederum frühzeitig eine valide Einschätzung der Ausgangssituation der Organisation und eine Definition der Erfolgsfaktoren einer gelungenen Umsetzung erlaubte. Das Management war zunächst von den Ergebnissen negativ überrascht, da sich die mit dem Thema Veränderung verbundenen Emotionen, Erfahrungen und Erwartungen sehr deutlich manifestierten. Den Verantwortlichen wurde so plastisch vor Augen geführt, dass sich ihre Aufgabe nicht nur auf die Entwicklung eines Soll-Konzepts beschränken darf. Dem ersten Impuls, die gewonnenen Erkenntnisse nicht öffentlich zu machen, wurde jedoch nicht nachgegeben. Das Zurückspielen der Ergebnisse an verschiedene Zielgruppen der Organisation erlaubte eine weitreichende Interpretation und setzte ein erstes Zeichen, dass die dort angesprochenen Themen ernst genommen und als wichtig bewertet wurden.

Aufbauend auf den Ergebnissen wurden für die weitere Projektgestaltung insbesondere die Themen der

- Umsetzungsorganisation,
- Erfolgskontrolle,
- Rolle der Umsetzungsverantwortlichen und
- Aufgaben des Managements

als kritisch identifiziert. Im nächsten Schritt wurden zum Beispiel Konzeptteams mit potenziellen Change-Agents besetzt und das Management so in die Definition des Soll-Zustands für die gesamte Organisation sichtbar in die Pflicht genommen. Dies verlieh der Ernsthaftigkeit der Bemühungen und der Geschlossenheit der Führung deutlich Ausdruck.

(2) **Analyse der Auswirkungen:** Während die Analyse der Veränderungskapazität ganz zu Beginn einer Veränderungsinitiative steht, erfolgt die Analyse der Auswirkungen dann, wenn die Elemente der Soll-Organisation bereits hinreichend genau beschrieben sind. Dieses Instrument wird angewandt, um die Auswirkungen des definierten Soll-Zustands (neue Prozesse, Strukturen, Systeme etc.) auf die bestehende Situation zu analysieren. Es ist eine Maßnahme, die auf den Ebenen der Führungskräfte und Mitarbeiter läuft (Macro- und Microebene), wobei die Ergebnisse einen weitreichenden Input zum Entwurf der weiteren Veränderung und damit zur Navigation liefern.

In der Regel sind heute initiierte Veränderungen sehr vielschichtig und betreffen verschiedene Elemente einer Organisation. Abbildung 2 listet die wichtigsten möglichen Änderungen in den Dimensionen Prozesse, Produkte, Organisation, Führungskräfte, Mitarbeiter, Technik/Infrastruktur und Information auf. Im hier beschriebenen Fall waren alle Dimensionen in mehr oder weniger großem Umfang betroffen. Das Schema diente als Strukturelement, um mit verschiedenen Zielgruppen die durch das Soll-Konzept definierten Veränderungen zu analysieren und hinsichtlich ihrer Auswirkungen für die verschiedenen Führungskräfte- und Mitarbeitergruppen zu beschreiben bzw. einzuschätzen. Ein wesentlicher Schritt war auch, gemeinsam mit den Fachbereichen die möglichen Veränderungsbarrieren und -treiber – bezogen auf die konkreten Auswirkungen – abzufragen und festzuhalten, welche anderen Veränderungen in den Bereichen ebenfalls und parallel dazu anstehen (Umfelderhebung). Die Analysen wurden je Geschäfts- bzw. Fachbereich des Unternehmens durchgeführt.

Als Ergebnis konnte nun dargestellt werden, welche Zielgruppen in der Organisation wie stark von den Veränderungen beeinflusst werden (und wie hoch deren Belastung z.B. durch weitere zeitgleiche Veränderungsprojekte sein wird). Es wurde sichtbar, dass einige große Zielgruppen massive Ver-

Dimension Prozesse	Dimension Führungskräfte
- Veränderung bestehender Prozesse (Ziele, Messbarkeit, Input/Output, Hinzufügen/Wegfall von Aktivitäten, Schnittstellen, Kunden) - Einführung eines neuen Prozesses / Wegfall eines bestehenden Prozesses - Veränderung der Richtlinien/Regeln - Veränderung der Bewertungs- und Messstandards - Veränderung der Qualitätskriterien	- Wegfall/Aufbau von Managementebenen - Veränderung der Führungsspanne - Veränderung der Führungskultur - Veränderung der Kompetenzen - Verlagerung der Entscheidungshierarchien - Veränderung der Führungsgremien
Dimension Produkte	**Dimension Mitarbeiter**
- Anpassung eines bestehenden Produktes - Ablösung eines bestehenden Produktes - Einführung eines neuen Produktes / Wegfall eines bestehenden Produktes	- neue/veränderte Skills, Fähigkeiten - neue Verhaltensweisen, Einstellungen - Veränderung von Entscheidungsspielräumen - Aufbau/Abbau von Mitarbeitern
Dimension Organisation	**Dimension Technik/Infrastruktur**
- Veränderung der Aufgabengebiete (Rollen-/Funktionswechsel) - Veränderung der Zuständigkeiten und Berichtslinien - (De-)Zentralisierung - Veränderung der Mitarbeiterzuordnung - Zusammenlegung/Aufspaltung von Abteilungen/Teams - organisationsübergreifende Integration von Abteilungen/Teams - Veränderung der Organisationskultur	- Veränderung eines bestehenden Systems - Wegfall eines bestehenden Systems / Einführung eines neuen Systems - Erhöhung/Verringerung des Automatisierungsgrades - Veränderung der Arbeitsumgebung (Ausstattung) - räumliche Veränderung **Dimension Information** - Veränderung der Informationsversorgung - Veränderung der Kommunikationswege

Abb. 2: Veränderungsdimensionen

änderungen ihrer Arbeit erleben würden, so dass für diese Gruppen aus Führungskräften und Mitarbeitern ein ebenso massiver Unterstützungsbedarf besteht. Die Ergebnisse der Auswirkungsanalyse ermöglichten in Kombination mit den Ergebnissen zur Veränderungskapazität vor allem drei Dinge:

- Abstimmung der zeitlichen Umsetzungsplanung des Gesamtprojekts auf die „Tragbarkeit" für die Organisation;
- Ableitung von konkreten Inhalten, z.B. für Kommunikationsmaßnahmen, Trainingspläne und -module oder Rollenbeschreibungen;
- Festlegung eines Change-Management-Maßnahmensets für die in starkem Ausmaß beeinflussten Zielgruppen, um sie optimal bei der Umsetzung zu unterstützen.

Mit Vorliegen dieser Ergebnisse kam es auch zur Beendigung der Periode der Unsicherheit und Gerüchte, die jede Konzepterstellung begleitet. Nun war das konkrete Ausmaß der persönlichen Veränderungen ersichtlich, was jedem Mitarbeiter ein gewisses Maß an Sicherheit zurückgab. Damit war der Entwurf bzw. die Gestaltung des Veränderungsprozesses im ersten Durchlauf abgeschlossen. Die Planung von Veränderungsinitiativen ist jedoch kein linearer, einmalig stattfindender Vorgang; vielmehr machen komplexe und ineinander greifende Sachverhalte eine kontinuierliche Abstimmung und Anpassung der Vorgehensweise und ein effektives Management nötig. Für diese Steuerung ist die Etablierung eines Programm-/Projektmanagements notwendig.

(3) **Programm-/Projektmanagement:** Bis zu diesem Zeitpunkt befand sich der beschriebene Case immer noch in der Konzeptphase. Eine inhaltliche Detaillierung des Soll-Zustands bzw. die weiteren Aktivitäten zur Überwindung der Differenz zwischen dem Ist und dem angestrebten Soll wurde durch eine Anzahl von Projekten, die in einem Programm zusammengefasst wurden, überbrückt. Diese Umsetzungsaktivitäten mussten sowohl auf der Programm- als auch auf der Projektmanagementebene gesteuert werden. Dabei ging es zunächst um die Erstellung eines auch zeitlich konsolidierten Gesamtprojekt- bzw. -programmplanes sowie um das Aufsetzen und die Steuerung einer entsprechenden Umsetzungsorganisation. Neben den herkömmlichen Aktivitäten im Programm-/Projektmanagement – wie Zielvorgaben, Ressourcenpläne, Qualitätssicherungsmaßnahmen, Statusreporting – umfassten die Change-Management-Aufgaben in diesem Rahmen:

- die kontinuierliche Überprüfung des Kontexts der Veränderung (Welche Änderungen erfährt der Markt? Wie ändern sich die Ziele und Erwartungen der Stakeholder im Zeitverlauf? Auf welche weiteren Projekte mit welcher Priorität konzentriert sich das Unternehmen?) und die laufende Adaptierung des Gesamtplans;
- die Etablierung effektiver Steuerungs-/Entscheidungsgremien und Lenkungsausschüsse, die die Einbindung der Linie in die Steuerung und die Abnahme der Ergebnisse sicherstellen;
- die Einbindung und Auswahl von Projektleitern und -mitarbeitern;
- die Festlegung von Eskalationsmechanismen, die ermöglichen, dass erkannte Problemfelder rasch mit entsprechenden Gegenmaßnahmen versehen und an die relevanten Gremien weitergeleitet werden.

2.3 Führung: Veränderung vorleben

Im Bereich Führung des oben beschriebenen Modells finden sich all jene Maßnahmen, die das Management bei der Leitung und Unterstützung der Transformation begleiten. Aus den Analyseergebnissen wurde deutlich, dass die Führungskräfte bei der Initiierung eines Veränderungsprozesses bislang die zentrale Rolle spielten, dass sie aber zugleich in vielen Fällen nicht die Fähigkeiten besaßen, Veränderungen gemeinsam mit ihren Mitarbeitern zufriedenstellend zu managen. Zudem ergab sich, dass die Mitarbeiter nicht immer eine gemeinsame Zielrichtung des Managements erkennen konnten und sich in der Regel mehr Unterstützung von ihren Führungskräften erhofften, insbesondere bei einer weitreichenden Umgestaltung, die mit großer Unsicherheit und Angst belegt war. Diese Faktoren, kombiniert mit der drastischen Änderung der Führungsrolle in einigen Unternehmensbereichen, ließ die Konzeption und Durchführung dreier Maßnahmen zentral erscheinen: (1) Schaffung einer nachvollziehbaren Veränderungsnotwendigkeit sowie einer Vision für die Veränderungen, (2) Einbindung und Entwicklung der Führungskräfte und Sponsoren zum Veränderungsmanager, (3) Aufbau, Ausbildung und Koordination eines Change-Agent-Netzwerkes.

(1) **Schaffung einer nachvollziehbaren Veränderungsnotwendigkeit sowie einer Vision für die Veränderungen:** Jeder größere Veränderungsprozess benötigt zu seiner Initiierung auch ein Verständnis dafür, dass der gegenwärtige Zustand nicht mehr geeignet ist, die Probleme der Zukunft zu lösen. Um dieses Loslassen des Alten zu fördern und die Akzeptanz für neue Lösungen zu schaffen, wurden Aktivitäten aufgesetzt, die die Konsequenzen eines Verharrens in der gegenwärtigen Welt und die geänderten Anforderungen plastisch zeigten. Durch die Verwendung von Szenarios wurde aufgezeigt, welche Effekte das Beibehalten des Status-Quo für den Business-Case brächte. Ergänzt wurde dies durch Einzelgespräche zwischen den relevanten Führungskräften und den Veränderungsinitiatoren bei denen – in Anlehnung an die Ergebnisse der Auswirkungsanalyse – auch die Konsequenzen für den jeweiligen Verantwortungsbereich der Manager dargestellt wurden. Dies führte sowohl zu persönlicher Betroffenheit als auch zu einer Verpflichtung zum Wandel (vgl. dazu *Al-Ani* 1999). Gemeinsam mit den Führungskräften wurde nun eine Vision bzw. ein attraktives Ziel für die Zukunft – letztlich die Überlebenssicherung des Unternehmens – erarbeitet. Die Vision kanalisierte die durch die Unzufriedenheit mit dem Status-Quo freigesetzte Veränderungsenergie und lenkte sie in die gewünschte Richtung. Sie diente als Basis bzw. „Guideline“ für das Design der neuen Organisation. Diese Richtlinie war eine Leitplanke, die den Lösungskorridor begrenzte bzw. vorgab. Sie verkörperte den Nukleus der neuen Organisationswirklichkeit und diente den mit der Konzepterstellung Betrauten als Richtschnur bzw. als „Protostrategie“, die oftmals erst mit dem fertigen Design des Soll-Konzepts einen formellen bzw. ausdifferenzierten Charakter erlangte.

Die genannten Aktivitäten erfolgten immer mit Blick auf die Nachvollziehbarkeit für die Mitarbeiter der Organisation. So gelang es, die „Veränderungsplattform“ breit in der Organisation zu kommunizieren, die Veränderungen zu legitimieren, Folgen eines Scheiterns bzw. eines Nichtwandels aufzuzeigen und damit bei weiten Teilen der Führungskräfte und Mitarbeiter Entschlossenheit und Leistungsfähigkeit für die anstehenden Veränderungen freizusetzen.

(2) **Einbindung und Entwicklung der Führungskräfte und Sponsoren zum Veränderungsmanager:** Projektverantwortliche sind niemals allein in der Lage, den Wandel „vor Ort" tatsächlich zu vollzichen. Der eigentliche Wandel findet bei den Betroffenen der jeweiligen Führungskräfte und Mitarbeiter statt, nur sie können ein Konzept zum Leben erwecken. Aus diesem Grund wurde im beschriebenen Fall auch entschieden, bei den massiv betroffenen Organisationsbereichen einen großen Teil der operativen Umsetzungsplanung (wie z.B. Kommunikationsmaßnahmen in den jeweiligen Einheiten, räumliche und personelle Veränderungen) und der Umsetzungsverantwortung schon während der Projektlaufzeit in die Linie zu geben, d.h. insbesondere die jeweiligen Führungskräfte mit einer Vielzahl von Umsetzungsaufgaben für ihren Verantwortungsbereich zu betrauen. Da der Zeitplan der Umsetzung sehr ehrgeizig, eine Vernachlässigung des Tagesgeschäfts im Umsetzungszeitraum nicht hinnehmbar und der Zwang, schnell wieder eine produktive Phase zu erlangen, äußerst hoch war, wurde in Kenntnis der bestehenden Führungskompetenzen ein umfangreiches Konzept zur Einbindung, Unterstützung und Entwicklung dieser Führungskräfte aufgesetzt. Ziel der Maßnahme war:

- eine gezielte Kompetenzerweiterung der Führungskräfte im Bereich Veränderungs- oder Change-Management;
- die gemeinsame Ausrichtung der Führungskräfte, ihr – auch für die Organisation sichtbares – Committment und die Fähigkeit, die Veränderung selbstverantwortlich zu managen;
- eine Erhöhung der Wahrscheinlichkeit des (zeitgerechten) Umsetzungserfolgs.

Konkret bestand die Maßnahme aus einem auf die verschiedenen Managementebenen abgestimmten Workshop-Programm, das mit der „Auftragsvergabe" des Vorstands begann und wichtige Themen – wie z.B. Rollenklärung, Erfahrungsberichte anderer Unternehmen, Steuerungs- und Managementinstrumente, Coaching (Wie kommuniziere ich unangenehme Neuigkeiten? Wie manage ich den Konflikt zwischen Tagesgeschäft und Projekt? Wie motiviere ich, wenn sich Arbeitsumgebungen verschlechtern? etc.)* – sehr praxisnah und auf die jeweilige Herausforderung des Individuums abgestimmt behandelte. Der Austausch von Erfahrungen zwischen den Füh-

---

* Diese Managementtechnik spielte eine große Rolle. Manager kommen durch die Veränderungen verstärkt in die Situation, ihre alte patriarchalische Expertenrolle nicht mehr spielen zu können, sondern ihre Mitarbeiter auch in Zeiten der Unsicherheit in die Lage zu versetzen, Probleme selbständig zu lösen (vgl. *Waldroop/Butler* 1997).

rungskräften, das Profitieren von diesen Erfahrungen, die Stärkung des Managementverbunds und die Einübung konkreter Verhaltensweisen standen im Vordergrund. Die Flexibilität des gewählten Ansatzes garantierte eine optimale Anpassung an die aktuellen Bedürfnisse der Zielgruppe, wobei die einzelnen Veranstaltungen aufeinander Bezug nahmen und die Rückmeldungen einer Veranstaltung in die Planung der nächsten mit einflossen. Dadurch sollte eine Optimierung des Gelernten und eine durchgängige Ausrichtung auf die erfolgreiche Implementierung erreicht werden. Die Führungskräfte wurden in die Lage versetzt, als Sponsoren für die Veränderung in ihrem jeweiligen Verantwortungsbereich zu fungieren; sie verliehen der Veränderung eine politische Legitimation und verknüpften somit auch ihre persönliche Stellung in der Organisation aufs engste mit der Veränderung.

(3) **Aufbau, Ausbildung und Koordination eines Change-Agent-Netzwerkes:** Eine ebenso bedeutende Rolle nahmen die Umsetzungsverantwortlichen (die sog. Change-Agents) wahr. Sie stellten die tatsächliche Implementierung sicher, indem sie die Umsetzungsmaßnahmen bei den betroffenen Zielgruppen „zum Leben" erweckten. Sie befanden sich in der Rolle von Umsetzungsprojektleitern, die die Umsetzung vor Ort planten, implementierten und sie gemeinsam mit den jeweiligen Führungskräften kontinuierlich kommunizierten. Die enge Zusammenarbeit zwischen Führungskräften/Sponsoren und Change-Agents war notwendig, um ein integriertes Vorgehen zu gewährleisten. Die Change-Agents waren in einer Art Kaskade organisiert, in der Top-Down die Veränderungsziele vorgegeben waren und schrittweise Bottom-Up verfeinert wurden. Ziel war es, ein Netzwerk von Change-Agents aufzubauen, entsprechend auszubilden und zu koordinieren, das in den relevanten Bereichen der Organisation sowohl die Führungskräfte während der Umsetzung unterstützte als auch den Mitarbeitern als Ansprechpartner zur Verfügung stand. Change-Management-Aktivitäten in diesem Bereich beinhalteten:

- Erstellung von Rollenprofilen für Change-Agents;
- Auswahl/Screening geeigneter Change-Agents für die einzelnen Umsetzungsteile;
- Aufbau von Change-Management-Fähigkeiten (Konfliktmanagement, Projektmanagement, Coaching, Kommunikation etc.);
- Bereitstellung eines „Methodenkastens", in dem detailliert beschrieben wird, welche Aufgaben wie und wann von den Change-Agents zu leisten waren, welche Vorlagen, welche Hilfestellungen oder Checklisten zur Verfügung standen etc.;
- Betreuung und Coaching der Change-Agents durch Briefings und das zeitnahe Bereitstellen von Projektinformationen, die durch die Change-

Agents an die Führungskräfte und durch diese wiederum an die Mitarbeiter weitergegeben werden konnten (z.B. Status, Probleme, Handlungsbedarf);

- Aufbau eines Informationsnetzwerks mit dem Zweck, Erfahrungsaustausch zwischen Umsetzungsverantwortlichen zu ermöglichen und zielgerichtete Informationen weiterzuleiten;
- Kommunikation der Rolle und Aufgaben der Change-Agents in die Organisation, um die Legitimation zu untermauern und Erwartungen zu schärfen.

Die Change-Agents erhielten außerdem die detaillierte Auswirkungsanalyse für die sie betreffenden Zielgruppen, so dass sie jederzeit kompetenter Ansprechpartner für die Mitarbeiter waren. Zusammen mit der Einbindung und Ausbildung der Führungskräfte ermöglichten diese Maßnahmen die erfolgreiche regionale Prozess- bzw. Umsetzungssteuerung durch ein System von Statusberichten und Aufgabenlisten, in das sowohl die Change-Agents als auch die Führungskräfte/Sponsoren eingebunden waren. Das Change-Management-Team innerhalb des Projekts koordinierte nur übergreifend und stand bei Problemen für beide Gruppen als Ansprechpartner zur Verfügung.

2.4 Befähigung: Veränderung ermöglichen

Sind im Bereich Navigation und Führung des Veränderungsprozesses die Führungskräfte die hauptsächlichen Verantwortungsträger, so umfassen die Elemente Befähigung und Identifikation des Change-Management-Plans die Rollen, Aufgaben und Verhaltensweisen der Mitarbeiter. Sie müssen befähigt werden, die Änderungen, die durch neue Systeme, Strukturen und Prozesse hervorgerufen werden, nicht nur zu bewältigen, sondern diese zur Erhöhung der Effizienz und Effektivität an ihrem Arbeitsplatz zu nutzen. Neben der gängigen Entwicklung von Rollenbeschreibungen und der Anpassung der Leistungssteuerung an die geänderten Anforderungen, greifen in diesem Bereich insbesondere Trainingsmaßnahmen.

Dort werden die Inhalte bzw. die Anforderungen der Veränderungen für einzelne Arbeitsplatzkategorien bzw. Rollenbilder vermittelt. Diese Wissensvermittlung hat zum Ziel, dass der Mitarbeiter geforderte neue Verhaltensweisen selbständig anwenden bzw. reproduzieren kann. In der Regel können die Inhalte von Trainingsmaßnahmen aus der Auswirkungsanalyse abgeleitet werden. Diese zeigt auf, welche Neuerungen und Änderungen auf den einzelnen Arbeitsplatz zukommen. Trainingsmaßnahmen stellen also eine vermittelnde Brücke zwischen der Ist-Situation und der angestrebten Soll-Situation dar.

Im beschriebenen Fall wurden aus der Auswirkungsanalyse die kritischsten Zielgruppen und ihr Qualifikationsbedarf ermittelt. Ein Erfolgsfaktor war dabei der unmittelbare Konnex zwischen dem durch die Veränderung definierten Bedarf an Wissensvermittlung und den abgeleiteten Trainingseinheiten. Das Trainingsprogramm umfasste folgende Bestandteile:

- Trainingsmodule für die einzelnen Rollen/Berufsbilder bzw. Mitarbeitergruppen mit einheitlichem Aufgabengebiet. In diesen Modulen wurden die jeweiligen Lernziele dargestellt und die Lerninhalte (Abläufe, Tätigkeiten, Systeme, Hilfsmittel, Verhaltensweisen etc.) dargestellt. Hinsichtlich der Inhalte ließen sich Fachmodule, die arbeitsplatzspezifische technische und organisatorische Fähigkeiten zum Inhalt haben, und Personalentwicklungsmodule mit eher verhaltensorientierten und persönlichkeitsbildenden Themen unterscheiden (eine detaillierte Darstellung von Trainingstypen bieten z.B. *Bassi/Van Buren* 1998);
- Lernmethoden, die zur Vermittlung des Inhalts unter Berücksichtigung der Ausgangssituation und der Lernziele notwendig waren (Trainervorträge, Gruppenarbeiten, Selbststudium etc.);
- Lernerfolgskontrolle, die festlegte, wie das erworbene Wissen überprüft werden kann. Dadurch sollte sichergestellt werden, dass alle Mitarbeiter nach dem Training mit der neuen Situation umgehen konnten. Sollte ein bestimmtes Mindestniveau an Wissen nicht erreicht sein, musste durch Zusatztrainings oder Lernpartnerschaften Abhilfe geschaffen werden;
- Lernmedien, die zur Wissensvermittlung eingesetzt wurden. Das Spektrum reichte von Lernskripten bis zu Computer-Based-Training;
- Trainingsorganisation, die die Abwicklung der Trainings festlegte (Trainerauswahl und -schulung, räumliche und technische Voraussetzungen etc.).

2.5 Identifikation: Veränderung verinnerlichen

Veränderung darf nicht nur ein Angebot bleiben; ab einem bestimmten Zeitpunkt müssen sich die Mitarbeiter auch mit den Änderungen identifizieren und sie als etwas begreifen, das ihre persönliche Situation verbessern kann. Sie müssen sie also letztlich zu ihrem eigenen Anliegen machen und damit „Nachfrager“ von Veränderungen werden. Um dies zu erreichen, wird im Folgenden auf die Bereiche (1) Kommunikation, (2) Partizipation und (3) Feedback eingegangen.

(1) **Kommunikation:** Wenn die bestehende Organisationswirklichkeit durch Kommunikation sozial konstruiert wird, so müssen alle Versuche zur Änderung der Aktivitäten der Organisationsmitglieder darauf abstellen, „eingefah-

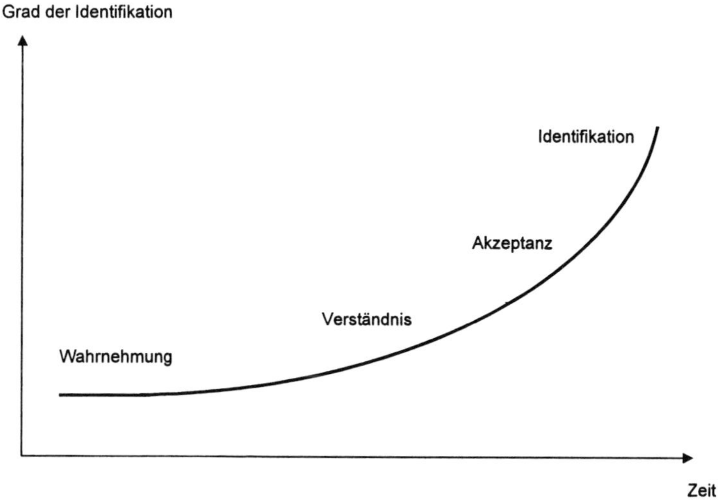

Abb. 3: Die Veränderungskurve

rene Denkmuster der Organisationsmitglieder durch Kommunikation zu durchbrechen und zu verändern" (*Kieser/Hegele* 1998, S. 145). Im Verlauf von Veränderungsprojekten müssen deshalb permanent Botschaften an die jeweiligen Zielgruppen der Veränderungen gesendet werden, um die Notwendigkeit und das Wesen der Veränderungen zu vermitteln. Ziel ist dabei zunächst eine Wahrnehmung des Projekts bei Führungskräften und Mitarbeitern; danach gilt es, sie durch die verschiedenen Stufen der Veränderungskurve über Verständnis und Akzeptanz bis hin zur Identifikation zu begleiten (siehe Abb. 3).

Eine besondere Herausforderung bei der Kommunikation der Veränderung ist die Thematisierung der Unsicherheit bzw. der Frage, wie Konzepte und Ideen zu kommunizieren sind, die im Verlauf des Transformationsprozesses selbst noch verfeinert und modifiziert werden. Organisationen sind oft gewöhnt, nur jene Dinge an ihre Mitarbeiter weiterzugeben, die einen offiziellen bzw. finalen Status haben. Die Kommunikation von Lösungen, Absichten oder Konzepten, die noch abstrakt sind, lassen jedoch noch viele Fragen offen und führen oftmals zu Unsicherheiten bei den Kommunikationsverantwortlichen. Ein in diesem Zusammenhang bekanntes Phänomen ist, dass die Verantwortlichen in solchen Fällen entweder überhaupt nichts weitergeben oder aber die Botschaften derart verwässern, dass sie überhaupt keine inhaltliche Aussage mehr haben – und von der Zielgruppe auch als uninteressant und nichtssagend empfunden werden. Bei Veränderungsprojekten entstehen aber in jedem Fall Gerüchte, und die Mitarbeiter diskutieren über zum Teil scheinbar geplante Veränderungen. Diesen Kommunikationsprozess gilt es unbedingt aktiv mitzugestalten und zu steuern.* In solchen Fällen ist es ratsam, die diskutierten *Möglichkeiten* des Veränderungsverlaufs und die anzustrebenden Ziele und Konsequenzen zu kommunizieren: „Given the complexity of changes we face, the decision to restrict communication to certainty is a decision not to communicate at all. Communication must be brought into alignment with the sorts of changes we are trying to communicate: uncertain, changing, and full of probabilities" (*Larkin/Larkin* 1994, S. 238).

Im beschriebenen Fall wurde in Zusammenarbeit mit den Führungskräften eine klare Präferenz zu offener Kommunikation gezeigt und gelebt. Dies nicht zuletzt dadurch, dass die Führungskräfte und Change-Agents während ihrer „Ausbildung" im Projekt gelernt hatten, mit den Unsicherheiten einer Veränderung umzugehen und adäquate Strategien im Umgang mit den Mitarbeitern einzusetzen. Die neben den persönlichen Aktionen durch Führungskräfte und Change-Agents geplanten übergreifenden Kommunikationsmaßnahmen wurden eng an die Veränderungskurve und die jeweiligen erwünschten Merkmale bzw. Verhaltensweisen der Zielgruppe angelehnt. Basis dafür waren:

- der Informationsbedarf der einzelnen Zielgruppen (wichtige Hinweise gaben hier die im Rahmen der Auswirkungsanalyse erfassten Barrieren und Treiber der Veränderung);
- die Entwicklung von Botschaften pro Zielgruppe im Zeitverlauf;
- die Analyse der vorhandenen bzw. verwendbaren Medien und Informationsgremien.

Darauf aufbauend wurde ein integrierter Kommunikationsplan erstellt (siehe Abb. 4), der die einzelnen Maßnahmen mit Ziel und Kurzbeschreibung, die angesprochene Zielgruppe, den Zeitpunkt der Durchführung und die Verantwortlichen enthielt. Die enge Abstimmung der Maßnahmen mit Vorstand und Leitungsgremien war auch in diesem Fall selbstverständlich.

---

* In einer Studie bei einem Merger eines Fortune-500-Unternehmens konnten *Schweiger* und *Deninsi* (1991) aufzeigen, dass selbst dann, wenn Zielgruppen teilweise negativ von Veränderungen betroffen sind (Abbau von Arbeitsplätzen etc.), eine offene und frühzeitige Kommunikation die Bereitschaft für den Wandel erhöhen kann und die Leistungsbereitschaft nicht absinken muss.

Position Veränderungs-kurve	Merkmale	Mögliche Kommunikations-maßnahmen zur Erreichung der Position
Wahrnehmung	- FK und MA erkennen, dass eine Veränderung unmittelbar bevorsteht - FK und MA können das Projekt und die Rollen der Stakeholder nennen	- Artikel in Unternehmenszeitschrift - Standardpräsentation über das Projekt - Preisverleihung Namenswettbewerb
Verständnis	- FK und MA verstehen, dass eine Veränderung kommen wird, sowie ihre Ziele und ihre Notwendigkeit - FK und MA glauben, dass die positiven Auswirkungen größer als die negativen sind, und äußern sich positiv über die Veränderung	- Regelmäßige Ausgaben von Projektbroschüren - Führungskräftebriefe mit Notwendigkeit der Veränderung und Vision - Informationsveranstaltungen / Roadshows je Region
Akzeptanz	- FK und MA investieren Zeit, um die Veränderung zu unterstützen - FK und MA äußern Verbundenheit mit den Zielen der Veränderung - FK und MA gewichten langfristige Ziele stärker als kurzfristige	- Change-Agents als Ansprechpartner - Integration der Veränderung in normale Bereichskommunikation - Datenbanken mit Projektergebnissen - Feedbackgruppen
Identifikation	- FK und MA identifizieren sich mit der Veränderung - FK und MA sind bereit, (die) Veränderung als normal zu akzeptieren	- Bereichsleitertreffen / Ressortleitertreffen - Feedbackmechanismen und Auswertung gemachter Erfahrungen

Abb. 4: Kommunikationsplan in Abhängigkeit vom Veränderungsstatus (Auszug)

(2) **Partizipation:** Eine weitreichende Beteiligung unterer Ebenen am grundlegenden Entwurf der neuen Organisation ist in der Praxis wohl die absolute Ausnahme. Die Vorstellung, dass Mitarbeiter zumindest bei der Detailplanung und -umsetzung der Veränderung am Arbeitsplatz eine Beteiligungsmöglichkeit haben sollten, ist jedoch mittlerweile von einem breiteren Konsens getragen (vgl. *Kieser/Hegele* 1998). Eine solche Partizipation wurde hier erreicht, indem:

– Schlüsselpersonen aus verschiedenen Mitarbeiterbereichen in die Projektorganisation und -arbeit integriert wurden;

– die Umsetzungsverantwortung in der Linie lag und damit lokale Umsetzungsteams etabliert wurden, die es erlaubten, im Rahmen festgesetzter

Vorgaben für ihren Arbeitsbereich eigene Vorgehensweisen zu definieren.

Die wohl wichtigste Change-Management-Maßnahme zur Beteiligung einer breiten Gruppe von Führungskräften und Mitarbeitern war jedoch das sogenannte Change-Monitoring.

(3) **Feedback durch Change-Monitoring:** Der Umgang mit Feedback ist – in Anlehnung an die Ausführungen über die Offenheit der Kommunikation – für viele Organisationen ambivalent. Breites Feedback, das den Veränderungsprozess oder wesentliche Elemente desselben in Frage stellt, führt zu einer Erhöhung des Aufwands, zu eventuellen Reibungsverlusten und manchmal zu Unsicherheiten bei den Verantwortlichen, was die kritische Masse an Zustimmung zur Veränderung ernsthaft bedroht. Zudem können sich die Gegner der Veränderung diese Mechanismen aneignen und so Gegenstrategien lancieren.* Sowohl das Zulassen als auch die Struktur von Feedback und der Diskurs über den Veränderungsprozess sind immer auch abhängig von der jeweiligen Machtposition der Veränderungsfraktion und dem Status des Soll-Entwurfs. Ist diese Position gefestigt und werden die wesentlichen Aspekte der Veränderung von den verantwortlichen Führungskräften gemeinsam getragen, kann offen über Aspekte der Veränderung debattiert und diskutiert werden.

Change-Monitoring, wie hier angewandt, hatte vor allem das Ziel:

- wesentliche Aspekte der erfolgreichen Implementierung quantitativ und qualitativ abzuprüfen und so einen Überblick über den Status der Umsetzung vor Ort bei den Führungskräften und Mitarbeitern zu erhalten;
- einen Rahmen für die gezielte und damit effektive Rückmeldung Betroffener zu ermöglichen;
- vorhandene Risikobereiche zu erkennen und rechtzeitig Steuerungsmaßnahmen mit den Führungskräften und Mitarbeitern zu entwickeln.

In diesem Sinne war diese Maßnahme zugleich ein Steuerungs- bzw. Managementinstrument zur Navigation als auch ein Instrument zur Einbindung

* An dieser Stelle darf der Verweis auf die geschickte Nutzung von Information als Vehikel zur verdeckten und/oder offenen Artikulation von opportunistischen Interessen nicht fehlen. Zu einer derartigen Nutzung von „Informationspolitik" vgl. *Al-Ani* 1993, *Crozier/ Friedberg* 1993 und *Neuberger* 1995. In diesem Kontext ist auch die Funktion von Vertrauen, „Trust", bei der Minimierung von Veränderungskosten zu verstehen (vgl. *Fukuyama* 1995).

bzw. Erhöhung der Identifikation und Verpflichtung der Mitarbeiter. Die Definition der hier relevanten Aspekte einer erfolgreichen Implementierung erfolgte gemeinsam mit dem Management der Organisation. Es wurden fünf Bereiche identifiziert: Akzeptanz, Umsetzungsverantwortung, Veränderungsbereitschaft, Wissen/Fertigkeit und Informationsversorgung.

In regelmäßigen übergreifenden Feedback-Workshops wurden zu den oben dargestellten Aspekten vorgegebene Fragen bewertet und diskutiert. Die erreichten Durchschnittswerte wurden direkt den zu diesem Zeitpunkt erwarteten Sollwerten, die den gewünschten Zustand im Hinblick auf eine erfolgreiche Implementierung widerspiegelten, gegenübergestellt. Dabei galt es, die Abweichung zu den Sollwerten, die Veränderungen im Vergleich zur letzten Erhebung und die Gründe dafür in Gruppenarbeit zu analysieren, wobei der Schwerpunkt auf der gemeinsamen Erarbeitung von Maßnahmenvorschlägen lag. Die gleiche Vorgehensweise wurde später auch von den Change-Agents in ihrer jeweiligen Region durchgeführt, was wiederum die Erarbeitung lokaler Zusatzmaßnahmen ermöglichte. Die Ergebnisse einzelner Workshops wurden in einem Change-Monitoring-Report je Messzeitpunkt zusammengefasst und in abgewandelter Detailtiefe einer breiten Basis des Managements, den Lenkungsgremien und dem Vorstand zugänglich gemacht. Der Erfolg von Change-Monitoring lag zum einen darin, dass Feedback eingeholt wurde und die Interpretation direkt mit den Beteiligten durchgeführt und in Maßnahmen umgewandelt wurde, zum anderen darin, dass es den beteiligten Führungskräften eine Steuerungsmöglichkeit und Vergleichbarkeit verschiedener Organisationsbereiche bot, sie ein „Ohr am Puls der Zeit" hatten und die Ergebnisse auf breiter Basis Akzeptanz fanden.

3. Fazit

Der Projekterfolg ist das gemeinsame Ergebnis qualitativ hochwertiger Konzepte und profilierter Umsetzungskompetenz. Change-Management – als ein integraler Bestandteil des Programms – hat diesen Erfolg ermöglicht, da Menschen letztlich die Inhalte der Veränderung, den Zeitplan und die Umsetzungsstrategie festlegen und die neue Organisation zum Leben erwecken. Durch die genannten Change-Management-Maßnahmen traten die Einsparungen bzw. Wertsteigerungen, die mit den zu implementierenden Lösungen (neue Strukturen, Systeme, Prozesse, Produkte etc.) erreicht werden sollten, früher, vollständiger und nachhaltiger ein. Dies geschah insbesondere durch die Senkung von „Projekttransaktionskosten" durch:

- die Schaffung und Kommunikation eines Referenzrahmens und Klimas für die Veränderung;

- die messbare Erhöhung der Akzeptanz bei den Zielgruppen, der Befähigung zur Umsetzung, einer organisationsweiten Kommunikation sowie dem Aufbau von Umsetzungsstrukturen und -rollen;
- die Umsetzung vor Ort mittels einer Erhöhung der Fähigkeiten bei den Führungskräften und Umsetzungsverantwortlichen und durch den Aufbau notwendiger Fähigkeiten und die Festlegung von Rollen und Kompetenzen;
- den Interessenausgleich durch die Schaffung strukturierter Kommunikationswege, Feedbackmöglichkeiten und Entscheidungsmechanismen;
- die Überwachung der Umsetzung durch die Erhebung des Umsetzungsstatus inklusive notwendiger Steuerungs- und Korrekturmaßnahmen.

Darüber hinaus wurden die Veränderungskapazität und -fähigkeit der Organisation erhöht, ein Ergebnis, das insbesondere allen weiteren Projekten und insgesamt der Organisation als Ganzes zugute kommen wird und die Wettbewerbsfähigkeit erhöht.

Literatur

Al-Ani, A. (1993): Machtspiele in Organisationen: Eine Ergänzung marktlicher und hierarchischer Regelsysteme, in: Journal für Betriebswirtschaft, Nr. 3-4/1993, S.130-154.

Al-Ani, A. (1996): Das Neue Strategische Management – Strategieentwicklung in der Post-Reengineering Ära, in: Hinterhuber, H.H./Al-Ani, A./Handlbauer, G. (Hrsg.): Das Neue Strategische Management, Wiesbaden 1996, S. 13-32.

Al-Ani, A. (1997): Wenn Veränderungen Wirklichkeit werden sollen ..., in: Gablers Magazin Nr. 5/1997, S. 8-12.

Al-Ani, A. (1999): Strategische Neupositionierung durch Reengineering der Managementprozesse, in: Journal für Betriebswirtschaft, Nr 4/1999, S. 5-21.

Al-Ani, A./Gattermeyer, W. (2000): Entwicklung und Umsetzung von Change Management-Programmen, in: Gattermyer, W./Al-Ani, A.: Change Management und Unternehmenserfolg, Wiesbaden 2000.

Andersen Consulting (1997): Capacity to Change: Preliminary Findings, unveröffentlichtes Manuskript, Chicago 1997.

Arrow, K. (1974): The Limits of Organization, New York 1974.

Bassi, L.J./Van Buren, M. (1998): State of the Industry Report, in: Training & Development, 1/ 1998, Vol. 52, S.21-50.

Crozier, M./Friedberg, E. (1993): Die Zwänge kollektiven Handelns: Über Macht und Organisation, Frankfurt/Main 1993.

Friedberg, E. (1988): Zur Politologie von Organisationen, in: Küpper, W./Ortmann, G. (Hrsg.): Mikropolitik: Rationalität, Macht und Spiele in Organisationen, Opladen 1988 S. 39-52.

Fukuyama, F. (1995): Social Capital and the Global Economy, in: Foreign Affairs, September/October 1995, S. 89-103.

Gattermeyer, W./Neubauer, R. (1996): Change Management zur Umsetzung von Strategien, in: Hinterhuber, H.H./Al-Ani, A./Handlbauer, G. (Hrsg.): Das Neue Strategische Management, Wiesbaden 1996, S. 321-342.

Kieser, A./Hegele, C. (1998): Die Kommunikation im organisatorischen Wandel, Stuttgart 1998.

Larkin, T.J./Larkin, S. (1994): Communicating Change, New York 1994.

Neuberger, O. (1995): Mikropolitik: Der alltägliche Aufbau und Einsatz von Macht in Organisationen, Stuttgart 1995.

Ortmann, G. (1995): Formen der Produktion: Organisation und Rekursivität, Opladen 1995.

Schumpeter, J. (1987): Theorie der wirtschaftlichen Entwicklung: Eine Untersuchung über Unternehmergewinn, Kapital, Kredit, Zins und Konjunkturzyklus, Berlin 1987 (1934).

Schweiger, D./Deninsi, A. (1991): Communication with Employees Following a Merger: A Longitudinal Field Experiment, in: Academy of Management Journal, Vol. 34, No 1/1991, S. 110-135.

Waldroop, J./Butler, T. (1997): Der Vorgesetzte als Coach, in: Harvard Business manager, 2/1997, 19. Jg., S. 9-19.

B.7

Change to Grow: Was Change-Management erfolgreich macht – ein Ansatz von Mercer Management Consulting

*Rainer G. Nehls / Thomas Kautzsch**

---

* Rainer G. Nehls und Thomas Kautzsch sind Vice Presidents von Mercer Management Consulting mit Sitz in München.

1. Unterschiedliche Change-Programme in der Praxis

Häufig stehen der Realisierung wertorientierter Wachstumsstrategien erhebliche Wachstums- und Veränderungsbarrieren gegenüber, die in den Unternehmen selbst liegen. Wie können diese Barrieren erkannt und überwunden werden? Wie kann eine kulturelle Neuausrichtung bewirkt werden? Was zeichnet insbesondere die schnellen, erfolgreich umgesetzten Value-Growth-Strategien aus?

Nicht selten werden eine schwache Branchenkonjunktur oder eine allgemein ungünstige Wirtschaftslage für fehlendes Wachstum verantwortlich gemacht. Wie eine aktuelle Studie zeigt, gibt es jedoch in allen Branchen Unternehmen, die deutlich schneller wachsen als der Branchendurchschnitt (siehe Abb. 1). Von entscheidender Bedeutung ist offenbar die Fähigkeit, auf die Dynamik der Märkte und Kundenanforderungen entsprechend zu reagieren. Die wichtigste Kernkompetenz ist demzufolge die Fähigkeit, das Unternehmen ständig und konsequent auf neue Paradigmen und Kundenprioritäten auszurichten. Die erforderlichen Veränderungen unterliegen unterschiedlichen Randbedingungen, die individuelle Change-Ansätze erfordern.

Abbildung 2 zeigt fünf idealtypische Change-Programme mit unterschiedlichen Zielen und unterschiedlichem Fokus. Die Auswahl des geeigneten Change-Programms ist abhängig von der relativen Veränderungsdynamik und der strategischen Position des Unternehmens. Die **relative Veränderungsdynamik** ist das Verhältnis zwischen der Veränderungsnotwendigkeit, die sich aus der externen Dynamik (Markt, Technologie, Wettbewerb) ergibt, und der internen Veränderungsfähigkeit. Die **strategische Position** definiert sich durch die Wertwanderung von der ein Industriesektor betroffen ist und der Zukunftsfähigkeit des existierenden Geschäftskonzeptes (Business-Designs).

Zwischen einem „Change for Survival“ (z.B. Sanierung der *Metallgesellschaft*, Turn-Around von *Mercedes Nutzfahrzeuge*) und einem „Change for Excellence“ (z.B. *Microsoft, General Electric, Disney*) bestehen signifikante Unterschiede. Ersterer ist von Existenzängsten getrieben und bedeutet einen ungeheueren Kraftaufwand, um das Unternehmen vor dem Untergang zu bewahren („push-getrieben“). Letzterer basiert auf der Motivation, die bereits bestehende hohe „Schlagzahl“ und Veränderungsdynamik noch zu verstärken („pull-getrieben“). Am häufigsten finden sich spezifische Ausprägungen des Modells „Change for Renewal“ (z.B. *Siemens* Top-Programm, *Bosch* CIP-Programm etc.) für Unternehmen, die sich in der wertstabilen Phase befinden.

Branche	Umsatzwachstum der Branche 1991-1996	Wertwachstum der Champions 1991-1996	
Stahl	2%	21%	Nucor
Uhren	2%	29%	Swatch
Kaffee	3%	109%	Starbucks
Handel	5%	19%	Home Depot
Getränke	6%	24%	Coca-Cola
Fluggesellschaften	6%	31%	SW Air
Unterhaltung	9%	24%	Disney
Finanzdienstleistungen	9%	38%	Schwab
Versicherungen / Banken	5%	57%	MLP
Textil	-8%	28%	Boss
Pharma	-3%	57%	Fresenius

Abb. 1: Value-Growth-Champions im Branchenvergleich (Quelle: Mercer Management Consulting)

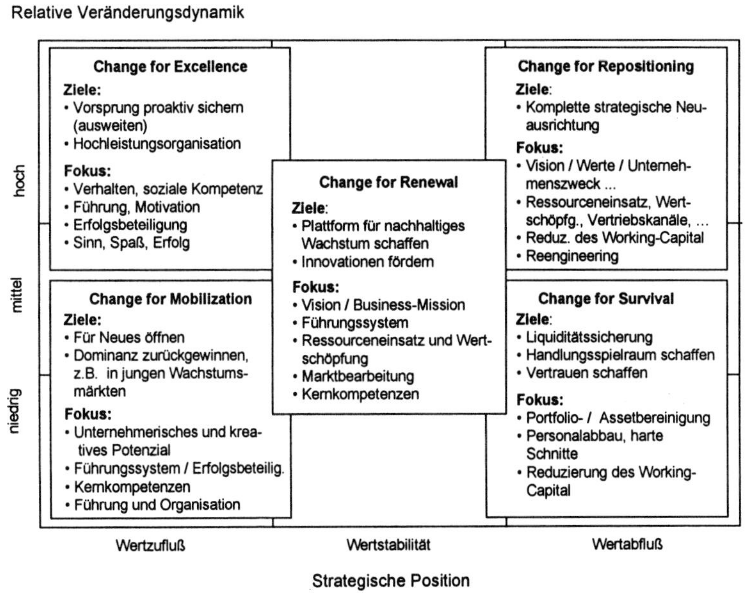

Abb. 2: Idealtypische Change-Programme (Quelle: Mercer Management Consulting)

2. Wachstums- und Veränderungsbarrieren

Eine aktuelle Grundlagenuntersuchung („Change to Grow – Wachstumsbarrieren überwinden") hat die entscheidenden Wachstums- und Veränderungsbarrieren identifiziert und näher untersucht. Das Ergebnis: Die Barrieren liegen in den Unternehmen selbst und sind überwiegend hausgemacht. Die sieben wichtigsten sind (1) keine wachstumsfördernde Unternehmenskultur, (2) mangelnde Managementkompetenz, (3) falsche Ausrichtung des Business-Designs, (4) mangelndes Innovationsvermögen, (5) eine leistungshemmende Organisation, (6) eine zu einseitige Fokussierung auf den Shareholder-Value sowie (7) ein suboptimales Projektmanagement (siehe Abb. 3).

(1) **Keine wachstumsfördernde Unternehmenskultur:** Die deutsche Gesellschaft ist sehr sicherheitsorientiert. Wandel wird ausschließlich als Bedrohung empfunden. Viel Energie und Kreativität geht in das Vermeiden von Risiken. Nur selten werden veränderte Kundenprioritäten, Paradigmenwechsel und Umbrüche in Markt, Wettbewerb und Technologie als Chance für neue, innovative Business-Designs und eine Verbesserung der Wettbewerbsposition begriffen. Nirgendwo sind Vorschriften, Regelungen und Genehmigungsverfahren so vielfältig und kompliziert wie in Deutschland. Das Beharren auf alten, bewährten Erfolgsmustern („Das haben wir schon immer so gemacht") verhindert häufig die rechtzeitige Antizipation externer Veränderungen. Unternehmen spiegeln als große Ausschnitte unserer Gesellschaft diese Phänomene wider. Darüber hinaus hat das Management deutscher Unternehmen häufig ein gestörtes Verhältnis zu profitablem Wachstum und Hochleistung als Unternehmensziel. Meist werden externe Gründe für mangelnden Erfolg herangezogen (Konjunktur, Währungsentwicklung, Lohnnebenkosten etc.).

    Ein sensibles Thema ist auch der gesellschaftliche Konsens. In Deutschland ist er unverzichtbar, gerade wenn es um tiefgreifende Veränderungen geht. Übertriebenes Konsensstreben allerdings führt zu Mittelmaß und Inkonsequenz auf allen Ebenen.

(2) **Mangelnde Managementkompetenz** für nachhaltige Veränderung: Wenn ehrgeizige Visionen, Business-Missions und strategische Ziele wegen inkonsequenter Umsetzung auf halber Strecke im Sande verlaufen, leidet darunter die Glaubwürdigkeit des Top-Managements. Zudem kommen aus der Chefetage oft zu wenig mobilisierende Ideen und Sinnvermittlung für notwendige Veränderungen. Weil die Fehlertoleranz im allgemeinen gering und die Kommunikation weder offen noch durchgängig ist, fehlt den Führungskräften auf der Entscheiderebene oft sowohl der Mut als auch das Interesse, sich für echte Veränderungen einzusetzen.

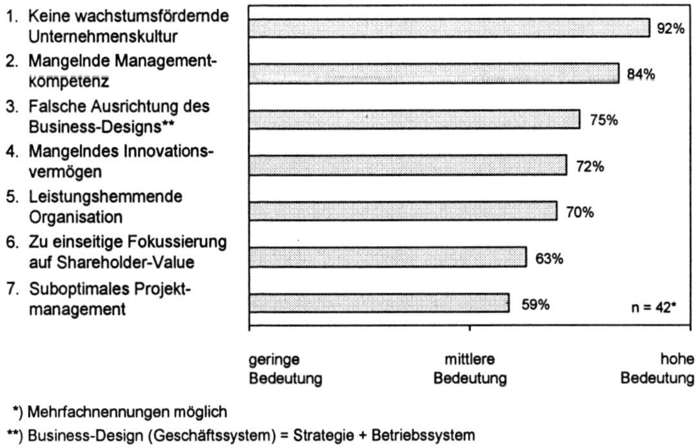

Abb. 3: Wachstums- und Veränderungsbarrieren
(Quelle: Mercer Management Consulting Studie „Change to Grow“)

Das Mittelmanagement ist in mehrdimensionalen, globalen Organisationen mitunter orientierungslos und verloren. Abschotten und Verteidigungsstrategien sind an der Tagesordnung.

(3) **Falsche Ausrichtung des Business-Designs:** Wenn Wertverschiebungen und ihre Auswirkungen nicht erkannt werden, kann das dazu führen, dass mit größtem Energie- und Ressourceneinsatz ein überholtes Business-Design optimiert wird. Mischkonzerne mit heterogenen Geschäften neigen zum Beispiel häufig dazu, als Folge inkonsequenter Dezentralisierung wesentliche Komponenten des Betriebssystems zu harmonisieren (z.B. einheitliches Führungssystem), obwohl die Geschäftscharakteristika der verschiedenen Geschäftsfelder stark unterschiedlich sind und differenzierte Betriebssysteme verlangen.

Am schwierigsten scheint es zu sein, das Betriebssystem rechtzeitig und konsequent an die strategischen Erfordernisse anzupassen. Ein Missverhältnis zwischen Strategie und Betriebssystem hat meist fatale Folgen für die Wertentwicklung. Ein häufiger Fehler ist auch das Unvermögen des Managements, das Business-Redesign konsequent und rigoros auf die veränderten Kundenprioritäten auszurichten (z.B. Gewinnmodell, Wertschöpfungsstruktur, Geschäftsprozesse).

(4) **Mangelndes Innovationsvermögen:** Innovationen ersetzen Bewährtes und erzeugen Verlustängste. Die Kräfte, die aufgewendet werden, um Innovationen zu ver- bzw. behindern, sind in deutschen Unternehmen häufig größer als die innovationsfördernden. Tradierte, festgefahrene Strukturen, Werte

und Regeln aufbrechen zu wollen, gleicht nicht selten dem Kampf gegen die berühmten Windmühlen. Vielfach stehen Erneuerer auf verlorenem Posten und resignieren schließlich. Es fehlt in der Regel der Mut und das Interesse des Top-Managements, sich ernsthaft für Innovationen zu engagieren. Bedeutende Innovationsvorhaben stehen auf der CEO-Agenda meist ziemlich weit unten. Dazu führen falsches Technologie- und Zeitmanagement, eine fehlende Integration von F&E, Produktion und Markteinführung und nicht zuletzt der klassische deutsche Perfektionsdrang sehr oft dazu, dass so lange getüftelt wird, bis die Marktchancen vertan sind.

Chronische Führungsschwächen im Innovationsmanagementprozess sind mit ein wesentlicher Grund für die Defizite der deutschen Industrie in wichtigen Zukunftsbranchen wie Elektronik, Informationstechnik, Gentechnik etc.

(5) **Leistungshemmende Organisation:** Als Folge von Globalisierung und steigender Unternehmenskomplexität werden Unternehmen immer dezentraler. Das führt in der Konsequenz zu mehrdimensionalen, transnationalen Netzwerken. Diese Organisationen verlangen ein ausbalanciertes Macht- und Verantwortungsgefüge sowie ein funktionierendes horizontales Management. Dem steht die Realität mit dominanten vertikalen Strukturen und aufgeblähten Zentralen gegenüber. Die Dezentralisierung führt zu völlig neuen Aufgaben und Rollen der Zentrale, die meist nicht „loslassen" kann. Der Zielkonflikt, Vertrauen in dezentrale Strukturen vs. Risikominimierung, führt zu einem mitunter unsinnigen Planungs- und Kontrollaufwand. Doppelarbeit, komplizierte Schnittstellen und leistungshemmende Managementprozesse sind die Folge.

Ein weiterer Hemmschuh sind die komplexen und langwierigen Entscheidungsprozesse, die durch die gesetzlichen Rahmenbedingungen in Deutschland noch schleppender werden. Mitbestimmte Gremien wie Aufsichtsräte, Betriebsräte, Wirtschaftsausschüsse, Personalausschüsse etc. werden mitunter nicht frühzeitig und angemessen eingebunden, was zu Blockaden, vielen langen Entscheidungsschleifen und meist „faulen" Kompromissen auf dem kleinsten gemeinsamen Nenner führt. Das rächt sich insbesondere bei so tiefgreifenden Interessenkonflikten wie den inlandsorientierten Zielen der Arbeitnehmervertreter (z.B. Status- und Arbeitsplatzsicherung an deutschen Standorten) und den globalen Konzerninteressen (Nähe zu den Märkten, Outsourcing, Verlagerung von Leistungen und Wertschöpfung im Ausland, Investitionen in Übersee etc.).

Eine weitere Problematik sind die Zielvereinbarungs-, Leistungsbeurteilungs- und Vergütungssysteme, die in der betrieblichen Praxis noch immer viel zu häufig Mittelmaß statt Hochleistung fördern.

(6) **Zu einseitige Fokussierung auf den Shareholder-Value:** Wie oben dargelegt, gibt es ohne ein Mindestmaß an Konsens mit Arbeitnehmervertretungen in Deutschland kein tragfähiges Fundament für Wachstumsstrategien und tiefgreifende Veränderungen (Business-Redesign). Ein übertriebener, einseitiger Fokus auf den Shareholder-Value zerstört den betrieblichen Konsens (z.B. *Hoechst AG*) und verstärkt die ohnehin häufig auftretenden Ängste und Sinndefizite für Veränderungen.

Mitarbeiter und Führungskräfte partizipieren zu wenig an der Entwicklung des Unternehmenswertes. Anteilsscheine, Belegschaftsaktien oder die Kopplung des Bonus an den Aktienwert sind dagegen Lösungen, die den Zielkonflikt „Arbeit vs. Kapital" reduzieren bzw. aufheben können und die Identifikation mit dem Unternehmen fördern, weil sie dessen Entwicklung spürbar werden lassen.

(7) **Suboptimales Projektmanagement:** Die meisten Unternehmen haben einen erheblichen Veränderungsbedarf bzw. Umsetzungsstau. Sie bewegen eine Vielzahl von Initiativen, Programmen, Megaprojekten und -vorhaben (SAP/R3-Einführung, TQM, KVP etc.), die von wenigen befähigten Projektleitern und -mitarbeitern zusätzlich zu den gewöhnlichen Linienaufgaben bewältigt werden müssen. Viele dieser Projekte sind aber nichts weiter als Kurieren am Symptom, weil die Einbindung in ein umfassendes und systematisches Change-Programm fehlt. Die Ergebnisse fallen meistens entsprechend mager aus. Am Ende sind wichtige Leistungsträger durch den hohen Kraftaufwand ohne substanzielle Verbesserungen verschlissen.

3. Wertorientiertes Business-Redesign

3.1 Der Business-Redesign-Prozess

Nachdem nun die Veränderungsbarrieren behandelt wurden, werden im Folgenden die Grundlagen und **Erfolgsfaktoren für Veränderungsprozesse** sowie das **Change-Management** dargestellt und erläutert. Der Change-Prozess eines Business-Redesigns läuft in mehreren Phasen ab (siehe Abb. 4). Dieser integrierte Prozess muss auf die geschäftsspezifische Situation des jeweiligen Unternehmens angepasst werden. Abhängig von den Faktoren:

- Wertposition (Wertzufluss, Stabilität, Wertabfluss), in der sich das Unternehmen befindet,
- Zukunftsfähigkeit des existierenden Business-Designs und

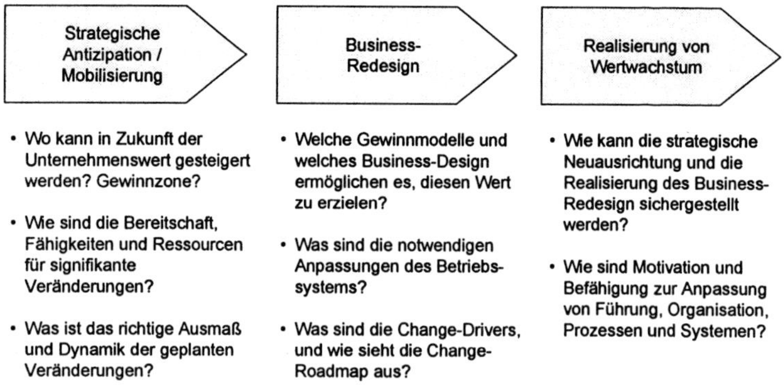

Abb. 4: Phasenmodell und Schlüsselfragen eines Business-Redesigns

– relative Veränderungsdynamik (Verhältnis externer Dynamik zu interner Veränderungsdynamik) und spezifische Veränderungs- und Wachstumsbarrieren

wird ein individuelles Business-Redesign-Programm für ein konkretes Geschäftsfeld, einen Unternehmensbereich oder das Gesamtunternehmen entwickelt. Der hier empfohlene Business-Redesign-Prozess hebt sich von traditionellen Change-Ansätzen deutlich ab und zielt auf eine schnelle und erfolgreiche Umsetzung. Deshalb berücksichtigt er neben der **sachlichen** vor allem die **emotionale Veränderungsebene.** Der Prozess arbeitet iterativ auf drei Ebenen: (1) Strategie, (2) Betriebssystem (Organisationssystem und Unternehmenskultur) und (3) Change-Management, die hier unabhängig von ihrer Reihen- und Schrittfolge näher dargestellt werden:

(1) Auf der **strategischen Ebene** erfolgt zunächst die rigorose Betrachtung des Unternehmens aus Kundensicht. Mögliche zukünftige Gewinnzonen, „Value-Spaces“ und alternative Gewinnmodelle zu ihrer Erschließung werden mit der existierenden Strategie abgeglichen. Für das Business-Design mit dem größten Wertsteigerungspotenzial wird dann eine detaillierte Geschäftsplanung zur Umsetzung der festgelegten Strategie ausgearbeitet.

(2) Auf der **Ebene des Betriebssystems** werden zunächst der „innere Aggregatzustand“ des Unternehmens und sonstige unternehmensspezifische Faktoren und Besonderheiten (z.B. Tradition, Kultur etc.) erfasst. Dann werden Veränderungsbereitschaft und -fähigkeit des Unternehmens ausgelotet, um festzustellen, welches Maß an Veränderung von Führung und Mitarbeitern überhaupt bewältigt werden kann. Anhand des ausgewählten Business-Designs werden Führung und organisatorische Strukturen neu ausgerichtet sowie Lücken in Ressourcen und Kernkompetenzen geschlossen. Danach werden Prozesse und Systeme angepasst.

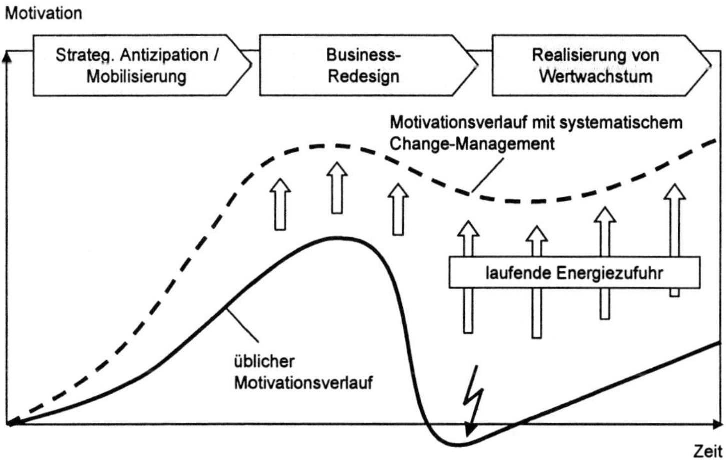

Abb. 5: Motivationsverlauf über die Phasen des Business-Redesign-Prozesses

(3) Auf der **Change-Management-Ebene**, die primär die emotionalen Aspekte der Veränderung anspricht, beginnt der Prozess mit der Rekrutierung und Mobilisierung eines Change-Teams sowie der obersten Führungskräfte. Das Change-Team treibt den Veränderungsprozess und setzt eine Veränderungsdynamik in Gang, die sich auf alle Unternehmensebenen übertragen soll. Die verschiedenen Change-Projekte werden in einem Masterplan orchestriert nach dem Motto: schnell realisierbare Projekte mit großer strategischer und finanzieller Wirkung an den Anfang. Alle Maßnahmen auf dieser dritten Ebene zielen auf Motivation, Befähigung und erhöhte Schlagkraft der Change-Teams und Führungskräfte ab.

3.2 Management des Motivationsverlaufs

Der Weg vom alten zum neuen Business-Design führt durch eine kritische Risikozone. Der Umbruch muss in möglichst kurzer Zeit bei gleichzeitiger Sicherstellung des Tagesgeschäftes bewerkstelligt werden. Abbildung 5 zeigt den Motivationsverlauf über die Phasen des Business-Redesign-Prozesses. Die Motivation stürzt am Ende der Redesign-Phase gewöhnlich ab. Mitglieder des Projektteams und Führungskräfte erkennen plötzlich die persönliche Betroffenheit und die Bedrohung. Verlustängste erzeugen Widerstand.

Der übliche Entscheidungsprozess (erst Konzept-, dann Personalentscheidungen) für ein neues Business-Design ist komplex und mehrstufig und macht die Einbindung diverser Gremien und mitbestimmter Organe notwendig. Wenn es dann zu Verzögerungen bei den notwendigen Personalentscheidungen kommt, haben die „Bataillone des Widerstands“ Zeit, in Stellung zu gehen. Der Change-Prozess verliert seine Dynamik und droht, auf ein minimales Ausmaß zu schrumpfen. Der große Wurf ist gescheitert.

Deshalb ist es zwingend notwendig, den Entscheidungsprozess umzukehren. Erst müssen die Change-Teams gebildet werden, die die Realisierung und Führung des neuen Business-Designs übernehmen werden. Erst danach wird das neue Business-Design erarbeitet. Also: erst Personalentscheidungen, dann Konzeptentwicklung. Unternehmensführung und Change-Teams gehen hier eine gegenseitige Verpflichtung ein und treiben den Veränderungsprozess gemeinsam voran. Sie sind dafür verantwortlich, dass die Motivation und Dynamik in der kritischen Phase der Entscheidungsschleifen über das Business-Redesign nicht nachlassen.

Entscheidend ist, dass der „Eigner“ des Business-Redesigns – in der Regel ist das der CEO – dem Veränderungsprozess genügend Energie in Form von Kommunikation, Verbindlichkeit und Modifikation von Riten und Symbolen injiziert. Er muss Zeichen setzen und persönliches Engagement demonstrieren, und zwar nicht nur am Anfang, sondern vor allem in der Realisierungsphase. Besonders kritisch ist die Phase, in der die Motivation im Allgemeinen ihren Tiefstand erreicht. Spätestens an diesem Punkt muss der CEO durch ausreichende Energiezufuhr erreicht haben, dass sich der Veränderungsprozess von selbst trägt.

3.3 Change-Teams gewinnen, fördern und mobilisieren

Eine der entscheidenden Fragen ist: Welche Führungskräfte sollen den Veränderungsprozess verantworten und vorantreiben? Wer sind die Projektleiter, Mitglieder des Projektteams, Projekteigner, Changetrainer und -agenten. Gleich am Anfang muss ein überschaubares Team zusammengestellt werden, das motiviert und befähigt ist. Die Teammitglieder müssen den Willen, die Autorität, Befugnis und Durchsetzungskraft für das neue und gegen das alte Business-Design haben. Diese potenziellen „Macher“ sind in der Regel zentrale Führungspersönlichkeiten der Linienorganisation und nicht verfügbar für umfassende Projektarbeiten. Trotzdem müssen sie für den Redesign-Prozess weitgehend aktiviert und gegebenenfalls freigestellt werden. Jedes Unternehmen hat zu wenige von diesen Machern; die Personaldecke ist zu kurz. Die Entscheidung, wo die Löcher zu reißen sind, ob für die Geschäftssicherung des alten Business-Designs oder die Entwicklung und Realisierung eines neuen Business-Designs muss zugunsten des Neuen ausfallen. Das heißt, die Löcher sind primär in der Linienorganisation zu reißen und zu stopfen.

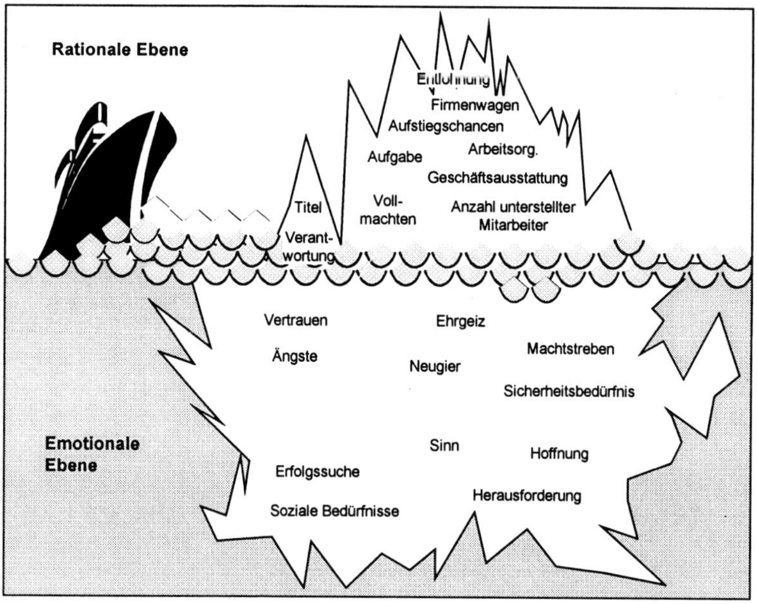

Abb. 6: Ebenen von Veränderungsprozessen

Ältere Business-Designs führen gewöhnlich zur Erstarrung der Organisation. Das soziale System befindet sich im stabilen Gleichgewicht und entwickelt Abwehrkräfte gegen Impulse von außen, die Neues bewegen wollen. Das Zentrum des Denkens verlagert sich vom Markt in die Unternehmenszentrale. Die Führung sieht die Welt zunehmend aus der Innensicht.

Jedes soziale System besteht aus Machern, Mitläufern, Beobachtern und Blockierern. Eine Grundvoraussetzung für eine echte Neuausrichtung ist die konstruktive Destabilisierung des sozialen Systems, indem Blockierer und ihre Netzwerke neutralisiert werden (z.B. durch Versetzung, demonstrative Trennung etc.). Gleichzeitig müssen die Macher des Change-Teams sichtbar gestärkt werden. Sie müssen einen Magnetismus erzeugen, der die Mehrheit der Mitarbeiter anzieht und Mitläufer und Beobachter dazu bewegt, sich auf das veränderte **soziale Koordinatensystem** auszurichten.

Zwei weitere Kernfragen lauten: Wie kann das Change-Team motiviert und befähigt werden und wie können die Führungskräfte mobilisiert werden? Im Vordergrund stehen hier die Befriedigung der emotionalen Faktoren (siehe Abb. 6). Der Veränderungsprozess muss für die Beteiligten Sinn machen.

Hierzu ist zunächst zu klären, wodurch Handeln überhaupt ausgelöst wird. Handeln ist das Produkt aus **Wollen x Können x Dürfen**.

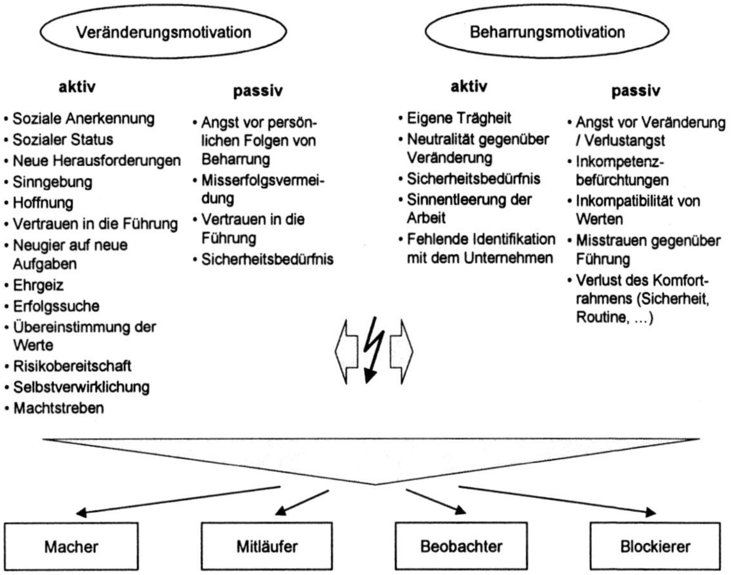

Abb. 7: Motivationsvariablen

- Das **Wollen** wird von der Sinngebung geprägt; das sind die zu erwartenden persönlichen Vorteile, der emotionale Fit des Vorhabens, die subjektive Einschätzung der Erfolgswahrscheinlichkeit, die subjektive Herausforderung und die mit dem Engagement für das Neue verbundene soziale Anerkennung. Die Vorteile einer umfassenden Veränderung müssen für das Change-Team und danach für die wesentlichen Stakeholder und Zielgruppen so deutlich überwiegen, dass es keine triftigen Gründe für Widerstand gibt. Abbildung 7 zeigt diesen Zusammenhang. Das Change-Management muss sich darauf konzentrieren, die spezifischen Motivationsvariablen – und zwar die aktiven wie die passiven – für Veränderung einzusetzen.

- Das **Können** des Change-Teams bezieht sich auf dessen Fähigkeit für ein Business-Redesign. Es muss eine neue Strategie entwickeln, das Betriebssystem anpassen und vor allem Führungskräfte überzeugen können. Deshalb sind hier neben den analytischen, konzeptionellen und organisatorischen Fähigkeiten insbesondere die soziale Kompetenz, Coaching und Kommunikationstalent und -erfahrung gefragt. Über diese Fähigkeiten verfügen nur relativ wenige Führungskräfte im Unternehmen. Es empfiehlt sich, einen intelligenten Mix aus erfahrenen, hochrangigen Linienmanagern als anerkannte, durchsetzungsstarke Meinungsbildner und jüngeren, aufstrebenden Nachwuchsmanagern zu bilden.

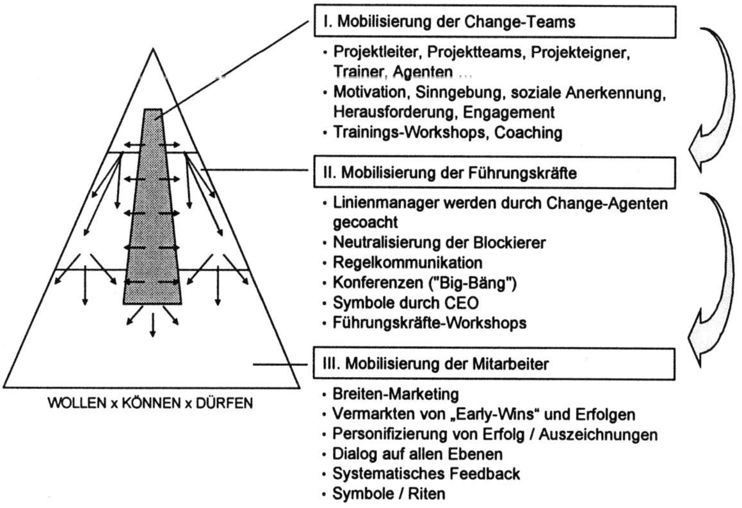

Abb. 8: Mobilisierung für Veränderung

- Das Change-Team muss sich gegenüber den restlichen Linienmanagern, die eher für das Bewährte stehen, durchsetzen können. Deshalb müssen die Teammitglieder mit entsprechenden Entscheidungskompetenzen und Vollmachten ausgestattet werden, so dass sie auch handeln **dürfen** und ihre Autorität deutlich wird.

Es empfiehlt sich ein Vorgehen in drei Wellen (siehe Abb. 8). Anfangs muss die Aufmerksamkeit des CEO primär auf das Bilden und Motivieren des Change-Teams gelegt werden. Im Rahmen des spezifischen Change-Prozesses (z.B. „Change for Renewal") muss zunächst die Sinngebung für das Change-Team gemeinsam erarbeitet werden. Dazu gehören unbedingt die Befriedigung der Bedürfnisse des Teams nach Status und besonderer sozialer Anerkennung. Praktische Möglichkeiten mit starker Symbolik sind zum Beispiel:

- ein regelmäßiger CEO-Lunch mit dem Change-Team in der Kantine (sichtbar für jedermann, offen für alle, die dem Change-Team beitreten wollen);
- die Einrichtung des Change-Team-Büros in unmittelbarer Nähe des CEOs;
- direkte Kommunikation, unter anderem per E-Mail und Voice-Mail zwischen Team und CEO etc.

Die Kommunikations- und Moderationsfähigkeit der Beteiligten sollte gegebenenfalls durch spezielle Trainings- und Coachingmaßnahmen unterstützt werden.

Erst wenn das Change-Team motiviert, fit und autorisiert ist, werden in der zweiten Welle die restlichen Führungskräfte in den Veränderungsprozess eingebunden. Die Linienführungskräfte übernehmen jetzt die Aufgabe der kaskadenartigen Regelkommunikation in die Organisation. Zukunfts- und sogenannte Commitment-Konferenzen erzeugen den „Big-Bäng“. Das Change-Team stellt während dieser Veranstaltungen in begleitenden Projektmessen seine Arbeit vor, zeigt Flagge für das Neue und gewinnt andere Führungskräfte für seine Sache.

Wenn der Veränderungsprozess durch den „Fahneneid“ der Führungskräfte selbsttragend geworden ist, werden in der dritten Welle die Mitarbeiter in breiter Front mit Methoden und Symbolik des Breiten-Marketing mobilisiert.

3.4 Evolution oder Revolution – das Unternehmen als Lernwerkstatt

Bei der Konzipierung eines Change-Programms stellt sich immer wieder die Frage nach Ausmaß und Tempo der Veränderung. Soll sie revolutionär und transformativ sein (große Veränderung in kurzer Zeit) oder inkrementell und eher evolutionär? Auch hier gibt es kein Patentrezept. Es sei hier an Abschnitt 1 dieses Beitrags zu den unterschiedlichen Change-Programmen in der Praxis erinnert. Während der „Change for Survival“ in der Regel als Transformation durchgeführt wird, empfiehlt es sich für Veränderungen, die einer Erhöhung der vorhandenen Dynamik dienen, eher einen inkrementellen, aber trotzdem schnellen Weg zu wählen. Die Zauberformel heißt: Rapid-Prototyping.

Es gibt keine bessere Motivation für umfassendes Change-Management als schnell sichtbare Erfolge. Statt zuerst auf allen Ebenen perfekte interne Voraussetzungen schaffen zu wollen und damit die Einführung immer wieder zu verzögern, sollten Unternehmen sich bei der Umsetzung zunächst darauf konzentrieren, in einem Schlüsselbereich Pilotprojekte mit kurzfristig erreichbaren Zielen und großer Signalwirkung durchzuführen. Dafür werden kleine schlagkräftige Projektgruppen gebildet, die sehr autonom arbeiten und schnelle Erfolge („Quick-Hits“) versprechen.

Entweder sind sie demonstrativ sichtbar („Dream-Teams“) oder arbeiten bewusst im Untergrund („Skunk-Teams“). Letzteres ist sinnvoll, wenn zunächst Fakten im Sinne von Geschäftserfolgen geschaffen werden sollen, bevor man den Hebel zum öffentlichen Change-Prozess umlegt bzw. wenn „Betonfraktionen“ unterwandert werden sollen. Diese Task-Forces sind gezwungen, innerhalb eines engen Zeitkorsetts konkrete Geschäftsideen schnell und unbürokratisch umzusetzen. Das setzt Kreativität bei der Überwindung von Hindernissen frei. Probleme, Defizite und Lernbarrieren werden dokumentiert. Mit ihren Erfolgen schaffen die Projektgruppen Tatsachen und setzen Zeichen und werden zur kulturellen Avantgarde für Veränderung.

Die Pilotprojekte mit der größten **Hebelwirkung** werden nach der Regel 80:20 ausgewählt. Folgende Kriterien müssen sie erfüllen:

- den größten strategischen Nutzen,
- den größten ökonomischen Nutzen,
- schnelle Realisierbarkeit und schneller Return,
- hohe Erfolgswahrscheinlichkeit,
- große Signalwirkung und
- einen überschaubaren Aufwand.

Wichtig ist, dass innerhalb der Piloten ganzheitliche Veränderungen vorgenommen werden (Strategie, Betriebssystem, Change-Management). Die Piloten schaffen erste nachhaltige Veränderungserfolge und eine selbsttragende Veränderungsdynamik. Wenn der „Point-of-No-Return" erreicht ist, muss das Unternehmen die Change-Erfolge auf alle Ebenen und Bereiche ausdehnen und die Organisation in eine **breitgefächerte Lernwerkstatt** verwandeln, die immer wieder eine neue Eigendynamik erzeugt.

Diese zunächst überschaubare, später flächendeckend zunehmende Anzahl von „Change-Laboratorien" entwickelt die notwendigen Kompetenzen, fordert die Führungskräfte heraus, gibt der Veränderung einen akzeptierten Sinn, destabilisiert verkrustete Strukturen und rückt das gravitätische Zentrum wieder in Richtung Markt und Kunden.

3.5 Systematische kulturelle Neuausrichtung

Nachfolgend soll dargelegt werden, wie durch Veränderung von Riten, Symbolen und Codes sowie der Führungs- und Anreizsysteme durch praktische Maßnahmen kulturell bedingte Wachstums- und Veränderungsbarrieren abgebaut werden können.

Zunächst sei daran erinnert, dass die Unternehmenskultur, Tradition, Führungspersönlichkeiten und der Charakter der Geschäftsportfolios wesentliche Einflussfaktoren auf das Business-Design, also auf die Strategie und das Betriebssystem sind. Strategie, Organisationssystem, Kultur und Führungspersönlichkeiten stehen in einer engen **Wechselbeziehung**. Markante Wechsel in der Führungsspitze können die Kultur stark prägen und verändern. Prominente Beispiele hierfür sind die Übergänge von *Hahn* auf *Piech* (*VW*), *Reuter* auf *Schrempp* (*DaimlerChrysler*), *Hilger* auf *Dormann* (*Hoechst*).

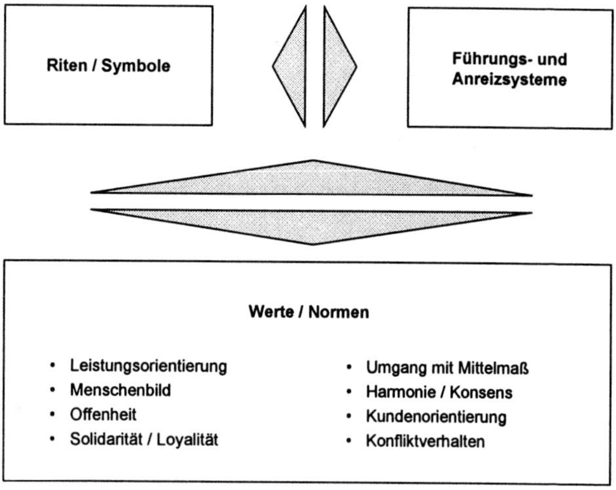

Abb. 9: Wirkungszusammenhänge zwischen Unternehmenskultur und Anreiz- und Führungssystemen

Doch nicht jedes Unternehmen hat so prägende, charismatische, visionäre Unternehmensführer wie *Jack Welch* (*General Electric*), *Robert Luis-Dreyfus* (*Adidas*), *Nicholas Hayek* (*Swatch*), *Bill Gates* (*Microsoft*) oder *Reinhold Würth* (*Würth AG*) an der Spitze. Kulturelle Veränderungen müssen auch ohne diese Ausnahmepersönlichkeiten möglich sein.

Wenn auf Verhalten, Werte und Normen wie Leistungsorientierung, Konfliktverhalten, Umgang mit Konsens und Mittelmaß oder Kundenorientierung Einfluss genommen werden soll, muss der Hebel bei Riten, Symbolen sowie dem Führungs- und Anreizsystem angesetzt werden. In Abbildung 9 sind Wirkungszusammenhänge von Riten, Symbolen, Werten, Normen sowie Führungs- und Anreizsystemen dargestellt. Anpassungen in diesen Bereichen haben eine sehr große Signalwirkung für Veränderung und sollten mit entsprechender Priorität behandelt werden.

Materielle und immaterielle Statussymbole wie Titel, Ränge, Karrierepfade, Bürogröße und -ausstattung, Hubraum und Sonderausstattung der Firmenwagen, Fahrer, Parkplatznähe zum Büro, Anzahl Sekretärinnen etc. haben eine große Symbolwirkung. Diese Elemente sollten gezielt für Repräsentanten des Neuen bzw. des Wandels eingesetzt werden.

Ein wesentliches Kriterium für den kulturellen Wandel ist der demonstrative Umgang mit High-Performern, Change-Teams, Innovatoren und Querdenkern einerseits und Low-Performern und Mittelmaß andererseits. Hier greifen die Führungs- und Anreizsysteme. Unternehmerischer Mut und Leistung muss sich lohnen. High-Performer, Innovatoren und Change-Teams müssen belohnt und gefeiert werden. Blockierer oder Low-Performer müssen symbolträchtig und demonstrativ neutralisiert bzw. demontiert werden. Hier stehen die wichtigsten Sekundärtugenden des Managers, nämlich **Glaubwürdigkeit** und **Berechenbarkeit** auf dem Spiel. **Offenheit** und **Konsequenz** sind gefragt.

Die Change-Teams müssen für neue Geschichten, Anekdoten und Sprache sorgen. Kommunikation ist das Schlüsselwort. Der CEO und seine Teams müssen als Wanderprediger und Missionare eingesetzt werden. Außerdem ist es für jedes Change-Programm unverzichtbar, ein effektives PR-Team als „Agitations- und Propagandazentrale" einzurichten, um insbesondere in der zweiten und dritten Welle (siehe Abb. 8) kräftig zu werben.

Das Top-Management muss bewusst tradierte Regeln verletzen, um zu demonstrieren: Es beginnt eine neue Zeit. Es muss den unabdingbaren Willen zum Erfolg durch neue Riten und Symbole demonstrieren. Zukunfts- oder Commitment-Konferenzen, Projektmessen, Feiern von Quick-Hits, Ehrungen der „neuen Helden" und ein veränderter Einsatz der Statussymbole sind hier Beispiele.

Nach den grundsätzlichen Ausführungen stellen sich die Fragen: Welcher konkrete Ansatz bietet sich? Was ist der erste Schritt?

3.6 Der erste Schritt zum Business-Redesign

Als Einstieg in die Phase I „Strategische Antizipation / Mobilisierung" (siehe Abb. 4) empfiehlt sich zunächst eine ganzheitliche strategische **Standortbestimmung** vorzunehmen. Wichtig ist von Anfang an das integrierte, iterative Vorgehen. „Change" sollte immer in einem konkreten, direkten **Geschäftsbezug** stehen. Change-Programme ohne konkrete geschäftliche Verankerung, zum Beispiel allgemeine, übergreifende Programme zur Verbesserung der Kunden-, Kosten- oder Qualitätsorientierung, die primär kommunikationsgetrieben sind, verpuffen meist nach kurzer Zeit.

Inhaltlicher Ausgangspunkt und Plattform für die Sinngebung des Prozesses muss immer eine systematische strategische Antizipation sein. Findet eine Wertverschiebung statt? Wann, wohin und in welchem Umfang? Wo sind die neuen Gewinnzonen und „Value-Spaces"? Parallel dazu werden im Rahmen der strategischen Standortbestimmung das gegenwärtige Business-Design, der Ressourceneinsatz, das Betriebssystem und die unternehmensspezifischen Faktoren kritisch auf ihre Zukunftsfähigkeit beleuchtet und der Handlungsrahmen für ein Business-Redesign abgesteckt.

Die Ergebnisse dieses ersten Schritts sind: eine reale Einschätzung der Zukunftsfähigkeit und des Handlungsbedarfs, erste strategische Optionen, ein spezifisches Sinnangebot für den Change-Prozess, ein spezifisches Change-Programm, Bildung und Mobilisierung der Change-Teams. Damit wird die Plattform für Verbesserungen geschaffen, die gemeinsam ausgearbeitet, ausgehandelt und umgesetzt werden. Ziel ist es, dass das Neue das Neue ins Rollen bringt.

4. Fazit

Die Wachstums- und Veränderungsbarrieren sind primär in den betroffenen Unternehmen verankert und somit hausgemacht. Anhand von Modellen und Beispielen wurden hier die grundsätzlichen Mechanismen, Erfolgsfaktoren und Handlungsempfehlungen zur Überwindung dieser Hindernisse und für ein erfolgreiches Business-Redesign aufgezeigt. Besonderer Wert wird auf die Betonung gelegt, dass derartige Change-Prozesse auf die spezifische Unternehmenssituation maßgeschneidert sein müssen und immer einen konkreten Geschäftsbezug haben sollten. Darüber hinaus müssen sie ganzheitlich, schnell und irreversibel sein. Change-Management bedeutet in erster Linie „Cultural-Redesign“.

B.8

Wandel: Gesteuert oder getrieben? – ein Ansatz von Arthur D. Little

*Peter Langosch / Volker Voigt**

---

* Peter Langosch ist Director, Volker Voigt Manager bei Arthur D. Little International, Inc. in Düsseldorf.

1. Vorbereitung des Wandels – eine Einführung

Jedes Unternehmen sieht sich heute erheblichen Einflussfaktoren gegenüber, die einerseits Chancen beinhalten, sich vom Wettbewerb abzuheben, andererseits aber auch zu existenziellen Bedrohungen werden können. Europäisierung, Globalisierung, steigende Ansprüche von Shareholdern, Deregulierung, E-Business und immer kürzere Innovationszyklen gehören dazu, um nur einige zu nennen. Proaktives Handeln, also das vorausschauende Eingehen auf diese Einflüsse, wird durch die wachsende Anzahl und die steigende Intensität der Faktoren zunehmend erschwert. Wichtig ist dabei für Unternehmen, dass sie sowohl den richtigen Zeitpunkt als auch den richtigen Zeitraum für den notwendigen Wandel wählen. Selbstverständlich gibt es hier keine präzisen optimalen Werte, doch die Erfahrungen lehren, dass es selten zu früh ist, mit Wandel zu beginnen und dass eher zu langsam als zu schnell vorgegangen wird.

In gesättigten Märkten kann man beispielsweise nur dann noch Premiumrenditen abschöpfen, wenn man permanent „vorne dabei ist", d.h. aber eben auch, sich permanent Einflussfaktoren zu stellen, sie aufzugreifen und dementsprechend zu agieren. Andererseits ist es aber auch nicht besonders hilfreich, Innovation nur um der Innovation willen zu betreiben. Wichtig ist die Erkenntnis, dass Unternehmen, die sich zu spät auf den notwendigen Wandel einstellen, immer mehr von ihrer Wettbewerbsfähigkeit verlieren. Dabei wird es dann für sie um so schwerer, den nötigen Wandel, wenn überhaupt noch möglich, zu vollziehen. Allerdings ist auch zu beobachten, dass unter Umständen diejenigen, die ganz weit vorne sind, anderen Wettbewerbern den Weg bahnen, auf dem diese dann zum Erfolg gelangen. Es zeigt sich hier wie überall im Wirtschaftsleben, dass es trotz hoher Bedeutung des Faktors Zeit keine grundsätzlich immer und überall gleich geltenden Regeln gibt. Situatives Handeln, also das optimale Eingehen auf möglichst alle, zumindest aber möglichst viele Einflussfaktoren, ist das benötigte Vorgehen. Hier ist die Unternehmensführung gefordert, ihre Aufgabe wahrzunehmen und wirklich zu führen.

Die Vorbereitung des Wandels muss in erster Linie von der Unternehmensführung initiiert werden:

- **Zielklarheit:** Wandel zu gestalten, heißt Ziele zu entwickeln, ohne diejenigen, die den Wandel mittragen müssen, zu verlieren. Rollierend geplante Meilensteine auf dem Weg zu den Zielen erlauben Flexibilität und Überschaubarkeit.
- **Ganzheitliche Ausrichtung auf die Ziele:** Die Strategie muss Stakeholder, Prozesse, Organisation und Ressourcen gleichermaßen berücksichtigen.

- **Realisierung über Projekte:** Wandel lässt sich nur in Etappen realisieren. Dazu muss das Unternehmen Projekt- und Programm-Management sicher beherrschen und um geeignete Metriken zur Messung der Zielerreichungsgrade ergänzen.
- **Beherrschung der internen Wandlungshemmnisse:** Neben allen externen Einflussfaktoren gibt es auch erhebliche interne Wandlungshemmnisse, die den Erfolg gefährden können. Ungeschriebene Spielregeln: Persönliche Triebfedern der handelnden Personen sollen den Wandel fördern statt ihn zu konterkarieren. Top-Down vs. Bottom-Up: Wandel muss von oben und von unten mit der gleichen Richtung im Unternehmen erfolgen und kann nicht nur einseitig betrieben werden.

Die Wandlungsfähigkeit muss dauerhafte Kompetenz eines Unternehmens sein. Daher muss Wandel in erster Linie aus den eigenen Reihen bewerkstelligt werden. Andererseits ist die Hinzunahme von externen Wandlungsunterstützern aus Gründen der Erfahrung und mangelnder interner Kapazitäten zumeist Erfolg versprechender. Es gilt also, den richtigen Mix zwischen internen und externen Kapazitäten zu bestimmen.

2. Methodik des Wandels

2.1 Zielklarheit

Um den Wandel in einem Unternehmen wirklich zu verankern, werden Visionen und Leitbilder benötigt, die allen Beteiligten den Wandel bildlich vor Augen führen. Nur so können alle am selben Strang ziehen und das Unternehmen verändern. Zu den ureigensten Aufgaben der Unternehmensführung gehört es, diese Visionen und Ziele zu entwickeln, abzuwägen und das Unternehmen auf den Wandel vorzubereiten. Die Herausforderung liegt nun darin, Ziele und Visionen derart zu entwickeln, dass das Spannungsfeld unterschiedlicher konfliktärer Dimensionen ausgeglichen werden kann:

- Ziele erfordern Weitsicht und Vision, um auch gegen unvorhergesehene Einflüsse Bestand zu haben.
- Ziele müssen hinsichtlich Inhalt, Ausmaß und Zeitbezug präzise sein, um Fortschritte und Abweichungen auf dem Weg zu den Zielen rechtzeitig zu erkennen.
- Ziele müssen herausfordernd genug sein, um nicht durch die Realität ständig eingeholt zu werden.
- Ziele müssen erreichbar sein und dürfen nicht jenseits der Vorstellungskraft der Beteiligten liegen.

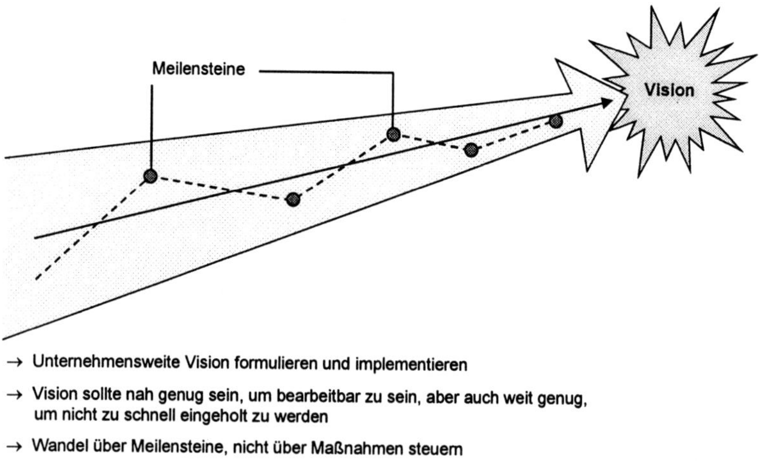

Abb. 1: Wandlungsprozesse initiieren trotz fehlender Klarheit der exakten Ergebnisse

Einzelne Ziele können diese Anforderungen nicht alle gleichzeitig erfüllen. Es gehört ein in sich geschlossenes Zielsystem dazu, das eine Spannung zwischen dem Ist-Zustand und dem angestrebten Soll-Zustand (Vision) des Unternehmens erzeugt. Eine **„kreative Spannung"**, die die Beteiligten immer wieder dazu anregt, über sich hinauszuwachsen und das Unternehmen der Vision näher zu bringen. Eine derartige Vision kann beispielsweise lauten: „Wir werden einer der drei erfolgreichsten Online-Broker in Europa in fünf Jahren." Das dazu korrespondierende Zielsystem muss die Vision unterstützen und dabei klar definieren, was unter „erfolgreich" im Sinne von Umsatz, Gewinn, Kosten, ROI, Marktanteil, Kundenloyalität usw. verstanden wird.

Der Weg dorthin sollte durch aufeinander aufbauende **Meilensteine** definiert sein (siehe Abb. 1). Die Meilensteine zeigen den Beteiligten deutlich auf, wie die Ziele erreicht werden können, und sorgen damit für eine Akzeptanz auch weit entfernter Visionen. Wesentlicher Unterschied zwischen einer meilensteingetriebenen Planung und einer maßnahmengetriebenen Planung ist die Fokussierung auf zielorientierte Ergebnisse statt auf Aufgaben. Ein Meilenstein in einer Bank kann beispielsweise lauten: „Halbierung der maximalen Durchlaufzeit einer Kreditbearbeitung bis Januar nächsten Jahres", während eine Maßnahme schlicht „Fachkonzept für Kreditbearbeitung" heißen könnte. Das Beispiel zeigt, dass Maßnahmen sehr wohl Voraussetzung für die Erreichung von Meilensteinen sind. Sie demonstrieren jedoch bei weitem nicht so deutlich den Weg zur Vision und engen den Handlungsspielraum für die Beteiligten durch Vorgabe einer Methodik ein.

Wesentliches Kennzeichen bei der meilensteingetriebenen Planung ist, dass die Meilensteine innerhalb des Zielkorridors platziert sind. Meilensteine müssen also nicht zwingend auf dem direkten Weg zur Vision liegen, sondern den grundsätzlichen Kurs unterstützen. Ihre Konkretisierung und Präzisierung wird durch regelmäßige neue Erkenntnisse im Rahmen einer rollierenden Planung unterstützt. Jeweils bei Erreichen eines Meilensteins werden die nachfolgenden überprüft, präzisiert und gegebenenfalls justiert. Die Meilensteine können also flexibel angepasst werden, die Vision bleibt.

Klar ist auch, dass zu Anfang des Weges nicht notwendigerweise alle Meilensteine auf dem Weg zur Vision schon bekannt oder sogar definiert sein müssen. Wesentliche Meilensteine werden üblicherweise bekannt sein, weitere werden mit fortschreitendem Wandlungsprozess hinzukommen. Die Unternehmensführung muss sich bewusst sein, dass bei diesem Weg nicht alles im Vorfeld bis zu Ende geplant sein kann, sondern während des Weges immer wieder „nachgefahren“ werden muss.

2.2 Ganzheitliche Ausrichtung auf die Ziele

Unternehmen sind sozio-ökonomische Systeme, deren einzelne Komponenten voneinander abhängen und Einflüsse aufeinander ausüben. Zu den entscheidenden Komponenten gehören (siehe Abb. 2):

- **Stakeholder:** die Beteiligten, die ein vitales Interesse am Wohlergehen des Unternehmens haben; dazu zählen insbesondere Kunden, Mitarbeiter und Anteilseigner.
- **Prozesse:** wertschöpfende und unterstützende Abläufe im Unternehmen.
- **Organisation:** Struktur des Unternehmens als Rahmen für Abläufe, Mitarbeiter und Ressourcen.
- **Ressourcen:** Produktionsmittel und ablaufunterstützende Hilfsmittel; in letzter Zeit verstärkt Informations- und Telekommunikationstechnologien.

Schwächen in einzelnen Komponenten können bedingt durch Stärken in anderen Bereichen ausgeglichen werden. So sind hochmotivierte Mitarbeiter durchaus in der Lage, in gewissem Rahmen Mängel in den Prozessen auszugleichen. Oftmals sind funktionsfähige Kommunikationsbeziehungen zwischen Mitarbeitern der Schlüssel für erfolgreiche Unternehmen, die ansonsten problembehaftete Prozesse haben, auch bekannt unter dem „kleinen Dienstweg“. Ein ganzheitlicher Wandel kann aber dauerhaft nur umgesetzt werden, wenn alle Komponenten harmonisch auf die Vision ausgerichtet werden. Wandel heißt, dass an den Grundfesten des Unternehmens gerüttelt wird und eine zielgerichtete Neuorientierung der Stakeholder, Prozesse, Organisation und Ressourcen erforderlich ist:

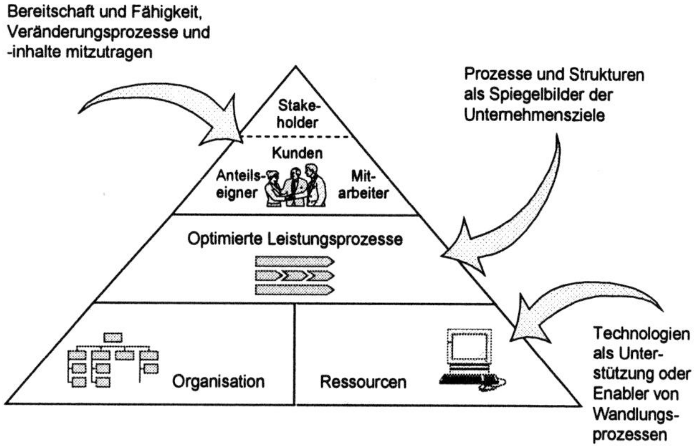

Abb. 2: Ganzheitlicher Gestaltungsansatz

- Kunden sind das zentrale Thema, auf das sich Unternehmen in Zukunft noch stärker einstellen müssen. Dies kann bei Wandlungsprozessen durchaus schwierig sein: die Kunden werden beispielsweise neu definiert und der damit verbundene Marktauftritt eines Unternehmens einschließlich der Produktpalette entsprechend neu ausgerichtet.
- Bei Wandlungsprozessen – gerade auch bei Fusionen oder Verschmelzungen – muss die Kundenloyalität über bessere Bindungsmaßnahmen abgesichert werden, um den Verlust wichtiger Kunden zu verhindern.
- Mitarbeiter müssen den Wandel mittragen und umsetzen. Grundsätzlicher Widerstand kann den Wandel verhindern. Für die Effizienz solcher Wandlungsprozesse ist die Einstellung der Mitarbeiter von wesentlicher Bedeutung. Es liegt ganz klar im Interesse des Unternehmens, diese Potenziale nicht zu verlieren, sondern auszuschöpfen.
- Anteilseigner müssen von diesem Wandel ebenfalls klare Vorteile für sich erkennen können. Allerdings sollten sie auch bereit sein, zum Wohle mittel- und langfristiger Ziele auf kurzfristige Ergebnisse zu verzichten. Eine Fixierung auf Quartalsergebnisse muss dabei nicht immer hilfreich sein.
- Prozesse müssen sich an Kundenbedürfnissen orientieren, anstatt nur internen Organisationsstrukturen zu genügen. Gerade die Implementierung bereichsübergreifender Abläufe ist bei Wandlungsprozessen immer wieder herausfordernd, da tradierte Bereichsinteressen dem entgegenstehen.
- Organisationsstrukturen sollten zu den Prozessen passen und damit letztendlich auch an Kundenbedürfnissen ausgerichtet sein, anstatt Machtverhältnisse und handelnde Personen widerzuspiegeln.

- Gerade Technologien haben mittlerweile eine neue Bedeutung erlangt: Waren sie früher ein Hilfsmittel zur Umsetzung von Strategien, so sind heute einige von ihnen, beispielsweise die Informations- und Kommunikationstechnologien, zu „Triggern" geworden, die neue strategische Möglichkeiten eröffnen und ganze Branchen neu definieren können. Die sich abzeichnenden dramatischen Auswirkungen von E-Business und E-Commerce sprechen durchaus für sich.

Jede dieser Komponenten muss in der Vision, den Zielen und letztlich auch in der Meilensteinplanung adäquat berücksichtigt werden. Ein Ungleichgewicht wirkt sich unweigerlich auf die Wandlungseffizienz aus und verlangsamt dadurch die Anpassungsgeschwindigkeit des Unternehmens. Natürlich ist hierbei in der Praxis immer wieder nur ein Herantasten an das Optimum möglich, ein exaktes Erreichen ist bloße Theorie. Wichtig ist jedoch das beständige Streben nach dem ganzheitlichen Optimum.

2.3 Realisierung über Projekte

Der Wandel eines Unternehmens kann nicht allein aus dem Tagesgeschäft heraus erfolgen. Vielmehr sind Projekte erforderlich, die die Meilensteinplanung und damit die Vision in die Realität umsetzen. Gleichzeitig sind koordinierende Strukturen im Sinne eines übergeordneten Programm-Managements notwendig, die die Abhängigkeiten zwischen den einzelnen Projekten im Hinblick auf die Vision austarieren, divergierende Projektziele harmonisieren und kritische Pfade entzerren. Obwohl die Methoden und Techniken des Projekt- und Programm-Managements seit Jahren bewährt und verbreitet sind, erreicht dennoch nur ein verhältnismäßig kleiner Teil der aufgesetzten Projekte die angestrebten Ziele im gesteckten Zeit-, Kosten- und Qualitätsrahmen. Neben völliger Fehleinschätzung der Komplexität von Problemstellungen liegen die Ursachen vielfach in der Missachtung der **Grundregeln von Projekten**:

- Projektpriorisierung, die an der übergeordneten Vision ausgerichtet ist und durch das Top-Management unterstützt wird.
- Kurze, überschaubare Projekte mit festgelegten Meilensteinen, Ergebnissen und definierten Zielen.
- Feste Strukturen innerhalb von Projekten, um den Mitarbeitern in einem sich verändernden Umfeld Halt und Sicherheit zu geben, beispielsweise durch Projektstandards, festgelegte Berichtszeitpunkte und Zuordnung von Aufgaben zu Mitarbeitern.
- Turnusmäßige Überarbeitung der Projektplanung und wohldosierte Kontrolle der Ergebnisse.

- Qualitatives Controlling in und von Projekten, d.h. Prüfung, inwieweit Teilergebnisse zum Projekterfolg und dieser wiederum selber zur Erreichung der Ziele beiträgt, die ja aus der Vision abgeleitet wurden.
- Regelmäßiges, vorausschauendes Risikomanagement anstelle von reaktivem „Trouble-Shooting".
- Intensive Projektkommunikation, um die Projektergebnisse zu harmonisieren, Doppelarbeiten zu verhindern und Probleme frühzeitig zu erkennen.
- Maßnahmen zur Team-Motivation, um wechselhaften Stimmungen im Projekt entgegenzutreten und die Projektergebnisse auf konstant hohem Niveau zu halten.

Dabei ist nicht nur das Erreichen definierter Projektergebnisse ein Schritt in Richtung Vision. Allein schon die Arbeit im Projekt mit wechselnden Kommunikationsbeziehungen, Aufgabenstellungen und ungewohnten Hierarchien ist für viele Mitarbeiter eine Herausforderung, die einen Wandel in den Köpfen der Betroffenen hervorruft. Stand vorher Aufgabenorientierung im Mittelpunkt des Denkens und Handelns einzelner Mitarbeiter, kann durch Projektarbeit diese Denkweise abgelöst und durch flexiblere Arbeitsweisen ersetzt werden. Kommunikationsbeziehungen, die aufgrund strenger, organisatorischer Strukturen im Vorfeld nahezu unmöglich erschienen, können neugeschaffene Grundlage für den Aufbau eines Netzwerkes von Mitarbeitern im Unternehmen sein.

Von erheblicher Bedeutung für die am Wandel orientierte Projektarbeit ist die **Messung an den übergeordneten Zielen** und der Vision. Für jedes Projekt muss im Vorfeld definiert werden, inwieweit dieses Einfluss auf die Vision hat und welche Meilensteine auf dem Weg zur Vision erreicht werden sollen. Gleichzeitig müssen Metriken entwickelt werden, die den jeweiligen Zielerreichungsgrad messbar machen und nachhalten. Derlei Metriken können sich an Umsatzsteigerungen, Kostensenkungszielen, Durchlaufzeiten, Produktionskapazitäten oder auch an Krankenständen orientieren. Wichtig ist dabei die Messbarkeit und auch die Zuordnungsfähigkeit zwischen Projekt und Messgröße. Es muss gewährleistet sein, dass die Messgröße sich tatsächlich aufgrund des Projekts in die gewünschte Richtung bewegt und nicht vielleicht sogar *trotz* des Projekts aufgrund von positiven, externen Einflüssen.

Oftmals kommt es im Unternehmen zu Doppelzählungen positiver Effekte, indem sich mehrere Projekte oder Abteilungen ein und dieselbe Kostensenkung zurechnen. Diese Doppelzählungen helfen dem Unternehmen auf dem Weg zum Wandel natürlich nicht weiter und müssen durch eine konsequente und konsistente Nutzenverfolgung transparent gemacht werden.

Entscheidend beim Projekt- und auch beim Programm-Management ist also die Ausrichtung auf die Vision des Unternehmens. Alle Projekte müssen die Vision schon von Beginn an durch meilensteinorientiertes Vorgehen messbar unterstützen. Die Beherrschung des handwerklichen Projekt- und Programm-Managements muss dabei natürlich als gegeben vorausgesetzt werden, obwohl in der Praxis hier durchaus auch spürbare Defizite auftreten.

2.4 Beherrschung der internen Wandlungshemmnisse

Die beschriebene, bewährte und erfolgreiche Methodik zur Erreichung des Wandels führt nicht mechanistisch zum Ziel. Externe Einflüsse können durch die Flexibilität des Meilensteinkonzepts abgefedert werden. Interne Hemmnisse können jedoch den Wandel behindern, wenn nicht sogar vereiteln. Daher muss auch den internen Wandlungshemmnissen besondere Aufmerksamkeit geschenkt werden. Derartige Hemmnisse äußern sich bei Mitarbeitern in unterschiedlicher Form:

- in tiefer Ablehnung gegenüber jeglicher strategisch formulierter Aussage von Führungskräften;
- in Beharrungsvermögen gegenüber Veränderungen von Abläufen;
- in der Zurückweisung neuer Technologien;
- im Vorschieben von Argumenten.

Die Gründe hierfür liegen zumeist nicht offen, sondern lassen sich erst nach Einzelgesprächen erahnen. Dabei werden die Ursachen für die vermeintlich uneinsichtige Haltung deutlicher:

- Langjährige Mitarbeiter erfolgsverwöhnter Unternehmen sehen keinen triftigen Grund, eingefahrene und bewährte Verhaltensweisen abzulegen.
- Visionen und Strategien haben in der Vergangenheit häufig gewechselt und hatten keinen Bestand. Ein „Aussitzen“ auch dieser vorübergehenden Erscheinung wird als vorteilhaft angesehen.
- Zusätzlicher Aufwand für das Erlernen neuer Fähigkeiten wird nach Ansicht der Mitarbeiter nicht genügend honoriert.
- Mitarbeiter halten sich aufgrund ihres Fachwissens für unersetzlich und loten ihre Grenzen gegenüber ihren Vorgesetzten aus.
- Neue Arbeitsweisen bedrohen den Arbeitsplatz des Mitarbeiters und führen daher zu Ablehnung.
- Durch Projektarbeit konnte man in der Vergangenheit seine Linienposition nicht verteidigen, geschweige denn ausbauen.

Diese **ungeschriebenen Spielregeln** in einem Unternehmen gilt es systematisch zu erkennen und in ihren Ursachen zu verändern. Dazu ist die Identifizierung von Ursache-/Wirkungsketten von entscheidender Bedeutung. Derartige Ketten sind selten monokausal und daher oft komplex. In ihren Zusammenhängen und

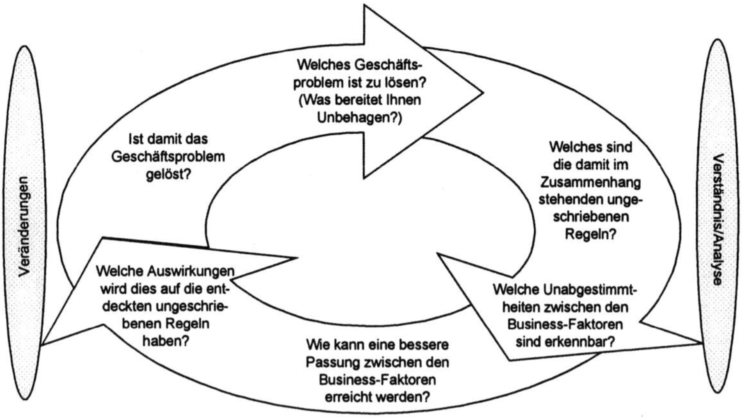

Abb. 3: Die „Unwritten-Rules-Methodik"

Wirkungsmechanismen sind sie jedoch nachvollziehbar und rational begründbar, wenn man sich auf die handelnden Personen und deren Denkweisen einstellt. *Arthur D. Little* hat die „Unwritten-Rules-Methodik" entwickelt, um die Veränderungsbarrieren in Unternehmen erkennen und adressieren zu können (siehe Abb. 3). Geplante Maßnahmen zur Unterbrechung oder Verstärkung von Ursache-/Wirkungsketten sind vor einer Umsetzung immer auf ungewollte neue Mechanismen hin zu überprüfen. Ansonsten kann die erwünschte Wirkung an anderer Stelle zu unerwarteten, negativen Effekten führen, die die ursprüngliche Problematik womöglich noch übertrifft und damit die Wirkung überkompensiert. Alle Maßnahmen, die darauf abzielen, die ungeschriebenen Regeln zu ändern und letztlich zielgerichtet zu nutzen, haben zudem eines gemeinsam: Sie sind zeitintensiv. Dennoch dürfen diese Hemmnisse nicht unberücksichtigt bleiben, soll der Wandel erfolgreich vollzogen werden.

Die Methodik zur Umsetzung des Wandels beruht bisher in erster Linie auf einem **Top-Down-Ansatz**, bei dem die Unternehmensführung die Vision und die grundsätzlichen Ziele vorgibt, die Mitarbeiter aber die Aufgabe haben, diese Vorgaben umzusetzen. Nicht zuletzt aufgrund ungeschriebener Spielregeln im Unternehmen werden derartige Vorgaben durch Mitarbeiter der Fachabteilungen nicht selten systematisch ausgehebelt und behindert (siehe Abb. 4):

- Die Ziele der Unternehmensführung und die daraus abgeleiteten Vorgaben müssen durchaus nicht mit den Zielen der Mitarbeiter kongruent sein.
- Da die Fachkompetenz der Mitarbeiter wesentlich höher ist als die der Unternehmensführung, können die Mitarbeiter die Durchführbarkeit von Vorgaben aufgrund scheinbarer fachlicher Argumente bestreiten und vermeintliche K.O.-Kriterien aufbauen.

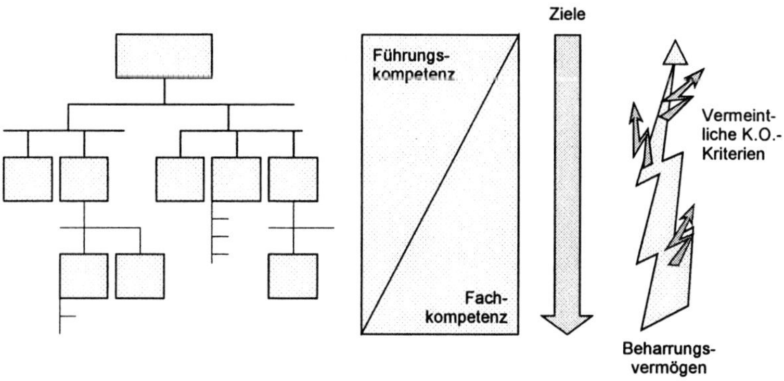

Abb. 4: Das Unterlaufen top-down-initiierter Veränderungen durch Bottom-Up-Aktivitäten muss verhindert werden

- Wenn die Unternehmensführung, oft aufgrund der Entfernung zum operativen Geschäft, die vermeintlichen K.O.-Kriterien nicht entkräften kann, können sich Wandlungsprozesse verselbständigen. Sie werden dann im Extremfall sachbearbeitergetrieben, anstatt vorstandgesteuert.

Dieser häufig unterschätzten Situation kann mit zwei wirkungsvollen Maßnahmen begegnet werden:

- Der Vorstand muss die **Distanz** zwischen strategischer Zielformulierung und operativer Umsetzung verringern, indem auch Top-Down ausreichend Fachkompetenz bereitgestellt wird, um sich erfolgreich mit vermeintlichen K.O.-Kriterien auseinander setzen zu können. Dies kann zusätzliche eigene oder vertrauenswürdige externe Kompetenz sein. Wesentlich dabei ist, dass keine zeitraubende Konfrontationshaltung zwischen Experten alle weiteren Schritte blockiert. Die Experten müssen gemeinsam die gesteckten Ziele auf einem von ihnen selbst zu wählenden Weg erreichen, anstatt in einen Grabenkrieg von Gutachten und Gegengutachten zu verfallen. Diese Art der Vorgehensweise erfordert zwar einen Mehraufwand, jedoch können Kapazitätsengpässe, die zwangsläufig durch die zusätzliche Projektarbeit in der Fachabteilung auftreten, durch die Beistellung von Experten abgefedert werden.
- Die zweite Maßnahme setzt direkt bei der Nutzung der ungeschriebenen Spielregeln an. So muss die gesamte Führungsriege den Mitarbeitern den **Wandel als Chance** begreiflich machen und ihnen so eine Perspektive aus der Erreichung der Ziele bieten. Die Mittel dazu reichen von öffentlich ausgesprochenen Belobigungen über meilensteinabhängige Kompensationen bis hin zu direkter Karriereförderung. Andererseits müssen wandelunwillige Mitarbeiter mit Sanktionen rechnen, die auch eine Freisetzung bedeuten können. Gerade Freisetzungen können aufgrund des Wegfalls von Fach-

kompetenz in der Anfangszeit zu Friktionsverlusten führen. Für einen Wandel sind sie jedoch manchmal unvermeidlich.

Generell sind zwei Aspekte wesentlich:

- Die Unternehmensführung muss die Bereitschaft zum Wandel vorleben, da ansonsten die Glaubwürdigkeit sehr schnell verloren geht.
- Geeignete Kommunikation muss als wesentliches Instrument erkannt und eingesetzt werden. Es geschieht viel zu häufig, dass zwar „viel gesagt wird, aber wenig ankommt."

3. Make or Buy

Bei der Durchführung von Wandlungsprozessen hat ein Unternehmen drei Möglichkeiten zur Gestaltung:

- **Eigenlösung,** d.h. der gesamte Wandlungsprozess wird unternehmensintern durchgeführt.
- **Fremdlösung** (Turn-Key-Solution durch einen Generalunternehmer), d.h. der gesamte Wandlungsprozess wird von Externen im Unternehmen durchgeführt.
- **Mischlösung,** d.h. der gesamte Wandlungsprozess wird von einem Team aus Internen und Externen durchgeführt.

Das primäre Ziel beim Wandlungsprozess, also die Umwandlung hin zu einem anpassungsfähigen, proaktiven Unternehmen, kann mit jeder der drei Lösungen erreicht werden. Die beiden extremen Varianten Eigenlösung und Fremdlösung führen jedoch auch zu extremen Vor- und Nachteilen, während eine intelligente Mischlösung die positiven Aspekte beider Extrema vereint (siehe Abb. 5).

Anhand der wesentlichen Erfolgsfaktoren für den Wandel sind nachfolgend die Unterschiede verdeutlicht:

- Der **Aufbau von Know-How** und der Aufbau der Fähigkeit des Unternehmens „das Lernen zu lernen" funktionieren durch eine rein interne Lösung nur eher schleppend. Sämtliche Methoden und Inhalte müssen selbst erarbeitet und verbreitet werden. Eine rein externe Lösung dagegen bringt kurzzeitig einen enormen Wissensschub in das Unternehmen, der einen Anstoß bedeuten kann, häufig aber die Gefahr eines Strohfeuereffekts birgt. Bei einer Mischlösung wird das Unternehmen in die Lage versetzt, neue Methoden selbständig anzuwenden und dadurch in den Köpfen vieler Mitarbeiter zu verankern. Es werden einerseits bewährte Methoden verwendet, andererseits aber auch situationsbezogen gemeinsam neue Methoden entwickelt, genutzt

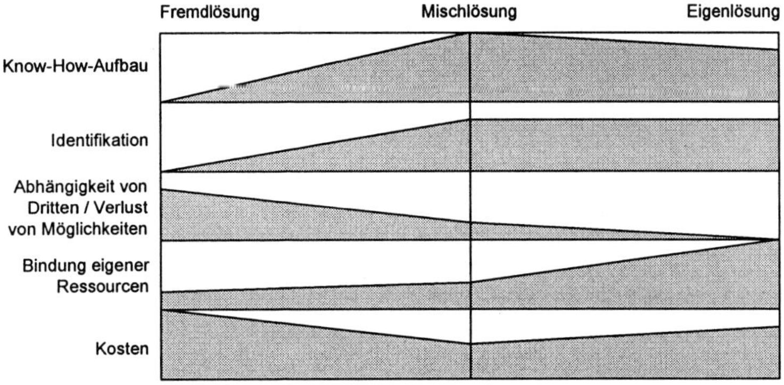

Abb. 5: Vor- und Nachteile von Fremd-, Misch- und Eigenlösungen

und daraus gelernt. Die Mitarbeiter im Unternehmen lernen dadurch, neue Herausforderungen mit neuen Methoden anzugehen und zu bewältigen.

– Damit einher geht die notwendige **Identifikation mit den Lösungen**. Eine reine Eigenlösung findet naturgemäß sehr hohe Akzeptanz im Unternehmen, wenn sie nicht zu stark durch Eigeninteressen der Projektteammitglieder geprägt ist. Eine reine Fremdlösung wirkt für die Mitarbeiter eines Unternehmens häufig aufgesetzt, so dass sie sich viel stärker gegen die Anwendung neuer Verhaltensweisen sperren („Not-Invented-Here-Syndrom“). Bei einer Mischlösung werden in erster Linie neue Methoden und Denkanstöße in die Organisation eingebracht. Die Erarbeitung der Lösungen erfolgt dann in gemeinsamen Teams von internen und externen Projektmitarbeitern, so dass die Mitarbeiter ihre eigenen Ideen auch in der Lösung wiederfinden. Die Ergebnisse gedeihen durch das positive Zusammenspiel und durch beiderseitige Erfahrungen und führen dadurch zu hoher Akzeptanz.

– Die geringe **Abhängigkeit von Dritten** ist ein weiterer entscheidender Faktor für den Erfolg eines Wandels. So muss die Fähigkeit zum Wandel dauerhafte und ureigene Kompetenz eines Unternehmens sein, um sich auch bei weiterhin variierenden externen Einflüssen selbständig anpassen zu können. Bei einer reinen Eigenlösung ist die Abhängigkeit von Dritten natürlich sehr gering. Der gesamte Wandel ist selbstbestimmt und damit auch unabhängig von der weiteren Unterstützung Externer. Fremdlösungen tendieren dahin, in ihrer Intensität stark abzuebben, sobald der Externe das Unternehmen verlässt. Dadurch ergibt sich eine starke Abhängigkeit in der weiteren Nutzung der Externen, um nicht die gesamte Investition zu gefährden. In einer Mischlösung ist die Abhängigkeit vergleichsweise gering, wenn sie von vornherein darauf abzielt, dass sich der Externe zum Ende hin sukzessive aus dem Wandlungsprozess zurückzieht.

- Die **Bindung eigener Ressourcen** ist ein weiterer gravierender Unterschied zwischen den drei Lösungsalternativen. Die umfangreiche Involvierung der eigenen Ressourcen ist aus Gründen der Akzeptanz und der Durchgängigkeit des Wandels unverzichtbar. Bei einer Eigenlösung müssen daher insbesondere in der Anfangszeit massiv Kapazitäten freigestellt werden, um den Wandel zu bewerkstelligen. Eine Voraussetzung, die nur in wenigen Fällen gewährleistet ist und die nicht zuletzt auf Kapazitätsüberhänge schließen lässt. Hier liegt eindeutig die Stärke einer Fremdlösung, da diese weniger Ressourcen erfordert. Auf eine Involvierung der Mitarbeiter kann und darf aber dennoch nicht verzichtet werden, um den Erfolg nicht zu gefährden. Eine Mischlösung versucht zwischen diesen beiden Extremen zu vermitteln und verhindert auf der einen Seite eine Austrocknung des Tagesgeschäfts durch Entlastung der internen Mitarbeiter, führt auf der anderen Seite aber auch nicht zu einem Identitätsverlust des Unternehmens durch zu viele externe Einflüsse.
- Bei den **Kosten** ergeben sich üblicherweise keine deutlichen Unterschiede zwischen den Varianten. Dies gilt jedoch nur unter der Voraussetzung einer „ehrlichen" Kostenrechnung, bzw. einigermaßen ausgelasteten internen Ressourcen. Es darf schließlich nicht nur der Mittelabfluss gesehen werden, auch die Kosten des internen Einsatzes müssen bewertet werden. Natürlich gilt dies wiederum nur dann, wenn durch andere Einsatzmöglichkeiten der internen Ressourcen Opportunitätskosten entstehen. Die Kosten einer Fremdlösung erscheinen dann zwar zunächst durchaus hoch, relativieren sich aber wieder, wenn man zwei Tatbestände berücksichtigt: Zum einen arbeiten diese Ressourcen im Bereich ihrer Kernkompetenzen und weisen daher normalerweise eine hohe Effizienz auf, zum anderen müssten anderenfalls interne Ressourcen eingesetzt werden, die dann bei der eigentlichen Wertschöpfung des Unternehmens fehlen. Eine reine Eigenlösung ist vom Mittelabfluss her zunächst am günstigsten, muss aber eben gegebenenfalls weitergehend bewertet werden. Idealtypisch, d.h. bei einigermaßen ausgelasteten eigenen Kapazitäten, ergeben sich für die Mischlösungen Kostenvorteile, da hier nur soweit externe Kräfte eingesetzt werden, wie deren höhere Effizienz – insbesondere durch einen Know-How-Vorsprung – den höheren Mittelabfluss überkompensiert. Gerade für eine tragfähige Kosten-Nutzen-Analyse ist also eine ganzheitliche Betrachtung von hoher Bedeutung.
- Die **Laufzeiten** der Varianten können durchaus stark variieren. Eine reine Eigenlösung zeichnet sich in der Regel durch eine längere Laufzeit aufgrund der Erprobung unterschiedlicher Lösungswege aus. Damit einher geht die lang andauernde Bindung von Ressourcen und damit eventuell hohe Opportunitätskosten. Eine Fremdlösung ist erfahrungsgemäß kürzer in der Laufzeit, bedeutet aber aufgrund des gewichtigen Einsatzes Externer mit höheren

Tagessätzen einen entsprechend höheren Mittelabfluss. Eine Mischlösung liegt in den Gesamtkosten und in der Laufzeit zwischen den beiden Extremlösungen, da sie einerseits externe Erfahrung mit sich bringt und damit die Laufzeit verkürzt, andererseits aber auch den Einsatz externer Kräfte begrenzt und damit den Mittelabfluss in einem vertretbareren Rahmen hält.

- Die **Qualität** der Ergebnisse hängt in allen drei Varianten sehr stark von der Erfahrung, der Motivation und der Akzeptanz der handelnden Personen ab. Hier lässt sich eine Abwägung zwischen den Varianten nur schwer vornehmen. Qualität heißt in einem solchen Großprojekt wie dem Wandel eines Unternehmens letztlich Grad der Zielerreichung, gemessen an der Vision des Unternehmens. Hier können alle drei Alternativen gute Ergebnisse liefern. Entscheidend ist hier nicht nur ausschließlich das Ergebnis – auch der Weg dorthin kann beispielsweise durch Know-How-Aufbau und durch den Aufbau neuer Vorgehensmuster und Verhaltensweisen bereits wertvoll sein.

Insgesamt hat im Normalfall die intelligente Mischlösung überzeugende Vorteile. Es stellt sich daher die Frage, wie eine solche Lösung am besten gestaltet werden kann:

- **Ansprechpartner auf jeder Ebene:** Für die Dauer des Wandlungsprozesses werden externe Berater in Anlehnung an die Projektorganisation in das Projektteam des Unternehmens integriert. Auf jeder Projektebene sollten sowohl Externe als auch Interne den Prozess vorantreiben. Damit haben beide Seiten ebenbürtige Sparringspartner, die die Probleme gemeinsam lösen können. Ideen und Anweisungen werden damit über jede Ebene in das Unternehmen diffundiert, die Akzeptanz gesteigert.
- **Konzeption und Implementierung:** Wichtig ist, dass schon in der Konzeptionsphase Unternehmen und Partner gemeinsam involviert sind und so den Wandel von Anfang an zusammen gestalten können. Das Unternehmen hat den Vorteil, dass die Lösung breite Akzeptanz findet und zum Unternehmen passt. Der Berater bringt den Vorteil ein, dass er schon in der Konzeptionsphase mit seiner Erfahrung die Umsetzungsfähigkeit des Konzepts gewährleisten kann. Der Externe sollte aber unbedingt nicht nur in der Konzeptionsphase eingesetzt werden, sondern auch in der konkreten Implementierung. Ansonsten besteht die Gefahr, dass Konzepte erarbeitet werden, die in der Realität nicht umgesetzt werden können. So kann der Berater in der Implementierungsphase an den Faktoren gemessen werden, die insgesamt für wichtig erachtet wurden.
- **Know-How-Transfer:** In der Implementierungsphase müssen beide Seiten auf allen Ebenen mitarbeiten. Jeder setzt dabei die besonderen Fähigkeiten ein, die er im Rahmen seiner bisherigen Aufgaben erlernt hat. Die Teammitglieder des Unternehmens bringen dabei insbesondere ihr Know-How über

das Unternehmen, die Organisation und die Produkte ein, während die Berater Branchen- und Methoden-Know-How sowie Spezialwissen mitbringen. So lernen beide Seiten voneinander und treiben die Lösung gemeinsam voran. Dieses Wissen ist für das Unternehmen aber dann nicht mehr nur temporär vorhanden. Durch die regelmäßige Auseinandersetzung mit Wandlungshemmnissen und neuen Herausforderungen wird Know-How des Wandels im Unternehmen aufgebaut und gesteigert.

- **Berater, die mitarbeiten:** Im Gegensatz zur reinen Strategieentwicklung und reinem Coaching sollten die Berater auch aktiv mitarbeiten und damit Verantwortung übernehmen, gleichzeitig aber auch eine Vorbildfunktion ausüben. Entscheidender Vorteil dabei ist, dass Hindernisse im Wandlungsprozess für die Unternehmensführung transparent werden. Durch die Kenntnis der Sachverhalte werden fadenscheinige Argumente schnell entlarvt und wirkliche Hindernisse frühzeitig identifiziert, kommuniziert und letztlich umgangen. Die Problematik des oben beschriebenen Top-Down vs. Bottom-Up wird hierdurch wirkungsvoll bekämpft.

- **Distanz und Nähe:** Trotz aller erforderlichen Nähe zwischen internen und externen Projektteammitgliedern ist eine gewisse Distanz unabdingbar. Nur so kann gewährleistet werden, dass die Empfehlungen auch frei von Eigeninteressen einzelner Projektteammitglieder ausgesprochen werden. Gleichzeitig behält das Projektteam durch die geführte, wiederkehrende Beschäftigung mit den Zielen des Unternehmens den Überblick und kann seine Aktivitäten an geänderten Bedingungen ausrichten.

- **Begrenzte Dauer:** Das Unternehmen sollte im Wandlungsprozess nur solange begleitet werden, wie es notwendig ist. Nur durch einen sukzessiven Rückzug der externen Berater kann gewährleistet werden, dass der Wandlungsprozess auch eigenständig weitergeführt werden kann. Dazu bedarf es einer regelmäßigen Infragestellung der sinnvollen Einsatzgebiete für die externen Berater. Im Idealfall unterstützen die Berater das Unternehmen aktiv bei dieser Aufgabe und verfassen Vorschläge, an welchen Stellen sie sich besser zurückziehen können und sollten.

- **Unabhängigkeit:** In Wandlungsprozessen sind häufig Aufträge an Drittfirmen zu vergeben, die den Wandel unterstützen. Dazu können beispielsweise Softwarefirmen, Logistikdienstleister, Architekturbüros oder auch Produktionsunternehmen gehören. Um frei von Eigeninteressen handeln zu können, sind hier externe Berater ohne den Zwang, angeschlossene oder verbundene Unternehmen auszulasten, eindeutig zu bevorzugen, da sie ohne eigene Interessenkonflikte ausschließlich den Zielen des Unternehmens dienen können.

- **Vertrauen:** Eine Aufgabe wie der Wandel eines Unternehmens erfordert ein gehobenes Maß an Vertrauen gegenüber dem Externen. Es muss auf beiden

Seiten das Selbstverständnis herrschen, dass beide Parteien eine gemeinsame Aufgabe zu lösen haben. Dazu bedarf es eines Vertrauens gegenüber den handelnden Personen, das nicht nur auf der sachlichen Ebene herrschen sollte, sondern auch in der persönlichen Überzeugung verankert sein muss, dass der gewählte externe Partner der richtige dafür ist.

Zusammenfassend ist festzuhalten, dass eine intelligente Mischlösung aus internen und externen Kräften die größten Aussichten hat, den dauerhaften Wandel eines Unternehmens gut zu bewerkstelligen. Dabei muss das Unternehmen bei der Auswahl der Externen besondere Achtsamkeit walten lassen. Nur wer diverse ansatzspezifische Kriterien erfüllen kann, ist in der Lage, dem Unternehmen auch dauerhaften Mehrwert zu bringen.

4. Fazit

Wandel ist nicht einfach, aber unumgänglich und durchaus aktiv und positiv gestaltbar. Gerade bei Unternehmen in deregulierten Bereichen zeigt sich, dass solche, oft auch schmerzliche Prozesse erfolgreich durchführbar sind. Unternehmen, die vor ihrem Wandel „Antragsteller" bedient haben und sich in nur wenigen Jahren zu kundenorientierten Dienstleistern mit globaler Ausrichtung gewandelt haben, belegen dies.

Entscheidend für den Umgang mit Wandlungsprozessen ist, dass diese für ein Unternehmen heute selbstverständlich werden müssen. Vor allem die Geschwindigkeit des Wandels wird sich noch erhöhen müssen, will man sich auf dem Markt behaupten. „Time-to-Market" ist nicht nur ein Schlagwort, sondern in unserer immer mehr globalisierten Wirtschaftswelt eine zwingende Notwendigkeit, für die die Unternehmen gerüstet sein müssen.

Zum Wandel gehört als Erstes die Initiative der Unternehmensführung, den Wandel herbeiführen zu wollen. Mit einer anschaulichen Vision und einem daraus abgeleiteten Zielsystem ist das Unternehmen dem Wandel schon ein beträchtliches Stück nähergerückt. Durch aufeinander aufbauende Meilensteine, die jeder für sich gesehen auch für die Mitarbeiter des Unternehmens erreichbar erscheinen, wird die Vision zu einer durchführbaren Herausforderung. Wesentlich ist dabei die Einbeziehung sämtlicher Unternehmenskomponenten: Kunden, Anteilseigner, Mitarbeiter, Prozesse, Organisation und Ressourcen. Nur durch einen ganzheitlichen Ansatz wird auch eine konsistente und plausible Vision möglich. Werden einzelne Komponenten nicht genügend berücksichtigt, wird die Vision unerreichbar.

Die Umsetzung des Wandels über Meilensteine erfordert die Beherrschung des Projekt- und Programm-Managements. Schwächen in diesen Basisdisziplinen des Wandels führen unweigerlich zu einer Verzögerung, wenn nicht gar zu einem Scheitern. Weitere Hemmnisse liegen im Beharrungsvermögen der Mitarbeiter verborgen: Ungeschriebene Regeln müssen erkannt und umgeschrieben werden, um den Wandel vorstandgesteuert und nicht sachbearbeiterverhindert werden zu lassen.

Letztlich ist für die Unternehmensführung die Frage zu klären, ob der Wandel aus eigenen Kräften heraus gestaltet werden kann oder externe Unterstützung hinzugezogen werden soll. Zwar sprechen triftige Gründe für die Nutzung Externer, wesentlich ist dabei jedoch ein maßvoller Einsatz externer Kräfte, um den Wandel auch dauerhaft im Unternehmen zu verankern und zukünftig selbständig zu beherrschen.

Es wird deutlich, dass der Wandel anfangs durch externe Einflüsse getrieben wird. Dieser Herausforderung muss sich jedes Unternehmen stellen, um seine Wettbewerbsfähigkeit zu stärken. Es ist aber auch klar, dass sich Wandel steuern lässt. Er muss geplant, gelebt und umgesetzt werden. Ansonsten werden Unternehmen dauerhaft vom Wandel gehetzt, anstatt diesen selbst aktiv zu gestalten.

B.9

Geschäftsprozessintegriertes Kompetenzmanagement – ein Ansatz von Gemini Consulting

*Michael Krebs / Ralph Becker**

---

* Dr. Michael Krebs ist Berater, Ralph Becker Vice President bei Gemini Consulting in Bad Homburg.

Mit Dank an Stephani Hilgers, Dieter Schoon und Susanne Mücke für ihre Mitarbeit.

1. Kompetenzmanagement – eine ganzheitliche Perspektive

1.1. Aktuelle Herausforderungen für Unternehmen

Der gegenwärtige Wandel von der Produktions- zur Informations- und Wissensgesellschaft ist geprägt von einer Internationalisierung des Wettbewerbs, neuen Formen der elektronischen sowie organisatorischen Vernetzung und einem zunehmend auf Wissen basierenden Geschäft. Insbesondere in Unternehmen mit hoher Veränderungsdynamik zählen die Kompetenzen zu den wertvollsten Ressourcen, die es zielgerichtet zu managen gilt. Voraussetzung dafür ist ein ganzheitlicher Gestaltungsansatz, in dessen Mittelpunkt die Einbindung des Kompetenzmanagements in die Geschäftsprozesse steht und seine organisatorische Verankerung im Management, mit dem Ziel, den organisatorischen Wandel von innen heraus voranzutreiben.

Unternehmen müssen heute immer mehr die Globalisierung der Wirtschaft, die zunehmende Wissensorientierung sowie innovative, vernetzte, flexible und teilweise virtuelle Organisationsformen mit in ihr Kalkül ziehen, wenn sie den Herausforderungen des Wandels gerecht werden wollen (vgl. ausführlich *Krebs* 1998a; *Picot* et. al 1998, *Fink* 1998). Dies lässt sich aber nur über die Mitarbeiter im Unternehmen bewältigen und auch nur dann, wenn diese motiviert und kompetent genug sind, aktiv und eigenverantwortlich Aufgaben sowie Probleme anzugehen und zu bewältigen. Infolgedessen wird die Transparenz über benötigte und vorhandene Kompetenzen sowie deren systematisches Management besonders für Dienstleistungsunternehmen, wie Banken, Versicherungen, Beratungs- oder Softwareunternehmen, aber auch für hochtechnisierte Produktionsbetriebe ein zunehmend fester Bestandteil der Unternehmensführung. Vor diesem Hintergrund gilt es, Kompetenzmanagement als ganzheitlichen Gestaltungsansatz in die klassischen Managementaufgaben zu übernehmen.

Traditionell ist Beschaffung, Einsatz sowie Entwicklung von Personal eine Aufgabe der Personalabteilung, die sich dabei auf Stellenbeschreibungen und klar definierte Berufsrollen verlassen konnte. Veränderte Anforderungen an die Tätigkeiten der Mitarbeiter, die sich zum Beispiel durch neue Kooperationsformen und Arbeitsinhalte ergeben, führten jedoch dazu, dass die Personalspezialisten nicht nur den engeren Aufgabenbezug (Stelle) definierten, sondern zugleich auch die fachlichen und sozialen Kompetenzen berücksichtigten. Das Ergebnis war die Entwicklung von Kompetenzmodellen und darauf bezogenen Qualifikationsanalysen mit entsprechenden Implikationen für Personalentwicklungsmaßnahmen. Diese Kompetenzmodelle und Qualifikationsanalysen gaben in erster Linie Antworten auf die folgenden Fragen:

- Welche Kompetenzen braucht das Unternehmen (Entwicklung von Kompetenzmodellen)?
- Verfügt das Unternehmen über die richtigen Mitarbeiter mit den passenden Kompetenzen (Qualifikationsanalyse)?
- Welche Mitarbeiter sind besonders geeignet für bestimmte Aufgaben (Soll/Ist-Kompetenzbetrachtung)?

Viele Unternehmen, wie beispielsweise *Boeing*, *General Electrics*, *Hewlett-Packard*, *Wal-Mart Stores*, *Walt Disney*, *Siemens* oder *BSL* verwenden Kompetenzmodelle mit unterschiedlichen Schwerpunkten in den Kompetenzarten und -inhalten. Doch gegenwärtig zeigt sich, dass die überwiegend von Personalspezialisten entwickelten Kompetenzmodelle allein nicht ausreichen. Vor allem in wissensbasierten Geschäftsfeldern mit schnell wechselnden Anforderungen erweisen sie sich als zu statisch, weil sie häufig lediglich Sozial- und Führungskompetenzen umfassen, in fachlicher Hinsicht aber zu wenig am Geschäftsauftrag und -prozess orientiert sind.

Unternehmen, die kein systematisches Kompetenzmanagement betreiben, haben vielfach keinen Überblick über die in der Organisation vorhandenen und benötigten Kompetenzen (vgl. *Schoon* 1998; *Reiss/Schoon* 1999). Personalbesetzungen erfolgen häufig nicht bedarfsgerecht, was zu Unzufriedenheit und Motivationsverlust bei den Mitarbeitern führt. Aufgrund von Kompetenzlücken entstehen für Unternehmen hohe Risikopotenziale, die ein schnelles und korrektes Durchführen von Aufgaben erheblich erschweren. Gezielte Investitionen in Weiterbildung sind kaum möglich, weil der am Geschäftsprozess orientierte Kompetenzbedarf nur unzureichend bekannt ist. Erst die gezielte Kompetenzanalyse deckt auf, dass häufig in einem wissensbasierten Geschäft ein hoher Prozentsatz der benötigten Kernkompetenzen nicht vorhanden ist.

Unter **Kompetenzen** versteht man alle Fähigkeiten, Wissensbestände und Denkmethoden, die ein Mensch in seinem Leben erwirbt und anwendet. Kompetenzmanagement bezieht sich also sowohl auf das personengebundene Know-How als auch auf erfahrungsbezogene Fertigkeiten im Hinblick auf den Geschäftsprozess und das Organisationssystem.*

* Eine allgemein akzeptierte Verwendungsweise des Ausdrucks Kompetenz hat sich in der Literatur nicht durchgesetzt (vgl. *Faulstich* 1998, S. 80 ff.). In Anlehnung an *Weinberg* (1996) und *Faulstich* (1998) folgen wir einigen grundbegrifflichen Abgrenzungen. Allgemein werden unter Kompetenzen alle Fähigkeiten, Wissensbestände und Denkmethoden verstanden, die ein Mensch in seinem Leben erwirbt und betätigt (*Weinberg* 1996, S. 3). Kompetenzen sind also erfahrungsbezogen und personengebunden. Unterschiedliche Betrachtungen und Zugangsweisen sind möglich: z.B. psychologisch (z.B. kognitiv mo-

Aufbauend auf den Erfahrungen mit Kompetenzmodellierung und -analyse geht der Ansatz des Kompetenzmanagements über die bloße Bildung von Kompetenzmodellen hinaus. So muss ein Kompetenzmanagement auch Antworten auf die weiterführenden Fragestellungen geben können:

- Wie bewältigt das Unternehmen den ständigen Wandel von Aufgaben?
- Wie schafft die Organisation den dafür permanent erforderlichen Kompetenzauf- und -abbau?
- Wie gelingt es der Organisation, diese Fragen aus dem Geschäft heraus eigenständig und (pro-)aktiv zu lösen?

Kompetenzmanagement ist dabei kein statischer Akt der Kompetenzmodellierung durch Personalspezialisten, sondern ein dynamischer Prozess, der organisatorisch durch den Aufbau von Fähigkeiten kontinuierlich und direkt vom Management verantwortet wird.

Für Unternehmen, die eine hohe Heterogenität der Kompetenzen bei sich ständig ändernden Anforderungen aufweisen, ist ein systematisches Kompetenzmanagement unabdingbar für die nachhaltige Sicherung der Wettbewerbsfähigkeit (siehe Abb. 1). Unternehmen, zu deren Kernfähigkeiten es gehört, ihre Kompetenzen optimal einzusetzen und zu entwickeln, bietet ein implementiertes Kompetenzmanagement folgende **Nutzenaspekte**: (1) eine verbesserte Transparenz über benötigte und vorhandene Kompetenzen (quantitativ, qualitativ), (2) einen geschäftsbedarfsorientierten Kompetenzauf- bzw. -abbau, (3) eine bedarfsgerechte Personalbesetzung und die Möglichkeit zur Besetzung entsprechend des „Best-Fit-Ansatzes“, (4) eine höhere Lernbereitschaft und Mitarbeiterzufriedenheit durch klar definierte Zielvorgaben für ihre Kompetenzentwicklung, (5) wertvolle Informationen für andere personalbezogene Prozesse (z.B. Mitarbeitergespräche oder Zielvereinbarungen), (6) gezielte Investition in Weiterbildungsbudgets, (7) eine schnellere und korrektere Durchführung der Geschäftsaufgaben durch kompetente Mitarbeiter (z.B. differenzierter Mitarbeitereinsatz und ggf. unterschiedliche Verrechnungssätze je nach Kompetenzniveau), (8) eine Risikominimierung bei der Ausführung des Geschäfts (z.B. Vermeidung von Fehlern, Vertragsrisiken und ggf. Verbundrisiken).

---

tivationale Aspekte), pädagogisch (z.B. Lernbedingungen), ökonomisch funktional (z.B. organisationssystembezogene Anforderungen). Hier wird eine funktionale Betrachtung mit Bezug auf das Organisationssystem und den Geschäftsprozess gewählt. Aspekte des psychischen Systems werden vernachlässigt. Dass bei einer Betrachtung von Kompetenz als Gegenstand des Managements Abstraktionen und Verkürzungen notwendig werden, ist unvermeidbar; eine formalisierende Beschreibung wäre sonst nicht möglich. Kriterium für eine angemessene Formalisierung ist ein anschlussfähiges Verständnis innerhalb des Systems, das wir über Expertenworkshops und Feedbackschleifen sicherstellen.

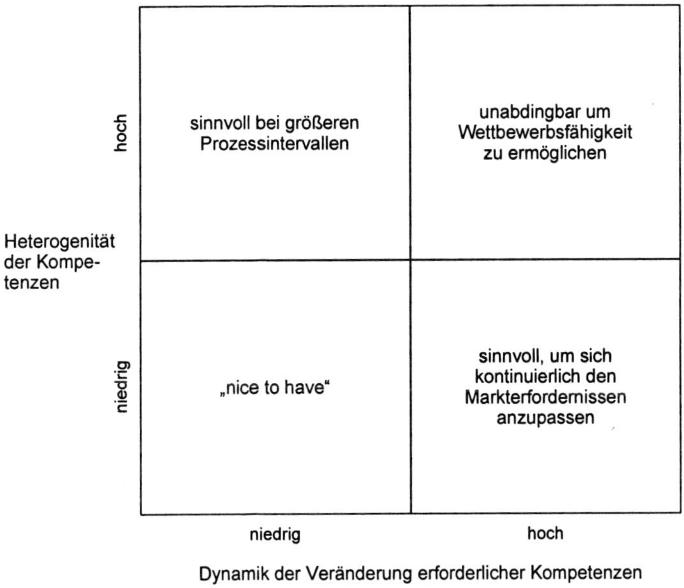

Abb. 1: Der Wert des Kompetenzmanagements

1.2 Anforderungen an das Kompetenzmanagement

Insgesamt liegt der Nutzen des Kompetenzmanagements im richtigen Aufbau von Kompetenzen. Das heißt, die Kompetenzeinschätzung muss für alle nachvollziehbar und messbar sein. Aus strategischer Sicht sollte sich der Kompetenzaufbau auf die wertschöpfungsrelevanten Kernkompetenzen (vgl. *Prahalad/ Hamel* 1990) beziehen. Dieser Nutzen lässt sich den Erfahrungen nach aber nur dann realisieren, wenn das Kompetenzmanagement auch den (1) inhaltlich-methodischen, (2) prozessbezogenen und (3) organisatorischen Anforderungen genügt.

(1) **Inhaltlich-methodische Anforderungen:** Inhaltlich-methodisch muss die Kompetenzanalyse umfassend angelegt sein und Sozial-, Führungs-, Methoden- und Fachkompetenz gleichermaßen einbeziehen. Sie sollte nachvollziehbar sein und innerhalb des Systems die Definition der jeweiligen Kompetenzen verständlich darstellen. Hier helfen vor allem Expertenworkshops und Feedbackschleifen mit den Betroffenen. Eindeutig abgegrenzte Bewertungsskalen fördern die Objektivität hinsichtlich Selbst- und Fremdeinschätzung, und die Ergebnisse sind leichter überprüfbar. Die Anzahl der formalisierten Kompetenzen pro Funktion und Kompetenzart, wie etwa Sozial- oder

Fachkompetenz, sollte aus informationstheoretischen Gründen sieben nicht übersteigen.

(2) **Prozessbezogene Anforderungen:** Kompetenzmanagement ist über die Verantwortlichen in den originären Geschäftsprozess integriert. Über klar definierte Schnittstellen zu anderen Personalprozessen wie Beschaffung, Einsatz, Beurteilung oder Vergütung wird die Verbindung zu den Personalaufgaben sichergestellt. Kompetenzmanagement muss als lernendes System funktionieren, also kontinuierlich über Feedback-Prozesse verbessert werden. Die jeweils periodischen Investitionen bzw. Interventionen zur Verbesserung der Kompetenzsituation richten sich dabei am tatsächlichen und zukünftigen Geschäftsbedarf aus und konzentrieren sich auf die Wettbewerbsfähigkeit.

(3) **Organisatorische Anforderungen:** Organisatorisch sind die im Geschäftsprozess erforderlichen Kompetenzen von den jeweiligen Linienverantwortlichen zu managen. *Wolfgang Neiss*, Manager Human-Resource-Development bei *Dow Chemical* in Rheinmünster, Baden, dazu: „Die Praxis zeigt, dass Führungskräfte die Maßnahmen zum Kompetenzaufbau weitaus sorgfältiger und gewissenhafter voranbringen und sich an der Erfolgskontrolle sowie an der Neu- und Weiterentwicklung entsprechender Maßnahmen zur Personalentwicklung beteiligen, wenn diese Aufgaben auch Gegenstand von Zielvereinbarungen sind.“ Als fester Bestandteil der Organisationsform lässt sich das Kompetenzmanagement eher in prozessorientierten Center-Organisationen, die auf Kompetenzsteigerung ausgerichtet sind, umsetzen als in der klassisch funktional gegliederten Organisation. Denn ein wesentlicher Vorteil beim Kompetenzmanagement-Prozess besteht darin, dass er an Kompetenzen orientiert ist statt an formalen Hierarchien.

Vor dem Hintergrund dieser Anforderungen lassen sich die Grenzen von Kompetenzanalysen und Implementierung eines Kompetenzmanagements bestimmen. Kompetenzanalysen genügen häufig kaum den inhaltlich-methodischen Anforderungen, sind wenig zukunftsbezogen und genügen nicht den prozessbezogenen und organisatorischen Anforderungen. Werden bei der Implementierung eines Kompetenzmanagements die prozessualen und organisatorischen Anforderungen nicht berücksichtigt, so besteht ein hohes Risiko, dass das Kompetenzmanagement nicht gelebt wird und versandet. Das Ziel einer am Geschäftsbedarf ausgerichteten und wirtschaftlich verwertbaren Kompetenzsteigerung kann dann nicht für die Mitarbeiter vorteilhaft gestaltet und somit nachhaltig verfolgt werden.

Eine **ganzheitliche Perspektive** berücksichtigt das Zusammenwirken von Strategie, Prozess und Organisationsform. Kompetenzmanagement bezieht sich also einerseits auf Vorgaben der strategischen Planung (z.B. neue Produkt-Markt-Kombinationen, Kapazitäten) und macht andererseits deutlich, ob bei einer gegebenen Kompetenzsituation eine bestimmte Strategie Erfolg versprechend oder überhaupt möglich ist. So kann beispielsweise der Kompetenzaufbau über Mergers und Akquisitionen oder strategische Allianzen gezielter beurteilt werden. Zudem liefert ein gezieltes Kompetenzmanagement bei Outsourcing-Entscheidungen bezüglich nicht kernkompetenzrelevanter Geschäftsaktivitäten eine bessere Informationsbasis.

Generell zielt eine kompetenzbezogene Betrachtung aus strategischer Sicht auf eine Steigerung unternehmensspezifischer, schwer imitierbarer und substituierbarer Kernkompetenzen, mit denen ein einzigartiger Kundennutzen erzeugt wird. Diese ressourcenbezogene Sichtweise („Ressource-Based-View"; vgl. zusf. *Rasche/Wolfrum* 1994) hat seit jeher neben der marktbezogenen Sichtweise, wie dies SWOT-Analysen („Strength-Weakness-Opportunities-and-Threats-Analysis") verdeutlichen, einen festen Bestandteil im strategischen Management (vgl. bereits *Hofer/Schendel* 1977). Eine transparente Kompetenzsituation erleichtert auf der strategischen Ebene die Identifikation von und Fokussierung auf Kernkompetenzen. Die Voraussetzung dafür ist aber ein bereits auf der operativen Ebene implementiertes, einfaches und geschäftsprozessintegriertes Kompetenzmanagement. Dieses wird unterstützt von Organisationsformen, die an den Kompetenzen der Mitarbeiter oder an dem Kompetenzmodell des Unternehmens und eben nicht vornehmlich funktional/hierarchisch oder über den Status ausgerichtet sind. Eine günstige Voraussetzung bildet eine Prozessorganisation (vgl. *Osterloh/Frost* 1996; *Staehle* 1999) oder „Knowledge-Creating-Organizations" (vgl. *Nonaka/Takeuchi* 1995; zusf. *Krebs* 1998a/b), in denen das operative Kompetenzmanagement gemäß klarer Verantwortlichkeiten in den Geschäftsprozess integriert ist.

2. Der Kompetenzmanagement-Prozess

2.1 Voraussetzungen für den Kompetenzmanagement-Prozess

In wissensbasierten Geschäften ist die Verkopplung des Kompetenzmanagements mit Strategie, Prozess und Organisationsform erfolgskritisch für die Sicherung von Wettbewerbsvorteilen. Übergeordnete und für die Unternehmensführung relevante Fragestellungen können auf diese Weise zielgenauer mit den Ergebnissen eines bereits implementierten Kompetenzmanagement-Prozesses beantwortet werden. Gefördert wird dieser Prozess idealerweise von einer Struktur und Kultur, die auf den flexiblen und kooperativen Einsatz sowie auf den Ausbau von Expertise in einem lernfreundlichen Umfeld abzielt.

Es gibt zwei Bausteine, die für den Kompetenzmanagement-Prozess eine entscheidende Voraussetzung bilden: Zum einen die Entwicklung eines Kompetenzmodells als systematisierte und vereinfachte Darstellung der wechselseitig miteinander verflochtenen und vielschichtigen Kompetenzen, die zur Erledigung der im Geschäftsprozess anfallenden Aufgaben benötigt werden. Zum anderen die quantitative Bedarfsabschätzung der benötigten Kompetenzen. Beide Bausteine sind nicht nur Voraussetzung für die Umsetzung des Kompetenzmanagements, sondern in ihrer Gestaltung auch von wesentlicher Bedeutung für dessen Qualität und Praktikabilität.

(1) Der erste Baustein ist die **Entwicklung eines prozessbezogenen Kompetenzmodells**, das die erforderlichen Kompetenzen entlang der Wertschöpfungskette des Unternehmens abbildet. Die Erarbeitung des Kompetenzmodells erfolgt in einem Expertenteam, das aus Mitarbeitern mit mehrjährigen Erfahrungen in verschiedenen Bereichen des Unternehmens oder Unternehmensnetzwerks besteht. Expertenworkshops und Feedbackschleifen mit den Betroffenen stellen sicher, dass die Beschreibung der jeweiligen Kompetenzen innerhalb des Systems nachvollziehbar ist. Das Ergebnis der abstimmungsintensiven Zusammenarbeit des Expertenteams ist eine Dokumentation der relevanten Teilaufgaben und die Beschreibung der wesentlichen Kompetenzen, die zu ihrer erfolgreichen Bewältigung notwendig sind. Eng zusammenhängende Teilaufgaben werden zusammengefasst, so dass eine Reihe von Kernfunktionen entsteht. Parallel dazu erarbeiten die Expertenteams für alle Funktionen gemeinsam die wesentlichen Führungs- und Sozialkompetenzen, die in der Regel von der jeweiligen Funktion unabhängig sind, jedoch in unterschiedlicher Ausprägung benötigt werden.

In Anlehnung an die organisationale Aufgabenanalyse und -synthese wird dann ein prozessbezogenes Kompetenzmodell erstellt, bei dem für jede Funktion aus den zugehörigen Teilaufgabenbeschreibungen diejenigen methodischen und fachlichen Kompetenzen extrahiert werden, die im Sinne der entscheidenden Fähigkeiten besonders wichtig sind. So entsteht ein Funktionsprofil mit einer vierstufigen Skala, auf der die Experten Sollwerte festlegen. Sie geben an, in welcher Ausprägung die jeweilige Kompetenz beim Funktionsträger mindestens vorhanden sein muss, damit er seine Aufgabe erfolgreich erfüllen kann (qualitative Sollkompetenz). In einem weiteren Schritt ist zu klären, in welchem Umfang die einzelnen Funktionen und Kompetenzen im Unternehmen benötigt werden (quantitative Sollkompetenz).

(2) Der zweite Baustein für das integrierte Kompetenzmanagement ist die Etablierung eines Verfahrens zur **Abschätzung des quantitativen Kompetenzbedarfs**. In den meisten Unternehmen gibt es zwar eine hinreichend genaue Personalplanung, in der Regel geben aber die Zahlen nicht die genaue An-

zahl benötigter Mitarbeiter an, vor allem nicht, in welchem Umfang (Mannmonate) die einzelnen Funktionen und damit Kompetenzen im Unternehmen benötigt werden (vgl. zur Übersicht von Planungsverfahren z.B. *Drumm* 1995, *Staehle* 1999, S. 796 ff.). Insbesondere im projektbasierten Geschäft hat sich deshalb die Entwicklung von Modellprojekten bewährt. Mit diesen wird anhand von standardisierten Prozessschritten der notwendige Bedarf an Funktionsträgern ermittelt. Der periodische, in vielen Unternehmen sehr flexibel gehaltene Planungsprozess wird dann systematisch durch eine standardisierte Kompetenzbedarfsabschätzung unterstützt, und der quantitative Kompetenzbedarf einfach hochgerechnet. Erfahrungen haben gezeigt, dass sich die Ungenauigkeit, die sich bei der Anwendung der Standardisierung auf ein einzelnes Projekt zwangsläufig ergibt, über den gesamten Geschäftsauftrag ausgleicht und zu einer hinreichend validen Prognose des quantitativen Kompetenzbedarfs führt.

Die entscheidende Frage ist nun, ob das Unternehmen den geplanten Auftragseingang für beispielsweise ein Geschäftsjahr mit den vorhandenen Kompetenzen der Mitarbeiter erfolgreich abwickeln kann. Die Antwort darauf liefern ermittelte Daten zum quantitativen Kompetenzbedarf, die direkt in die Ressourcenplanung einfließen. Allerdings sind diese nicht auf Kompetenzen, sondern auf die konkrete Quantität des Personalbestands ausgerichtet. Mit dieser Planung wird ein Ausgangspunkt für Personalbeschaffung und -einsatz gesetzt, und im Falle eines nicht-projektbasierten Geschäfts gestaltet sich damit diese Ermittlung der Sollkapazitäten in der Regel weniger aufwendig. Hier kann in einem einmaligen Durchlauf in einem Expertenworkshop ermittelt werden, wie viele Mannmonate an Kapazität von den einzelnen Funktionen durchschnittlich pro Durchlauf der Wertschöpfungskette bzw. pro definierter Outputgröße benötigt werden. Die so ermittelte Grundlast wird dann ebenfalls anhand der jährlichen Geschäftsplanung hochgerechnet.

2.2 Die Schritte des Kompetenzmanagement-Prozesses

Der Erstaufwand für die Entwicklung der beiden Bausteine sollte nicht unterschätzt werden, insbesondere weil dadurch die Gesamtqualität und damit der Nutzen des Kompetenzmanagements für das Unternehmen bestimmt werden. Zudem schafft er die Voraussetzung für die dauerhafte Durchführung des Kompetenzmanagement-Prozesses, der sich in vier **Hauptschritte** aufgliedert (siehe Abb. 2): (1) Ermittlung von Soll- und Istkompetenzen: Dieser Schritt umfasst im Rahmen der Vorbereitung die Entwicklung eines prozessbezogenen Kompetenzmodells und die Berechnung des erforderlichen Kompetenzbedarfs. Dieser Anfangsaufwand ist für den Start eines Kompetenzmanagement-Prozesses zwin-

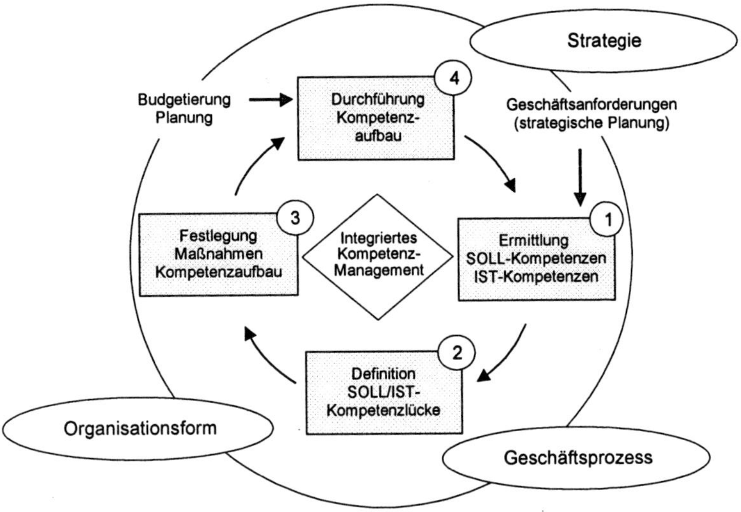

Abb. 2: Die Hauptschritte des Kompetenzmanagement-Prozesses

gend erforderlich. (2) Bestimmung der Soll/Ist-Kompetenzlücke: In diesem Schritt werden die Maßnahmen zum Kompetenzauf- bzw. -abbau bestimmt. (3) Festlegung der Maßnahmen zum Kompetenzaufbau. (4) Durchführung und Kontrolle der festgelegten Maßnahmen.

(1) **Ermittlung benötigter (Soll) und vorhandener (Ist) Kompetenzen:** Zunächst unterscheidet man qualitative und quantitative Sollkompetenzen. Sie geben an, in welcher Ausprägung die jeweilige Kompetenz beim Funktionsträger mindestens vorhanden sein muss, damit er seine Aufgabe erfolgreich erfüllen kann (qualitative Sollkompetenz). In einem weiteren Schritt ist zu klären, in welchem Umfang (Anzahl benötigter Mannmonate) die einzelnen Funktionen und Kompetenzen im Unternehmen benötigt werden (quantitative Sollkompetenz). Die qualitativen Sollkompetenzen werden, ausgehend von den einmalig erarbeiteten Sollprofilen, für jede Funktion periodisch, also zum Beispiel einmal pro Geschäftsjahr, überarbeitet. Um den Anspruch eines lernenden Systems zu erfüllen, werden die dazu im Jahresverlauf gewonnenen Erfahrungen reflektiert und in die Kompetenzmodelle eingearbeitet. Das heißt, das Kompetenzmodell wird regelmäßig dahingehend überprüft, ob alle enthaltenen Funktionen überhaupt noch benötigt werden, neue Funktionen aufgrund veränderter Marktsituationen oder neuer strategischer Ziele definiert werden müssen, die Kompetenzen, die den Funktionen zugrunde liegen, noch adäquat und wirklich noch notwendig oder hinreichend sind (dies kann sich zum Beispiel aufgrund neu entwickelter Technologien

rasant ändern) und, ob sie noch in der aktuellen Soll-Ausprägung benötigt werden.

Der quantitative Kompetenzbedarf pro Funktion wird auf Basis der neu festgelegten Planungsdaten für das kommende Geschäftsjahr bzw. je nach Planungshorizont auch mittel- und langfristig hochgerechnet. Die so berechneten Daten sollten allerdings in einem abschließenden Schritt noch einmal von Experten auf ihre Plausibilität geprüft werden. Wenn die benötigten Kompetenzen ermittelt worden sind, geht man über zu der Analyse der vorhandenen Kompetenzen.

Die Methode der Kompetenzanalyse ist nicht neu. Dennoch stellt sich bei dieser Art Diagnostik immer wieder die Frage nach der Objektivität der Einschätzung von Mitarbeiterkompetenzen. In Forschung und Praxis konnte immer wieder festgestellt werden, dass bei der Beurteilung von Kompetenzen systematische Fehler auftreten und zwar sowohl bei der Fremd- als auch bei der Selbsteinschätzung (vgl. *Sarges* 1995). Aus diesem Grund sollte die im Kompetenzmanagement-Prozess verankerte Kompetenzanalyse so gestaltet werden, dass sie einen höheren Grad an Objektivität gewinnt: Zunächst muss die genaue Definition der Anforderungen sowie die textliche Verankerung der verschiedenen Ausprägungsgrade bereits einen wesentlicher Beitrag zur Objektivierung der Kompetenzeinschätzung leisten. Darüber hinaus erfolgt die Einschätzung der Kompetenzen sowohl durch den Vorgesetzten als auch durch den Mitarbeiter selbst. Dabei wird einerseits die Tendenz zur Milde in Mitarbeiterbeurteilungen durch eher kritische Vorgesetztenbeurteilungen abgefangen. Andererseits stehen dem „Halo-Effekt" (Überstrahlungseffekt), der in Fremdbeurteilungen oft beobachtet wird, stärker differenzierte Selbstbeurteilungen gegenüber. Beide Versionen, Fremd- und Selbsteinschätzung, werden dann im Rahmen des Mitarbeitergesprächs diskutiert und zu einer von beiden Seiten getragenen Endversion der Kompetenzeinschätzung aggregiert.

(2) **Ermittlung der Kompetenzlücke (Soll/Ist):** Wenn die aktualisierten qualitativen und quantitativen Kompetenzbedarfe sowie sämtliche Endversionen der Ist-Kompetenzeinschätzungen vorliegen, ist die vorhandene Kompetenzlücke zu ermitteln. Dazu fassen die Expertenteams sämtliche Istprofile pro Funktion zu Gesamtprofilen zusammen und bereiten sie in zwei verschiedenen Darstellungsformen auf: Das „Funktionsblatt" (siehe Abb. 3) stellt die Kompetenzausprägung der eingeschätzten Funktionsträger im Vergleich zum Sollprofil dar und zeigt die qualitative Kompetenzlücke pro Kriterium dieser Funktion auf. Je höher der Prozentsatz derer ist, die in einer Kompetenz unterhalb des Sollprofils liegen, desto schlechter kann das geplante Geschäft abgewickelt werden. Dies kann sich in zeitlichen Verzögerungen, in qualitativen Mängeln oder auch in grundsätzlichen Fehlentschei-

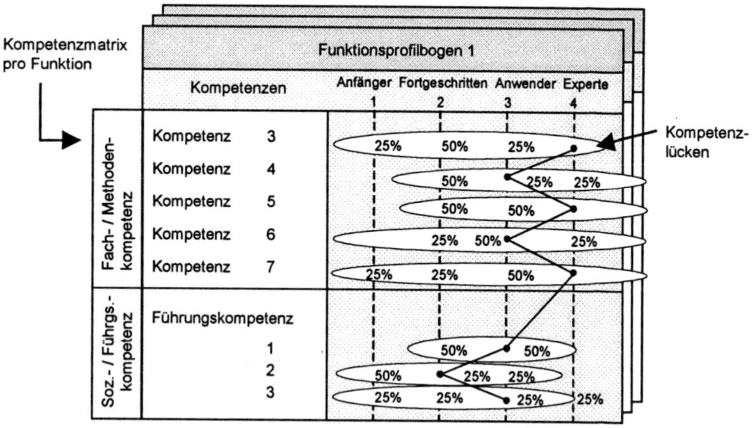

Abb. 3: Funktionsblatt

dungen und -handlungen auswirken. Anders ausgedrückt bedeutet dies: Je höher der Prozentsatz an Kompetenzeinschätzungen unterhalb des Sollprofils ist, desto dringender sind Maßnahmen zur Verbesserung dieser Kompetenzen. Das „Funktionsportfolio" (siehe Abbildung 4) beruht auf derselben Datenbasis, gewährt aber einen anderen Blick auf die Kompetenzsituation der jeweiligen Funktion. Fachliche und methodische Kompetenzen auf der einen Seite des Portfoliobereichs und Sozial- und Führungskompetenzen auf der anderen Seite werden jeweils als getrennte Dimensionen aufgeführt und mit einem Gesamtwert berechnet. Das Portfolio zeigt zudem den quantitativen Kompetenzbedarf in Mannmonaten sowie die Anzahl der Funktionsträger, die diese geschäfts- und prozessbezogenen Anforderungen in beiden Kompetenzarten erfüllen. Weist das Funktionsportfolio Kompetenzlücken auf, werden diese in Expertenworkshops auf ihre Bedeutung für die Wertschöpfungskette hin interpretiert. Je wichtiger die unzureichend ausgeprägte Kompetenz für die Geschäftsentwicklung ist, um so schneller muss die Lücke geschlossen werden. Dieses Prinzip der Priorisierung gilt auch für die zielgerichtete Verwendung des Weiterbildungsbudgets, das im Kreise der hierfür verantwortlichen Führungskräfte auf besonders dringend benötigte Funktionen verteilt wird. Die Investitionen in den Kompetenzaufbau richten sich also am übergreifenden Bedarf aus und nicht wie sonst üblich am Bedarf einzelner Geschäftseinheiten.

(3) **Ableitung von Maßnahmen zur Schließung der Kompetenzlücke:** Der Dringlichkeit entsprechend leiten die Experten anschließend für jede Funktion Maßnahmen zur Entwicklung der benötigten Kompetenzen ab – nun in gemeinsamen Workshops mit Personalentwicklern und internen Trainern. Neben Qualifizierungsmaßnahmen wie Trainings stehen arbeitsprozessbezo-

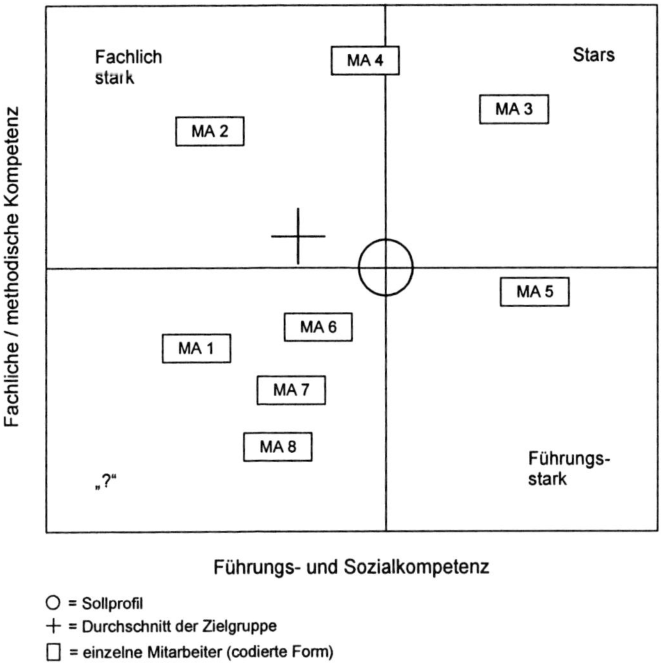

Abb. 4: Funktionsportfolio

gene Maßnahmen wie Erfahrungsaustausch, Job-Rotation, Job-Enrichment, selbstgesteuertes Lernen oder die Nutzung neuer Medien im Zentrum. Vor allem der Einsatz neuer Medien trägt zu einer weiteren Individualisierung und Flexibilisierung des Lernens bei, wie dies beispielsweise bei Formen des „Distance-Learnings", etwa Teleteaching oder dem „Virtual-Classroom", praktiziert wird (vgl. *May* 1999). Zudem gilt es, den Kompetenzaufbau durch ein systematisches Wissensmanagement zu flankieren (vgl. *Krebs* 1998a, *Pawlowsky* 1998). Die Verantwortung für die Umsetzung und Beseitigung der Kompetenzlücken liegt bei den Führungskräften. Der Aufwand für derartige Maßnahmen ist ebenso wie die Erstellung des Kompetenzmodells und der Modellprojekte im ersten Durchlauf des Kompetenzmanagement-Prozesses noch recht hoch, nimmt aber von Jahr zu Jahr ab. Die dann bereits bestehenden Empfehlungen brauchen schließlich nur noch überarbeitet bzw. ergänzt zu werden.

(4) **Umsetzung der Maßnahmen zum Kompetenzaufbau:** Die Verantwortung für die Umsetzung der Maßnahmen zum Kompetenzaufbau liegt bei den Führungskräften. Um das Management an diese Personalentwicklungsverantwortung zu binden, sollte eine ihrer Zielvereinbarungen die Reduktion

der identifizierten Kompetenzlücken sein. Die Praxis hat gezeigt, dass so die Auswahl und Vereinbarung geeigneter Maßnahmen weit sorgfältiger und gewissenhafter erfolgt. Außerdem sind Führungskräfte eher gewillt, sich an der Evaluierung sowie Neu- und Weiterentwicklung bestehender Maßnahmen zu beteiligen. Durch diese flankierenden Handlungen bleibt das Kompetenzmanagement ein lebendiger Prozess, der sich jährlich schrittweise selbst verbessert und an neuen Rahmenbedingungen ausrichtet. Die in Schritt 3 erarbeiteten Maßnahmenvorschläge werden von den Führungskräften mit in die üblicherweise jährlich stattfindenden Mitarbeitergespräche eingebracht.

Anhand der bereits erfolgten Abstimmung der Kompetenzen und den in den Funktionsblättern und -portfolios enthaltenen Informationen werden schließlich die Kompetenzstärken und Entwicklungspotenziale des Mitarbeiters diskutiert. Für die Funktionen, in denen ein Mitarbeiter Kompetenzdefizite aufweist, für die aber ein dringender Handlungsbedarf identifiziert wurde, vereinbaren Vorgesetzte und Mitarbeiter dann mit Hilfe der Maßnahmenvorschläge konkrete Schritte zur Behebung und/oder Verringerung dieser Lücken. Die Umsetzung der vereinbarten Maßnahmen – nicht nur die in den Mitarbeitergesprächen vereinbarten, sondern auch die darüber hinausgehenden, wie interne und externe Personalbeschaffung, Organisationsentwicklungsmaßnahmen etc. – sollte soweit wie möglich über bereits bestehende Instrumente und Systeme erfolgen.

Viele Unternehmen verfügen zur Fort- und Weiterbildung ihrer Mitarbeiter bereits über hochwertige Ansätze, wie Trainingsmaßnahmen, Förder- und Erfahrungsaustauschprogramme oder auch Job-Rotation-Ansätze. Auch im Unternehmen vorhandene Organisationsentwicklungsbereiche bieten eine Vielzahl von Projekten, an denen Mitarbeiter unterschiedlicher Unternehmensbereiche partizipieren können. In ausgewählten Fällen sollten neue Ansätze und Instrumente geschaffen werden, wenn sie für eine Reihe von Mitarbeitern sinnvoll und notwendig erscheinen, im Unternehmen bisher aber noch nicht existieren bzw. praktiziert werden.

Unabhängig davon, welche Maßnahmen letztendlich ergriffen werden, sollten sie kontinuierlich evaluiert, also auf ihre Wirksamkeit überprüft werden. Neben der jährlich stattfindenden Kontrolle der Kompetenzlücken sollte vor allem kritisch hinterfragt werden, ob dies tatsächlich auf die durchgeführten Maßnahmen zurückzuführen ist. Parallel zu dieser Gesamtsicht, sollten auch die einzelnen Maßnahmen auf ihre Wirksamkeit sowie auf eine sinnvolle Kosten/Nutzen-Relation überprüft werden (vgl. *Wottawa/Thierau* 1990).

Mit der Umsetzung der Maßnahmen zum Kompetenzaufbau ist der Kreis des Kompetenzmanagement-Prozesses geschlossen, und im Unternehmen entsteht eine neue Kompetenzsituation. Allerdings kann sich im Zeitverlauf der Kompetenzbedarf sowohl in quantitativer als auch in qualitativer Hinsicht verändern, so dass der Prozess erneut durchlaufen werden muss.

3. Organisatorische Verankerung des Kompetenzmanagements

3.1 Detaillierung des Kompetenzmanagement-Prozesses

Ein kompetenzbewusstes Management setzt eine nachhaltige organisatorische Verankerung des Kompetenzmanagement-Prozesses voraus. Dazu muss der im zweiten Abschnitt vorgestellte Grobprozess detailliert werden. Diese Detaillierung kann in zwei Richtungen erfolgen:

(1) Entweder wird der Prozess an die bestehende Organisation mit den einzelnen Bereichen und Verantwortlichen angepasst. Diese gibt dann die entsprechende Detaillierung vor, und pro Bereich und Führungsverantwortlichen wird für jeden Prozessschritt genau festgelegt, wer wann welchen Input zu liefern hat und welcher Output als Entscheidung und/oder Ergebnisdokument (wie etwa mit Schnittstellen zu anderen personalbezogenen Prozessen) weiterzuleiten ist. Unterstützt und gesteuert wird dieser Prozess sinnvollerweise durch ein Kompetenzmanagement-Werkzeug, wie zum Beispiel eine Intranetanwendung.

(2) Oder die Organisationsstruktur wird entsprechend der bestehenden Kompetenzen verändert: Die Beurteilung der Kompetenzsituation könnte durchaus zum Anlass werden, über eine Erneuerung der Organisationsstruktur nachzudenken. Hier bietet das Ergebnis der geschäftsprozessbezogenen Kompetenzanalyse einen fundierten Ausgangspunkt: Einerseits kann auf dieser Basis über neue organisatorische Kompetenzbündelungen und veränderte Organisationsgrundsätze entschieden werden. Andererseits kann die Mitarbeiterzuordnung in einer neuen Struktur gemäss der jeweiligen Kompetenzen erfolgen und dadurch die politische und emotionale Spannung in Veränderungsprozessen versachlicht werden. Die Detaillierung des Kompetenzmanagement-Prozesses erfolgt dann in Abstimmung auf die neue Struktur.

Durch die Erfahrungen des Veränderungsprozesses können in der Organisation Fähigkeiten aufgebaut werden, die es den Mitarbeitern ermöglichen, im Geschäftsprozess selbst eine kompetenzorientierte Erneuerung der eigenen Organisation aktiv mitzugestalten. Die Kompetenzen werden bei diesem Vorgehen im Vergleich zu Funktions- oder Statuskriterien noch weiter aufgewertet. Flankierende Maßnahmen, wie die Zielvereinbarung über den nachvollziehbaren Kompetenzaufbau in einer Periode, fördern zusätzlich die

Motivation der Mitarbeiter. So erhöht ein Kompetenzmanagement im Rahmen der ökonomischen Möglichkeiten die Veränderungs- und Lernbereitschaft sowie die Dynamik in einer Organisation.

Die Detaillierung und Integration des Kompetenzmanagement-Prozesses in den Handlungsrahmen von Mitarbeitern und Führungskräften kann in der Regel über ein kombiniertes Top-Down- und Bottom-Up-Vorgehen umgesetzt werden. Ohne klares Commitment des Top-Managements und eine Vorbildfunktion der Führungskräfte scheitert diese Veränderung allerdings wie nahezu jede andere auch. Die Erfahrung zeigt, dass für die Bottom-Up-Methode von Seiten der Mitarbeiter ein hohes Interesse an der eigenen Kompetenzeinschätzung und den Entwicklungsmöglichkeiten besteht.

Das Ergebnis der von *Gemini Consulting* durchgeführten Studie „Workforce 2000“ belegt, dass die Mitarbeiterzufriedenheit in hohem Maße von transparenten Entwicklungsmöglichkeiten und der in der Organisation belohnten Verfolgung von Entwicklungszielen abhängt. Kompetenzmanagement bietet hierbei aus Sicht des Unternehmens einen Ansatz, die Bindung von Humankapital zu unterstützen. Eine Ergänzung dazu bietet ein auf Kompetenzsteigerung ausgerichtetes Wissensmanagement.

Organisatorisch wird das Kompetenzmanagement durch die folgenden Maßnahmen im Unternehmen verankert:

- durch den Einsatz eines Kompetenzmanagers sowie klaren Rollen und Verantwortlichkeiten der Beteiligten,
- durch ein einfach handhabbares Kompetenzmanagement-Werkzeug
- sowie durch die „richtige“ organisatorische Aufhängung in inhaltlicher und methodisch-technischer Hinsicht.

3.2 Kompetenzmanagement als Führungsaufgabe

Das Kompetenzmanagement sollte in inhaltlicher wie methodisch-technischer Hinsicht in einem Bereich aufgehängt sein, in dem die für das Kerngeschäft relevante Expertise, zum Beispiel Managementkompetenzen, angesiedelt ist (vgl. *Romhard* 1998). Hierarchisch erscheint in einem Konzern gemäss der Bedeutung des Kompetenzmanagers dazu beispielsweise die dritte Ebene mit einem Coach aus dem Top-Management angemessen. In einer klassischen Funktional- oder Spartengliederung wäre der Kompetenzmanager jeweils entsprechend in der Sparte oder dem Funktionsbereich organisatorisch anzusiedeln. Bei derartigen Organisationsformen ist zumindest für die Teilbereiche mit einem hohen Anteil wissensbasierten Geschäftes zu prüfen, ob nicht andere Organisationsprinzipien zweckmäßiger wären.

Die Erfahrung zeigt, dass in solchen Fällen eher Center-Organisationen beispielsweise mit einem „Center of Expertise" oder „Competency-Center" im Hinblick auf den Einsatz und die Auslastung der Kompetenzträger aber auch bezogen auf Kompetenzentwicklung und Innovationsfähigkeit angemessener sind. So kann das Kompetenzmanagement beispielsweise im „Center of Expertise" (COE) als Projektmanagement an zwei verschiedenen Stellen angesiedelt werden. Inhaltlich ist es direkt unter der COE-Leitung verankert, mit den Aufgaben:

- Kompetenzanalyse,
- Qualifikationsplanung,
- Controlling Kompetenzaufbau/-umsetzung und
- Trainingsmanagement/Erfahrungsaustausch.

Methodisch-technisch ist das Kompetenzmanagementsystem ein Bestandteil von Projekttools und -methoden.

Der **Kompetenzmanager** ist verantwortlich für den reibungslosen Ablauf des Kompetenzmanagementprozesses, die Dokumentation der Ergebnisse sowie das Controlling des Kompetenzauf- bzw. -abbaus. Die Anforderungen an den Kompetenzmanager sind durch sein Kompetenzprofil beschrieben. Das Rollengefüge, in dem der Kompetenzmanager agiert, lässt sich mit Hilfe der in Abbildung 5 dargestellten Tabelle exemplarisch veranschaulichen. Idealerweise kann er in dem Rollenspiel auf die Dienstleistungen einer Personalabteilung als Service-Center zurückgreifen (vgl. *Wunderer/von Arx* 1998).

Ein **Kompetenzmanagement-Werkzeug** unterstützt den Kompetenzmanager bei seinen originären Aufgaben, das heißt, er hat die Übersicht über die Daten, die dezentral von dem jeweiligen Verantwortlichen in ein entsprechendes System eingegeben werden. Die Daten zur Kompetenzeinschätzung sind gemäß Zugriffsrecht für die Führungskräfte und Mitarbeiter via Intranet jederzeit abrufbar. Ohne IT-Unterstützung wären die großen Datenmengen und die nachfolgend aufgelisteten Aufgaben allerdings nicht zu bewältigen:

- zyklische Ermittlung des Kompetenzbedarfs,
- kontinuierliche Pflege der Berechnungsbasis (Modellprojekte, Funktionsbeschreibungen),
- permanente Ermittlung, Steuerung und Kontrolle der Kompetenzentwicklung der Mitarbeiter,
- Pflege des Kompetenzportfolios,
- Erstellung/Abstimmung der Budgetplanung für den Kompetenzaufbau als Grundlage für die Geschäftsplanung,

Beteiligter	Beschreibung
Kompetenzmanager	Funktion/Rolle, die den Ablauf des Kompetenzmanagement-Prozesses steuert und wesentliche Aufgaben verantwortlich übernimmt.
Disziplinarischer Vorgesetzter	Direkter Vorgesetzter eines Mitarbeiters, bei dem dieser dauerhaft organisatorisch aufgehängt ist. Verantwortlich für Durchführung der Kompetenzanalyse und Kompetenzaufbau mit fest vereinbarten Kompetenzaufbauzielen.
Projektleiter	Im Falle eines projektbasierten Geschäfts die Führungskraft, der ein Mitarbeiter für einen definierten Zeitraum zugeordnet ist, obwohl dieser organisatorisch woanders angesiedelt ist. Für den Zeitraum der Zuordnung ist der Projektleiter über den Mitarbeiter weisungsbefugt und damit für die Durchführung des Kompetenzmanagements verantwortlich.
Leitungskreis	Gruppe der Führungskräfte bis zur Abteilungs-/Bereichsleiterebene. Verantwortlich für die Priorisierung der Maßnahmen und die Budgetierung.
Mitarbeiter	Jede(r) Mitarbeiter(in) der/die in die Kompetenzanalyse einbezogen wird. Eigenverantwortung für die Verfolgung der vereinbarten Kompetenzaufbauziele.

Abb. 5: Rollen im Kompetenzmanagement-Prozess

- permanente Pflege und Verbesserung des Kompetenzmanagement-Prozesses,
- Initiierung und Organisation von Austauschrunden zu Angebots- und Projekterfahrungen,
- Wahrnehmung der Aufgabe des Schulungsbeauftragten.

Das Werkzeug erlaubt bei dezentraler Dateneingabe durch die Führungskräfte eine zentrale Steuerung des Kompetenzmanagement-Prozesses durch den Kompetenzmanager. Dabei hat sich der Einsatz einer entsprechenden Intranetlösung bereits im weltweiten Einsatz bewährt. Bei unternehmensspezifischen Anpassungen ist eine Anbindung dieser Intranetlösung an ein Management-Informationssystem sinnvoll.

4. Zusammenfassung und Ausblick

Was ist neu am Ansatz für prozessintegriertes Kompetenzmanagement? Zunächst einmal geht der ganzheitliche Gestaltungsansatz über die Bildung von herkömmlichen Kompetenzmodellen hinaus. Entscheidend ist dabei, dass die Kompetenzmodelle konsequent auf den Geschäftsprozess bezogen sind und den genannten methodisch-inhaltlichen Anforderungen entsprechen. Dadurch sind sie eher zukunftsbezogen und können bei veränderten Bedingungen im Unternehmen flexibler eingesetzt werden.

Der Kompetenzmanagement-Prozess ist mit seinen Schnittstellen zu anderen Personalprozessen wie Beschaffung, Einsatz, Beurteilung, Vergütung oder Zielvereinbarung klar definiert und der vereinbarte Ablauf ist fester Bestandteil im Aufgabenkatalog der verantwortlichen Führungskräfte. Ein intranetbasiertes Kompetenzmanagement-Werkzeug unterstützt und vereinfacht dabei den Prozess hinsichtlich seiner dezentralen Handhabung und zentralen Steuerung. Der Kompetenzmanager verantwortet die Steuerung und das Monitoring des Prozesses sowie die Ergebnisdokumentation. Mit der Implementierung von Kompetenz-Zentren, die für den Aufbau von Kompetenzen im Unternehmen sorgen, ist das Kompetenzmanagement sowohl inhaltlich wie auch methodisch-technisch fest in der Organisation verankert.

Prozess, Werkzeug, organisatorische Verankerung sowie adäquate Anreizsysteme sind die entscheidenden Faktoren, um wettbewerbsrelevante Kompetenzen im Hinblick auf den Geschäftsprozess zielgerichtet auf- oder abzubauen. Die Kompetenzanalyse kann Ausgangspunkt sein, vorhandene Kompetenzen neu zu bündeln oder bestehende Organisationsgrundsätze zu verändern. Ziel ist es aber, jeden Mitarbeiter seinen Fähigkeiten entsprechend immer wieder neu in den Geschäftsprozess einzubinden, so dass er die kompetenzorientierte Erneuerung der eigenen Organisation selbst aktiv mitgestalten kann. Die organisatorische Erneuerung wird so zum lebendigen Prozess, der sich periodisch (jährlich) schrittweise selbst verbessert und somit nachhaltige Wettbewerbsvorteile sichert bzw. ausbaut. Dazu muss das Kompetenzmanagement als fester Bestandteil des Handlungsrahmens von Führungskräften und Mitarbeitern wirklich gelebt werden. So wird Kompetenzmanagement zu einem zentralen Faktor erfolgreicher Unternehmenstransformation (siehe hierzu auch Abschnitt B.4 dieses Buches).

Literatur

Drumm, H. J. (1995): Personalwirtschaftslehre, Berlin u.a. 1995.

Faulstich, P. (1998): Strategien der betrieblichen Weiterbildung, München 1998.

Fink, D. (1998): Virtuelle Unternehmensstrukturen: Strategische Wettbewerbsvorteile durch Telearbeit und Telekooperation, Wiesbaden 1998.

Krebs, M. (1998a): Organisation von Wissen in Unternehmungen und Netzwerken, Wiesbaden 1998.

Krebs, M. (1998b): Die virtuelle Unternehmung als Wissensorganisation: Potentiale und Grenzen des Wissensmanagements, Bad Homburg 1998.

May, J. (1999): The Vitual Classroom: Education just in time, just for you, Cap Gemini Education & Training, Utrecht/Netherlands 1999.

Nonaka, I. (1992): Wie japanische Konzerne Wissen erzeugen, in: Harvard Manager 2/92, S. 95-103.

Nonaka, I./Takeutchi, H. (1995): The knowledge-creating company – how japanese companies create the dynamics of innovation, New York, Oxford 1995.

Osterloh, M./Frost, J. (1996): Prozessmanagement als Kernkompetenz, Wiesbaden 1996.

Pawlowsky, P. (Hrsg) (1998): Wissensmanagement: Erfahrungen und Perspektiven, Wiesbaden 1998.

Picot, A./Reichwald, R./Wigand, R.T. (1996): Die grenzenlose Unternehmung: Information, Organisation und Management, Wiesbaden 1996.

Rasche, C./Wolfrum, B. (1994): Ressourcenorientierte Unternehmensführung, in: Die Betriebswirtschaft, 54. Jg. (1994), S. 501-517.

Reiss, K./Schoon, D. (1999): Kompetenzlücken im Unternehmen ermitteln und beseitigen, in: Frankfurter Allgemeine Zeitung vom 4.10.1999.

Romhard, K. (1998): Die Organisation aus der Wissensperspektive, Wiesbaden 1998.

Sarges, W. (1995): Managementdiagnostik, Göttingen 1995.

Schoon, D. (1998): Komptenzmodelle – Fähigkeiten anpassen, in: Blick durch die Wirtschaft (FAZ) vom 24.07.1999.

Staehle, W.H. (1999): Management, 9. Aufl., München 1999.

Wottawa, H./Theirau, H. (1990): Evaluation, Bern 1990.

Wunderer, R/v. Arx, S. (1998): Personalmanagement als Wertschöpfungscenter: Integriertes Organisations- und Personalentwicklungskonzept, Wiesbaden 1998.

B.10

Economic-Value-Added: Wertorientierte Unternehmensführung und -steuerung – ein Ansatz von Stern Stewart

*Markus Pertl / Matthias-Wilbur Weber / Bernd Niedernberg**

* Markus Pertl ist Managing Director, Matthias-Wilbur Weber Vice President und Bernd Niedernberg Financial Analyst bei Stern Stewart in München.

1. Wertmanagement als Unternehmensziel – eine Einführung

Wertmanagement ist aus dem Fokus moderner Unternehmensführung nicht mehr fortzudenken. Die Liberalisierung der Kapitalmärkte und die zunehmende Bedeutung institutioneller Investoren als Anleger haben den Unternehmen in Deutschland, Österreich und der Schweiz eine neue Form der Corporate-Governance beschert. Im Mittelpunkt der Erwartungen an die Entscheidungsträger im Unternehmen steht hierbei aktives Wertsteigerungsmanagement.

Traditionelle Kennzahlen eignen sich nur bedingt als wertorientierte Messgrößen, da sie sich selbst dann verbessern können, wenn de facto Aktionärsvermögen vernichtet wurde. Im Gegensatz dazu stellt der **„Economic-Value-Added"** (EVA®)* ein Messinstrument dar, das einen eindeutigen Bezug zur Wertsteigerung aufweist und sich sowohl als Messgröße zur Planung, Steuerung und Entscheidung als auch zur Anbindung an ein wertorientiertes Vergütungssystem eignet. Als zentrale Größe eines wertorientierten Führungs- und Steuerungssystems

- ermöglicht EVA eine eindeutige Aussage darüber, ob das Unternehmen oder Teilbereiche des Unternehmens zusätzlichen Wert geschaffen oder Wert vernichtet haben;
- berücksichtigt EVA die Kosten des gesamten eingesetzten Fremd- und Eigenkapitals;
- beseitigt EVA die wesentlichen ökonomischen Verzerrungen der Buchhaltung;
- wird EVA umfassend im Unternehmen eingesetzt (von der Planung, Investitions- und Akquisitionsanalyse über die strategische und operative Steuerung bis hin zur Performancemessung und Vergütung).

Eine Kopplung der Vergütung an die Wertsteigerung ist für den Erfolg wertorientierter Unternehmensführung ebenso wichtig, wie die Verwendung einer einheitlichen Messgröße bei der gesamten Steuerung. Nur wenn sich Wertsteigerung für alle Beteiligten lohnt, wird Wertorientierung im Unternehmen gelebt und zur zentralen Zielsetzung aller Mitarbeiter.

EVA ist damit mehr als nur eine Kennzahl. Das EVA-Konzept ist ein umfassendes und integriertes Management- und Incentivesystem, das die Ausrichtung aller

---

* EVA® ist ein registriertes Trademark von Stern Stewart.

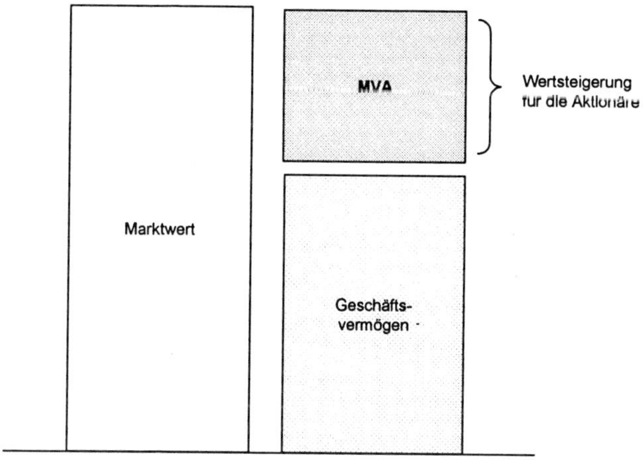

Abb. 1: Market-Value-Added als extern messbare Wertgröße

unternehmerischen Entscheidungen und Aktivitäten am Wertsteigerungsgedanken ermöglicht und somit allen Stakeholdern zugute kommt.

Bei der Lektüre deutscher Geschäftsberichte fällt die regelmäßige Betonung der Bedeutung von Wertsteigerung bei Ausrichtung und Führung von Unternehmen ins Auge. *DaimlerChrysler* schreibt im Geschäftsbericht 1998 zum Unternehmensziel: „Wir schaffen hervorragenden Wert für unsere Kunden, unsere Mitarbeiter und unsere Aktionäre". Auch die *Krupp AG* verspricht ihren Aktionären 1998: „Wir arbeiten daran, den Wert Ihres Unternehmens nachhaltig zu steigern". In ähnlicher Form bekennen sich fast alle größeren Unternehmen im deutschen Sprachraum dazu, Wertsteigerung als wesentliches Unternehmensziel zu verfolgen.

Während es an Bekenntnissen zur Wertsteigerung nicht mangelt, sucht man hingegen in den Geschäftsberichten meist vergeblich nach Messgrößen, die darüber Auskunft geben, ob das Management für das Unternehmen als Ganzes bzw. in einzelnen Geschäftsbereichen zusätzlichen Wert geschaffen oder sogar Wert vernichtet hat. Insbesondere wird hierbei Wertsteigerung häufig mit der Maximierung des Marktwertes verwechselt. Entscheidend ist jedoch nicht der Marktwert, sondern die Differenz zwischen Unternehmenswert und investiertem Kapital, das Eigen- und Fremdkapitalgeber aufgebracht haben. Aus Sicht der Anteilseigner wird zusätzlicher Wert nur dann geschaffen, wenn der Marktwert höher ist als die Summe des investierten Kapitals (Geschäftsvermögen). Dieser Mehrwert wird als **„Market-Value-Added"** (MVA) bezeichnet und ist in Abbildung 1 dargestellt.

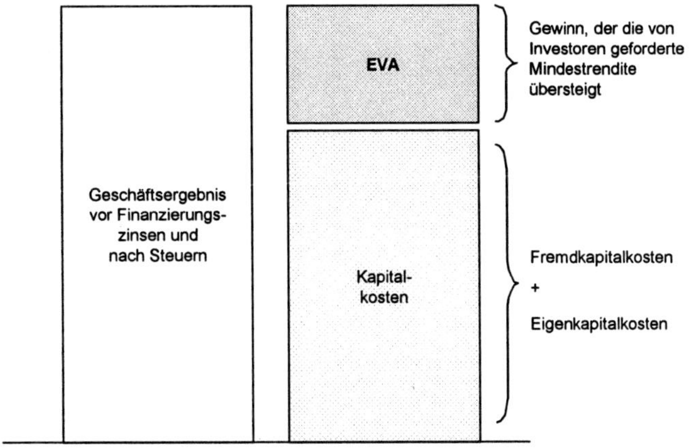

Abb. 2: EVA als operative Kennzahl

Ziel des Managements muss es damit sein, den MVA und nicht den Marktwert des Unternehmens zu maximieren, da der Marktwert zum Beispiel auch durch Akquisitionen erhöht werden kann. Ist jedoch der Kaufpreis höher als die Steigerung des Marktwertes, so wird Aktionärsvermögen vernichtet, obwohl absolut betrachtet der Marktwert des Unternehmens durch Aufnahme von neuem Kapital gestiegen ist.

Die Maximierung des MVA, als eine vom Kapitalmarkt abgeleitete externe Wertgröße, stellt damit das zentrale Ziel wertorientierter Unternehmensführung dar. Allerdings ist der MVA zur internen Unternehmenssteuerung weniger geeignet, da er auf externen Marktdaten beruht, die kurzfristigen Schwankungen unterliegen können. Auch kann der MVA nicht direkt für einzelne Geschäftsbereiche oder nicht-börsennotierte Unternehmen ermittelt werden. Nicht zuletzt fehlt ein direkter Bezug zwischen dem MVA und den Werttreibern des Unternehmens.

2. Grundlagen des EVA-Konzepts

2.1 Definition und Berechnung

Der Economic-Value-Added bildet die Brücke zwischen dem extern abgeleiteten MVA und der internen, operativen Steuerung. EVA ist eine operative Kennzahl, die sich, aufbauend auf dem externen Rechnungswesen, aus der Managementerfolgsrechnung für jede Berichtsperiode ableiten lässt. Sie geht auf eine kaufmännische Grundregel zurück, wonach zusätzlicher Wert erst dann geschaffen

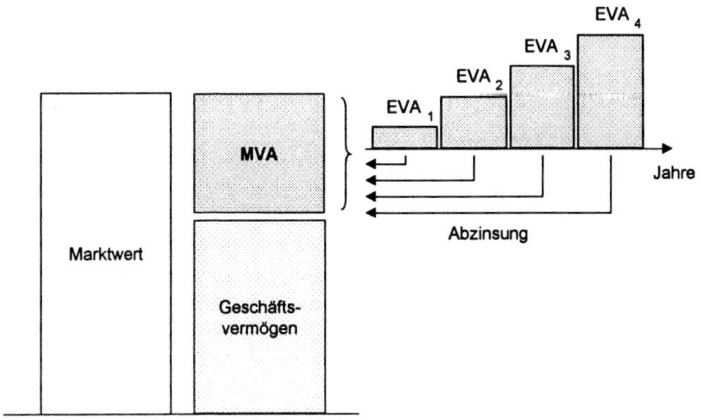

Abb. 3: Der Zusammenhang von EVA und MVA

wird, wenn ein Geschäft langfristig mindestens die Kosten des eingesetzten Kapitals verdient. Abbildung 2 zeigt EVA als Residualgröße, die sich aus dem Geschäftsergebnis abzüglich der Kosten für das eingesetzte Geschäftsvermögen errechnet. Als interne Kennzahl misst EVA die operative Leistungskraft pro Periode und steht in einem eindeutigen Zusammenhang mit der extern messbaren Wertentwicklung des Unternehmens. Abbildung 3 zeigt diesen Zusammenhang von EVA und MVA, also von interner Steuerungsgröße und am Kapitalmarkt messbarer Wertentwicklung. Der MVA ist demnach nichts anderes als der Barwert aller zukünftig erwarteten EVAs.

Analog zur Berechnung des MVA (Marktwert abzüglich des Wertes des gesamten investierten Kapitals) werden bei der **Berechnung des EVA** vom operativen Ergebnis die Kapitalkosten abgezogen:

(1) *EVA = Geschäftsergebnis – (Geschäftsvermögen × Kapitalkostensatz).*

Bei der Kalkulation des EVA wird von dem operativen Ergebnis vor Finanzierungskosten und nach Steuern – im englischen NOPAT („Net-Operating-Profit-After-Taxes") – ausgegangen. Für die Berechnung des relevanten Steueraufwandes wird der ausgewiesene Steueraufwand herangezogen und um EVA-spezifische Steuereffekte aufgrund von Anpassungen adjustiert.

Das Geschäftsvermögen stellt im Rahmen des EVA-Konzepts das operative, d.h. für die Erwirtschaftung des Geschäftsergebnisses eingesetzte Vermögen dar. Bei der Berechnung des Vermögens geht man der Frage nach, welche Vermögenspositionen der Bilanz betriebsnotwendig eingesetzt werden und für die operativen Prozesse tatsächlich zur Verfügung stehen (vgl. *Hostettler* 2000).

Die Kapitalkosten eines Unternehmens ergeben sich aus den Kosten für das gesamte investierte Eigen- und Fremdkapital (passivseitige Betrachtung) bzw.

den Kosten für das investierte Anlage- und Netto-Umlaufvermögen (aktivseitige Betrachtung). Der Kapitalkostensatz errechnet sich aus den gewichteten Kosten des Eigen- und Fremdkapitals („Weighted Average Cost of Capital"), wobei die Gewichtung mit den Marktwerten des Eigen- und Fremdkapitals erfolgt.

2.2 Anpassungen

Um die ökonomische Realität besser darstellen zu können, müssen sowohl bei der Ermittlung des Geschäftsergebnisses als auch des Geschäftsvermögens einige Anpassungen vorgenommen werden. Das externe Rechnungswesen als Ausgangspunkt führt grundsätzlich dazu, dass Buchwerte von den ökonomischen Werten abweichen und in der Erfolgsrechnung der Jahresüberschuss dem bilanziellen, aber nicht dem ökonomischen Gewinn entspricht. Insgesamt hat *Stern Stewart* weltweit über 160 mögliche Anpassungen identifiziert. Als Beispiele können die Behandlung von (1) Geschäfts- oder Firmenwerten (Goodwill), (2) Restrukturierungsaufwendungen oder (3) Investitionen in Forschung und Entwicklung genannt werden.

(1) Sowohl nach HGB als auch nach US-GAAP und IAS werden **Firmenwerte** aktiviert und anschließend über mehrere Jahre abgeschrieben, ohne dass ein ökonomischer Zusammenhang zwischen tatsächlicher Wertentwicklung des Goodwills und der Abschreibungsdauer besteht.[*] Im EVA-System wird daher Goodwill regelmäßig nicht abgeschrieben. Stattdessen wird er als Teil des investierten Vermögens behandelt, auf das der Anleger eine angemessene Verzinsung erwartet. Statt Abschreibungen sind im EVA-System die Kosten des Goodwills die Kapitalkosten, da der Goodwill brutto im Geschäftsvermögen aktiviert wird. Die Belastung ist nun gleichbleibend, anstatt zu Beginn des Abschreibungszeitraums hoch zu sein und nach dem Ende der Abschreibungen zu einer plötzlichen, nicht operativ begründeten Ergebnisverbesserung zu führen. Allem voran wird durch diese Anpassung auch das gewünschte Verhalten des Managements motiviert, d.h. nur solche Akquisitionen werden getätigt, deren erwartete Erträge über den Kosten des zusätzlich investierten Vermögens liegen.

(2) Eine ähnliche Überlegung steht hinter der Anpassung für **Restrukturierung**. Die Rechnungslegungsvorschriften verlangen in der Regel, die Kosten für eine Neuausrichtung des Unternehmens im selben Jahr zu verbuchen, in dem sie verursacht werden. Meist liegen die Ursachen für eine Restrukturierung

---

[*] Goodwill entspricht der Differenz zwischen dem Kaufpreis einer Firma und dem Buchwert des erworbenen Netto-Vermögens.

jedoch in der Vergangenheit, während der Nutzen erst in den Folgejahren zu erwarten ist. Aus ökonomischer Sicht spricht daher nichts dafür, die Kosten in dem Jahr zu veranschlagen, in dem sie verbucht werden. Stattdessen werden im EVA-System die Kosten aktiviert. So werden Restrukturierungen als Investitionen behandelt, auf die der Investor eine angemessene Verzinsung erwartet. Auch hier wird das gewünschte Verhalten motiviert, nur solche Restrukturierungen durchzuführen, die Ergebnisverbesserungen in Form zusätzlicher Erlöse oder Einsparungen mindestens in Höhe der zusätzlichen Kapitalkosten erwarten lassen.

(3) Aufwendungen für **Forschung und Entwicklung** sind ihrem Charakter nach ebenfalls eindeutig Investitionen in zukünftige Produkte oder Prozesse. Während die Rechnungslegungsvorschriften verlangen, sie in derselben Periode als Aufwand zu verbuchen, in der sie tatsächlich anfallen, können sie im EVA-System kapitalisiert und über ihre durchschnittliche Nutzungsdauer abgeschrieben werden. Auch hier steht die Steuerung des gewünschten Verhaltens im Vordergrund. Ökonomisch sinnvolle Investitionen in Forschungsprojekte werden durchgeführt und nicht ins folgende Jahr verschoben oder gestrichen, nur um das Ergebnis kurzfristig zu verbessern.

Im Folgenden soll nun aufgezeigt werden, in welchen unternehmerischen Entscheidungssituationen EVA konkret einsetzbar ist und wie das Konzept darüber hinaus als Ausgangspunkt für die Überwindung der Interessengegensätze zwischen Management und Eigentümern dienen kann.

3. Wertmanagement in der Unternehmenspraxis

3.1 EVA-Managementsystem

Das EVA-Managementsystem integriert alle betrieblichen Aktivitäten – von der strategischen Planung und Investitionsrechnung über operative Entscheidungen bis hin zur Performancemessung – durch Verwendung eines einheitlichen Maßstabes. Durch die Verknüpfung mit dem Incentivesystem wird eine durchgängige Gesamtunternehmenssteuerung motiviert, die alle strategischen und operativen Entscheidungen an ihrem Beitrag zur Steigerung des Marktwertes bemisst. Abbildung 4 zeigt diese prozessübergreifende Steuerungssystematik von EVA und verdeutlicht, dass EVA im Unternehmen durchgängig und in sich konsistent eingesetzt werden kann.

Grundsätzlich existieren auf Gesamtunternehmensebene vier Wege, um EVA zu steigern:

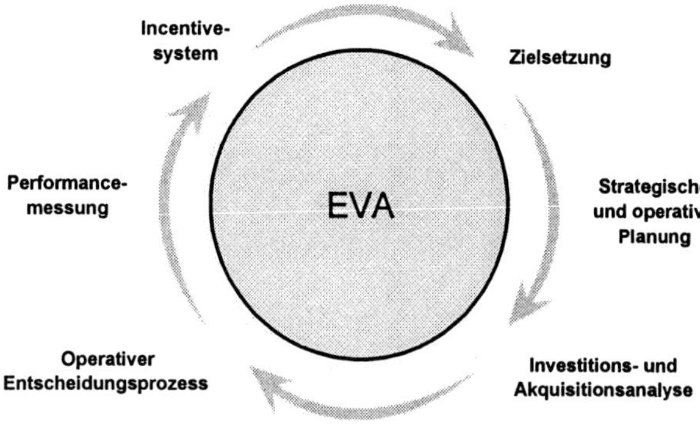

Abb. 4: EVA-Management- und Incentivesystem

- Verbesserung der **Renditen** der bestehenden Geschäfte durch Steigerung des Geschäftsergebnisses auf das eingesetzte Kapital.
- Verringerung der **Kapitalkosten** durch Optimierung der Kapitalstruktur und des Ratings.
- **Wachstum** durch Investitionen in Projekte mit positiver EVA-Marge, d.h. Investitionen in Projekte oder Produkte, die mehr als die Kapitalkosten verdienen.
- Abbau bzw. **Desinvestition** von unproduktivem Geschäftsvermögen bzw. von Bereichen oder Tochtergesellschaften, die weniger als ihre Kapitalkosten erwirtschaften.

Damit stehen dem Unternehmen grundsätzlich vier Top-Werthebel zur Verfügung, um EVA nachhaltig zu verbessern: Performance, Kapitalstruktur, Wachstum und Asset-Management. Die Performance lässt sich steigern, indem bei gleichem Geschäftsvermögen die Erträge erhöht oder die Kosten gesenkt werden. In beiden Fällen steigt der „Spread"* und verbessert den EVA. Viele Unternehmen haben in den Achtzigerjahren ihre Kräfte auf Kostensenkungsmaßnahmen konzentriert. Gestärktes Kostenbewusstsein und zahlreiche Maßnahmen zur Eindämmung von variablen und fixen Kosten waren typischer Ausdruck dieser Managementphilosophie.

Mehr und mehr wird jedoch deutlich, dass die Möglichkeiten der Effizienzsteigerung beschränkt sind und oft nur noch geringe Verbesserungen zulassen. Darüber hinaus kann der „Spread" auch durch Reduktion der Kapitalkosten verbessert werden. Auch hier betreiben die meisten größeren Unternehmen

* Spread = (Geschäftsergebnis / Geschäftsvermögen) – Kapitalkostensatz.

bereits eine bewusste Finanzierungspolitik, die dem Unternehmen eine optimierte Kombination aus Eigen- und Fremdmitteln sichert. Da die Finanzierungspolitik aus operativer Sicht allerdings nicht beeinflussbar ist, werden Fragen der Kapitalstruktur an dieser Stelle nicht weiter vertieft.

Ein Werttreiber – profitables Wachstum – sollte für die meisten Unternehmen im Vordergrund stehen, da er praktisch unlimitierte Möglichkeiten zur Wertsteigerung eröffnet. Solange das Geschäftsergebnis höher ist als die Kosten des zusätzlich investierten Kapitals, schafft Wachstum zusätzlichen Wert. Messlatte für alle Investitionen ist dabei die Summe der Barwerte aller zukünftigen EVAs. Dabei gilt als Grundsatz, dass alle Projekte mit einem positiven Barwert Wert schaffen, Projekte mit einem negativen Barwert dagegen Wert vernichten. Auch für Investitionsprojekte gilt dabei der Kapitalkostensatz als Mindestverzinsung auf das eingesetzte Kapital.

Während die Möglichkeiten von Effizienzsteigerungen, Kapitalkostenoptimierung und Desinvestitionen naturgemäß beschränkt sind, bestehen diese Grenzen für profitables Wachstum nicht. Nur so lässt sich auch erklären, warum viele Unternehmen an der Börse zu einem Preis bewertet werden, der aus der momentanen Ertragskraft nicht erklärbar ist. Anleger erwarten damit eine deutliche Verbesserung der Performance durch Wachstum. Insbesondere bei Unternehmen, die bereits jetzt eine hohe Marge aufweisen, lassen sich diese Erwartungen nur durch zusätzliche Investitionen in Projekte realisieren, deren Erträge die Kosten des investierten Kapitals übersteigen.

3.2 EVA-Incentivesystem

Bisher wurde dargestellt, wie Führungskräfte Wertorientierung im Unternehmen umsetzen können. Durch Koppelung der operativen Performance mit dem EVA-Incentivesystem wird Wertorientierung im Unternehmen institutionalisiert, mit dem Ziel Führungskräfte zu unternehmerischem Handeln zu motivieren. Unternehmerisches Handeln lässt sich aber nur erreichen, wenn den Beteiligten auch unternehmerische Chancen und Risiken eingeräumt werden. Daraus ergeben sich vier grundsätzliche Anforderungen an ein Incentivesystem:

- Signifikanz der variablen Gehaltsbestandteile,
- Koppelung des variablen Gehaltsbestandteils an die Wertentwicklung des Unternehmens,
- keine Begrenzung des Bonus nach oben oder unten und
- Motivation nachhaltiger Wertsteigerung, d.h. ein Teil des Bonus bleibt im Risiko.

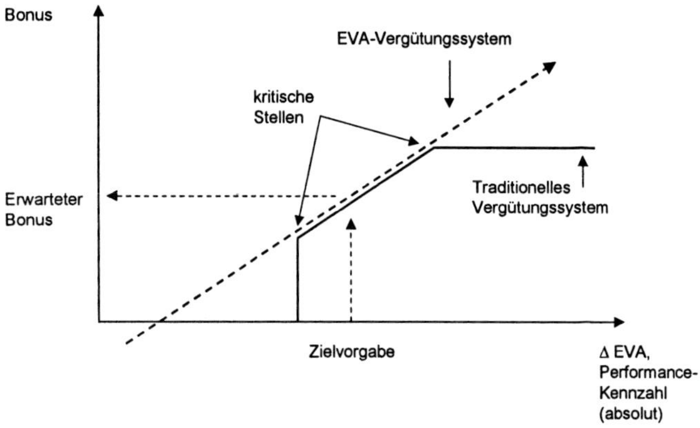

Abb. 5: EVA-Vergütungssystem und traditionelle Vergütungssysteme

Das EVA-Vergütungssystem verbindet den variablen Gehaltsbestandteil der Mitarbeiter konsequent mit der Wertsteigerung des Unternehmens. Das EVA-Vergütungssystem basiert auf einem Ist/Ist-Vergleich. Betrachtet wird die Veränderung des EVA zum Vorjahr (Δ EVA). Änderungen der Leistung führen grundsätzlich zu Änderungen des Bonus. Das EVA-Vergütungssystem ist grundsätzlich weder nach unten noch nach oben begrenzt. Führungskräften erwachsen somit neue Einkommenschancen bei unternehmerischem Erfolg.

Dagegen weist die Bonusgerade traditioneller Vergütungssysteme in der Regel zwei kritische Stellen als Bonusober- und Bonusuntergrenze auf (siehe Abb. 5). Diese kritischen Stellen fördern unerwünschtes Verhalten der Entscheidungsträger. Wird die obere kritische Stelle erreicht, führt eine weitere Verbesserung der Leistung nicht zu einer zusätzlichen Bonuswirkung. Besteht keine Möglichkeit, die untere kritische Stelle zu erreichen, lohnt es sich aus Sicht des Managements, möglichst viele Aufwendungen in das laufende Jahr zu verlagern und möglichst viele Erträge in das nächste Jahr zu verschieben. Traditionelle Vergütungssysteme motivieren daher nur in begrenztem Maße zu nachhaltiger Wertschaffung, da gezielte Wertvernichtung keine Konsequenzen nach sich zieht und tatsächliche Wertsteigerung nicht belohnt wird.

Um die Nachteile eines einperiodischen Vergütungssystems zu vermeiden und nachhaltige Wertschaffung im Unternehmen sicherzustellen, wird das EVA-Vergütungssystem üblicherweise mit einer Bonusbank verknüpft. Hierbei wird der Jahresbonus nicht sofort ausbezahlt, sondern zunächst einer persönlichen Bonusbank gutgeschrieben. Von diesem Guthaben kann dann jedes Jahr ein vorher festgelegter Prozentsatz ausbezahlt werden, der Restbetrag wird vorgetragen. Ein negativer Bonus führt zu einer Verringerung des Bonusbestandes. Das Ziel der EVA-Bonusbank ist es, Führungskräfte mit einer erfolgsabhängigen Kapitaleinlage mittelfristig auch an der Unternehmensperformance zu beteiligen.

Um die langfristigen Anreize von Aktien- und Aktienoptionsplänen zu nutzen, kann das EVA-Vergütungssystem mit Stock-Option-Programmen verbunden werden. Damit gelingt die Verknüpfung einer direkten Beteiligung des Managements am Unternehmen mit der langfristigen EVA-Entwicklung.

3.3 EVA als Bewertungsinstrument

Neben den operativen Anwendungsmöglichkeiten zur Unternehmensführung und -steuerung wird EVA auch bei der Unternehmensbewertung eingesetzt. Bei gleichen Annahmen über die Entwicklung der zukünftigen Performance gelangt eine Bewertung nach EVA oder nach der Discounted-Cash-Flow-Methode (Kapitalbarwert) zum selben Ergebnis. Die EVA-Methodik macht jedoch die zugrunde liegenden Hypothesen transparent. Durch die notwendige Verbindung von Bilanz- und GuV-Planung wird eine detailliertere Dokumentation der Planungsparameter sichergestellt. Weiterhin ist es dank einer tiefgreifenden Werttreiberanalyse möglich, die Konsistenz der Annahmen zu verifizieren und anhand der operativen Kenngrößen den Wert des Unternehmens detailliert zu bestimmen. Dem Aktionär wird zugleich eine Maßzahl an die Hand gegeben, mittels derer er den geplanten Unternehmenserfolg periodengerecht nachvollziehen und überwachen kann.

Als Beispiel für die höhere Aussagekraft von EVA gegenüber dem Free-Cash-Flow (FCF) wird in Abbildung 6 für das Handelsunternehmen *Wal-Mart* die Entwicklung beider Größen mit der Entwicklung des MVA verglichen. Da EVA periodengerecht bestimmt werden kann, ist es zugleich möglich, einen wesentlichen Teil der Bezahlung des Managements an die erwarteten EVAs zu knüpfen. Das Beispiel *Wal-Mart* zeigt sehr deutlich, dass eine Verknüpfung mit dem Free-Cash-Flow demgegenüber wenig sinnvoll gewesen wäre und keine Wertschaffung abgebildet hätte.

Bewertungsfragen sind insbesondere im Zusammenhang mit Akquisitionen und Fusionen relevant. Sie sind unter Wertsteigerungsgesichtspunkten wichtige Entscheidungen im Lebenszyklus eines Unternehmens, auch wenn statistisch gesehen rund zwei Drittel aller Fusionen und Akquisitionen ohne den gewünschten Erfolg bleiben. Die Übernahmepreise beinhalten häufig eine hohe Prämie, durch die geplante zukünftige Synergieeffekte vom Käufer an den Verkäufer abgegeben werden. Nur wenn sich das übernehmende Unternehmen zutraut, einen höheren Wert zu schaffen, als im Preis impliziert ist, lohnt sich die Akquisition auch aus dem Blickwinkel der Wertsteigerung.

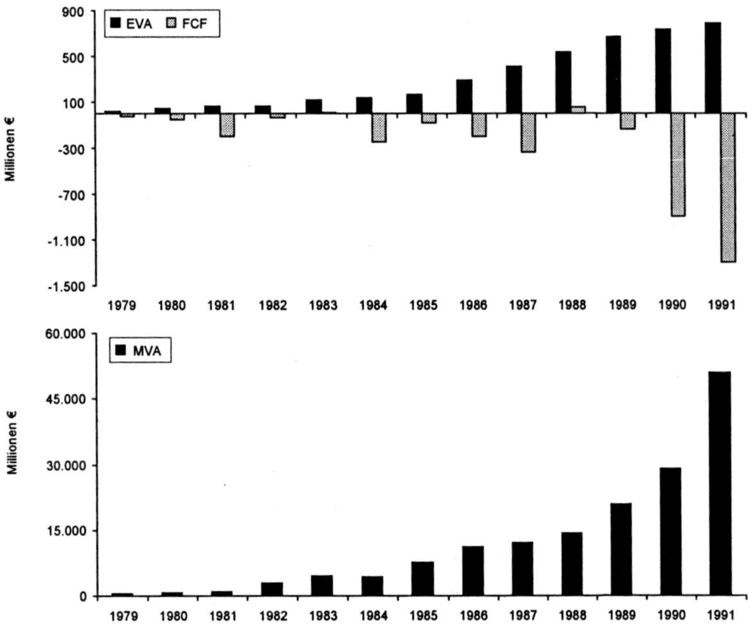

Abb. 6: Entwicklung von EVA, FCF und MVA bei Wal-Mart

„EVA war die Grundlage für alle zu beurteilenden Akquisitionen, die von Anfang an einen wesentlichen Teil des Alltags bei *Centura* darstellten. Viele Kandidaten schienen verlockend und wünschenswert, wenn man sie aus der Sicht ihres Gewinnbeitrags betrachtete, aber sie wurden schnell unattraktiv, wenn die Kapitalkosten in die Gleichung mit einbezogen wurden. In den letzten paar Jahren verzichtete *Centura* auf mindestens ein Dutzend Akquisitionsmöglichkeiten, die auf der Basis der Gewinne erstrebenswert erschienen, aber die EVA-Hürde nicht schafften. In einer Verhandlung ließ *Centura* einen Kandidaten laufen, weil der Preis, den dieser verlangt hatte, mit EVA betrachtet zu hoch erschien. Die Geschäftsführer mussten mit Bedauern zusehen, wie ein Konkurrent den Zuschlag bekam – mit Bedauern zumindest solange, bis der Aktienkurs des Käufers sank" (*Ehrbar* 1999, S. 138).

4. Praktische Umsetzung von EVA

Einer der Pioniere im deutschsprachigen Raum bei der konsequenten Ausrichtung auf Wertsteigerung ist die *Siemens AG* (vgl. hierzu und im Folgenden *Ehrbar* 1999). Lange Zeit war man vergeblich auf der Suche nach einem geeigneten

Mittel, den „schlafenden Riesen“ stärker in Richtung Wertorientierung auszurichten. Im Sommer 1996 wurde der damalige Finanzchef und heutige Aufsichtsratsvorsitzende *Karl-Heinz Baumann* auf das Buch „The Quest for Value“ von *Bennett Stewart*, einem Mitbegründer der Firma *Stern Stewart*, aufmerksam. Von der Lektüre begeistert, sammelte er weitere Informationen zum EVA-Konzept, das in den USA zu Beginn der Achtzigerjahre entwickelt und bis heute weltweit bei über 300 Unternehmen implementiert wurde.

Wenige Monate später begann *Siemens* mit dem Projekt „WIN“. Das Synonym WIN steht seitdem für die Ausrichtung aller Einheiten auf Wertsteigerung. Jeder Bereich muss jetzt ein Geschäftsergebnis erwirtschaften, das über den Kosten für das eingesetzte Kapital liegt. Die Differenz zwischen dem Geschäftsergebnis und den Kapitalkosten nennt *Siemens* „Geschäftswertbeitrag“ (ein anderer Name für EVA). Drei Gründe waren im Wesentlichen ausschlaggebend dafür, die Wertsteigerungsinitiative auf EVA auszurichten:

- EVA ist ein umfassendes Führungsinstrument, das von der Performancebeurteilung über Investitionsentscheidungen bis hin zum Incentivesystem alle Anforderungen abdeckt.
- EVA bietet einen objektiven, d.h. vom Markt abgeleiteten Maßstab für die Wertsteigerung aller Bereiche.
- EVA gewährleistet eine gute Verknüpfbarkeit mit dem bestehenden Rechnungswesen.

Ein weiterer wichtiger Aspekt bestand in der Durchsetzungsfähigkeit innerhalb eines großen Konzerns. Denn nicht selten werden in Großkonzernen Ideen und Projekte angestoßen, die im Laufe ihrer Implementierung in den Geschäftsbereichen an Wirkungskraft verlieren und schließlich von der nächsten Initiative überrollt werden. Noch problematischer ist es, wenn es sich bei der Einführung um Finanzkennzahlen handelt, die von den Mitarbeitern aufgrund ihrer Komplexität weder verstanden noch akzeptiert werden.

Das EVA-Konzept kennt diese Probleme nicht. Im Gegenteil: „EVA beseitigt die Verwirrung, die durch viele Planzahlen entsteht, und schafft eine gemeinsame Sprache – vom einfachen Angestellten bis zum Top-Manager,“ begründete *Dr. Baumann* seine Entscheidung für EVA. Natürlich wurden nicht alle sonstigen operativen Steuerungsgrößen von *Siemens* verbannt. Insbesondere in untergeordneten Unternehmenseinheiten eignen sich Treiber-Kennzahlen, wie zum Beispiel Durchlaufzeiten, Bestände oder Liefertreue als Stellhebel, die von den Mitarbeitern auch tatsächlich beeinflusst werden können. Treiber-Kennzahlen geben zwar nicht direkt Auskunft über das Ausmaß der Wertsteigerung; sie korrelieren jedoch damit, d.h. eine Verbesserung eines Treibers führt ceteris paribus auch zu einer Verbesserung des EVA. Insbesondere können anhand der

Abb. 7: EVA-Einführung und Entwicklung der Siemens-Aktie im Vergleich zum Gesamtmarkt

Treiber Wechselwirkungen zwischen Geschäftsergebnis und -vermögen analysiert werden.

Wenn auch die EVA-Ziele bei *Siemens* von Bereich zu Bereich unterschiedlich sind, so ist doch die Kennzahl die gleiche. EVA-Ziele sind nun nicht mehr das Ergebnis eines langwierigen Verhandlungsprozesses zwischen der Geschäftsleitung und dem operativen Management, sondern werden vom Markt abgeleitet.

Unnötige Diskussionen darüber, was möglich ist und was nicht, entfallen. Stattdessen lässt sich gemeinsam darüber nachdenken, wie man den EVA bestmöglich steigern kann. Schließlich wurde auch die Vergütung des Top-Managements an die Steigerung des EVA gekoppelt.

Der Kapitalmarkt hat die verbindliche Einführung von EVA mit Beginn des Geschäftsjahres 1998/99 honoriert (siehe Abb. 7). EVA lässt sich nicht nur unternehmensintern, sondern auch gegenüber den Anlegern und Analysten gut kommunizieren und bietet ein gemeinsames Verständnis von Wertsteigerung. Der Fokus auf EVA – in Verbindung mit einem entsprechend ausgerichteten Incentivesystem – gibt den Anlegern Gewissheit, dass ihre und die Interessen des Managements weitgehend kongruent sind. Dies ist die beste Basis für langfristige Wertsteigerung!

Literatur

Ehrbar, A. (1999): Economic Value Added: Der Schlüssel zur wertsteigernden Unternehmensführung, Wiesbaden 1999.

Hostettler, S. (2000): Economic Value Added (EVA): Darstellung und Anwendung auf Schweizer Aktiengesellschaften, 4. Aufl., Bern 2000.

Stewart, G.B. (1991): The Quest for Value, New York 1991.

B.11

Due-Diligence: Beurteilung wirtschaftlicher Risiken bei Investitions- und Finanzierungsentscheidungen – ein Ansatz von Arthur D. Little

*Arno Wilfert / Patrick Ziechmann**

* Dr. Arno Wilfert ist Associate Director, Patrick Ziechmann Manager bei Arthur D. Little International, Inc. in Düsseldorf.

1. Begriff und Arten der Due-Diligence

Der Begriff der Due-Diligence wird zunehmend immer dann verwendet, wenn größere Finanztransaktionen abgewickelt werden. Dabei handelt es sich zumeist um Unternehmensbeteiligungen oder -übernahmen oder um große Projektfinanzierungen. Eine eindeutige Definition des Begriffes existiert jedoch nicht. In aller Regel versteht man unter einer Due-Diligence die detaillierte und systematische Analyse eines Unternehmens oder eines Geschäftsplanes, mit dem Ziel, einen Gesamteindruck von der wirtschaftlichen Lage, den Zukunftsaussichten und Risiken zu gewinnen (vgl. auch *Koch/Wegmann* 1998; *Berens/Strauch* 1998). Dabei unterscheidet man fünf wesentliche Arten der Due-Diligence, die sowohl einzeln als auch in unterschiedlichen Kombinationen durchgeführt werden können (vgl. *Arthur D. Little* 1999): (1) die kommerzielle Due-Diligence, (2) die finanzielle Due-Diligence, (3) die technische Due-Diligence, (4) die rechtliche Due-Diligence und (5) die Umwelt-Due-Diligence.

(1) Die **kommerzielle Due-Diligence** dient vor allem dazu, die wirtschaftlichen Risiken im Zusammenhang mit einer Finanzierung oder Investition abzuschätzen – sei es durch die Bereitstellung von Eigen- oder Fremdkapital. Die kommerzielle Due-Diligence ist daher vor allem zukunftsorientiert, d.h. sie untersucht insbesondere, welche zukünftigen freien Cash-Flows das Zielobjekt erzielen kann. Dabei steht für Investoren immer die Frage im Vordergrund, ob sie einerseits mit einer angemessenen Verzinsung und andererseits mit dem Erhalt bzw. der Rückzahlung ihres eingesetzten Kapitals rechnen können. Dies gilt für Eigenkapitalgeber genauso wie für Banken bei einer Kreditvergabe. Bei der Kreditvergabe steht allerdings häufig nicht so sehr die Frage nach der Kapitalrentabilität im Vordergrund. Hier wird bei der Due-Diligence vielmehr darauf abgestellt, ob das untersuchte Investment genügend freien Cash-Flow generiert, um die vereinbarten Zins- und Tilgungszahlungen jederzeit planmäßig leisten zu können. Aufgrund des Zukunftsbezugs werden bei einer derartigen Due-Diligence zumeist externe Unternehmensberater hinzugezogen, die über entsprechende Markt- und Wettbewerbseinschätzungen verfügen.

(2) Die **finanzielle Due-Diligence** soll Aussagen darüber liefern, inwieweit die Jahresabschlüsse die tatsächlichen Verhältnisse des Zielunternehmens widerspiegeln. Die finanzielle Due-Diligence ist daher vor allem vergangenheitsorientiert und wird in der Regel von Wirtschaftsprüfern durchgeführt. In diesem Zusammenhang wird oft auch eine steuerliche Due-Diligence angeschlossen, bei der untersucht wird, ob mit dem Einstieg bei einem Unternehmen zukünftig steuerliche Risiken oder Altlasten verbunden sind.

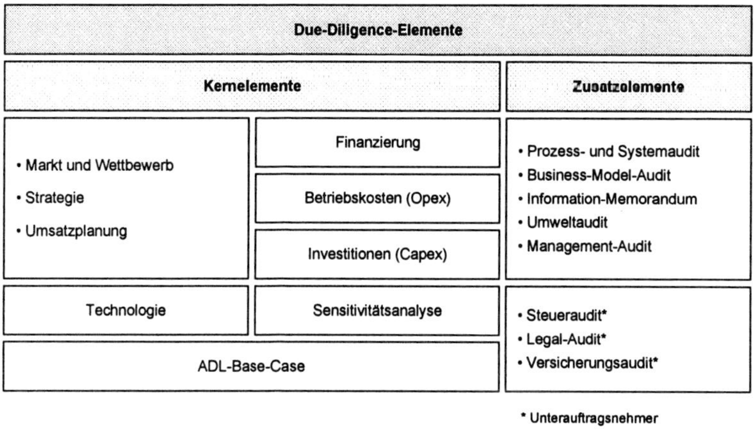

Abb. 1: Kern- und Zusatzelemente einer Due-Diligence

(3) Bei der **technischen Due-Diligence** steht in der Regel die Frage im Vordergrund, ob eine bestimmte Technologie hinreichend ausgereift und implementierbar ist, um die in einem Geschäftsplan angenommenen Einnahmen- und Ausgabenströme zu realisieren. Um eine technische Due-Diligence durchführen zu können, sind üblicherweise sowohl ein sehr tiefgehendes technisches Verständnis als auch profunde Erfahrungen hinsichtlich der Vermarktbarkeit der Technologie erforderlich. Daher werden hier meistens Technologieberatungen oder manchmal auch Ingenieurbüros als externe Berater eingesetzt.

(4) Die **rechtliche Due-Diligence** soll Aufschluss darüber liefern, inwieweit das Zielunternehmen mit rechtlichen Risiken und vertraglichen Pflichten belastet ist, die sich unter Umständen negativ auf die Entwicklung des Cash-Flows und damit letztlich auf die Höhe des Unternehmenswertes auswirken können. Bei komplexen Eigentumsverhältnissen und stark verschachtelten Unternehmen spielt eine solche rechtliche Due-Diligence häufig eine wesentliche Rolle bei der Investitionsentscheidung, da oftmals erst sie Klarheit darüber bringt, wie genau das eigentliche Investitionsobjekt abgegrenzt werden kann, d.h. welche Unternehmensteile, welche Rechte und welche Pflichten der Investor eigentlich erwirbt. Rechtliche Due-Diligence-Projekte werden ausschließlich von Rechtsanwaltskanzleien mit entsprechenden Schwerpunkten im Wirtschafts- und Gesellschaftsrecht durchgeführt.

(5) Bei einer **Umwelt-Due-Diligence** wird das Investitionsobjekt auf eventuelle Altlasten und Umweltschäden hin untersucht. Hierfür werden insbesondere Ingenieurbüros oder spezialisierte Analyselabors hinzugezogen.

Die von *Arthur D. Little* (ADL) entwickelte Methodik zur Durchführung von Due-Diligence-Projekten unterscheidet Kernelemente der Due-Diligence und ergänzende Zusatzelemente (siehe Abb. 1). Während die Kernelemente in der Regel in *einem* Paket abgearbeitet werden, kommen die Zusatzelemente nur selektiv – auf Wunsch des Kunden – zum Tragen. Dabei wird vor allem bei Steueraudits, rechtlichen Audits und Versicherungsaudits auf in diesen Bereichen erfahrene Unterauftragnehmer und spezialisierte Kooperationspartner zurückgegriffen, da dies spezifisches Know-How oder bestimmte Zulassungen erfordert.

Im Folgenden werden im Rahmen einer Fallstudie die Ausgangssituation, die Aufgabenstellung und Zielsetzung sowie die Vorgehensweise einer typischen Due-Diligence in der „TIME-Industrie" dargestellt.

2. Due-Diligence in der TIME-Industrie – ein Fallbeispiel

2.1 Ausgangssituation

Ein Beratungsschwerpunkt von *Arthur D. Little* ist unter anderem die Durchführung von kommerziellen Due-Diligences in der TIME-Industrie. Unter diesem Begriff werden die konvergierenden Industriesegmente Telekommunikation, Informationstechnologie, Medien und Elektronik subsummiert. Aus der Konvergenz der einzelnen Segmente resultiert eine Vielzahl neuer Geschäftsmöglichkeiten mit hohem Investitionsbedarf und einem entsprechenden Risiko für den Investor (vgl. *Knetsch* 1999). Gerade die jüngsten Unternehmensübernahmen in der Telekommunikationsindustrie (z.B. die Übernahme von *Orange* durch die *Mannesmann AG* mit einem geschätzten Transaktionsvolumen von ca. 60 Milliarden DM), große Finanzierungsprojekte (z.B. der Aufbau von Mobilfunk- und Festnetzunternehmen in den Neunzigerjahren mit einem Transaktionsvolumen von mehreren Milliarden DM) und das Aufkommen neuer technischer Möglichkeiten unterstreichen den Bedarf von Investoren gerade in dieser Industrie, mit Hilfe einer Due-Diligence Klarheit über die mit einem Investment verbundenen Risiken zu gewinnen.

Wie Abbildung 2 zeigt, sind im Rahmen einer Due-Diligence in der TIME-Industrie drei wesentliche Kompetenzfelder abzudecken:

(1) **Marktkompetenz**, da die Planungen des Zielunternehmens vor dem Hintergrund der allgemeinen Trends bezüglich der Markt- und Wettbewerbsentwicklung betrachtet und bewertet werden müssen.

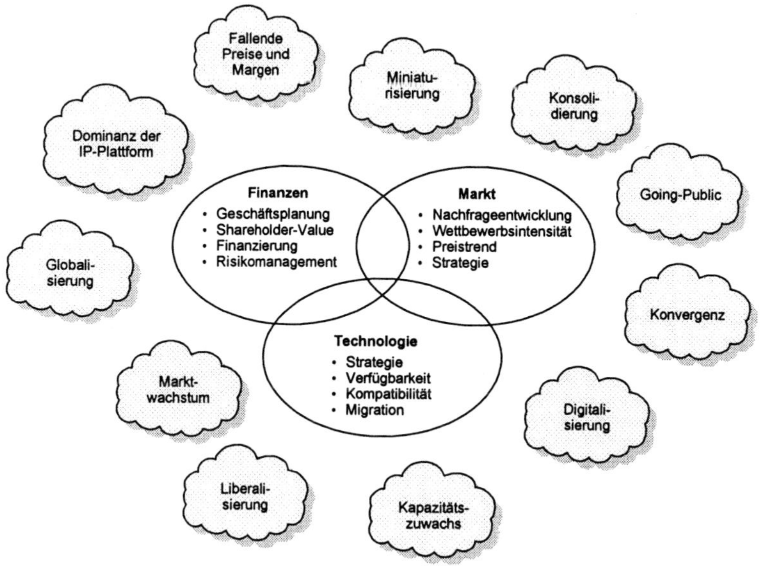

Abb. 2: Zunehmender Bedarf an Due-Diligence-Projekten in der TIME-Industrie

(2) **Technikkompetenz**, da die eingesetzte Technologie daraufhin überprüft werden muss, ob sie die angestrebte Positionierung am Markt zulässt und ob sie hinreichend ausgereift ist, um einen reibungslosen Betrieb zu gewährleisten.

(3) **Finanzkompetenz** ist schließlich erforderlich, um auf Grundlage der Parameter Markt und Technik die betriebswirtschaftliche Entwicklung abzubilden, die Wirtschaftlichkeit des Projektes bewerten und gegebenenfalls alternative Geschäftsszenarien rechnen zu können.

Vor allem bei großen Projektfinanzierungen wollen die finanzierenden Banken mit Hilfe einer technischen und kommerziellen Due-Diligence eine Einschätzung über die mit einer Kreditvergabe verbundenen Risiken gewinnen und bedienen sich hierbei in der Regel eines unabhängigen Beratungsunternehmens, das über die entsprechenden Branchenkenntnisse bezüglich Markt und Technik verfügt und zusätzlich ein gutes Verständnis für die Bedürfnisse der Banken hat. Während in einer solchen Konstellation die Bank faktisch der Auftraggeber für die Due-Diligence und damit der Kunde des Beratungsunternehmens ist, ist das Zielunternehmen, in dem die Due-Diligence durchgeführt wird, in aller Regel der formale Auftraggeber und muss auch die Kosten hierfür tragen.

Wir konzentrieren uns im Folgenden auf die Darstellung einer kommerziellen und technischen Due-Diligence, wie sie typischerweise im Rahmen einer Projektfinanzierung für einen Mobilfunknetzbetreiber zum Aufbau seiner Netzinfrastruktur durchgeführt wird. Die grundsätzliche Fragestellung und die Vorgehensweise sind jedoch auch bei Due-Diligence-Projekten in einem anderen Kontext (z.B. bei Unternehmenskäufen oder -beteiligungen, bei Förderzusagen der öffentlichen Hand oder bei Geboten im Rahmen von Privatisierungen – auch in anderen Branchen) sehr ähnlich.

2.2 Aufgabenstellung und Zielsetzung

Gerade in der durch rasche Veränderungen geprägten TIME-Industrie hat die Due-Diligence als Voraussetzung für Projektfinanzierungen – und auch bei Unternehmensübernahmen – in den letzten Jahren stark an Bedeutung gewonnen. Wichtige Beispiele für solche Veränderungen, die neue Akteure auf den Märkten hervorgebracht und bei allen Marktbeteiligten zu einem massiven Investitionsbedarf geführt haben, sind u.a.:

- die Vergabe von digitalen Mobilfunklizenzen seit Ende der Achtzigerjahre (GSM 900, GSM 1800),
- die weltweit fortschreitende Liberalisierung der Festnetztelephonie,
- die Digitalisierung von Netzen und Inhalten (z.B. im Bereich Pay-TV),
- die rasche Verbreitung des Internets und darauf aufbauender Anwendungen,
- neue Technologien im Access-Bereich (z.B. Point-to-Multipoint-Wireless-Technologien, xDSL).

Der große Finanzbedarf gerade bei neu in den Markt eintretenden Telekommunikationsunternehmen für Investitionen in ihre Infrastruktur stellt für die Finanziers oft ein kaum überschaubares Risiko dar. Häufig sind Finanzierungsentscheidungen in Milliardenhöhe zu treffen, ohne dass das zu finanzierende Unternehmen den Geschäftsbetrieb bereits aufgenommen hat. Dies gilt beispielsweise für Mobilfunkunternehmen, die unmittelbar nach Lizenzerteilung mit dem Aufbau der Netzinfrastruktur beginnen müssen, um möglichst rasch eine wettbewerbsfähige Flächenabdeckung zu erreichen. Dazu müssen – je nach Größe des entsprechenden Landes – innerhalb weniger Monate Infrastrukturinvestitionen in Milliardenhöhe getätigt werden, ohne dass diesen entsprechende Einnahmeströme entgegenstehen. Die Entscheidung darüber, ob und unter welchen Bedingungen einem solchen im Aufbau befindlichen Mobilfunkunternehmen ein Großkredit gewährt werden soll, beruht dann zumeist allein auf der Geschäftsplanung des Unternehmens, die die verfolgte Strategie sowie die prognostizierten Einnahmen und Ausgaben über einen Planungszeitraum von üblicherweise zehn Jahren widerspiegelt.

Während die technischen Risiken eines Engagements in etablierten Bereichen der Telekommunikationsindustrie nicht zuletzt durch die internationalen Standardisierungsbemühungen zunehmend kalkulierbar werden (z.B. GSM-Standard im Mobilfunk), nimmt – bei steigender Anzahl der Akteure in den TIME-Märkten, zunehmender Substituierbarkeit der eingesetzten Technologien und fortschreitender Marktreife – das Marktrisiko durch den steigenden Wettbewerbsdruck deutlich zu. Dies gilt insbesondere für vergleichsweise spät in den Markt eintretende Unternehmen – im Mobilfunk zum Beispiel für Unternehmen, die die dritte oder gar vierte Lizenz in einem Land erhalten haben, in dem die ersten beiden Netzbetreiber bereits mehrere Jahre am Markt präsent waren. Das Scheitern des mit einem Investitionsaufwand von mehreren Milliarden DM aufgebauten Satellitenfunksystems *Iridium* hat gezeigt, dass Investitionen in Telekommunikationsnetze nicht (mehr) per se eine Garantie für einen erfolgreichen Geschäftsbetrieb und eine angemessene Verzinsung des eingesetzten Kapitals bieten, auch wenn die technischen Risiken kontrolliert werden können. Die kommerzielle Due-Diligence zur Identifikation und Bewertung der Marktrisiken nimmt deshalb eine immer zentralere Bedeutung ein.

Handelt es sich jedoch um Investitionen in neue Technologien, wie zum Beispiel den neuen Mobilfunkstandard UMTS, mit dem breitbandige Telekommunikationsanwendungen via Mobilfunk möglich werden sollen, besteht neben dem kommerziellen auch ein signifikantes technisches Risiko, dem durch eine detaillierte technische Due-Diligence Rechnung getragen werden muss.

Aufgrund der hohen Komplexität, Interdisziplinarität und Spezialisierung des Investitionsvorhabens können die verschiedenen Finanzinvestoren – Geschäftsbanken, Investment-Banken, Equity-Häuser, Venture-Capitalists, Fonds und andere Finanziers – die kommerzielle und technische Machbarkeit (die sog. „Feasibility“) des vorgelegten Business-Plans in der Regel selbst nicht ausreichend qualifiziert beurteilen. Zudem besteht bei den Investoren ein Interessenkonflikt zwischen der Investitionsentscheidung und der Risikobeurteilung. Daher bedienen sich die Investoren üblicherweise eines qualifizierten und erfahrenen Beratungsunternehmens.

Vor Beginn eines Due-Diligence-Projektes besteht in der Regel Unsicherheit darüber, wie detailliert die vom Zielunternehmen bereitgestellten Unterlagen sind, wie robust das der Finanzierungsanfrage zugrunde liegende Geschäftsplanungsmodell ist und ob dieses fehlerfrei funktioniert. Dies erschwert die Abschätzung des Zeit- und Ressourcenaufwandes für die Abwicklung der Due-Diligence erheblich. Zudem ist die Projektfinanzierung häufig an festen Terminen für die Begleichung größerer Rechnungen ausgerichtet (z.B. für Equipmentlieferungen oder Turn-Key-Projekte durch Lieferanten der Netzinfrastruktur), die wenig Spielraum bei der Zeitplanung lassen.

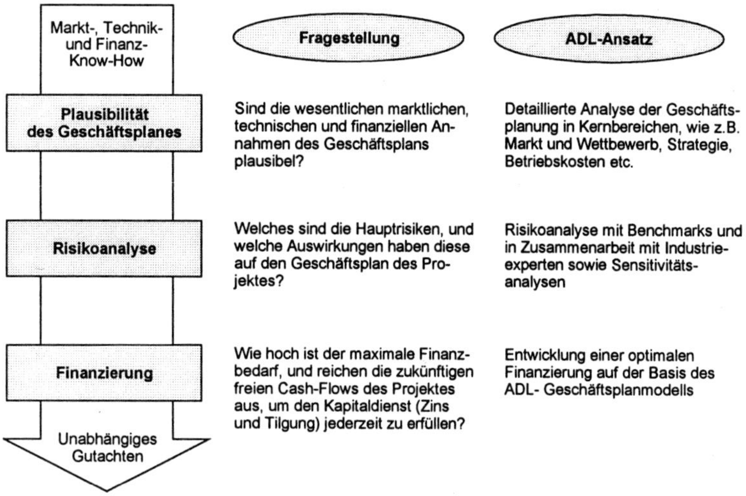

Abb. 3: Wesentliche Fragestellungen einer kommerziellen Due-Diligence

Die Investitionsentscheidung der potenziellen Investoren wird damit unter großer Unsicherheit und hohem Zeitdruck getroffen. Übergeordnete Zielsetzung einer kommerziellen Due-Diligence ist es daher, die wesentlichen Risiken des Finanzierungsprojektes aufzuzeigen und damit die Realisationswahrscheinlichkeit der angestrebten Rendite der Investoren abzuschätzen.

Die drei wesentlichen Fragestellungen einer kommerziellen Due-Diligence im Rahmen einer Projektfinanzierung sind dabei die folgenden (siehe Abb. 3):

(1) Sind die wesentlichen marktlichen, technischen und finanziellen Annahmen des Geschäftsplanes plausibel?

(2) Welches sind die Hauptrisiken, und welche Auswirkungen haben diese auf den Geschäftsplan des Projektes?

(3) Wie hoch ist der maximale Finanzbedarf und reichen die zukünftigen freien Cash-Flows des Projektes aus, um den Kapitaldienst (d.h. Zins- und Tilgungszahlungen) jederzeit zu erfüllen?

Der Due-Diligence-Prozess wird häufig von Investment-Banken oder Private-Equity-Häusern koordiniert („Lead-Arranging-Bank"). In Ausnahmefällen übernehmen auch Managementberatungsgesellschaften diese Aufgabe. Der Prozesskoordinator hat in der Regel das Investitionsprojekt identifiziert bzw. akquiriert und verfügt über die notwendigen Erfahrungen, Ressourcen und Kompetenzen, um den „Deal" (die Projektfinanzierung) als Konsortialführer zu verhandeln. Die Kompensation dieser Prozesskoordination erfolgt entweder über eine „Success-Fee" (Erfolgsprämie), über die Zinserträge der geplanten Projektfinanzierung

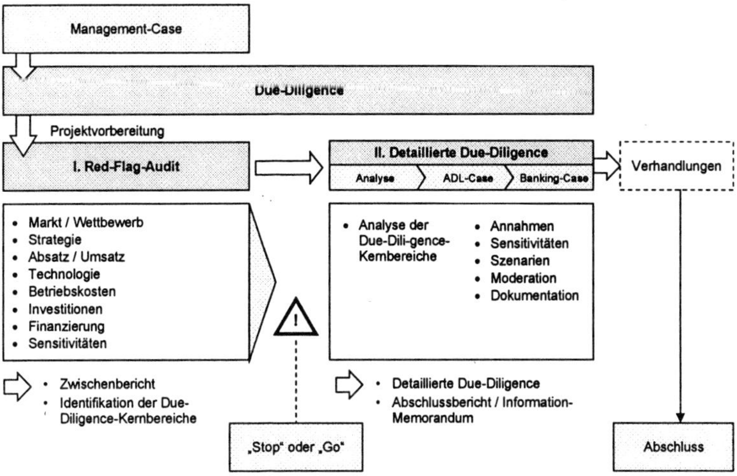

Abb. 4: Der Due-Diligence-Ansatz von Arthur D. Little

oder über eine Dividende auf das eingesetzte Eigenkapital. Zusätzlich werden teilweise Festpreise für Beratungsleistungen und Auslagen vereinbart, die häufig als „Retainer" auf die „Success-Fee" angerechnet werden.

2.3 Vorgehensweise

Im Rahmen einer Vielzahl von Due-Diligence-Projekten wurde bei *Arthur D. Little* eine mehrstufige Due-Diligence-Methodik entwickelt, die insbesondere bei Projektfinanzierungen im Mobilfunkbereich, aber auch bei der Finanzierung zur Privatisierung von Kabelnetzen, bei Internet-Start-Ups, beim Aufbau von Halbleiterfabriken und bei anderen Projekten in der TIME-Industrie eingesetzt wurde (siehe Abb. 4). Ein Projekt beginnt mit einer Vorbereitungsphase, in der die notwendigen Vorarbeiten zur Projektstrukturierung und zum Aufbau einer effizienten Projektorganisation durchgeführt werden. Daran anschließend erfolgt in Phase I der sogenannte „Red-Flag-Audit". Phase II beinhaltet die detaillierte Due-Diligence und ist ihrerseits in drei Sub-Phasen eingeteilt: die Analyse-Phase, die Entwicklung eines ADL-Business-Case („Independent-Expert-Opinion") und schließlich die Entwicklung und Verabschiedung eines Banking-Case. Ist die Due-Diligence abgeschlossen, finden im nächsten Schritt detaillierte Verhandlungen über die Konditionen der Projektfinanzierung statt.

(1) **Projektvorbereitung:** Die Erfahrung zeigt, dass in der Regel auch nach der Auftragsvergabe zusätzliche Vorarbeiten zur Projektstrukturierung und zur effizienten Projektorganisation notwendig sind. Daher werden bei Due-Dili-

gence-Projekten im Rahmen der Vorarbeiten insbesondere die folgenden Punkte zusammen mit dem Projektleiter des Zielunternehmens bearbeitet:

- Vereinbarung eines effizienten, detaillierten Projekt-Terminplans,
- Bereitstellung und Übergabe aller relevanten Geschäftsplanungsdokumente und
- Kick-Off-Meeting mit dem Management und den wesentlichen Ansprechpartnern auf Unternehmensseite.

Die Vereinbarung eines detaillierten **Projekt-Terminplans** mit dem Zielunternehmen auf der einen und mit den Banken auf der anderen Seite ist eine unabdingbare Voraussetzung für einen effizienten und reibungslosen Projektverlauf. Due-Diligence-Projekte sind in der Regel von großer Zeitknappheit gekennzeichnet – insbesondere in der ersten „Red-Flag"-Projektphase. Daher ist es wichtig, vor allem die Termine für die notwendigen Einzelinterviews mit den wesentlichen Funktionsträgern des Unternehmens zu vereinbaren. Je nach Due-Diligence-Umfang gehören dazu die Geschäftsführung, der Leiter Marketing und Vertrieb, der Leiter Technik, der Leiter IT, die Produktmanager, der Leiter der Verwaltung etc. Teil dieses Projekt-Terminplans sollten auch die Festlegung einer wöchentlichen Feedback-Sitzung mit der Geschäftsführung des Zielunternehmens, regelmäßige Treffen mit den finanzierenden Banken sowie die Definition und Terminierung von Meilensteinen sein.

Die kurzfristige Bereitstellung und Übergabe aller relevanten **Geschäftsplanungsdokumente** (inklusive Strategiepapiere, Marktforschungsunterlagen, technische Planungsunterlagen, Wirtschaftlichkeitsberechnungen) ist wichtig, damit das Beratungsunternehmen unverzüglich an Projektphase I herangehen kann. Der den Investoren vom Unternehmen vorgelegte Management-Case (Geschäftsplan der Geschäftsführung) basiert in der Regel auf einer Vielzahl einzelner Planungen und Detaildokumente, die den Investoren in der Praxis häufig nicht vollständig übergeben werden. Diese Dokumente hinterlegen jedoch die einzelnen Prämissen des Geschäftsplans und dokumentieren dessen Plausibilität. Die Berater, die die Due-Diligence vornehmen, müssen (z.B. in einem sogenannten „Data-Room") Zugang zu allen relevanten Geschäftsplanungsdokumenten erhalten, um ihre Aufgabe effizient erfüllen zu können. Dazu gehört auch, dass der Projektleiter des Zielunternehmens für den Berater ständig ansprechbar ist und im Unternehmen die Kompetenz und Autorität hat, alle notwendigen Dokumente – unter Umständen in Absprache mit der Geschäftsführung – für den Berater zusammenzutragen.

In der Praxis hat es sich als sehr vorteilhaft erwiesen, zu Beginn der Due-Diligence vor Ort beim Kunden ein **Kick-Off-Meeting** mit allen wesentlichen Funktionsträgern des Unternehmens und gegebenenfalls den finanzierenden Banken durchzuführen. Dabei stehen drei Aspekte im Vordergrund: Erstens lernen sich bei dieser Gelegenheit die handelnden Personen kennen und können die notwendige Gesprächsbasis aufbauen. Zweitens kann der Berater im Rahmen dieses Meetings allen relevanten Mitgliedern der Führungsebene seine Vorgehensweise und den Zeitplan präsentieren. Drittens erhalten die einzelnen Funktionsträger die Gelegenheit, ihren Bereich vorzustellen und unter Umständen bereits ihre wesentlichen Planungsprämissen zu erklären.

(2) **„Red-Flag-Audit“:** Zielsetzung des Red-Flag-Audits ist es, in kurzer Zeit eine erste Bewertung der grundsätzlichen Tragfähigkeit und Machbarkeit des eingereichten Konzeptes zu erarbeiten. Darüber hinaus ist es erklärtes Ziel dieser Phase, die wesentlichen Hauptrisikofelder zu identifizieren, die dann in der detaillierten Due-Diligence (Phase II) mit besonderem Augenmerk untersucht werden müssen. Bereiche, die nach dem Red-Flag-Audit nur ein unwesentliches Risiko darstellen, werden im weiteren Verlauf der Due-Diligence in der Regel nicht mehr weiter untersucht.

Im Rahmen des Red-Flag-Audits werden, je nach Aufgabenstellung der Due-Diligence, alle wesentlichen Aspekte des Geschäftsplans analysiert. Die wichtigsten Bereiche, die dabei untersucht werden, sind:*

- Markt- und Wettbewerbssituation,
- Unternehmensstrategie,
- Umsatzprognose,
- Technologiestrategie,
- geplante Betriebskosten (Operating-Expenditures – Opex),
- geplante Investitionen (Capital-Expenditures – Capex),
- Finanzierung.

Im Rahmen der Analyse der **Markt- und Wettbewerbssituation** sollen vor allem das Marktpotential und die Wettbewerbsdynamik bzw. die Wettbewerbsintensität beurteilt werden. Besonderes Augenmerk muss hier auch auf regulatorische Besonderheiten sowie die ökonomischen Rahmenbedingungen gelegt werden.

---

* Die anschließend aufgeführten Fragestellungen sollen und können keinen Anspruch auf Vollständigkeit erheben, da jede Industrie, jedes Unternehmen und jede Due-Diligence ihre individuellen Fragen aufwirft. Hier soll nur ein Überblick über mögliche Grundsatzfragen gegeben werden.

Das Marktpotential stellt eine wesentliche Dimension zur Beurteilung der Attraktivität eines Marktes dar. Dabei setzt sich das Marktpotential aus dem monetär quantifizierten Volumen des relevanten Marktes und seiner Teilsegmente sowie aus der erwarteten Wachstumsrate zusammen. Hierbei ist es zunächst von besonderer Bedeutung, den relevanten Markt scharf abzugrenzen und die Abschätzungen des Marktpotentials sowie alle nachfolgenden Arbeiten auf eine eindeutige Marktsegmentierung aufzubauen. Typische Fragen hinsichtlich des Marktpotentials sind daran anschließend die folgenden:

- Wie hoch ist das Marktvolumen im relevanten Markt derzeit, und wie hat es sich in den letzten Jahren entwickelt?
- Wie ist die derzeitige Penetration im Markt, und wie hat sie sich entwickelt? Wie ist die Penetration im Vergleich zu anderen Ländern zu beurteilen, und welche Wachstumstrends zeichnen sich ab?
- Wie hat sich der Preis pro Einheit in den letzten Jahren entwickelt, und wie wird die Entwicklung prognostiziert?
- Wie werden sich das Nachfrageverhalten, die Kundenanforderungen und die Nutzungsintensität in den nächsten Jahren entwickeln?

Aufgrund ihrer Sensitivität in der Auswirkung auf die Wirtschaftlichkeit eines Mobilfunk-Infrastrukturprojektes sind die Einschätzungen zur Preisentwicklung in diesem Fall von entscheidender Bedeutung. Zudem haben sich Prognosen zur Entwicklung der Penetration in der Bevölkerung bei Mobilfunkprojekten als besonders bedeutsam erwiesen. Benchmarks mit vergleichbaren Ländern können hier Hinweise über das realisierbare Nachfragevolumen geben. Abbildung 5 zeigt einen typischen Vergleich der Mobilfunkpenetration in verschiedenen europäischen Ländern im Jahr 1999. Im Rahmen einer Due-Diligence kann zum Beispiel auf dieser Basis eine Aussage über das voraussichtliche Nachfragepotential getroffen werden.

Die Wettbewerbsdynamik bzw. Wettbewerbsintensität ist die zweite wesentliche Dimension zur Beurteilung der Attraktivität eines Marktes. Die Analyse stellt hierbei insbesondere auf die Wettbewerber und die wesentlichen Markt- und Wettbewerbstrends ab. Kernfragen sind vor allem:

- Wer sind die wichtigsten Wettbewerber des Unternehmens, und wie sind diese hinsichtlich ihrer Stärken und Schwächen zu beschreiben?
- Wie ist das Wettbewerberverhalten zu beschreiben, und welche Strategien sind als Reaktion auf den Markteintritt des neuen Anbieters zu erwarten?
- Welche und wie viele neue Wettbewerber werden in den Markt eintreten? Wie wirkt sich der Markteintritt neuer Wettbewerber auf das Zielunternehmen aus?

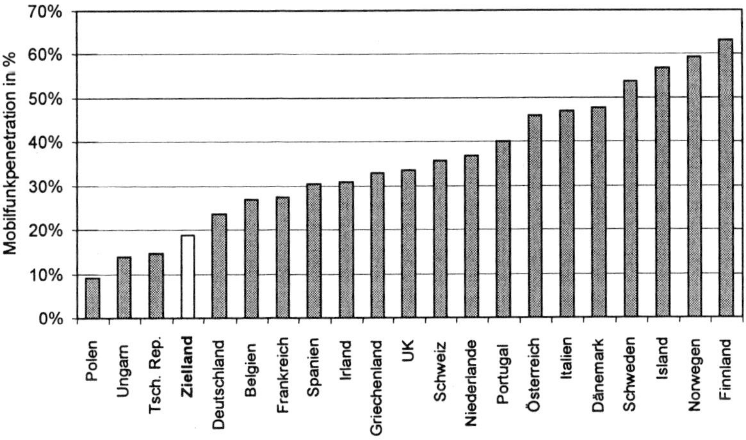

Abb. 5: Mobilfunkpenetration in europäischen Ländern 1999
(Quelle: Arthur D. Little Benchmark-Datenbank)

- Welche neuen Technologien könnten die bestehenden Technologien und Produkte substituieren und damit die vorgesehene Infrastruktur obsolet werden lassen?
- Wie ist die Macht der Lieferanten zu beschreiben?
- Welche Kundenanforderungen und Kaufkriterien gibt es? Wie werden diese von den am Markt bereits existierenden Unternehmen erfüllt?

Besonders in den Märkten der TIME-Industrie müssen aufgrund der notwendigen Beachtung regulatorischer Bedingungen und der großen Auswirkungen der Gesamtwirtschaftslage auf die Wirtschaftlichkeit eines Infrastrukturprojektes diese zwei Parameter gesondert untersucht werden. Dabei geht es unter anderem um die drei folgenden Hauptfragestellungen, die jeweils fallspezifisch weiter heruntergebrochen werden müssen:

- Wie ist die gegenwärtige gesamtwirtschaftliche Situation zu beschreiben, und welches sind die Haupttrends? Wie wirkt sich diese Entwicklung auf das Zielunternehmen aus?
- Wie ist die derzeitige regulatorische Situation zu charakterisieren, und welches sind die wesentlichen absehbaren Entwicklungen?
- Wie wird sich die Demographie des Ziellandes entwickeln, und welche Effekte hat diese Entwicklung auf das Zielunternehmen?

Zur Analyse der gesamtwirtschaftlichen Situation können zum Beispiel Indikatoren wie das Bruttoinlandsprodukt sowie Analysen und Abschätzungen zur zukünftigen Entwicklung der privaten Ausgaben, zur Entwicklung der

Arbeitslosigkeit, der Entwicklung von Löhnen und Inflation etc. herangezogen werden. Die Analyse der regulatorischen Besonderheiten stützt sich im Wesentlichen auf die Auswertung der aktuellen Gesetzgebung, bestehende Verordnungen und laufende Gesetzgebungsverfahren, Interviews mit Regulierungsbehörden sowie unter Umständen mit Interessenvertretungen und Verbänden.

Ergebnis der Analyse der Markt- und Wettbewerbssituation ist eine Bewertung der Attraktivität des Zielmarktes sowie eine Beschreibung der wesentlichen Trends und Risiken in diesem Markt mit ihrer voraussichtlichen Wirkung auf das Zielunternehmen.

Die Analyse der geplanten **Unternehmensstrategie** untersucht die Frage, wie sich das Zielunternehmen in dem relevanten Markt positionieren will und wie es plant, gegen seine Wettbewerber zu konkurrieren. In diesem Zusammenhang müssen vor allem die folgenden Themenblöcke untersucht werden:

- Welche Produktpalette soll beim Markteintritt sowie in der Zukunft angeboten werden?
- Wie sollen die geplanten Produkte im Markt gegen die Wettbewerber positioniert werden? Wie plant das Unternehmen, seine Produkte dauerhaft vom Wettbewerb zu differenzieren?
- Wie werden die kaufentscheidenden Faktoren erfüllt (z.B. Coverage, Preis, Roaming, Customer-Service, Gerätevielfalt, Produkte und Services, Vertrieb bzw. Distribution)?
- Wie ist die Marketingstrategie geplant, und welche Markenpolitik soll verfolgt werden?
- Wie kann die Umsetzbarkeit, Operationalisierbarkeit und Nachhaltigkeit der geplanten Strategie beurteilt werden?
- Ergeben die Produkt-, Preis-, Kommunikations- und die Distributionsstrategie eine konsistente Gesamtstrategie?

Ergebnis dieses Arbeitsschrittes ist eine unabhängige Beschreibung der Unternehmensstrategie des Zielunternehmens und eine Beurteilung der voraussichtlichen Erfolgsaussichten dieser Strategie. Die wesentlichen Risiken der geplanten Unternehmensstrategie werden dargelegt und mögliche Auswirkungen auf die Wirtschaftlichkeit des Investitionsprojektes durch erste Sensitivitätsanalysen quantitativ bewertet.

Im Rahmen der Untersuchung der unterstellten **Umsatzprognose** wird eine Bewertung der Realisierbarkeit und Plausibilität der geplanten Umsätze erarbeitet. Dabei sollte vor allem auf die unterstellten Marktanteile, die Entwicklung bei den einzelnen Umsatzträgern und die marktseitigen Hauptrisiken eingegangen werden. In diesem Rahmen müssen vor allem die folgenden Fragestellungen adressiert werden:

- Wann kann der Markteintritt erfolgen? Ist das geplante Datum realisierbar, und wie würden sich Verschiebungen auf die Wirtschaftlichkeit auswirken?
- Wie hoch sind die Absatzprognosen für den Gesamtmarkt, und wie entwickelt sich der unterstellte Marktanteil?
- Welche Tarifstruktur wird in der Planung unterstellt, und wie entwickelt sich diese über die Zeit?
- Sind die Absatz- und Preisprämissen konsistent mit der Markt- und Wettbewerbsstruktur und der geplanten strategischen Positionierung des Unternehmens?
- Welche Vertriebsmaßnahmen sollen ergriffen werden, um das geplante Umsatzvolumen zu erzielen?
- Wie entwickelt sich die Umsatzstruktur über die Zeit?

Methodisch steht bei diesen Arbeiten der Abgleich der Umsatzplanung mit den Ergebnissen der Markt- und Wettbewerbsanalysen sowie den Ergebnissen der Analysen zur Unternehmensstrategie im Vordergrund. Wichtig ist hier auch eine eingehende Analyse der geplanten Marketingaktivitäten und der Vertriebsstruktur (vgl. zum Vertriebsaudit auch *Ziechmann* 1998). Basierend auf der Erfahrung der spezialisierten Berater kann als Ergebnis eine Einschätzung über die Realisierbarkeit der Umsatzprognose und die Hauptrisiken erstellt werden.

Die technische Plattform ist die wesentliche Voraussetzung zur Erbringung der Telekommunikationsdienste. Die Analyse der **Technologiestrategie** ist im Rahmen der Due-Diligence auch deshalb von besonderer Bedeutung, da die technische Plattform in der Regel nicht kurzfristig verändert werden kann. Fehlentscheidungen bezüglich der eingesetzten Technologie sind daher meistens erstens nicht kurzfristig anpassbar und zweitens bei einer notwendigen Korrektur sehr kapitalintensiv. Im Rahmen des Red-Flag-Audit sollten daher spezialisierte Technologieberater unter anderem die folgenden vier Themenblöcke untersuchen:

- Wie ist das Netzdesign zu beurteilen (State-of-the-Art, Reifegrad, Lieferantenqualität)?
- Ist die Netzplanung und die dahinter liegende Zeitplanung konsistent mit den Lizenzbedingungen?
- Ist die geplante Technologie konsistent mit der Produkt- und Unternehmensstrategie (Rollout-Plan, Kapazität, Coverage, Übertragungsqualität etc.)?

- Welche technologischen Hauptrisiken bestehen (z.B. bezüglich Technologiesubstitution, Update-Möglichkeiten, Kapazitätserhöhung)?

Methodisch werden hier, aufsetzend auf den detaillierten Planungsdaten des Unternehmens, hauptsächlich internationale Benchmarks eingesetzt. Hinzu kommen qualitative Bewertungen der geplanten Technologie hinsichtlich ihres Reifegrads und der Zuverlässigkeit der Lieferanten, die im Wesentlichen auch auf den Erfahrungen der spezialisierten Berater basieren.

Ergebnis dieses Analysemoduls ist eine Bewertung der Technologiestrategie bezüglich der technischen und zeitlichen Realisierbarkeit des Technologiekonzeptes, der Übereinstimmung mit der geplanten Unternehmensstrategie und der unterstellten Nutzungsmuster sowie eine Benennung und teilweise Bewertung der technischen Hauptrisiken.

Gerade in den ersten drei Jahren belasten die **Betriebskosten (Opex)** das Betriebsergebnis erheblich. Je nach Geschäftsplan betragen sie im dritten Jahr nach dem Launch teilweise noch bis zu 130 Prozent des Umsatzes. In Ausnahmefällen ist das geplante operative Betriebsergebnis von Mobilfunkunternehmen auch nach dem fünften Jahr noch nicht positiv. Daher ist es wichtig, im Rahmen des Red-Flag-Audits eine abgesicherte Einschätzung zu erlangen, die die grundsätzliche Plausibilität der geplanten Betriebskosten beurteilt. Hierbei sind vor allem die folgenden fünf Bereiche zu untersuchen:

- Netzbetrieb und -wartung (z.B. Interconnection, Leased-Lines, SIM-Cards, Customer-Care und Billing, Betrieb und Wartung);
- Personal (z.B. Löhne und Gehälter, Sozialkosten, sonstige Personalnebenkosten, jeweils pro Abteilung);
- Vertrieb und Distribution (z.B. Subscriber-Acquisition-Costs, Distribution und Logistik, Own-Shop-Costs);
- Marketing (z.B. TV-Werbung, Kinowerbung, Radiowerbung, Printwerbung, Sponsoring, Sportveranstaltungen);
- Allgemeine Verwaltungskosten (z.B. Bürokosten, Reisekosten, Kommunikationskosten).

Die Grundfrage bei der Analyse dieser Kostenbereiche lautet: „Reichen die geplanten Kosten aus, um die geplante Unternehmensstrategie und die Umsatzprognose zu erzielen, und welches sind die Hauptrisikogebiete?“

Methodisch stützen sich diese Analysen im Wesentlichen auf vorhandene Benchmarks in der jeweiligen Industrie (z.B. durchschnittliche Subscriber-Acquisition-Costs), auf Plausibilitätsbetrachtungen mittels Verhältniszahlen (z.B. Anzahl der Mitarbeiter in der Verwaltung zur Gesamtzahl der Mitarbeiter) und aktuelle absolute Preisvergleiche (z.B. Interconnection-Gebühren).

Ergebnis dieses Analysemoduls ist eine fundierte Bewertung der geplanten Betriebskosten hinsichtlich der inneren Plausibilität und der Konsistenz mit der Unternehmensstrategie. Auch in diesem Fall werden die wesentlichen Risikofelder identifiziert und für die detaillierte Due-Diligence benannt.

Bei der Bewertung der geplanten **Investitionen (Capex)** wird in Verbindung mit der Technologiestrategie untersucht, ob der Geschäftsplan ausreichende Investitionsressourcen für die Realisierung der geplanten Netzinfrastruktur vorsieht. Dabei werden die verschiedenen Investitionspositionen (z.B. technisches Gerät und Bauten) einzeln heruntergebrochen und mit dem geplanten Rollout hinsichtlich Höhe und zeitlicher Realisierung auf Konsistenz überprüft. Analog der Überprüfung der Betriebskostenplanung werden auch hier methodisch vor allem Benchmarks, Plausibilitätsbetrachtungen (z.B. Anzahl der Mobilfunkbasisstationen im Verhältnis zur Bevölkerungszahl) und aktuelle absolute Preisvergleiche (z.B. aktuelle Preise für Mobilfunkbasisstationen) eingesetzt.

Ergebnis dieses Arbeitsschrittes ist eine Aussage über die grundsätzliche Plausibilität der Investitionsplanung hinsichtlich absoluter Höhe und zeitlicher Verteilung sowie auch hier die Benennung der Hauptrisiken und damit der Hauptanalysefelder in der detaillierten Due-Diligence.

Als letztes wesentliches Kernelement des Red-Flag-Audits muss auch die **Finanzierungsstrategie** hinsichtlich Plausibilität und Konsistenz mit den anderen Planungsfeldern überprüft werden. Zu den wichtigsten Fragestellungen gehören hier unter anderem:

- Wie sind die lang- und kurzfristigen Kapitalkosten geplant?
- Wie ist das Verhältnis von Fremd- zu Eigenkapital geplant, und ist das Unternehmen jederzeit mit ausreichend Eigenkapital ausgestattet?
- Welche zusätzlichen Finanzierungsquellen werden eingeplant (z.B. Hybrid-Kapital)?
- Welche Annahmen sind bezüglich der Gewinnverwendung getroffen?
- Wie werden die verschiedenen individuellen „Cover-Ratios" (z.B. freie Cash-Flows zu ausstehenden Krediten) der vorgesehenen finanzierenden Banken eingehalten?

Die Analyse der vorstehend aufgeführten Due-Diligence-Kernelemente erfolgt entlang von Checklisten und Fragebögen, die individuell für jede Due-Diligence erstellt bzw. angepasst werden, und stützt sich in dieser Phase in erster Linie auf bestehende interne Dokumentationen des Unternehmens, Einzelinterviews mit der Geschäftsführung und allen wesentlichen Funktionsträgern des Unternehmens (zweite Führungsebene), auf datenbankgestützte, internationale Benchmarkanalysen sowie auf die Fachexpertise erfahrener Berater.

Dem schnellen Zugang zu aktuellen, internationalen Benchmarks und Preisstrukturen kommt im Rahmen des Red-Flag-Audits eine besondere Bedeutung zu. Erfahrene Beratungsgesellschaften, die über eine große Datenbank mit aktuellen internationalen Vergleichsdaten aus einer Vielzahl von Due-Diligence-Projekten und einer intensiven und kontinuierlichen Marktbeobachtung verfügen, können sich über die Gegenüberstellung der Industrie-Benchmarks mit den Prämissen des vorliegenden Geschäftsplans relativ schnell eine Meinung über die Plausibilität der Planungsprämissen bilden. Einzelne Prämissen werden bei diesem Benchmarkingprozess daraufhin überprüft, ob sie in einem Korridor der zu erwartenden Geschäftsentwicklung liegen.

Ergebnis des in der Regel zwei- bis dreiwöchigen Red-Flag-Audits ist ein Zwischenbericht an die Geschäftsführung und an den Koordinator des Due-Diligence-Prozesses, die „Lead-Arranging-Bank". Dieser Zwischenbericht reflektiert alle wesentlichen Bereiche des eingereichten Geschäftsplans und beurteilt die Plausibilität aller wesentlichen Annahmen. Auf der Grundlage dieses Berichtes kann dann entschieden werden, ob der Prozess der Projektfinanzierung auf Basis des vorliegenden Management-Cases grundsätzlich fortgesetzt werden kann oder ob der Geschäftsplan so viele Unsicherheiten und Risiken enthält, dass eine Kapitalmarktfähigkeit im derzeitigen Stadium nicht vorliegt.

(3) **Detaillierte Due-Diligence:** Hat der Red-Flag-Audit die grundsätzliche Kapitalmarktfähigkeit des Geschäftsplans bestätigt, erfolgt in Phase II die detaillierte Analyse der identifizierten Hauptrisikogebiete sowie die endgültige Definition eines belastbaren Banking-Case in drei weiteren Arbeitsschritten:

- Analyse der Hauptrisikofelder,
- Erarbeitung einer Independent-Expert-Opinion und
- Erarbeitung eines Banking-Case.

Zielsetzung der detaillierten Due-Diligence ist es, alle identifizierten Hauptrisikofelder genau zu hinterfragen und eine fundierte Bewertung der Plausibilität aller wesentlichen Prämissen in diesen Bereichen vorzunehmen. Zusätzlich wird ein konsistenter, eigenständiger ADL-Business-Case erarbeitet und schließlich ein von allen Parteien getragener Banking-Case entwickelt.

Die wichtigste Zielsetzung der **Analyse der Hauptrisikofelder** besteht darin, alle in der Phase I identifizierten signifikanten Risiken detailliert zu überprüfen und sämtliche wesentlichen Prämissen des Management-Case fundiert zu bewerten. Hierbei werden gegenüber dem Red-Flag-Audit zusätzliche externe Quellen herangezogen. Dazu können Interviews, zum Beispiel mit Lieferanten, Händlern, potenziellen Großkunden, dem Regulator, Experten oder auch Wettbewerbern gehören. Des Weiteren werden hier zusätzliche unternehmensinterne Unterlagen, wie zum Beispiel Kaufverträge, Projektplanungen, Personalpläne und technische Pläne, analysiert. Stichproben, Primärerhebungen (z.B. Händlerumfragen), Testkäufe und Funktionstests im Feldversuch sind weitere Analysemethoden. Zusätzlich werden themenspezifisch weitere Experten der Beratungsgesellschaft eingesetzt, die Einzelaspekte der Due-Diligence-Gebiete untersuchen (z.B. IT-Experten, Customer-Care- oder Call-Center-Experten).

Eine wesentliche Technik zur Abschätzung der Risiken eines Geschäftsplans sind Sensitivitätsanalysen. Hierbei werden einzelne Annahmen im Geschäftsplanungsmodell verändert, um zu analysieren, welche Auswirkung diese einzelne und isolierte Veränderung (ceteris paribus) auf die Wirtschaftlichkeit des Geschäftsplans hat. Dabei gibt es grundsätzlich zwei mögliche Vorgehensweisen: Entweder werden die Sensitivitätsprämissen um eine standardisierte Abweichung verändert (z.B. eine Veränderung aller Sensitivitätsprämissen um 10 Prozent) oder für die einzelnen Sensitivitäten werden bestimmte, z.B. an Benchmarks orientierte, plausible Annahmen getroffen und abgebildet.

Auf Basis der detaillierten Analyse der Hauptrisikofelder und insbesondere der Sensitivitätsanalysen wird nun ein eigenständiger und unabhängiger Business-Case des Beratungsunternehmens erarbeitet.

In dieser **Independent-Expert-Opinion** („ADL-Business-Case") werden für alle Aspekte des Geschäftsplans die Prämissen mit dem höchsten Plausibilitätsgehalt zusammengestellt. Letztlich ist also der ADL-Business-Case eine Kombination von Prämissen und Sensitivitäten zu einem konsistenten und plausiblen Gesamtszenario. Die Prämissen werden in verschiedenen Workshops mit den relevanten Funktionsträgern des Unternehmens sowie mit der Geschäftsführung diskutiert und abgestimmt. Teilweise sind hier auch bereits die finanzierenden Banken mit involviert. Nach Möglichkeit sollte dieses Szenario den Management-Case ablösen und sowohl von der Unternehmensführung als auch vom externen Berater getragen werden. Als Abschluss dieses Arbeitsschritts werden alle Input-Prämissen des ADL-Business-Cases dokumentiert und die Auswirkungen auf den Business-Case in einem Bericht an die Geschäftsführung des Unternehmens und an die finanzierenden Investoren (Lead-Arranging-Bank) dokumentiert.

Auf Basis der Independent-Expert-Opinion wird nun in einem letzten Arbeitsschritt zusammen mit der Geschäftsführung des Unternehmens, dem externen Berater und der Lead-Arranging-Bank ein **Banking-Case** zusammengestellt, der für die Präsentation vor dem Bankenkonsortium und schließlich für die Finanzierungsverhandlungen zwischen dem Unternehmen und den Investoren dient.

In den meisten Fällen wird die Independent-Expert-Opinion auch als Banking-Case übernommen. In seltenen Ausnahmen nehmen die Banken hier noch einmal eigene Änderungen vor, bevor der Business-Case als Grundlage für die detaillierten abschließenden Finanzierungsverhandlungen akzeptiert und endgültig verabschiedet wird. Dies ist in der Regel nur dann der Fall, wenn die Meinung des Beraters nicht mit den Erfahrungen der Industrieexperten der Banken übereinstimmt.

Üblicherweise dient der Endbericht des Beraters auch gleichzeitig als „Information-Memorandum“ (Verkaufs- oder Investitionsprospekt) des Unternehmens für die Investoren. In den meisten Fällen gibt es neben dem ausführlichen Information-Memorandum des externen Beraters auch eine gemeinsame Präsentation des Unternehmens und des Beraters im Rahmen des „Bankers-Meetings“, bei dem in der Regel alle finanzierenden Banken anwesend sind und sich das Projekt noch einmal detailliert präsentieren lassen. Dies bildet in der Regel den Abschluss des Due-Diligence-Prozesses im Rahmen einer Projektfinanzierung.

3. Problemfelder in Due-Diligence-Projekten

Für das Beratungsunternehmen ergeben sich bei der Durchführung von Due-Diligence-Projekten mögliche Probleme in fünf Kernfeldern (siehe Abb. 6): (1) Zeitplanung, (2) Verfügbarkeit relevanter Daten, (3) externe Kommunikation, (4) interne Kommunikation und (5) Budget.

(1) Wie bereits oben angesprochen, wird die **Zeitplanung** für Due-Diligence-Projekte häufig extern vorgegeben, da zum Beispiel Rechnungen von Lieferanten beglichen werden müssen und die Projektfinanzierung spätestens bis zum Ablauf des Zahlungsziels abgeschlossen sein muss. Hier wird oft Druck auf den Berater ausgeübt, der im Due-Diligence-Prozess quasi das letzte Glied der Kette darstellt. Eine detaillierte Projektplanung (z.B. Projektzeitplan) und regelmäßige Besprechungen mit den Investoren und dem Zielunternehmen tragen dazu bei, solche potenziellen Verzögerungen frühzeitig zu erkennen, zu diskutieren und durch geeignete Maßnahmen zu adressieren. Notwendige Anpassungen des Gesamtzeitplanes für die Transaktion können so unmittelbar diskutiert werden.

(2) Ein weiteres potenzielles Problemfeld bildet die Verfügbarkeit und der Grad der Dokumentation relevanter **Unternehmens- und Marktdaten**. In vielen

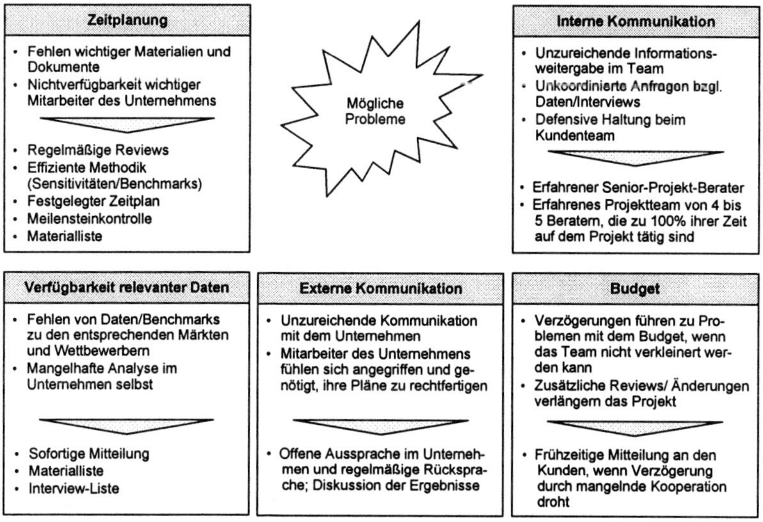

Abb. 6: Mögliche Problemfelder bei der Durchführung von Due-Diligence-Projekten

Unternehmen existiert die Geschäftsplanung vor allem in Form eines Spreadsheet-Modells. Je nachdem wie gut dieses gepflegt wird, stellt sich die Aktualität der Daten dar. Viel problematischer ist jedoch eine mangelnde Dokumentation der Annahmen im Modell (z.B. Quellen, Begründungen für einzelne Annahmen, Nebenrechnungen), wodurch die Herkunft einzelner Hypothesen häufig nicht mehr nachvollzogen werden kann. Nicht selten fehlt eine ausformulierte, sauber dokumentierte Strategie als Grundlage und Rahmen für den Geschäftsplan. Die Strategie des Unternehmens existiert dann lediglich in den Köpfen der Geschäftsleitung, und der Berater muss sie im Rahmen von Interviews zunächst erheben, ehe sie auf Plausibilität und Konsistenz mit dem Geschäftsplanungsmodell überprüft werden kann.

(3) In einem engen Zusammenhang mit der Datenverfügbarkeit ist die **interne Kommunikation** im Projektteam des Beratungsunternehmens zu sehen. Wenn die Kommunikation im Projektteam nicht hinreichend funktioniert, besteht die Gefahr, dass Mitarbeiter des Zielunternehmens durch unterschiedliche Berater aus dem Projektteam mehrfach bezüglich der gleichen Daten angesprochen oder dieselben Daten in unterschiedlicher Aufbereitung abgefordert werden. Dies belastet das Zielunternehmen durch zusätzlichen Arbeitsaufwand und vermindert die Effektivität des Beratungsunternehmens und dadurch letztlich dessen Akzeptanz. Hier muss der Projektmanager des Beratungsunternehmens entsprechende Koordinations- und Steuerungsaufgaben übernehmen.

(4) Ähnlich problematisch kann sich eine unzureichende **Kommunikation mit dem Zielunternehmen** auswirken. Wird das Zielunternehmen plötzlich und ohne Vorwarnung – z.B. im Rahmen einer Zwischenpräsentation – mit sämtlichen Bedenken des Beraterteams konfrontiert, können sich die verantwortlichen Mitarbeiter leicht öffentlich „bloßgestellt“ fühlen, was in der weiteren Projektarbeit zu entsprechendem Blockadeverhalten führen kann. Eine regelmäßige, offene Kommunikation, etwa im Rahmen wöchentlicher „Process-Checks“, kann dem wirkungsvoll vorbeugen. Dies dient nicht zuletzt auch dazu, dem Zielunternehmen Gelegenheit zu geben, weitere Evidenz für bestimmte Annahmen bereitzustellen oder eventuelle Missverständnisse zwischen Zielunternehmen und Berater auszuräumen.

(5) Die vier oben dargestellten Problemfelder führen nicht selten zu Verzögerungen im Projektablauf, wodurch die Kosten der Due-Diligence deutlich ansteigen können. Absehbare **Budgetprobleme** – beispielsweise bei Abwesenheit wichtiger Mitarbeiter des Zielunternehmens oder bei nicht ausreichender Dokumentation des Geschäftsplanes – müssen vom Berater frühzeitig kommuniziert werden, damit das Zielunternehmen entsprechende Gegenmaßnahmen ergreifen kann.

4. Fazit

Ein wesentlicher Teil des Erfolgs einer Due-Diligence beruht darauf, dass diese nicht im Sinne eines Audits verstanden wird, bei dem die Strategie, die Pläne und Geschäftsergebnisse durch einen Dritten *geprüft* werden. Vielmehr gilt es, zusätzlichen Wert für das Zielunternehmen zu generieren, indem die Annahmen im Geschäftsplan durch die Berater hinterfragt, mit den Mitarbeitern des Zielunternehmens diskutiert und durch Benchmarks verifiziert oder widerlegt werden. Risiken im Geschäftsplan können somit frühzeitig durch entsprechende Anpassungen bei den Annahmen und der Finanzierung adressiert werden. Bei den Mitarbeitern und Führungskräften des Zielunternehmens wird Verständnis für die Einschätzung der Berater aufgebaut und eine kooperative Zusammenarbeit gefördert, auch wenn im Rahmen der Due-Diligence größere Problembereiche identifiziert werden.

Wesentliches Ergebnis einer kommerziellen Due-Diligence im Rahmen von Projektfinanzierungen ist es, die wichtigsten Risiken der Geschäftsplanung für die Investoren zu identifizieren und zu bewerten. Damit soll eine verbesserte Grundlage vorliegen, aufgrund derer die Investoren entscheiden können, ob das kumulative Risiko, das das Finanzierungsprojekt in sich trägt, für sie noch akzeptabel ist. Der Wert einer kommerziellen Due-Diligence liegt also im Wesentlichen darin, die Unsicherheit für die Investoren zu reduzieren und die Risiken der Finanzierungsentscheidung transparent zu machen.

Literatur

Arthur D. Little (1999): A Guide to Performing a Commercial Due Diligence, unveröffentlichtes Arbeitspapier, o.O. 1999.

Berens, W./Strauch, J. (1998): Herkunft und Inhalte des Begriffes Due Diligence, in: Berens, W./Brauner, H.U. (Hrsg.): Due Diligence bei Unternehmensakquisitionen, Stuttgart 1998, S. 3-20.

Knetsch, W. (1999): Telekommunikation als Schrittmachertechnologie des 21. Jahrhunderts, in: Fink, D./Wilfert, A. (Hrsg.): Handbuch Telekommunikation und Wirtschaft, München 1999, S. 19-32.

Koch, W./Wegmann, J. (1998): Praktiker-Handbuch Due Diligence, Stuttgart 1998.

Ziechmann, P. (1998): Beiträge zur Restrukturierung/Sanierung – Vertrieb, in: Buth, A./ Hermanns, M.: Restrukturierung, Sanierung, Insolvenz, München 1998, S. 142-158.

B.12

Post-Merger-Integration: Sieben Regeln für erfolgreiche Fusionen – ein Ansatz von A.T. Kearney

*Michael Träm**

---

* Dr. Michael Träm ist als Vice President Mitglied der Geschäftsführung von A.T. Kearney Deutschland in Düsseldorf.

1. Die Business-Due-Diligence als Basis einer konsequenten Post-Merger-Integration

1.1 Die zunehmende Bedeutung von Fusionen

Die Fusionswelle auf dem europäischen Festland hat sich 1999 nicht nur fortgesetzt, sondern erheblich beschleunigt – der Gesamtwert der europäischen Zusammenschlüsse wird 1999 mit über eine Billion Euro um mehr als 50 Prozent über dem Wert von 1998 liegen. Kaum ein Tag vergeht, an dem nicht Fusionen in den Schlagzeilen verkündet werden, die ganze Industrien verändern, Ländergrenzen überschreiten und dazu führen, dass traditionsreiche Namen wie *Sandoz*, *Ciba*, *Hoechst*, *Daimler-Benz*, *Schweizerischer Bankverein*, *Alusuisse Gruppe*, *Thyssen* und *Krupp* entweder ganz verschwinden oder in anderen Namen verschmolzen werden. Fusionen sind mittlerweile zum Dauerbrenner geworden und jede Führungskraft muss heute damit rechnen, irgendwann in ihrem Arbeitsleben mit der Frage konfrontiert zu werden, wie man ein Unternehmen erfolgreich und professionell durch eine Fusion führt und dabei den Wert des neuen, größeren Unternehmens steigert.

Dass erfolgreiche Fusionen eher die Ausnahme als die Regel sind, ist mittlerweile bekannt und wird von einer kürzlich veröffentlichten *A.T. Kearney*-Umfrage bestätigt: Von 230 Unternehmen gaben weltweit nur 42 Prozent an, dass sie langfristig überdurchschnittlichen Wert schaffen bzw. die ursprünglichen Ziele erreichen konnten. Auch die Gründe, die aus Sicht der befragten Unternehmen zum Scheitern führen, sind mittlerweile Thema zahlreicher Publikationen und lassen sich im deutschsprachigen Raum primär auf zwei Faktoren zurückführen: unzureichende Vorbereitung und inkonsequente Durchführung. Unklarheit besteht allerdings immer noch darüber, wie Fusionen und Akquisitionen im Detail erfolgreicher gestaltet werden können, was umfassende Vorbereitung und konsequente Umsetzung letztendlich bedeutet.

Dass viele Fusionen scheitern, überrascht nicht – schließlich haben die meisten deutschen Manager bisher wenig oder gar keine eigenen Fusionserfahrungen und werden zudem immer noch ausschließlich dafür ausgebildet, sich auf das Tagesgeschäft zu konzentrieren. So ist es nicht weiter erstaunlich, dass viele Manager Fusionen oder Akquisitionen als unangenehme Belastung empfinden. Darüber hinaus fehlen vielen Unternehmen die Tools, die den Umgang mit Fusionen und Akquisitionen erleichtern und viele Probleme vermeiden könnten. Während Unternehmen in den Vereinigten Staaten oder in Großbritannien seit Jahren über eine entsprechende Infrastruktur für die erfolgreiche Durchführung von großen, multinationalen Fusionen verfügen, sind diese Strukturen in Deutschland erst im Aufbau.

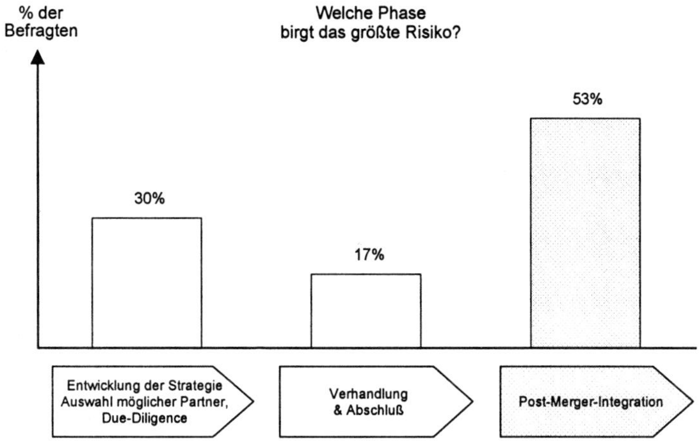

Abb.1: Risiken bei einer Fusion oder Akquisition (nach Phase)

Immerhin wissen die meisten Führungskräfte inzwischen, dass die Weichen für eine konsequente Umsetzung – d.h. eine erfolgreiche Post-Merger-Integration (PMI) – schon vor dem Abschluss gestellt werden müssen. Um eine solide Informationsbasis für die zügige Ausführung der notwendigen PMI-Maßnahmen zu erhalten, führen sie mit einem Team im Vorfeld der Fusion eine umfassende **Business-Due-Diligence** – die neben den „klassischen" kartellrechtlichen und finanziellen Fragen auch eine Reihe strategischer und marktorientierter Fragen untersucht – durch. Doch wie so oft steckt der Teufel im Detail: Obwohl ein gewisses Bewusstsein existiert, wissen nur wenige Manager genau, was im Einzelnen in der Integrationsphase geschehen muss. So liegt nach Ansicht von mehr als der Hälfte der Unternehmen, die sich am *A.T. Kearney* Global-Post-Merger-Integration-Survey beteiligt haben, das größte Risiko in der Phase nach Abschluss der Transaktion, also in der PMI-Phase (siehe Abb. 1). Damit ist die Ausführung – auf Basis einer systematischen und umfassenden Due-Diligence – der eigentliche ausschlaggebende Faktor für den Erfolg oder Misserfolg einer Fusion oder Akquisition und muss deshalb sehr sensibel gehandhabt werden.

1.2 Sieben Regeln für erfolgreiche Post-Merger-Integration

Erfolgreich fusionierte Unternehmen greifen immer wieder auf sieben bewährte Regeln zurück, die das Unternehmen dabei unterstützen, schon vor dem eigentlichen Abschluss die richtige Richtung vorzugeben, die Zustimmung und Unter-

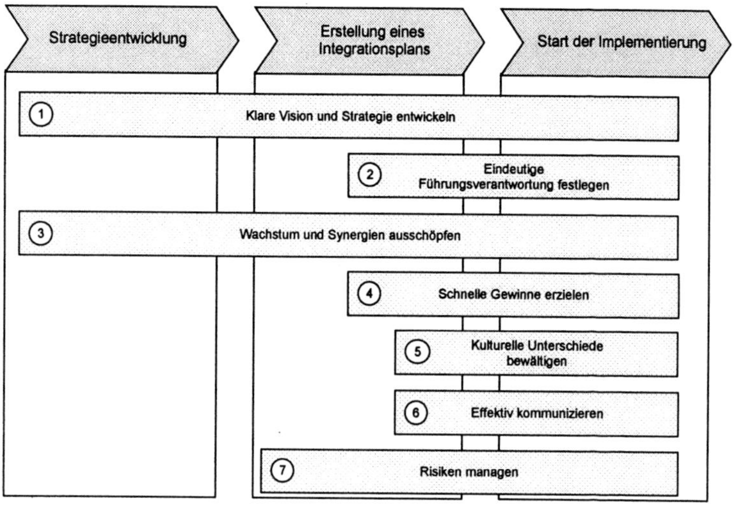

Abb. 2: Die sieben Regeln des Merger-Prozesses

stützung der Mitarbeiter zu sichern und die Erwartungen der Stakeholder zu managen – und damit eine konsequente Umsetzung in der PMI-Phase ermöglichen (siehe Abb. 2):

(1) **Klare Vision frühzeitig entwickeln:** Unternehmen haben leider nur in den seltensten Fällen eine konkrete Vorstellung davon, wohin die Fusion führen soll. Statt eine langfristige Unternehmensvision zu entwickeln, konzentrieren sie sich häufig auf die Realisierung von kurzfristigen Kostensynergien, die oft nur zum Teil gelingt. Etwa 12 bis 18 Monate nach der Fusion sehen sich Fusionspartner, die nach diesem Schema handeln, einer wichtigen Frage gegenüber: „Was nun?“ Wurde dann nicht schon im Vorfeld der Fusion eine eindeutige, für alle Beteiligten nachvollziehbare Vision festgelegt, die die Richtung vorgibt und das neue, gemeinsame Unternehmen zusammenhält, so ist ein Scheitern meist nicht mehr abzuwenden.

(2) **Eindeutige Führungsverantwortung von Anfang an festlegen:** Zu viele fusionierende Unternehmen lassen sich mit der Ernennung neuer Führungskräfte Zeit, obwohl Schnelligkeit gefragt ist. Laut der oben angeführten Studie lässt ein hoher Prozentsatz der Unternehmen ein vorübergehendes Chaos auf den höheren Führungsebenen zu, das zu einem „Survival of the Fittest“ Machtkampf führen kann. Unklare Verantwortlichkeiten und ungelöste Konflikte können zur Demotivation aller Beteiligten führen und so den Integrationsprozess lähmen.

(3) **Den Schwerpunkt auf Wachstumssynergien legen:** Wachstum sollte das zentrale Fusionsthema sein, nicht Kostensynergien. Das Management muss

sich hier nicht für eines der beiden Themen entscheiden, sondern entsprechende Prioritäten setzen. Bisher konzentrieren sich Unternehmen häufig zu stark auf Kostensynergien und erreichen deshalb nur selten ihre Ziele, während sie Wachstumssynergien – die bei fast allen Fusionen reichlich vorhanden sind – entweder zu spät oder gar nicht nutzen. Sie sollten ihren Schwerpunkt deshalb stärker in Richtung Wachstum verschieben.

(4) **Die Beteiligten durch schnelle Gewinne überzeugen:** Nichts überzeugt die an einer Fusion Beteiligten mehr als kleine, aber bedeutende Erfolge, die den Stakeholdern signalisieren, dass die Fusion auf dem richtigen Weg ist. Unabhängig von Visionen, Zielen und Überzeugungen der Manager stehen Mitarbeiter beider Fusionspartner einer Fusion in der Regel zunächst skeptisch gegenüber. Doch Führungskräfte können diese abwartende Einstellung positiv verändern, wenn sie in kürzester Zeit herausragende greifbare Ergebnisse erzielen und kommunizieren und so vom Sinn und Zweck der Fusion überzeugen.

(5) **Kulturelle Hintergründe durchleuchten und Unterschiede bewältigen:** Die Art und Weise, wie fusionierende Unternehmen die Integration ihrer Unternehmenskulturen angehen, ist so unterschiedlich wie Kulturen selbst: Einige verfallen in Lethargie und tun einfach nichts, andere versuchen, dem Fusionspartner die eigene Kultur aufzuzwingen, und wieder andere versuchen, eine neue Kultur aus den beiden ursprünglichen zu schaffen. Probleme ergeben sich hier nicht daraus, dass der eine oder andere Ansatz besser oder schlechter ist – jeder dieser drei Wege kann unter bestimmten Umständen der richtige sein. Sie ergeben sich vielmehr daraus, dass nur wenige Manager den richtigen Ansatz wählen, weil sie die Hintergründe im Vorfeld nicht ausführlich und systematisch genug durchleuchtet haben.

(6) **Zielgruppenorientiert kommunizieren:** Für die hoch bezahlten „Kommunikationsmanager“ vieler Unternehmen ist Öffentlichkeitsarbeit kein Problem, doch mit den einzigartigen Fragestellungen im Rahmen einer Fusion – intern und extern – sind sie oft überfordert. 86 Prozent der befragten Unternehmen in unserer Umfrage gaben an, die Begründung und die Auswirkung der Fusion nicht ausreichend kommuniziert zu haben. Rundschreiben an Mitarbeiter und Mailings an Kunden verfehlen ihre Wirkung, wenn es sich um Zustimmung, Orientierung und die Steuerung von Mitarbeitererwartungen geht – eine zielgruppenorientierte Ansprache und die individuelle Beantwortung von Fragen ist hier der Schlüssel zum Erfolg.

(7) **Durch Risikomanagement eventuelle Risiken proaktiv angehen:** Leider verwenden die meisten Unternehmen immer noch zu wenig Zeit auf das Risikomanagement. Nach dem Motto „schlafende Hunde soll man nicht wecken“ vermeiden sie Risiken einfach, indem sie sie ignorieren. Dass ein derartiges Vorgehen nicht die Lösung sein kann, wenn es bei einer Fusion nicht

nur um mehrere Milliarden Euro geht, sondern auch um wirtschaftliche Standorte, nationalen Stolz und technische Spitzenpositionen, sollte klar sein. Um Verluste zu vermeiden, müssen Risiken systematisch identifiziert, kategorisiert und priorisiert werden, bevor man sie minimiert oder sich ihnen direkt stellt.

Da Fusionen und Akquisitionen – wenn sie richtig vorbereitet und durchgeführt werden – Wert schaffen, sind sie wichtige Wachstumsinstrumente. Für Führungskräfte ist es heute entscheidend, sich mit der Methodik eines Fusionsprozesses vertraut zu machen. Dieser Beitrag soll deshalb anhand eines vereinfachten fiktiven Fallbeispiels die Schritte einer erfolgreichen Post-Merger-Integration erläutern. Mit dem Fall wollen wir kein Musterbeispiel beschreiben, in dem alle Regeln treu befolgt werden und ein überwältigender Erfolg erzielt wird – ein solches Beispiel wäre nicht realistisch und ginge an der Vielschichtigkeit der Problematik vorbei. Stattdessen wollen wir zeigen, wie Verzögerungen und Mehraufwand entstehen können, wenn das Management bestimmte Regeln nicht vollständig verfolgt oder sogar missachtet. Wir wollen aber auch zeigen, dass eine Fusion auch in solchen Fällen noch erfolgreich verlaufen kann – wenn das Management schnell und flexibel handelt.

2. Fallstudie: Fusion eines amerikanischen Komponentenherstellers mit einem deutschen Systemlieferanten

2.1 Ausgangssituation

In den großen deutschen Zeitungen stand im Frühjahr 1999 der folgende Artikel, der das bestätigt, was viele Manager und Marktbeobachter in den Spätnachrichten bei *CNN* oder *ntv* schon gehört hatten:

> *DETROIT – Leading Auto Supplier (LAS), der zweitgrößte amerikanische Hersteller von elektronischen Komponenten für Fahrzeuge, übernimmt für 3,7 Milliarden Euro das deutsche Unternehmen Zulieferer AG (ZAG), einen Hersteller von Steuerungs- und Kontrollsystemen. Dies gab LAS am Dienstag bei der Eröffnung der Internationalen Automobil Ausstellung bekannt. Die Kombination der beiden Unternehmen, die Produkte an fünf der acht größten Autokonzerne der Welt liefern, hätte 1998 einen Umsatz von rund 6,5 Milliarden Euro erzielt, bei einem Nettogewinn von 150 Millionen Euro.*
>
> *LAS gilt als Aufsteiger in der Branche. Unter Führung von CEO Dr. Raj Ganges, der in Indien geboren wurde und in Stanford (Kalifornien/USA) promovierte, wuchs das Unternehmen in den letzten fünf Jahren um*

durchschnittlich 25 Prozent pro Jahr. LAS hat ihren europäischen Hauptsitz in London und verfügt über Produktionsstandorte in Schottland, Ungarn und Slowenien. Auf der Pressekonferenz sagte Ganges, die Höhe der Synergien stehe noch nicht fest, er erwarte aber eine Summe von mehr als 200 Millionen Euro in den ersten zwei Jahren. Die Aufgabe von Standorten schließe er nicht aus.

Mittelfristig habe das gemeinsame Unternehmen exzellente Chancen, sich als führendes Unternehmen in der Autoelektronik zu etablieren, so Ganges weiter. „Die Kombination von deutscher Technologie und amerikanischem Hands-On-Management ist ein unschlagbares Erfolgsrezept," sagt er.

ZAG hat trotz steigender Lohnstückkosten nur wenig Produktion von Deutschland ins Ausland verlagert; vielmehr wurden bisher sogar 150 Millionen Euro in neue Fabriken in Sachsen und Thüringen investiert. Laut einem Sprecher der IG Metall in Frankfurt wird eine Stellungnahme zu den Fusionsplänen erst dann erfolgen, wenn die Standortfrage ausreichend geklärt ist. Eine Sondersitzung ist für Donnerstag geplant.

Die Börse hat die Pläne weitgehend begrüßt. LAS legte im späteren Handel um 2,1 Prozent zu.

Ganz abgesehen von den generellen Problemen, die jede Fusion mit sich bringt, wie zum Beispiel eine Orientierungslosigkeit der Mitarbeiter oder die Angst vor Arbeitsplatzverlust, dürften aufgrund der Situation, in der sich die beiden Unternehmen befinden, eine Menge Chancen, aber auch jede Menge Schwierigkeiten auf sie zukommen. ZAG bringt dabei durch die eigenen Facharbeiter wesentliches technologisches Know-How in das neue Unternehmen mit ein und verfügt über eine eingearbeitete, treue Belegschaft. LAS muss technologisches System-Know-How nicht erst selbst aufbauen, sondern kann es direkt von ZAG übernehmen – vorausgesetzt, die Mitarbeiter spielen mit. Und hier liegt schon das erste Problem: Das amerikanische Unternehmen arbeitet mit neuesten Managementmethoden. Das bedeutet, LAS besitzt eine schlanke Organisation, die sich im Wesentlichen auf multidisziplinäre Teams und schnelle Reaktionsfähigkeit gründet. Bei ZAG – als typisch deutschem Unternehmen – sind dagegen die Ingenieure das Herz des Unternehmens, die Organisationsstruktur ist daher hierarchisch eindeutig gegliedert. Und nicht nur das: Bei einem Merger zwischen verschiedenen Nationen stoßen nicht nur verschiedene *Unternehmens*kulturen aneinander, sondern eben tatsächlich zwei Kulturen: LAS und ZAG werden sich damit auseinander setzen müssen, dass amerikanischer Geschäftssinn und deutsche Genauigkeit nur schwer zu verbinden sind.

Zudem genießen deutsche Facharbeiter wesentlich mehr Sozialleistungen als amerikanische: So verdienen sie zum Beispiel wesentlich besser und haben mehr als doppelt so viele Urlaubstage. Das neue gemeinsame Unternehmen muss deshalb Lohnsystem und Urlaubsregelung so gestalten, dass beide Seiten zufrieden sind. Dass das keine einfache Aufgabe ist, dürfte klar sein, ist doch die rechtliche Situation in Deutschland und Amerika völlig unterschiedlich. Wer sich hier nicht schon im Vorfeld genau über die rechtlichen Möglichkeiten im jeweiligen Land informiert, darf nicht überrascht sein, wenn nicht alles nach Plan läuft.

Komplementäre Unternehmen wie LAS und ZAG können in der Regel durch die Nutzung der neuen Kanäle erhebliche Marktsynergien ausschöpfen. So können beide Unternehmen zum Beispiel auf die bereits bestehenden Lieferantenbeziehungen des Fusionspartners aufbauen. Kostensynergien sind zum Beispiel beim Einkauf von indirektem Material oder indirekten Leistungen vorhanden. Da sich die Produkte nicht überschneiden, bestehen allerdings keine Kostensynergien für direktes Material – LAS und ZAG sollten das Potenzial an vorhandenen Kostensynergien deshalb nicht überschätzen. Ein weiterer Pluspunkt der Fusion sind die neuen Standorte, die den Partnern zur Verfügung stehen. LAS erhält durch die ostdeutschen Standorte eine viel größere Kundennähe, ohne auf der grünen Wiese zu bauen, während ZAG Zugang zu kostengünstigeren internationalen Standorten erhält, ohne Deutschland den Rücken zu kehren. Eine optimale Ausnutzung dieser Möglichkeiten kann ein wichtiger Hebel sein, sowohl auf der Wachstums- als auch der Kostenseite.

Die Nutzung der Vorteile, die sich aus dem Zusammenschluss zweier komplementärer Unternehmen ergeben, klingt einfach, aber sie erfolgt – abgesehen von den bereits erläuterten kulturellen Schwierigkeiten – nicht von heute auf morgen. Die Unternehmen müssen erst eine gewisse Sensibilität für das jeweilige Partnerunternehmen (Strukturen, Arbeitsweise, Produkte etc.) entwickeln. Wie LAS und ZAG Chancen nutzen und die vorhandenen Risiken meistern können, wird das nächste Kapitel zeigen. Um alle Chancen und Risiken, die sich bieten bzw. die dem gemeinsamen Unternehmen drohen, grundsätzlich abschätzen zu können, müssen sie zunächst in einer Due-Diligence identifiziert werden, die neben finanziellen Aspekten auch qualitative Aspekte wie Unternehmenskultur, Führungsstil etc. mit einschließt.

2.2 Die Bedeutung einer Business-Due-Diligence für die beteiligten Unternehmen

Fusionierende Unternehmen, die sich auch heute noch auf eine rein finanzielle – d.h. vergangenheitsorientierte – Due-Diligence beschränken, müssen damit rechnen, dass sie an den „weichen“ Faktoren scheitern. Historische Zahlen und Fakten überzeugen zwar Aufsichtsratsgremien und Investoren, lassen aber orga-

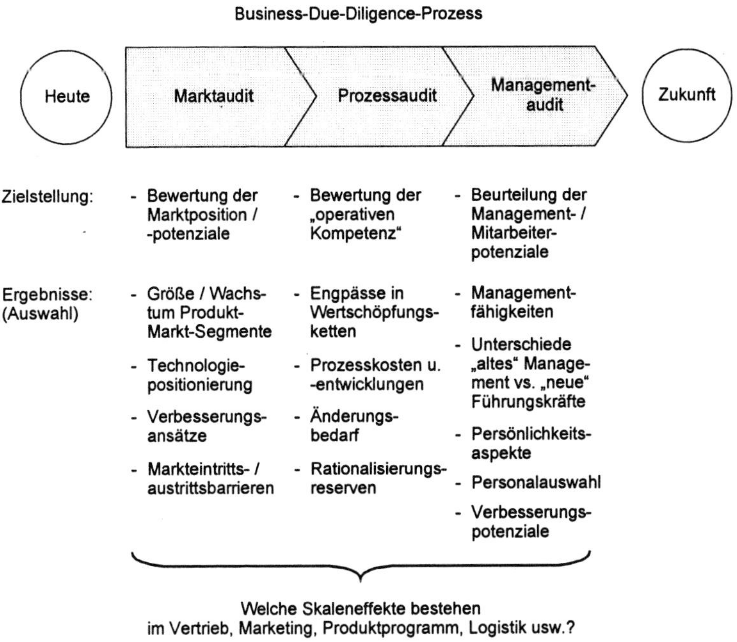

Abb. 3: Auswahl der Aspekte einer umfassenden Business-Due-Diligence

nisatorische und kulturelle Unterschiede häufig außer Acht und haben wenig mit der künftigen gemeinsamen Strategie des neuen Unternehmens zu tun. Im Rahmen einer umfassenden **Business-Due-Diligence**, die neben vergangenheitsorientierten auch zukunftsorientierte Aspekte – wie z.B. Managementqualitäten – behandelt, hat LAS deshalb drei verschiedene Arten von Audits durchgeführt: (1) den Marktaudit, der die Marktposition des Unternehmens erhebt, (2) den Prozessaudit, der die operative Kompetenz bewertet, und (3) den Managementaudit, der die Potenziale, die sich im Management und aus den Mitarbeitern ergeben, beurteilt (siehe Abb. 3).

Als Dr. Ganges ZAG als möglichen Fusionspartner identifizierte, waren ihm die groben bzw. grundsätzlichen Unterschiede zwischen den beiden Unternehmen bekannt. Hätte er sich von den negativen Meldungen und Artikeln in der Geschäftspresse beeinflussen lassen, dann hätte er wahrscheinlich kein Übernahmeangebot eingereicht. Hätte er andererseits den Positivmeldungen blind geglaubt, dann hätte er sein Unternehmen in eine gefährliche Lage gebracht. Deshalb musste er herausfinden, ob die positiven Nachrichten tatsächlich zutreffen. Sind die deutschen Ingenieure im Durchschnitt tatsächlich überlegen? Sind die technologischen Wettbewerbsvorteile langfristig aufrechtzuhalten? Um die Fusion möglichst frei von Vorurteilen anzugehen, leitete er rechtzeitig einen umfassenden Due-Diligence-Prozess ein, der seinen Partner unter die Lupe nahm und jeden Teilaspekt – gemeinsam mit dem Partner – untersuchte. Dreh- und Angelpunkt der Due-Diligence war der sogenannte „War-Room". Auf der Grundlage von bereits in der Vorphase der Fusion zugänglichen Informationen haben ausgewählte LAS- und ZAG-Mitarbeiter hier zum ersten Mal zusammengearbeitet und die Grundlagen für die weitere Durchführung der Fusion erarbeitet. Sobald die Fusion offiziell war, d.h. das neue auch rechtlich *ein* Unternehmen war, konnten die Partner dann auch vertrauliche oder sensible Informationen austauschen und den Integrationsprozess – aufbauend auf den bisherigen Erfahrungen in der Zusammenarbeit – beginnen.

In der anschließenden PMI-Phase wird der War-Room zum „Program-Office" und stellt sicher, dass alle Leitsätze und Prinzipien, die im War-Room der Due-Diligence-Phase erarbeitet wurden, in Maßnahmen und Ziele überführt werden. Das Program-Office kümmert sich in diesem Zusammenhang auch um die Erfolgsmessung und die Einleitung notwendiger Maßnahmen.

Entscheidender Pluspunkt der Due-Diligence-Phase war, dass War-Room wie auch Program-Office von Anfang an mit hochqualifizierten Mitarbeitern aus beiden Unternehmen besetzt waren, die hier erste Erfahrungen in der Zusammenarbeit mit dem Fusionspartner sammeln konnten und lernten, wie die künftige in Teamarbeit aussehen kann. Auf dieser Grundlage konnten sie in der PMI-Phase die Steuerung des Integrationsprozesses übernehmen, Führungskräfte über den aktuellen Stand informieren und Mitarbeiter vom Sinn und Zweck der Fusion überzeugen. Doch Qualifikation ist hier nicht alles, die Teammitglieder müssen sich im Unternehmen auch Gehör verschaffen können und vor allem gehört werden, wenn sie Mitarbeiter überzeugen und motivieren sollen. Neben der fachlichen Qualifikation achteten die beiden Fusionspartner bei der Auswahl der Teammitarbeiter deshalb besonders darauf, dass sie über einen gewissen Einfluss verfügen, eine Art „indirekte Meinungsführer" sind.

Die Zustimmung und Unterstützung durch alle Beteiligten ist so entscheidend, weil eine Fusion – sei es eine komplexe, multinationale Großfusion oder eine scheinbar „einfachere" Fusion im eigenen Land – nur dann dauerhaft erfolgreich sein kann, wenn alle Beteiligten an einem Strang ziehen und gemeinsam an ihrer Durchführung mitarbeiten und so über Erfolg bzw. Misserfolg von Fusionen und Akquisitionen entscheiden.

2.3 Anwendung der sieben Regeln für erfolgreiche Post-Merger-Integration

Scheitert eine Fusion, so führen Manager Misserfolge gerne auf kulturelle Unterschiede zurück, die ohnehin für viel Sprengstoff sorgen – ohne über andere

Gründe nachzudenken. Diese Entschuldigung hat natürlich, wie alle Klischees, einen gewissen Wahrheitsgehalt: So haben europäische Unternehmen – sieht man von den englisch-niederländischen Unternehmen *Royal Dutch Shell* und Unilever sowie dem schwedisch-Schweizer Unternehmen ABB einmal ab – keine besondere Tradition in der Führung von internationalen Großunternehmen und damit keine Erfahrung mit den unterschiedlichen Unternehmenskulturen in den einzelnen Ländern.

Doch neben Kultur spielen auch Kommunikation, Risikomanagement, Führung und strategische Fragen wie Unternehmensvision und Wachstumspläne eine bedeutende Rolle und sollten deshalb Teil eines systematischen, umfassenden Integrationsprogramms sein, das das Management in der konsequenten Durchführung unterstützt. Die in Abschnitt 1.2 dargestellten Regeln sind dabei zu befolgen:

(1) **Vision:** *Ausgefallen, aber realistisch.* Dr. Ganges hat in der Pressekonferenz keine konkrete Vision vermittelt. Der einzige Hinweis auf das Ziel der Fusion war seine Aussage, dass die Kombination von deutscher Technologie und amerikanischem Hands-On-Management ein unschlagbares Erfolgsrezept ist. Dies spiegelte zwar die Gegenwart wider, ließ aber zukünftige Ziele und Stoßrichtungen außer Acht. Für Ganges und sein Team galt es also zunächst, zu klären, was die Vision des neuen Unternehmens ist – und zwar schnell. Für die Entwicklung einer geeigneten Vision prüften sie zum einen, welche Möglichkeiten für die beiden Partner bestehen – z.B. in welchen Bereichen (z.B. innovative Technologien) die kombinierten Stärken des neuen Unternehmens am besten zur Wirkung kommen und wo die Wettbewerbsvorteile liegen. Zum anderen waren die Chancen, die sich in der Automobilindustrie für ein gemeinsames Unternehmen ergeben, zu analysieren und auf ihrer Basis die strategische Richtung festzulegen.

Eine wichtige Motivation für Dr. Ganges war die anhaltende Konsolidierung unter den Automobilherstellern, deren Chancen er nutzen wollte: Der langfristige Erfolg von Fusionen oder Beteiligungen wie *BMW-Rover*, *DaimlerChrysler*, *Ford-Volvo* und *Renault-Nissan* hängt zum Teil mit der Tiefe und Qualität der Beziehungen zu ihren Lieferanten zusammen. Diese Lieferanten müssen global, flexibel und technologisch fit sein, um überleben zu können. Baut er ein solches Unternehmen auf, hat er bessere Chancen, seine Position bei einer weiteren Konsolidierung unter den Herstellern zu festigen. Wagt er diesen Schritt gar nicht oder findet er den falschen Partner, wird sein Unternehmen zu einer Position als Nischenanbieter relegiert – wenn das Unternehmen überhaupt überlebt.

Bei der Entwicklung einer neuen Vision war es für LAS und ZAG entscheidend, nicht die Realität aus den zu Augen verlieren: Eine unrealistische Vision wäre von den Mitarbeitern nicht ernst genommen und unterstützt worden. Sie erwarten Glaubwürdigkeit und Klarheit. Mit einer Vision, die sie schon zigmal an anderer Stelle gehört haben, werden sie sich nicht identifizieren. Glaubwürdigkeit bedeutet aber auch, die Vision permanent zu kommunizieren und sie zu leben. Wer immer wieder deutlich macht, was die Vision tatsächlich ist, unterstützt seine Mitarbeiter im Alltag. Wenn jeder weiß, worum es geht, sind Entscheidungen leichter zu fällen. Visionen tragen so als Stütze, Kontrolle, Motivation etc. zum Unternehmenserfolg bei.

Einziger Problempunkt: Dr. Ganges und sein Team legten im Vorfeld der Fusion zu wenig Wert auf die Entwicklung der Vision. Nach der Pressekonferenz mussten deshalb erhebliche Ressourcen dafür verwendet werden, Mitarbeiter und Stakeholder zu beschwichtigen und von der Zweckmäßigkeit der Fusion zu überzeugen. Dr. Ganges und seine Kollegen sind immer noch dabei, in regelmäßigen Workshops eine ausschließlich auf das gemeinsame Unternehmen anwendbare Vision zu entwickeln. Der Preis dafür ist andauernde Unsicherheit. Wenn das fusionierte Unternehmen tatsächlich global und flexibel agieren möchte, ist zum Beispiel eine signifikante Präsenz in Japan und Korea erforderlich. Gerüchte kursieren wöchentlich durch die Autopresse, dass das neue Unternehmen einen japanischen Konkurrenten übernehmen wird oder sogar von einem großen asiatischen Autolieferanten geschluckt wird.

(2) **Führung:** *Klare Strukturen schon vor dem Abschluss kommunizieren und Key-Mitarbeiter an Bord halten.* Die Führungsmannschaft der ZAG glänzte durch Abwesenheit. Ob Dr. Ganges das neue Unternehmen führen wird, war noch nicht entschieden – auch wenn es zu vermuten war. Die beiden Unternehmen mussten sich also auch mit folgenden Fragen auseinandersetzen: Wer wird das gemeinsame Unternehmen führen – nicht nur auf der Chefetage, sondern auch in den restlichen Führungspositionen? Werden Führungspositionen aus den Reihen von ZAG und LAS besetzt oder extern? Um ein gefährliches Führungsvakuum zu vermeiden, das Mitarbeiter, Stakeholder Lieferanten und Kunden verunsichert, muss von Anfang an klar sein, wer das Unternehmen führt. Das LAS- und ZAG-Fusionsteam legte die neue Führungsstruktur bereits vor dem Abschluss fest. Welches Management dabei bisher den besseren Führungsstil bewiesen hatte, konnte das Fusionsteam aus den Ergebnissen der Business-Due-Diligence ableiten.

Entscheidend war für LAS und ZAG vor allem, dass sie ihre einflussreichen und leistungsfähigen Mitarbeiter durch überzeugende Argumentation, finanzielle Anreize und nicht zuletzt durch die frühzeitige Festlegung der Managementstruktur an Bord behalten konnten. Hinweise darauf, wo im Unternehmen die entscheidenden Ressourcen liegen, lieferte die strategische Business-Due-Diligence. Ein wichtiges Ergebnis der Due-Diligence waren zum Beispiel Daten zur Alterstruktur und zu möglichen Nachfolgern in vielen

ZAG-Abteilungen, da einige Abteilungsleiter und Produktmanager in absehbarer Zeit in den Ruhestand gehen wollten. In einigen Fällen stand der Nachfolger schon fest, doch in einem sensiblen Fall konkurrierten zwei gut qualifizierte Kandidaten um die begehrte Position. Hier ist es ZAG gelungen, beide Kandidaten im Unternehmen zu halten.

Wesentlich weniger Aufwand hätte es für die beiden Unternehmen allerdings bedeutet, wenn sie Führungsstruktur und Verantwortlichkeiten schon auf der ersten Pressekonferenz kommuniziert hätten und die neue Mannschaft dort vorgestellt hätten. Glücklicherweise reagierte das Team um Dr. Ganges schnell und flexibel auf die festgestellte Orientierungslosigkeit und Unsicherheit der Belegschaft und kommunizierte Ziele und Organisationsstruktur auf zahlreichen Veranstaltungen, an denen die Führungsmannschaft persönlich teilnahm und für Fragen jeglicher Art zur Verfügung stand.

(3) **Wachstum:** *Wachstumssynergien schnell und parallel zu Kostensynergien umsetzen.* Dass Dr. Ganges von einem globalen, flexiblen und technologisch führenden Unternehmen träumte, war seinen Aussagen auf der Pressekonferenz nicht zu entnehmen. Dr. Ganges wies zwar auf die Höhe der erwarteten Synergien hin, legte aber keine Wachstumspläne vor. Mit der Aussage „200 Millionen Euro in den ersten zwei Jahren" hat er die Erwartungen und die Aufmerksamkeit der Märkte in eine bestimmte Richtung gelenkt und dabei viele Fragen offen gelassen: Wie können LAS und ZAG die Überschneidung der Kundenstämme nutzen, um Service und Qualität zu verbessern? Wie kann das gemeinsame Unternehmen die drei Automobilhersteller, die noch nicht Kunden sind, optimal und gezielt ansprechen? Gleichzeitig weckte er mit der Aussage, dass er die Schließung von Standorten nicht ausschließe, die Angst vor Arbeitsplatzreduzierung, ohne sie tatsächlich anzusprechen.

Da sich erfolgreiche Fusionen durch Wachstum auszeichnen, sollte die Vision des gemeinsamen Unternehmens wachstumsorientiert sein und sich nicht zu sehr auf Kostensynergien konzentrieren. Dies gilt nicht zuletzt deshalb, weil diese positive Perspektive für alle Beteiligten sehr viel motivierender und konstruktiver ist als die Angst vor Schrumpfung oder Verlusten. Wachstumssynergien – d.h. die Steigerung des Unternehmenswertes durch Umsatzsteigerung – können allerdings durch Einsparpotenziale, die sich in internen Prozessen, in der Beschaffung oder durch Ressourcensynergien ergeben, ergänzt werden und ihnen so die Brisanz nehmen.

Um ihre Mitarbeiter vom Sinn und Zweck der Fusion zu überzeugen und ihnen die Angst vor Massenentlassungen zu nehmen, haben LAS und ZAG Kostensenkungsziele und Wachstumsinitiativen parallel realisiert und Wert auf eine intensive Zusammenarbeit mit der *IG Metall* gelegt. So konnten Dr. Ganges und sein Team die Zustimmung der Mitarbeiter zu gemäßigten Arbeitsplatzstreichungen erreichen und gleichzeitig Unsicherheit bei anderen

Interessensgruppen abbauen. Da es auch hier darauf ankommt, schnell zu handeln, haben sie zunächst die Gebiete bearbeitet, in denen Kostensenkungen und Wachstumssynergien einfach zu realisieren sind – wertvolle Informationen lieferte auch hier die Due-Diligence sowie Benchmarks mit anderen Unternehmen.

Erheblich einfacher wäre die Umsetzung von Wachstums- und Kostensynergien jedoch für das Fusionsteam gewesen, wenn Dr. Ganges auf der Pressekonferenz bereits erste Pläne mit konkret geplanten Maßnahmen kommuniziert hätte, mit denen er die Einsparungen erzielen wollte. Zudem hätte er die Beteiligten nicht mit der Aussage über die Standortschließungen verunsichern, sondern ihnen vielmehr die positiven Aspekte der Fusion vermitteln sollen.

(4) **Schnelle Gewinne:** *Verschiedene Interessensgruppen durch spezifische Maßnahmen überzeugen.* Schnelle Gewinne helfen dabei, alle Stakeholder von der Notwendigkeit der Fusion bzw. Akquisition zu überzeugen und ihre Zustimmung zu erlangen. Sie wirken aber nur dann, wenn sie die Belange der betroffenen Menschen adressieren. In den 200 Millionen Euro Kostenersparnissen waren einige Einschnitte enthalten, die das neue Unternehmen schnell realisieren konnte. Alle diese Maßnahmen als schnelle Gewinne zu verkaufen, hätte aber eine Fehlentscheidung sein können. So werden zum Beispiel eventuelle Arbeitsplatzeinsparungen in der Öffentlichkeit in der Regel als Verlust – und nicht als Gewinn – gesehen.

ZAG und LAS haben die Bereiche, in denen sie „Early-Wins“ erreichen wollten, nach zwei Kriterien ausgewählt: Erstens haben sie auf der Grundlage der Due-Diligence nur Bereiche ausgewählt, in denen schnelle Gewinne überhaupt möglich sind und zweitens haben sie bei der Auswahl die Bedürfnisse aller Beteiligten berücksichtigt und dementsprechend unterschiedliche Early-Wins angestrebt (siehe Abb. 4). So konnten LAS und ZAG beispielsweise durch den Verkauf von nicht (mehr) benötigten Vermögenswerten und durch die gemeinsame Nutzung von Intellectual-Capital problemlos schnelle Gewinne erzielen – die amerikanischen Mitarbeiter waren von der Aktualität und der Bandbreite des technologischen Wissens auf deutscher Seite beeindruckt. Die Ergebnisse aus Kostensenkungsansätzen dagegen haben LAS und ZAG nicht als Early-Wins „verkauft“, weil Mitarbeiter hier sofort Entlassungen vermutet hätten. Eine Ausnahme bildeten in diesem Zusammenhang aber Kostensenkungspotenziale, die in der Koordinierung der Beschaffung lagen – da ihre Ausschöpfung nicht auch gleichzeitig die Reduzierung der Arbeitsplätze bedeutete. Sie konnten von Dr. Ganges und seinem Team problemlos als schnelle Gewinne kommuniziert werden.

Informationen über die Bedürfnisse der einzelnen Stakeholder sammelten LAS und ZAG durch die Befragung von Mitarbeitern, Kunden, Lieferanten

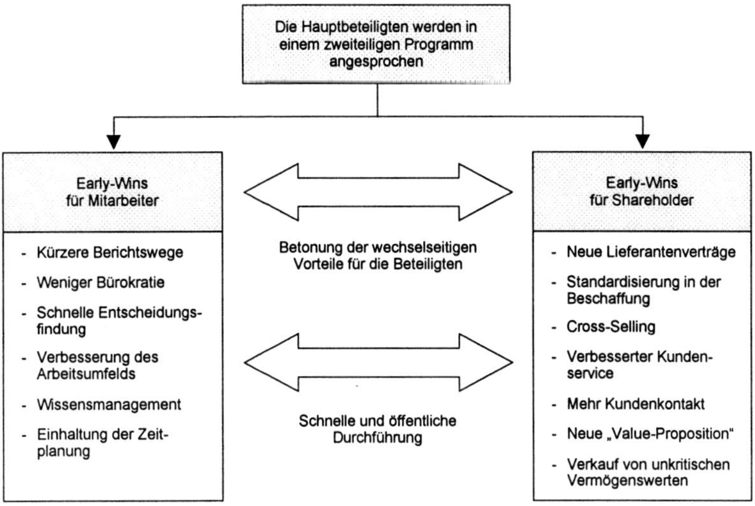

Abb. 4: Ansatzpunkte für schnelle Gewinne

etc. – eben der Stakeholder. Das hatte gleichzeitig den Vorteil, dass sich die verschiedenen Interessengruppen eingebunden und ernst genommen fühlten, was die Akzeptanz auf Mitarbeiterseite erheblich steigerte. Als LAS und ZAG dann noch unmittelbar nach der Beendigung einer Aufgabe offen und vor allem öffentlich darüber sprachen – ohne zu übertreiben –, war ihnen die Zustimmung und Unterstützung ihrer Mitarbeiter sicher.

(5) **Kultur:** *Sich für eine Kultur entscheiden und sie durchsetzen.* Eine Auflistung denkbarer Schwierigkeiten im kulturellen Bereich hätte viele Seiten gefüllt. Neben vielen anderen Fragen musste Dr. Ganges die unterschiedliche Rechtssituation in Amerika und Deutschland berücksichtigen – und sich über die voneinander abweichenden Einflussmöglichkeiten der Gewerkschaften und deren Auswirkungen im Klaren sein. Um kulturelle Schwierigkeiten in den Griff zu bekommen, entwickelten LAS und ZAG bereits vor dem Abschluss Strategien für die kulturelle Integration. Da es je nach Unternehmenssituation sinnvoll sein kann, eine der beiden Unternehmenskulturen auf das gemeinsame Unternehmen zu übertragen oder aber eine Mixtur aus beiden zu bilden, haben LAS und ZAG ihre beiden Kulturen zunächst analysiert, dokumentiert und miteinander verglichen (siehe Abb. 5). In einem zweiten Schritt entschieden LAS und ZAG sich dafür, die offenere und teamorientierte LAS-Kultur zu übernehmen, und sind gerade dabei, sie durchzusetzen.

Dass die Einführung einer neuen Kultur nicht von heute auf morgen vollzogen werden kann, war dem Führungsteam klar. Im Moment lebt es die neue

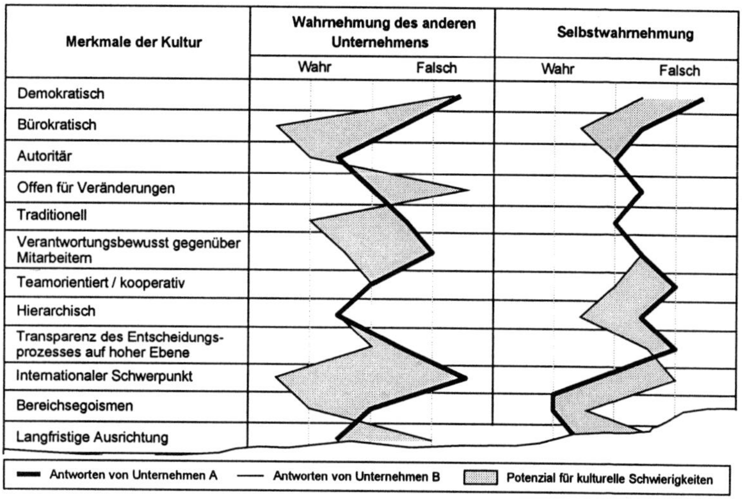

Abb. 5: Identifizierung der kulturellen Unterschiede

gemeinsame Kultur vor und übernimmt so eine Vorbildfunktion. Gleichzeitig haben aber alle Beteiligten auch genügend Zeit, sich durch Coaching-Veranstaltungen, Workshops und Teambuilding-Maßnahmen auf die neue kulturelle Realität vorzubereiten und sich an sie zu gewöhnen. Hier geht es in erster Linie darum, gegenseitiges Verständnis aufzubauen und die Übernahme der neuen Normen durch ein System von Anreizen zu beschleunigen.

(6) **Kommunikation:** *Die Mitarbeiter durch Glaubwürdigkeit und Enthusiasmus überzeugen.* Die Pressekonferenz ließ die Zuhörer mit mehr Fragen als Antworten zurück. Und diese Fragen werden immer mehr, so lange sie unbeantwortet bleiben. Haben Dr. Ganges und sein Team einen Plan? Welche Inhalte und Ziele wollen sie vermitteln? Durch welche Medien? An wen? Dass Kommunikation das A und O einer erfolgreichen Fusion ist, sollte bereits klar geworden sein: Von der Vision über die Führungsstruktur bis hin zu schnellen Gewinnen und kulturellen Unterschieden – alle Mitarbeiter müssen kontinuierlich auf dem neuesten Stand gehalten werden, wenn sie die Fusion mittragen sollen. Wenn man bedenkt, dass die häufigste Integrationsbarriere in der mangelnden Unterstützung durch die Mitarbeiter liegt, zeigt sich, dass auch Kommunikation sorgfältig geplant sein will (siehe Abb. 6).

Unternehmen, die ihre Mitarbeiter informieren, mit ihnen diskutieren und sie aktiv in den Integrationsprozess einbinden wollen, müssen sich zunächst über ihre Kommunikationsziele klar werden – d.h. in erster Linie die Kommunikationsbedürfnisse der verschiedenen Interessensgruppen verstehen. Da-

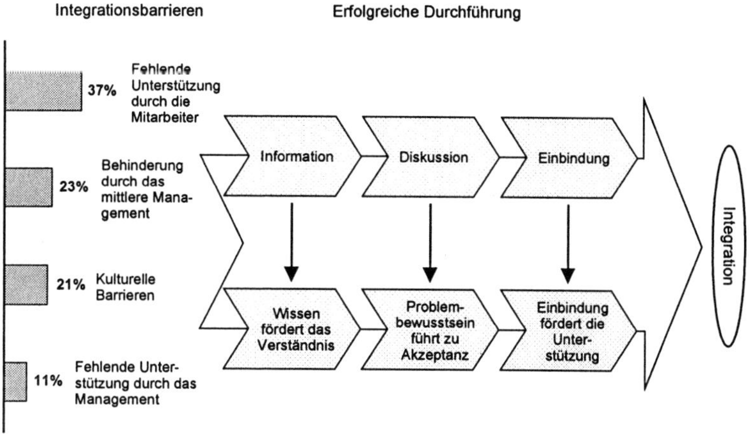

Abb. 6: Integrationsbarrieren

bei ist zu bedenken, dass sich Kommunikationsziele ändern können, und dass auch „Nicht-Kommunikation" Kommunikation bedeutet. Kommunikation ist deshalb als kontinuierlicher Prozess zu sehen, der nie endet.

In der Kommunikation lag nun der eigentliche Schwachpunkt für LAS und ZAG. Obwohl sie andere wesentliche Regeln für erfolgreiche Fusionen mit Bravour befolgten, unterschätzten sie zunächst die Auswirkungen mangelhafter bzw. schlecht geplanter Kommunikation und mussten – und müssen – in der Folge viel Zeit und Ressourcen investieren, um das Versäumte nachzuholen und einen ausgefeilten Kommunikationsplan zu erstellen (siehe Abb. 7).

Eine wesentliche Voraussetzung für die Erstellung eines Kommunikationsplans liegt in der Kenntnis der Kommunikationsziele. Deshalb mussten Dr. Ganges und sein Team zielgruppenspezifische Kommunikationsziele identifizieren und in einem zweiten Schritt das Medium festlegen, mit dem sie erreicht werden sollen. Weil Teile der Belegschaft schon Arbeitsplatzkürzungen und Standortschließungen vermuteten, musste das Fusionsteam einerseits schnell handeln, um nicht noch mehr Zeit zu verlieren, andererseits aber auch überlegt, um durch unglaubwürdige bzw. unbedachte Äußerungen nicht noch mehr Gerüchte in die Welt zu setzen als ohnehin schon kursierten. Dabei zogen sie externe Kommunikationsberater zu Rate, da die erforderlichen Ressourcen für eine derart schnelle und professionelle Umsetzung eines Kommunikationsplans nicht vorhanden waren – Kosten, die bei intensiverer Auseinandersetzung mit dem Thema „Kommunikation" vermeidbar gewesen wären.

Zielgruppe	Ziele	Inhalt	Medium
Top-Management beider Unternehmen	Ehrgeiz ansprechen, zukünftige Kommunikation aufbauen	Ziele des Mergers, Art des Mergers, zukünftiges Potenzial, Bonusschema, Besprechungsplan	regelmäßige Videokonferenzen, F&A, gemeinsame Mittagessen, vertrauliche Vorstandsmeetings
Projektteamleiter	Ehrgeiz ansprechen, Verständnis der eigenen Rolle sichern	Ziele des Mergers, Art des Mergers, zukünftiges Potenzial, Ziele der einzelnen Teams, Kriterien für die Auswahl der Teammitglieder	zweitägiges Meeting unter der Leitung eines CEO
Belegschaft	Kenntnis der Hauptziele des Mergers sicherstellen, konstruktive Diskussionen führen, Rahmen für die zukünftige Kommunikation abstecken, Überzeugen und Einbinden	Ziele des Mergers, Art des Mergers, zukünftiges Potenzial, Besprechungsplan	Veranstaltungen mit F&A-Teil unter der Leitung eines Managers, regelmäßige Videokonferenzen unter der Leitung eines Managers, Ermutigung, eine anonyme E-Mail-Adresse zu verwenden
Investoren	Kaufempfehlungen der Analysen sichern	Ziele des Mergers, Art des Mergers, zukünftiges Potenzial	Börsentest und -wahrnehmung
Etc.			

Abb. 7: Grundgerüst eines Kommunikationsplans

Doch die Kommunikationsberater waren auf die Unterstützung und den Input des Führungsteams angewiesen, vor allem was Inhalt und Glaubwürdigkeit der Aussagen betraf. Hier mussten sich die Manager selbst die Frage stellen, ob sie an ihre Botschaften glauben und sie mit entsprechender Begeisterung und ehrlich kommunizieren können, weil sie nur dann dazu in der Lage sind, auch andere davon zu überzeugen.

Nicht zu unterschätzen ist auch die Bedeutung, die den zeitlichen Abständen, in denen die Kommunikation stattfindet, und dem persönlichen Gespräch zukommt: Informationen per E-Mail oder Infobrief können nicht die gleiche Wirkung erzielen wie ein persönliches Gespräch und die Beantwortung von Fragen. LAS und ZAG organisierten deshalb Veranstaltungen, zu denen das Führungsteam persönlich erschien und für die Klärung offener Fragen zur Verfügung stand. Seit die ersten Unsicherheiten beseitigt und das Vertrauen der Betroffenen im Großen und Ganzen wiederhergestellt ist, sorgen regelmäßige Videokonferenzen und eine anonyme E-Mail-Adresse dafür, dass Vorschläge und Sorgen verschiedener Interessensgruppen entgegengenommen, ihre Verhaltensweisen interpretiert und bei weiteren Integrationsmaßnahmen berücksichtigt werden.

Regelmäßigkeit und Anonymität stellen sicher, dass die Information kontrollierbar bleibt, nicht durch informelle Kanäle bestimmt wird und sich die Mitarbeiter ernst genommen fühlen. Und sie hat einen weiteren Vorteil: Das Management erhält regelmäßig Feedback und kann die Fusionsmaßnahmen kontinuierlich optimieren.

(7) **Risikomanagement:** *Kontinuierlich analysieren, priorisieren und proaktiv minimieren.* Die Anzahl der Fragen nach den potenziellen Risiken dieses Mergers wurde vermutlich nur von der Liste der kulturellen Schwierigkeiten übertroffen. Was halten die Hauptkunden von dieser Fusion? Brechen einige die Beziehung ab? Wird die Fusion aufgrund einer starken Wettbewerbsposition von der Europäischen Kommission und der US-Regierung unter die Lupe genommen? Inwieweit sind die EDV-Systeme der beiden Unternehmen kompatibel? Gibt es langfristige Verträge, die eine Zusammenlegung der Beschaffung und der eigenen Lieferantenstämme verhindern oder extrem aufwendig machen werden?

Effektives Risikomanagement bedeutet nicht, alle Risiken zu lösen oder zu vermeiden, sondern sie im Gegenteil proaktiv anzugehen und auf sie vorbereitet zu sein, auch wenn sie nicht zu lösen sind. Weil man sich nicht auf etwas vorbereiten kann, das man nicht kennt, haben LAS und ZAG zunächst ihre Ausgangslage analysiert und die einzelnen Integrationsmaßnahmen nach ihrem Einfluss auf das Geschäft und ihrer Komplexität priorisiert und die jeweiligen Risiken bestimmt. In einem zweiten Schritt haben sie alle Risiken in die Kategorien „hoch“, „mittel“ und „niedrig“ eingeteilt und so „Showstopper“ identifiziert, die das K.O.-Kriterium für jede Fusion bedeuten können – wie z.B. kartellrechtliche Hindernisse. Überwindbare Risiken konnte das neue Unternehmen sofort und rigoros aus dem Weg räumen. Risiken, die schwieriger zu überwinden sind, konnte es minimieren.

Da Veränderungen des Umfelds oder der internen Bedingungen neue Risiken mit sich bringen kann, ist es für Dr. Ganges und sein Team entscheidend, diesen Prozess kontinuierlich durchzuführen und so flexibel reagieren zu können.

3. Fazit: Was die Fusionspartner erreicht haben

LAS und ZAG befolgten bei der Vorbereitung und Ausführung ihrer Fusion die meisten Erfolgsregeln bis ins Detail. Sie führten eine umfassende Business-Due-Diligence durch und nutzen ihre Daten als Basis für die Umsetzung der Regeln. Sie haben auf der Basis ihrer Unternehmensstrategie bereits im Vorfeld der Fusion zwar keine konkrete und individuelle Vision ausgearbeitet, sind sich aber bewusst, dass eine solche Vision dringend gebraucht wird. Bis diese vorliegt, macht das Unternehmen – sowohl intern als extern – eine gewisse Identitätskrise durch, die zu vielen Gerüchten und zu Unsicherheit führt.

Die Manager haben aber die Führungsverantwortung klar festgelegt. Sie haben sich auch auf die Umsetzung von Markt- und nicht von Kostensynergien konzentriert und zielgruppenspezifische Early-Wins realisiert. Sie haben die beiden Unternehmenskulturen analysiert, sich für die amerikanische entschieden und Maßnahmen eingeleitet, sie auch durchzusetzen. Last but not least haben sie das Unternehmen auf mögliche Risiken vorbereitet und einige sogar ganz eliminiert.

Dass die Fusion zwar erfolgreich läuft, aber nicht so schnell und reibungslos, wie sie hätte erfolgen können, liegt daran, dass Dr. Ganges und sein Team die Auswirkungen der (Nicht-)Kommunikation bzw. einer nicht durchdachten Kommunikation unterschätzten. In einer Fusionssituation, in der sich für Belegschaft, Aktionäre, Lieferanten und Kunden vielfältige Fragen stellen und Bedenken äußern, bedeutet Kommunikation mehr als ein gewisses Charisma des Redners oder die schlichte Darstellung der Fakten. Wenn sie aber überzeugt und so die Unterstützung der Beteiligten sichert, ist sie letztendlich der Schlüssel zum Erfolg. Dass gute Kommunikation durchdacht und geplant sein muss und die Grundlage aller Regeln ist, sollte klar geworden sein:

- Wenn die Vision nicht kommuniziert wird, kann sie nicht verfolgt werden und das neue Unternehmen zusammenhalten.
- Wenn die Verantwortlichkeiten nicht klar kommuniziert werden, werden Mitarbeiter und Manager unsicher und überlegen häufig sogar, das Unternehmen zu verlassen.
- Wenn die geplanten Maßnahmen zur Realisierung von Synergien nicht immer wieder kommuniziert werden, vermuten die Mitarbeiter das schlimmste: Massenentlassungen und Standortschließungen.
- Auch Early-Wins machen nur dann Sinn, wenn sie kommuniziert werden – wer nicht weiß, welche positiven Auswirkungen eine Maßnahme hatte, kann Folgemaßnahmen nicht unterstützen.
- Das gleiche gilt für die Kultur: Wer die andere Kultur nicht kennt, kann sich nicht auf sie einstellen und wird sich zwangsläufig Missverständnissen ausgesetzt sehen. Und er wird sie schon gar nicht übernehmen wollen.
- Wer die Risiken, denen er ausgesetzt ist, nicht kennt, kann sich nicht auf sie vorbereiten, geschweige denn, sie angehen und aus dem Weg räumen.

Dass die Fusion von LAS und ZAG einige bedeutende Fehlschläge überwinden konnte, ist auf die Flexibilität und den Geschäftssinn der Teammitglieder zurückzuführen. Hier zahlte sich die Bereitstellung von qualifizierten und einflussreichen Mitarbeitern aus: Durch ihr Engagement und die Bereitschaft, schnell und ungewöhnlich zu handeln, konnte das Kommunikationsdefizit mit Hilfe externer Berater schnell ausgeglichen und die verunsicherten Stakeholder beruhigt werden.

B.13

Risikomanagement als Element der strategischen Unternehmensführung – ein Ansatz von WEDIT Deloitte & Touche

*Hans Joachim Fuchs**

---

* Dr. Hans Joachim Fuchs ist Leiter der Unternehmensberatung von WEDIT Deloitte & Touche in Düsseldorf.

1. Strategisches Risikomanagement – eine Einführung

Unternehmerisches Handeln wird riskanter. Die zunehmende Globalisierung der Wirtschaft und die daraus resultierende internationale Verflechtung der Unternehmen steigern das Risikopotenzial ebenso wie die fortschreitende IT-Vernetzung oder der Einsatz von Telebanking und Electronic-Commerce. Mit dem anhaltenden Outsourcing geben Unternehmen die Möglichkeiten von Kontrollen aus der Hand, immer schnellere Prozesse produzieren neue Unsicherheit, und beim Cost-Cutting fallen häufig zuerst die Sicherheitsmaßnahmen dem Rotstift zum Opfer. Dazu kommt, dass der Umgang mit immer komplexeren Finanzinstrumenten in den Unternehmen zu ganz neuen Risiken führt und die Bereitschaft von Managern zu illegalen Handlungen weiter zunimmt. Namen wie *Schneider*, *Balsam* oder *Bremer Vulkan* sind nur die Spitze eines Eisberges, wie die im internationalen Vergleich anhaltend hohe Zahl der Schieflagen und Insolvenzen deutscher Unternehmen beweist.

Das am 1. Mai 1998 in Kraft getretene **Gesetz zur Kontrolle und Transparenz im Unternehmensbereich** (KonTraG) ist eine Reaktion des Gesetzgebers auf diese Entwicklung. Obwohl das Gesetz vorerst nur für börsennotierte Aktiengesellschaften gilt, hat es eine gewollte Ausstrahlung auf andere Gesellschaftsformen. Konsequenterweise sind auch die meisten großen GmbH daran interessiert, ein Risikomanagementsystem zu installieren. Kernpunkt des KonTraG ist die Einrichtung eines Überwachungssystems, das es den Unternehmen ermöglicht, den Fortbestand der Gesellschaft gefährdende Entwicklungen rechtzeitig zu erkennen. Im Visier des Gesetzes sind also nicht nur die gegenwärtigen Risiken des operativen Tagesgeschäftes, sondern in erster Linie die in der Zukunft liegenden strategischen Risiken des Unternehmens.

Dass das in vielen Unternehmen etablierte traditionelle Risikomanagement hierbei versagt, liegt auf der Hand. Im traditionellen Risikomanagement sind häufig nur versicherbare Risiken relevant. Es konzentriert sich auf Objekte wie Gebäude, Anlagen oder Produkte, setzt den betriebswirtschaftlichen Fokus auf die Ermittlung von Schadenshöhen und Ertragsausfällen und betont dabei technische Sachverhalte. Traditionelles Risikomanagement hat eine kurzfristige Sichtweise, ist rein operativ ausgerichtet und versucht, die Kosten der Vermeidung und Versicherung von Schäden zu reduzieren.

Ganz anders das **strategische Risikomanagement**. Hier sind alle internen und externen Risiken relevant, die ein Unternehmen betreffen. Es konzentriert sich nicht nur auf Objekte, sondern wesentlich auf Mitarbeiter, Entscheidungen des Managements sowie auf Prozesse. Ungünstige Veränderungen der politischen Rahmenbedingungen sind hier ebenso im Blickfeld wie die Personalfluktuation oder Maßnahmen des Wettbewerbs. Risikokultur, Risikobewusstsein der Mitarbeiter und Frühwarnung spielen deshalb eine zentrale Rolle. Der betriebswirtschaftliche Fokus liegt beim Fortbestand des Unternehmens, bei Vermögensschäden und Manipulationsfolgen. Strategisches Risikomanagement hat einen langfristigen Horizont, ist in den Strategieentwicklungs- und Planungsprozess des Unternehmens eingebettet und durchdringt die gesamte Organisation. Es versteht Risiko immer auch als Chance und wird dadurch zum **Chancenmanagement**. Risiko- und Chancenmanagement sind zwei Seiten einer Medaille.

Der Beratungsansatz von *WEDIT Deloitte & Touche* geht davon aus, dass strategisches Risikomanagement immer als prospektives Risikomanagement betrieben werden muss. Ein auf die gegenwärtigen Risiken des operativen Geschäfts ausgerichtetes Risk-Management reicht nicht aus, Risikomanagement muss immer auch auf die Risiken der Zukunft fokussiert und damit strategisch ausgerichtet sein. Zum Repertoire der Methoden gehören deshalb nicht nur die vorausschauende Identifikation und Bewertung von Risiken mit Hilfe mathematischer Instrumente, sondern auch die Installation von zukunftsorientierten Wissensprozessen. Ein Beispiel ist das „Feedforward", bei dem Warnfunktionen im Unternehmen etabliert werden, in deren Rahmen erfahrene Mitarbeiter ihre unerfahrenen Kollegen aus anderen Bereichen vorausschauend auf mögliche Risiken hinweisen. Das bedeutet, dass Risikomanagement in dem hier vorgestellten Ansatz immer auch **Wissensmanagement** ist. Darüber hinaus kommt es darauf an, erkannte Risiken möglichst zu quantifizieren, d.h. Schadenspotenziale und Eintrittswahrscheinlichkeiten angemessen einzuschätzen. Schließlich sollen die Mitarbeiter des Mandanten in die Lage versetzt werden, in ihrem Arbeitsbereich Risiken selbst zu identifizieren, zu analysieren und zu bewerten. Das Ziel ist immer, den Mitarbeiter zum Risikomanager zu machen.

2. Fallstudie: Implementierung eines strategischen Risikomanagementsystems

2.1 Ausgangssituation und Projektablauf

Die Unternehmensberatung von *WEDIT Deloitte & Touche* wurde von einem großen deutschen und global tätigen Markenartikler aus dem Food-Bereich beauftragt, Vorschläge für ein dem KonTraG entsprechendes Risikomanagementsystem zu entwickeln und bei der Implementierung des Systems behilflich zu sein. Das Unternehmen ist als GmbH mit mehreren Töchtern zwar nicht unmittelbar von dem Gesetz betroffen. Die Geschäftsleitung sah es vor dem Hintergrund eines schärferen Wettbewerbes, instabilen Konsumentenverhaltens

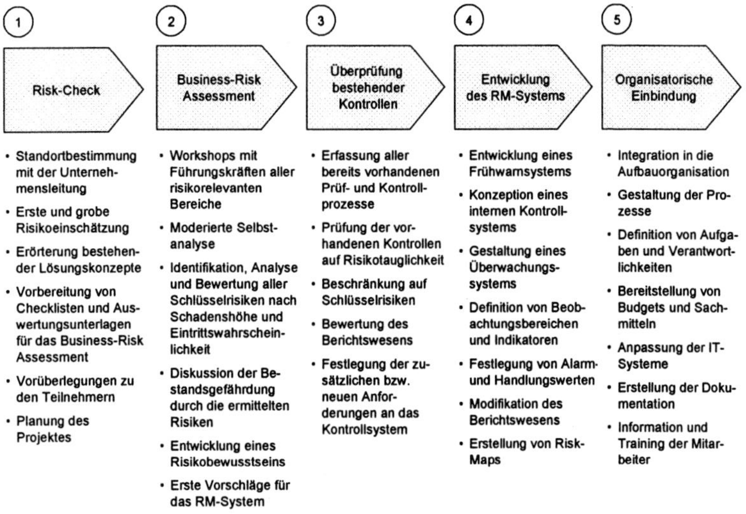

Abb. 1: Projektablauf

und unsicherer Rohstoffmärkte aber als erforderlich an, über ein leistungsfähiges strategisches Risikomanagement zu verfügen.

Das Projekt bestand aus mehreren Phasen (siehe Abb. 1). Im ersten Schritt, dem **Risk-Check,** ging es darum, zusammen mit der Geschäftsleitung im kleinen Kreis eine erste Standortbestimmung vorzunehmen. In einer zweistündigen Sitzung wurden die wesentlichen Risiken des Unternehmens grob eingeschätzt, bereits bestehende Kontrollmechanismen und Lösungskonzepte erörtert sowie der weitere Ablauf des Projektes geplant. Dazu gehörte auch die Identifikation der Führungskräfte, die an den anschließenden Risikoworkshops teilnehmen sollten. Durch dieses Vorgespräch mit der Unternehmensleitung war es möglich, Checklisten und Auswertungsunterlagen für die Workshops vorzubereiten und die Veranstaltungen zu strukturieren.

Im zweiten Schritt wurden mehrere Risikoworkshops mit den Führungskräften aller risikorelevanten Bereiche durchgeführt. Neben der Geschäftsleitung nahmen in der Regel Bereichsleiter aus den einzelnen Geschäftsbereichen und Leiter risikorelevanter Stabstellen wie Finanzen oder Controlling teil. In diesen sechs- bis achtstündigen **Business-Risk-Assessments** ging es darum, die Schlüsselrisiken in den einzelnen Bereichen des Unternehmens zu identifizieren und zu bewerten, die vorhandenen Kontrollen zu beurteilen und einheitliche Maßstäbe zur Messung von Risiken in den verschiedenen Bereichen und Töchtern des Unternehmens zu entwickeln. Gleichzeitig wurde durch die offene Diskussion der Risiken in den Gruppen zum ersten Mal ein gemeinsames Verständnis für

Risiken sowie eine gemeinsame Sprache geschaffen, was zur Bildung eines größeren Risikobewusstseins der Mitarbeiter und zur Förderung einer Risikokultur im Unternehmen fuhrte.

Um bei der Benennung der Risiken Befangenheit einzelner Führungskräfte zu vermeiden, wurden die Schlüsselrisiken im Workshop mit Hilfe der Metaplantechnik anonym erfragt. Die Mitarbeiter notierten die einzelnen Risiken unbeobachtet auf Karten, die von den Beratern eingesammelt und sofort geclustert wurden. Bereits jetzt bildeten sich wenige Risikogruppen heraus, die von den Teilnehmern besonders häufig genannt wurden. Bei der anschließenden quantitativen Bewertung der potenziellen Schadenshöhen und Eintrittswahrscheinlichkeiten der Schlüsselrisiken zeigte sich, dass die Einschätzungen einzelner Führungskräfte erheblich voneinander abwichen. Während ältere Führungskräfte das Risikopotenzial oft verharmlosten, waren die jüngeren deutlich risikobewusster und kritischer. Hier kam dem Berater als Moderator und Mediator eine zentrale Rolle zu. Die Erfahrung zeigte jedoch, dass sich nach ausgiebiger und zum Teil leidenschaftlicher Diskussion weitgehend Konsens bei der Bewertung von Risiken erreichen ließ.

Zentrales Ergebnis der Workshops war ein Set von Risikoportfolios des Unternehmens, das alle Schlüsselrisiken benannte und hinsichtlich der potenziellen Schadenshöhen und Eintrittswahrscheinlichkeiten quantifizierte (siehe Abb. 2). Geht man – in Anlehnung an die Fachliteratur – von einer Bewertung der Verlustpotenziale im Verhältnis zum Eigenkapital des Unternehmens aus, dann ergeben sich im Risikoportfolio verschiedene kritische Zonen. So muss ein Verlustpotenzial von 50 oder mehr Prozent des Eigenkapitals als „hoch" bezeichnet werden, ab 100 Prozent sogar als „sehr hoch". Analog werden Eintrittswahrscheinlichkeiten von Risiken zwischen 20 und 50 Prozent als „hoch" und zwischen 50 und 100 Prozent als „sehr hoch" bezeichnet.

In den Workshops zeigte sich, dass nicht nur einzelne Risiken, sondern auch Kumulationen und Wechselwirkungen von Risiken berücksichtigt werden müssen. So addieren sich beispielsweise in der Regel die Währungsrisiken in den einzelnen Exportländern im Fall eines schwachen Dollars, und ein sehr hoher Lagerbestand an hochwertigen Rohstoffen reduziert zwar das Risiko eines Produktionsausfalls, erhöht jedoch das Verlustrisiko im Falle eines Brandes erheblich. Erst durch die Kumulation der einzelnen Risikopotenziale wurde es möglich, das wahre Ausmaß der Bedrohung und damit eine mögliche Bestandsgefährdung des Unternehmens zu erkennen. Daraus ergibt sich das Erfordernis, für die einzelnen Geschäftsbereiche und Risikofelder Limite zu setzen, die sich zu einem maximalen Gesamtrisiko für die einzelnen Bereiche bzw. Töchter und zu einem kumulierten Markt-, Währungs- oder Transportrisiko etc. addieren lassen.

Auf weitergehende quantitative Analysen wie Pareto-Untersuchungen, Frequenz-Relevanz-Analysen, Risiko-Rendite-Portfolios, die Gewichtung von Risi-

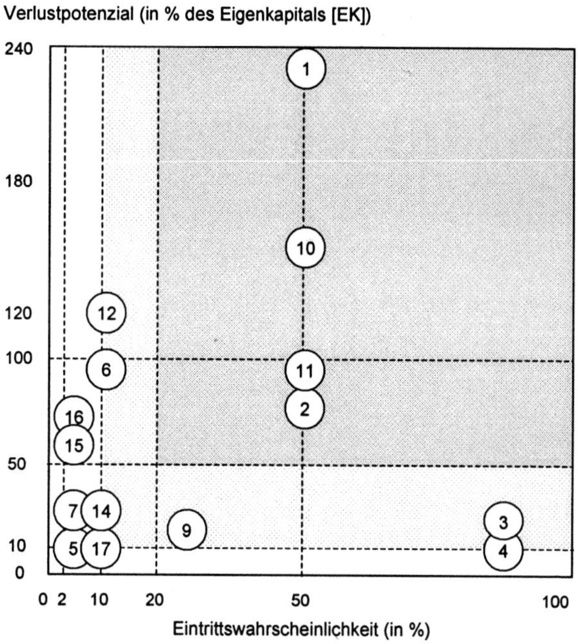

RISIKEN

Risiken aus der Konzentration des Handels

1 Konditionsabgleich
2 Auslistung
3 Fusionsbonus, lfd.

Markt- und Innovationsrisiken

4 Veränderung Konsumentenverhalten, Marktanteil
5 Fehlende Innovation beim Kernprodukt
6 Falsche Innovation beim Kernprodukt
7 Fehlende Innovation beim System
8 Falsche Innovation beim System: k. A.
9 Fehlende/falsche Innovation beim Markenimage
10 Preiskriege und Dumping

Finanzrisiken

11 Dollar-Währungsrisiko
12 Forderungsausfall

Personalrisiken

13 Fehlender Managementnachwuchs: k. A.

Wettbewerbsrisiken

14 Konzentration durch Fusion/Ausfall bei Lieferanten

Katastrophen und Kriminalität

15 Großbrand in der Produktionsstätte
16 Produktbezogene Erpressung

Eintrittswahrscheinlichkeit (in %)		*Verlustpotenzial (in % des EK)*	
0 - 2	sehr gering	< 10	niedrig
2 - 10	gering	11 - 50	mittel
10 - 20	durchschnittlich	51 - 100	hoch
20 - 50	hoch	> 100	sehr hoch
50 - 100	sehr hoch		

Abb. 2: Risikoportfolio eines Markenartiklers

ken oder die Ermittlung von Risikokennzahlen und Risikoverteilungen wurde im Rahmen dieses Projektes verzichtet. Diese aufwendigen Analysen machen in der Praxis nur bei Großunternehmen oder sehr komplexen Geschäftsbereichen mit einem weit überdurchschnittlich hohen Risikopotenzial Sinn, beispielsweise in der Chemie, in Pharmaunternehmen oder in der Automobilindustrie. Auch die Berechnung des „Value at Risk" und des Risiko-Barwertes oder die Bildung von Szenarien im Rahmen von Simulationen wurden in diesem Projekt als nicht erforderlich betrachtet, da keine komplexen zukünftigen Risikosituationen erwartet wurden.

Nach der Identifikation, Analyse und Bewertung der Schlüsselrisiken war es möglich, die **Kontrolle und Handhabung** der Risiken im Unternehmen zu überprüfen. Dabei wurden wesentlich die Inhalte und Wege des Berichtswesens sowie die klassischen Risikostrategien der Vermeidung, Verminderung, Überwälzung und Kompensation reflektiert. Es zeigte sich, dass viele Risiken durch die vorhandenen Kontrollmechanismen gar nicht erfasst und folglich nicht bearbeitet wurden. Sie waren in Form von implizitem Wissen zwar in den Köpfen der Führungskräfte vorhanden, nicht aber als explizites Wissen in das Managementsystem integriert. Erst jetzt war es möglich, über Lösungen im Umgang mit bestandsgefährdenden Schlüsselrisiken nachzudenken. So zeigte sich, dass gewisse Ausfallrisiken in der Produktion durch eine einfache Änderung der Lieferantenverträge auf Zulieferer überwälzt werden und dass selbst massive Absatz- und Währungsrisiken in den GUS-Staaten durch das risikoarme Geschäft in den USA kompensiert werden konnte.

Das **Restrisiko**, das im Rahmen der klassischen Risikostrategien nicht beseitigt werden konnte und das wesentlich aus den Risiken der künftigen Geschäftsentwicklung resultierte, wurde vom Unternehmen bewusst akzeptiert, sollte jedoch durch ein strategisches Risikomanagementsystem ständig erfasst, kommuniziert und gemanagt werden. Ging es bei der erstmaligen Identifikation, Analyse, Bewertung und Handhabung darum, den Prozess der Etablierung eines Risikomanagement erst einmal in Gang zu bringen (Implementierungsprozess), kam es anschließend darauf an, einen permanenten Prozess der Risikokontrolle zu konzipieren und im Unternehmen zu installieren (Kontrollprozess). Im Rahmen dieser Risikokontrolle („Risk-Control") ging es darum, das Restrisikopotenzial des Unternehmens kontinuierlich beobachtbar und messbar zu machen, die Ermittlung bereichsübergreifender Risiken und Risikoanhäufungen zu ermöglichen sowie die Einhaltung der Risikolimits zu überwachen.

Die wichtigsten Bausteine dieses „Risk-Control" sind ein Frühwarnsystem, die Risikokommunikation im Rahmen des vorhandenen Berichtswesens („Risk-Report"), das ständige Management des Restrisikos auf Basis von „Risk-Maps" sowie die regelmäßige **Anpassung der Unternehmensziele** an die aktuelle Risikosituation.

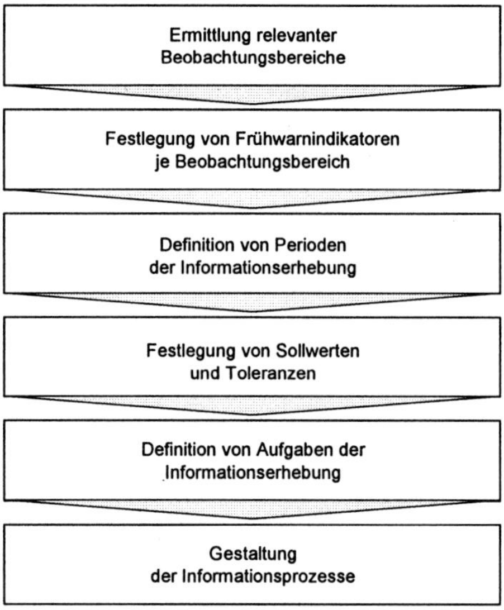

Abb. 3: Vorgehensweise bei der Implementierung eines Frühwarnsystems

2.2 Implementierung eines Frühwarnsystems und eines internen Kontrollsystems

Im prospektiven, auf die Risiken der zukünftigen Entwicklung der Unternehmen ausgerichteten Risikomanagement, haben Frühwarnsysteme eine herausragende Bedeutung. Bei der Entwicklung eines solchen **Frühwarnsystems** für das Risikomanagement kommt es darauf an, selbst sehr schwache Signale, durch die sich Brüche in der Entwicklung des Unternehmens ankündigen, mit einem ausreichend großen zeitlichen Vorlauf erkennbar zu machen, um angemessen reagieren zu können.

In einem ersten Schritt (zur Vorgehensweise siehe Abb. 3) wurden die für das Unternehmen relevanten Beobachtungsbereiche definiert, beispielsweise die klimatischen Veränderungen auf den überseeischen Rohstoffmärkten. Dramatische Klimaveränderungen in bestimmten Ländern können hier nicht nur zu drastischen Änderungen der Einkaufspreise, sondern auch zu gefährlichen Engpässen in der Rohstoffversorgung des Konsumgüterherstellers führen.

Um die risikobehafteten Veränderungen messbar zu machen, wurden für jeden Beobachtungsbereich risikorelevante Kennzahlen festgelegt und Perioden der Informationserhebung definiert. Dabei wurden monetäre betriebswirtschaftliche

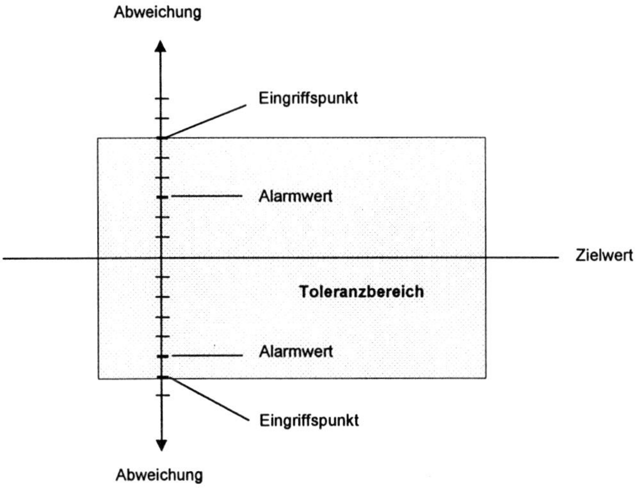

Abb. 4: Festlegung von Alarm- und Eingriffswerten

Kennzahlen durch nicht-finanzielle Kennzahlen ergänzt und für jeden Indikator Alarm- und Eingriffswerte festgelegt (siehe Abb. 4). Die Beobachtung bestimmter Indikatoren im Ausland wurde an deutsche Mitarbeiter vor Ort delegiert, die als Späher agierten und riskante Entwicklungen im Rahmen des Berichtswesens regelmäßig an die Zentrale in Deutschland meldeten. Quellen dieses Frühwarnsystems waren nicht nur interne betriebswirtschaftliche Daten und nationale Veröffentlichungen in den einzelnen Ländern, sondern auch persönliche Kontakte zu Geschäftspartnern.

Die permanente Kommunikation der erkannten Risikopotenziale erfolgte im Rahmen des vorhandenen Berichtswesens bottom-up. Das bedeutet, dass kein neues Risikoberichtswesen entwickelt und implementiert wurde, das für die existierenden Berichtssysteme als Bypass fungiert hätte, sondern dass die vorhandenen Reportingsysteme lediglich um den Faktor Risiko ergänzt und damit angereichert wurden. Als Grundprinzip galt, dass Risiken immer an der Quelle, d.h. durch die operativ Verantwortlichen in den Linien, erfasst und unbeeinflusst gemeldet werden mussten. Zentralfunktionen und Stabsstellen spielten in diesem Risikomanagementsystem deshalb nur eine Nebenrolle. Man war sich darüber hinaus einig, dass mündliche Risikoberichte nicht ausreichen, da sie die durch das KonTraG implizierte Dokumentationspflicht des Systems nicht erfüllen konnten.

Im Gegensatz zum Frühwarnsystem konzentriert sich das **interne Kontrollsystem** (IKS) im Risikomanagement auf die Kontrolle der gegenwärtigen Strukturen und Prozesse. Die interne Kontrolle wird grundsätzlich keiner Abteilung übertragen, sondern an die Führungskräfte in den diversen Stäben und Bereichen delegiert. Riskante technische Prozesse sind hier ebenso im Visier wie heikle Finanztransaktionen oder mögliche Unterschlagungen durch Mitarbeiter. Das interne Kontrollsystem umfasst sowohl den Organisationsplan als auch sämtliche Methoden und Maßnahmen, die dazu dienen, die Wirksamkeit und Effizienz der betrieblichen Abläufe zu gewährleisten, die Verlässlichkeit der finanziellen Berichterstattung sicherzustellen und die Einhaltung der für das Unternehmen geltenden einschlägigen Gesetze und Vorschriften zu erreichen. Unterm Strich geht es beim internen Kontrollsystem darum, das Vermögen des Unternehmens zu sichern.

In dem geschilderten Projekt hatte die Ermittlung und permanente Beobachtung der **Währungsrisiken** im Rahmen der internen Kontrolle eine herausragende Bedeutung, weil der ausländische Umsatzanteil des Unternehmens außergewöhnlich groß war. Um die Risiken der Währungen mit zum Teil sehr großer Volatilität angemessen erfassen zu können, wurde auf der Basis der Beratungserfahrung von *WEDIT Deloitte & Touche* im Finance-Risk-Management ein leistungsfähiges, aber dennoch kostengünstiges EDV-basiertes Tool für das FOREX-Management (Foreign-Exchange-Management) entwickelt.

Das Tool bestimmt das transaktionsbedingte sowie das ökonomische Exposure und bildete damit die Basis für den Aufbau eines aktiven Fremdwährungsmanagements. Es visualisiert das im FOREX-Bereich auftretende Risiko in regelmäßigen Abständen unter Nutzung verschiedener Filter. So wurde das Risiko nach Tochterunternehmen, organisatorischen Einheiten (Einkauf, Verkauf, Finanzen etc.), Produktlinien und Verantwortlichkeiten aufgegliedert. Dieser Analyseansatz ermöglichte dem Unternehmen nicht nur eine differenzierte Bestimmung des Status-Quo, sondern auch eine kontinuierliche Anpassung des FOREX-Management an die sich permanent verändernden Möglichkeiten und Geschäftsaktivitäten.

2.3 Risk-Report im Berichtswesen

Bei der Gestaltung der **Risikoberichte** (siehe Abb. 5) wurde darauf geachtet, dass die Informationen von den Empfängern der Berichte stufenweise verdichtet werden, um einerseits die Kompensations- und Kumulationseffekte erfassen zu können, andererseits jedoch die Übersichtlichkeit zu wahren. In den IT-basierten Reportingsystemen wurden vorhandene Berichtsblätter um Risikokategorien ergänzt, wobei durch offene, d.h. unstrukturierte Felder immer auch persönliche schriftliche Mitteilungen des Berichtenden zugelassen wurden. Die Perioden der Berichterstattung wurden risikoabhängig festgelegt, da sich die verschiedenen Risiken unterschiedlich schnell verändern. Währungsrisiken müssen beispiels-

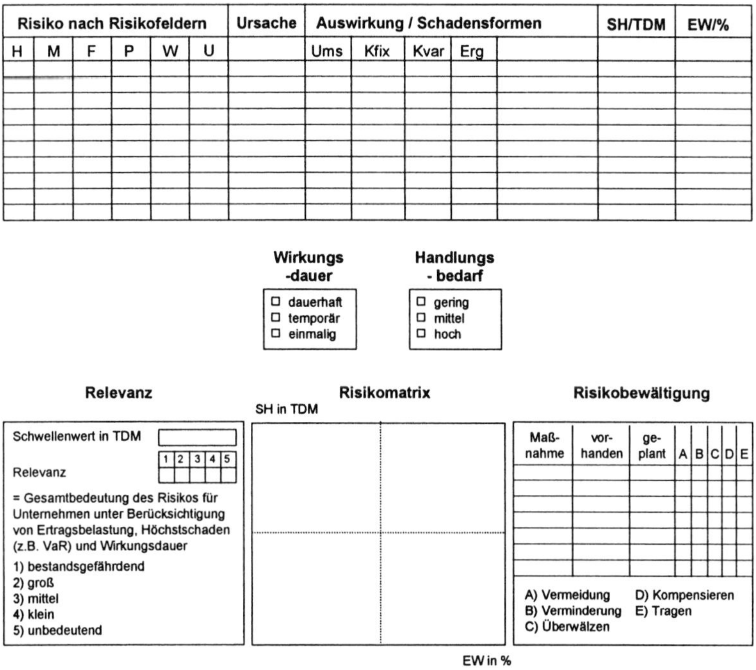

Abb. 5: Berichtsblatt im Risk-Report

weise sehr viel häufiger beobachtet und berichtet werden als Absatzrisiken, die aus dem Konsumentenverhalten resultieren. Die Praxis aus anderen Beratungsprojekten zeigt, dass Risiken in den Unternehmen täglich, wöchentlich, monatlich und vierteljährlich beobachtet werden. Um auf brisante Entwicklungen schnell reagieren zu können, wurde sichergestellt, dass förmliche Berichtsstrukturen und institutionalisierte Kommunikationswege in kritischen Fällen problemlos umgangen werden können.

Die bearbeiteten, d.h. in der Regel verdichteten Risikoberichte der einzelnen Länder und Geschäftsbereiche wurden der Geschäftsleitung regelmäßig vorgelegt, damit diese auf Veränderungen schnell und angemessen reagieren konnte. Auf konkrete Handlungsvorgaben für vorher definierte Risikosituationen in Form eines umfassenden und verbindlichen Handlungskataloges wurde jedoch verzichtet, um den Handlungsspielraum des Managements nicht unnötig einzuschränken. Die **Risk-Map** des Unternehmens beschränkte sich deshalb auf den Umgang mit erkannten und beobachteten Standardrisiken und ließ der Geschäftsleitung viel Spielraum – besonders im Bereich der Markt- und Wettbewerbsrisiken, die in der Regel situative Entscheidungen erfordern. Um das gesamte Risikoportfolio des Unternehmens regelmäßig diskutieren und bewerten zu können, wurde der Faktor Risiko in die monatlichen Führungsbesprechungen von Geschäftsführern und Bereichsleitern integriert und eine vierteljährliche Risiko-Klausurtagung etabliert. Darüber hinaus wurden alle Risikoberichte dokumentiert, um den gesetzlichen Anforderungen des KonTraG zu genügen.

Durch die regelmäßige Beobachtung und Kommunikation der Risiken wurde es dem Management erstmals möglich, das Unternehmen auch unter Risikogesichtspunkten zu führen. Wenn Risiken in ihrer Kumulation als zu groß oder zu klein eingeschätzt wurden, d.h. die von der Geschäftsleitung gesetzten Limite deutlich über- oder unterschritten werden könnten, dann werden strategische Entscheidungen überdacht und revidiert. Bei einem zu großen Risikopotenzial werden Unternehmensziele zurückgenommen, unerwartet geringe Risiken führen zu einer Korrektur der strategischen Zielvorgaben nach oben. Darüber hinaus können jetzt strategische Zielvorgaben so miteinander kombiniert werden, dass sich die entsprechenden Risiken kompensieren. Eine risikoorientierte Überprüfung und Reduzierung der Zielvorgaben aus der strategischen Planung war in diesem Unternehmen der Konsumgüterbranche besonders auf den turbulenten Märkten in den verschiedenen Krisenregionen der Welt angesagt.

2.4 Corporate-Risk-Management

Aufgrund der internationalen Holdingstruktur des Unternehmens wurde bei der Gestaltung der Aufbauorganisation des Risikomanagements eine gemischte Variante gewählt (siehe Abb. 6). Der größte Teil des Risikomanagements wurde in die einzelnen Geschäftsbereiche und Töchter verlegt, wobei die Risikomanager direkt an die jeweiligen Geschäftsführer berichten. Diese leiten einen monatlichen Risk-Report an die Geschäftsführung der Holding weiter, die von einem Corporate-Risk-Management unterstützt wird, das der Stabsstelle Unternehmensentwicklung angegliedert wurde.

Das in der Zentrale angesiedelte **Corporate-Risk-Management** hat wesentlich koordinierende Aufgaben, beispielsweise die bereichs- und abteilungsübergreifende Risikoerfassung, die Gestaltung von Vorlagen zur Beurteilung der Gesamtsituation durch die Geschäftsleitung und die Entwicklung von Vorschlägen für Sofortmaßnahmen. Darüber hinaus wurde dem Corporate-Risk-Management die Aufgabe der Beratung und Unterstützung der einzelnen Bereiche und Töchter bei der Identifikation ihrer Risiken sowie die ständige Weiterentwicklung von Konzepten und Methoden des Risikomanagements übertragen. Als wichtig wurde angesehen, dass das Corporate-Risk-Management selbst keine Risiken bearbeiten, sondern nur als Koordinator fungieren soll.

Risikomanagement umfasst neben der Frühwarnung und der internen Kontrolle immer auch eine **Überwachungsfunktion**, die dafür sorgt, dass das System gelebt

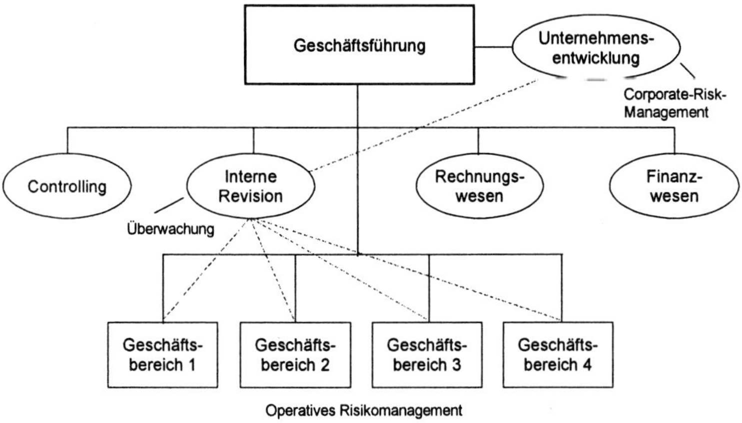

Abb. 6: Aufbauorganisation mit Corporate-Risk-Management

wird und nicht nur in Form eines RM-Handbuchs in der Schublade verschwindet. Dem Gesetz zur Kontrolle und Transparenz im Unternehmensbereich geht es darum, sicherzustellen, dass deutsche Unternehmen tatsächlich risikobewusster geführt werden und dass sich die Corporate-Governance in den Führungsetagen auch wirklich verbessert.

2.5 Überwachung durch die interne Revision

Die Überwachung des Risikomanagementsystems als Ganzes wurde in diesem Beratungsprojekt an die interne Revision in der Zentrale delegiert. Ihre Aufgabe war es, dafür zu sorgen, dass das Risikomanagement in den einzelnen Bereichen und Töchtern und im Corporate-Risk-Management nicht nur Programm, sondern kontinuierliche Praxis wurde. Die interne Revision des Unternehmens war für diese Aufgabe besonders geeignet, weil sie als anerkannte bereichsunabhängige Einrichtung im Auftrag der Unternehmensleitung bereits erfolgreich Prozesse im Unternehmen überwachte und deshalb grundsätzlich über den erforderlichen Entscheidungs- und Handlungsspielraum gegenüber den einzelnen organisatorischen Einheiten verfügte.

Darüber hinaus waren wichtige Gegenstände der internen Revision in diesem Unternehmen auch Bereiche mit einem sehr großen Risikopotenzial: Die Finanzbuchhaltung, das Rechnungswesen, die Organisation und die Managementleistung. Oder anders: Die zentralen Aufgaben der internen Revision korrespondierten bereits eng mit den grundsätzlichen Aufgaben der Überwachung des Risikomanagements im Sinne des KonTraG, nämlich der Begutachtung, Beratung und Entwicklung von Verbesserungsvorschlägen.

Für die Überwachungsfunktion wurde ein Katalog konkreter Aufgaben, Methoden und Instrumente definiert. Dazu gehörten die ständige Überprüfung der Methoden der Risikobewertung im Unternehmen ebenso wie die begleitende und kritische Beobachtung der Risikoindikatoren, die Analyse von Schwachstellen und die Ausarbeitung von Verbesserungsvorschlägen auf Basis der Erfahrung. Einen großen Stellenwert hatten regelmäßige und systematische Kontrollen, die durch unregelmäßige Stichproben ergänzt wurden. Zu nennen sind manuelle Soll-Ist-Vergleiche, beispielsweise hinsichtlich der Einhaltung der Risikolimits oder des Vergleichs der Berichterstattung mit Markt- oder Finanzdaten, aber auch die Überprüfung des adäquaten EDV-Einsatzes im Risikomanagementsystem. Im Rahmen dieser Kontrollen wurden die Auswertungen von Dokumenten in vielen Fällen durch Interviews mit den zuständigen Risikomanagern abgesichert.

Eine zentrale Aufgabe der Überwachung war die Kontrolle der Risikoprozesse, d.h. die Verfolgung von Abläufen und die prozessorientierte Rekonstruktion von Risikofällen. Basis dieser Überprüfung von Prozessen war die Festlegung, wer in welchem Fall was zu tun und zu entscheiden hat, in Form von Stellenbeschreibungen und Arbeitsanweisungen. Auch die Risikostatistik, die Erfassung der Risikoveränderungen im Zeitablauf und das Risiko-Benchmarking, der permanente Vergleich des eigenen Risikomanagements mit den Aktivitäten der besten Unternehmen der Branche, gehörte zum Aufgabenkanon der internen Revision. Aufgrund der fehlenden Informationen über den Wettbewerb waren diesem Risk-Benchmarking allerdings enge Grenzen gesetzt.

2.6 Dokumentation von Risiken

Das KonTraG impliziert eine angemessene Dokumentation der Risikobearbeitung und des Risikomanagementsystems. Schließlich muss der Wirtschaftsprüfer überprüfen können, ob das Unternehmen (a) seine bestandsgefährdenden Risiken erkannt und angemessen dargestellt hat und ob es (b) über ein funktionsfähiges Risikomanagementsystem verfügt. Das heißt, dass die Jahresabschlussprüfung bei Aktiengesellschaften nach dem Inkrafttreten des KonTraG auch eine System- und Lageprüfung impliziert. Aus der Sicht des Unternehmens ist eine Dokumentation der Risiken und des Risikomanagementsystems unabdingbar, weil nur sie dem Management im Fall der Fälle den gerichtsfesten Nachweis der Erfüllung der gesetzlichen Vorgaben ermöglicht und der Vorstand oder Geschäftsführer nur mit Hilfe einer professionellen Dokumentation adäquat entlastet werden kann.

Obwohl die Dokumentation des Risikomanagements mit Hilfe von EDV-Tools ausgesprochen komfortabel umgesetzt werden kann, wurde in diesem Beratungsprojekt auf die Einführung einer eigenen Risk-Management-Software verzichtet. Das Unternehmen entschloss sich, der Pflicht zur Dokumentation in Form eines **Risikomanagement-Handbuchs** nachzukommen. Es umfasste als wichtigste Komponenten neben der Auflistung und Darstellung der bestandsgefährdenden Risiken durch Risikoportfolios wesentlich die Risk-Maps zur Risikohandhabung sowie die Darstellung des Systems in Form von Organigrammen, Flowcharts und Aufgabenbeschreibungen. Die Risikoberichte aus dem Reportingsystem wurden separat dokumentiert.

3. Fazit

Die Implementierung eines Risikomanagementsystems rechnet sich in der Regel schon allein deshalb, weil zwischen fünf und zehn Prozent aller Kosten in vielen Unternehmen risikorelevante Kosten sind, d.h. mit der Reduzierung des Risikos tendenziell sinken. Das bedeutet, dass bereits eine geringfügige Investition in das Risikomanagement zu enormen Kosteneinsparungen führen kann. Da der Erfolg von Kontrollen jedoch degressiv mit dem Aufwand wächst, sollte sich das Risikomanagement auf Schlüsselrisiken mit großen Schadenspotenzialen konzentrieren. Bei der Kalkulation von Risikokosten macht es Sinn, ein Risikomanagementsystem als Profit-Center zu betrachten, bei dem den Kosten auch Einnahmen gegenüberstehen. Frühwarn-Informationen für F&E und Marketing, die Reduktion des Materialschwundes durch Diebstahl oder der Wert des Know-Hows von Mitarbeitern sind Positionen, die in der Risikobilanz durchaus als Einnahmen darzustellen sind.

Durch den Verzicht auf den Aufbau eines völlig neuen, umfassenden Risikomanagementsystems und die Integration des Faktors Risiko in die im Unternehmen bereits vorhandenen Kontroll- und Prüfprozesse konnten die Kosten für das Risikomanagement in diesem Projekt in engen Grenzen gehalten werden. Auf ein neues EDV-System wurde verzichtet, Einstellungen weiterer Mitarbeiter waren nicht erforderlich, und der Beratereinsatz beschränkte sich auf wenige Wochen. Die Kosten, die aus den Investitionen in das Risikomanagement resultierten, standen dadurch in keinem Verhältnis zum Nutzen. Die Analysen zeigten, dass sich die kumulierten Schadenspotenziale der wichtigsten Schlüsselrisiken mit hohen Eintrittswahrscheinlichkeiten im zweistelligen Millionenbereich bewegten. Oder anders: Der Risiko-Barwert, das Gesamt-Schadenspotenzial des Unternehmens, war drastisch höher als die Kosten, die durch die Entwicklung, Implementierung und tägliche Umsetzung des Risikomanagements verursacht wurden.

B.14

Customer-Management: Grundlage für langfristigen Markenaufbau und erfolgreiche Wettbewerbsdifferenzierung – ein Ansatz von Arthur D. Little

*Volker Lemberg**

---

* Dr. Volker Lemberg, Ph.D., ist Senior Manager bei Arthur D. Little International, Inc. in Düsseldorf.

1. Customer-Management – der Moment der Wahrheit

„70% der abtrünnigen Kunden kehrten einem Anbieter nicht aus Preis- oder Qualitätsgründen den Rücken, sondern weil sie mit seinem Geschäftsgebaren in menschlicher Hinsicht unzufrieden waren. Kundenorientierung entscheidet in Zukunft über Erfolg und Misserfolg im Unternehmen.“
(*Tom Peters* 1998)

–

„In Zukunft ist die Marke das wichtigste Kapital des Unternehmens.“
(*Jan-Noel Kapferer* 1997)

Worauf sollen bzw. müssen sich Unternehmen vor dem Hintergrund dieser Zitate zweier angesehener Managementexperten in Zukunft konzentrieren? Ist es der Fokus auf den **Kunden** oder auf den Aufbau von starken **Marken**, die eine Differenzierung im Überfluss des Angebots gewährleisten? Oder ist es vielleicht gar keine „Entweder-oder-Frage“, sondern vielmehr ein „Sowohl-als-auch“? Ist es nicht möglich und sinnvoll, um im heutigen Wettbewerb bestehen zu können, beide kritischen Erfolgsfaktoren zu kombinieren und zu einer Einheit zusammenzuführen? Könnten dadurch nicht Ressourcen eingespart und gegenläufige Botschaften für Mitarbeiter, Kunden und Anteilseigner vermieden werden?

Genau diese Frage galt es zu beantworten, als *Arthur D. Little* von einem internationalen Unternehmen hochwertiger Gebrauchsgüter mit eigenen Vertriebsniederlassungen beauftragt wurde. Die Situation dieses Unternehmens, die im Folgenden exemplarisch dargestellt werden soll, lässt sich leicht auf die unterschiedlichsten Branchen, von Dienstleistungen, über den Handel, die Automobilindustrie bis zum Food-Service, übertragen – eben immer genau dorthin, wo direkter Kundenkontakt den „Moment der Wahrheit“ bedeutet. Anhand des ausgewählten Beispiels wird aufgezeigt, wie man den erforderlichen Wandel im Unternehmen mit Hilfe eines Qualifizierungs- und Trainingskonzeptes hervorrufen kann und wie letztendlich die Umsetzung der Philosophie des Customer-Management als Grundlage für langfristigen Markenaufbau *und* erfolgreiche Wettbewerbsdifferenzierung dient.

Im heutigen Wettbewerbsumfeld bestreitet niemand mehr, dass Kundenorientierung und -zufriedenheit über den Erfolg von Unternehmen bestimmen und als entscheidende Kriterien für die Differenzierung gegenüber der Konkurrenz gelten. Diese Kundenorientierung wird vom Endverbraucher bzw. Kunden natürlich immer zusammen mit einem Produkt- oder Dienstleistungserlebnis verbunden, das durch einen Namen, einen Begriff oder ein Symbol gekennzeichnet und dementsprechend zur Marke geworden ist. Im heutigen Wettbewerbsumfeld bestreitet zudem auch niemand mehr, dass die Marke das wichtigste Kapital der Zukunft für ein Unternehmen darstellt und aus einem Produkt oder einer Dienstleistung etwas Wertvolles, Eigenständiges und Einzigartiges macht.

Wenn diese beiden Imperative – konsequente Kundenorientierung und langfristiger Markenaufbau – für ein Unternehmen und seine zukünftige Entwicklung zu profitablem Wachstum von derartiger Wichtigkeit sind, stellt sich die Frage, wie man durch ein entsprechendes Programm diese beiden Komponenten miteinander verbinden und im Unternehmen gegen einen erwarteten Widerstand implementieren kann. Es stellt sich die Frage: „Wie kann ich meine Kundenorientierung verbessern und gleichzeitig den Aufbau meiner Marke unterstützen, um mich heute und in Zukunft besser von der Konkurrenz differenzieren zu können, um weiterhin profitabel zu wachsen?"

In dieser Fragestellung verbirgt sich die Kombination aus drei unterschiedlichen Managementthemen: dem Customer-Management, dem Markenmanagement und dem Change-Management. **Customer-Management** beschreibt die strategische Ausrichtung, die den Kunden in den Mittelpunkt aller Aktivitäten stellt, d.h. das strategische Management aller Kundenkontakte (sowohl direkter als auch indirekter), um die Kundenbasis zu erweitern, die Kundenloyalität zu erhöhen und damit zukünftiges profitables Wachstum zu unterstützen. Dabei sind drei Elemente mit unterschiedlicher Fragestellung von Bedeutung: (1) eine kundenfokussierte Strategie, (2) eine kundenfokussierte Organisation und Kultur sowie (3) Exzellenz in Prozessen und Technologien.

(1) **Kundenfokussierte Strategie** (Customer-Management-Strategie): Ohne die Notwendigkeit einer kundenfokussierten Strategie in Frage zu stellen, liegt der Wert einer solchen nicht in ihrer Formulierung, sondern in der konsequenten Ausführung. Strategie als solche ist kein im Markt wahrgenommener Differentiator, sondern erst die Ausführung der Strategie. Manche Unternehmen folgen intuitiv einer kundenorientierten Strategie in ihrer Organisation und ihren Aktionen, ohne diese explizit beschrieben zu haben. Leider ist dies in den wenigsten Unternehmen der Fall, so dass es von Wichtigkeit ist, die Customer-Management-Strategie zu formulieren, zu kommunizieren und als messbare Zielgröße einzustellen. Dabei ist eine Reihe von kritischen Fragen zu beantworten: Sind meine Customer-Management-Ziele definiert? Ist die Customer-Management-Strategie an der Verantwortung des Unternehmens seinen Mitarbeitern, Anteilseignern und Kunden gegenüber orientiert? Sind die Prioritäten gegenüber den wirklich wertvollen und wichtigen Kunden ausgerichtet? Sind die Customer-Management-Ziele intern ausreichend kommuniziert und aufgenommen worden? Werden die Leistungen des Unternehmens entsprechend dieser Ziele intern weitergegeben? Werden sie extern entsprechend weitergegeben?

(2) **Kundenfokussierte Organisation und Kultur:** Die Organisation und Kultur eines Unternehmens kann quasi als die Basis gesehen werden, von der

die Customer-Management-Strategie getragen wird (oder eben nicht getragen wird!). Der „Moment der Wahrheit", d.h., wenn der Kunde mit einem Kontaktpunkt des Unternehmens in Berührung kommt, kann als entscheidende Möglichkeit betrachtet werden, die kundenfokussierte Strategie unter Beweis zu stellen. Sei dies, wenn man sich als Interessent mit dem Verkaufspersonal über Produkte und Dienstleistungen unterhält, wenn man im After-Sales-Bereich Services in Anspruch nehmen möchte oder sich als Kandidat beim Unternehmen bewirbt. Auf der anderen Seite kann dieser „Moment der Wahrheit" aber auch zum größten Hindernis bei der Implementierung der Customer-Management-Strategie werden. Nichts macht ein Unternehmen weniger vertrauensvoll, als eine Situation, in der es seine oft sehr lautstark nach außen kommunizierte „Kundenorientierung" nicht unter Beweis stellen kann. Geprägt durch die Kommunikation des Unternehmens (und/oder der respektiven Marke) hat sich zu diesem Zeitpunkt bereits ein Image beim Kunden gebildet, das nur zu leicht wieder zerstört werden kann.

Unter dem Aspekt der kundenfokussierten Kultur und Organisation geht es dementsprechend im Wesentlichen darum, die Fragen nach dem „Wie organisiere ich mich?", d.h. der kunden- und nicht produkt- oder geographisch orientierten Struktur, dem „Wie ändere ich Kultur und Organisation?", d.h. wie erreiche ich eine Änderung des mentalen Modells von einer produkt- und technologiegetriebenen Denke zu einem kundenfokussierten Modell, und dem „Wie erlangen wir nötige Kompetenzen?", d.h. wie wird mein Unternehmen zur lernenden Organisation, in der Wissen und Erfahrung über den Kunden aufgenommen, weitergegeben und entwickelt wird. Zudem geht es bei diesem Aspekt um die Integration von außen kommendem Wissens über den Kunden – sei es durch neue Mitarbeiter, Berater oder durch Fusionen und Akquisitionen.

(3) **Exzellenz in Prozessen und Technologien:** Der Wert der unterstützenden Prozesse und Technologien zur Wettbewerbsdifferenzierung im Customer-Management darf nicht unterschätzt werden. Die intelligente Einbindung von Informationstechnologie in einen effizienten Prozessablauf stellt einen kritischen Erfolgsfaktor dar. Kundeninformationen sollten in ein Database-Marketing-System aufgenommen werden, um zum einen den strategischen Entscheidungsprozess anhand von Kundendaten zu unterstützen, zum anderen, um durch verbesserte Interaktionsmöglichkeiten mit dem Kunden eine echte Beziehung etablieren zu können. Hierbei geht es um die Beantwortung der Fragen „Wie können wir mit dem Kunden interaktiv sein?", „In welchen Prozessen müssen wir exzellent sein?", „Wie können uns neue Technologien dabei unterstützen, noch effizienter und effektiver kundenorientiert zu arbeiten?" und „Wie können wir zur lernenden Organisation werden und den Lernprozess institutionalisieren?"

Es ist wichtig hervorzuheben, dass alle drei Komponenten des Customer-Managements nicht getrennt voneinander gesehen werden können, sondern vielmehr aneinander angepasst, harmonisiert und sich gegenseitig unterstützend sein müssen, um das Commitment des Unternehmens zur Kundenorientierung zu unterstreichen und einen entscheidenden Wert zum Markenaufbau zu liefern. Nur so kann gewährleistet werden, dass sich dem Kunden im „Moment der Wahrheit" ein harmonisches, kongruentes Bild des Unternehmens darstellt, das vertrauenswürdig ist, Sicherheit ausstrahlt und den kommunizierten Markenwerten affin ist.

Marken haben in unserer Gesellschaft einen erheblichen Stellenwert eingenommen und prägen unser tägliches Leben. Sie geben uns die Sicherheit der Orientierung in einer Welt, die sich immer schneller ändert, dabei viele Menschen überfordert, und reduzieren dadurch die Komplexität des Alltags, indem sie bestimmte Entscheidungsprozesse standardisieren – wie zum Beispiel den Kauf von Lebensmitteln im Einzelhandel. Zusätzlich bilden sie eine Vertrauensbasis in unserer Risikogesellschaft und erlauben dem Konsumenten, sich in unserer anonymen Welt als „ein Mitglied von etwas", „zugehörig zu etwas" zu fühlen. Durch das Tragen der Marke kann sich der Konsument nach außen darstellen und seinen Selbstwert erhöhen.

Im Rahmen des Customer-Managements ist es nun entscheidend, die von der Marke verkörperten Werte und das kundenorientierte Verhalten so zu gestalten, dass sie einander ergänzen, sich harmonisieren und stärken – nur so kann ein klares Marken- und/oder Unternehmensbild in der Wahrnehmung der Kunden geschaffen werden. Dabei müssen folgende Fragen überzeugend beantwortet werden:

- Warum ist Verhaltensänderung jetzt nötig? Warum ist die vorgeschlagene Verhaltensänderung richtig und angemessen? Was wollen wir damit erreichen?
- Was ist die Funktion einer Marke? Wie wird sie gebildet und weiterentwickelt?
- Wofür steht die Marke des spezifischen Unternehmens? Was ist ihre Markenvision und Markenhaltung? Wie übersetzt sich dies in den Bereichen Produkte, Leistungen und Kommunikation?
- Wie lassen sich Vision und Haltung interpretieren? Was sind positive Beispiele? „Was springt für mich dabei heraus?"

2. Fallstudie: Customer-Management bei einem internationalen Hersteller hochwertiger Gebrauchsgüter

2.1 Ausgangssituation: Neue Herausforderungen zwingen zu verändertem Verhalten

Die heutige Wettbewerbssituation, in der sich eine Vielzahl von Industrien befindet, ist geprägt von verschiedenen Herausforderungen, deren Konsequenz eine nachhaltige Verhaltensänderung erzwingt. Diese galten auch für das betrachtete Unternehmen, das *Arthur D. Little* beauftragte, sein Customer-Management zu optimieren:

(1) **Anspruchsvollere und besser informierte Kunden verlangen flexiblere und umfassendere Kundenbetreuung.** Früher gab es eine überschaubare Anzahl möglicher Kaufoptionen hinsichtlich Hersteller und Typ, heute führt die Vielfalt des Angebots zu einem verstärkten Informationsbedarf des Kunden, der befriedigt werden muss. Dem Kaufakt als solchem wurde vom Kunden früher eine geringe Erwartungshaltung entgegengebracht, heute gilt es, begleitend zu Produktkauf und -abwicklung ein persönliches Kauferlebnis zu schaffen. Aufbauend auf einer einfachen Segmentierung von Käufergruppen zum Beispiel nach Kaufkraft, Demographie oder sozialer Stellung, herrschte früher eine „Verteilermentalität" des Herstellers – der Kunde „sollte froh sein, das Produkt zu bekommen". Heute zeigen sich hybride Käufer mit situativ unterschiedlichen Verhaltensmustern, in einer Welt, in der der Kunde die Möglichkeit hat, sich zwischen quasi gleichwertigen Produkten zu entscheiden. Zusammenfassend ist aus der Zeit, in der Produktverkauf wichtiger war als die Kundenbeziehung, eine Notwendigkeit entstanden, den Aufbau von Lebenszeit-Kundenbeziehungen zu forcieren.

(2) **Produktdifferenzierung alleine reicht nicht mehr aus, um sich im Wettbewerb zu profilieren.** Früher reichten die technischen Innovationen des betrachteten Unternehmens aus, sich klar zu positionieren und Wettbewerbsvorteile zu erlangen. Basierend auf einer starken Investitionsbasis führte dies zu längerfristiger Alleinstellung im Markt. Heute führt die Mehrdimensionalität des Produktes, abweichend von der reinen technologischen Innovation, d.h. Design, Preis, Zweckmäßigkeit etc., zu neuen Möglichkeiten und gleichgeordneten Positionierungsmerkmalen. Zusätzlich werden Innovationen immer kurzfristiger vom Wettbewerb übernommen, was sogar soweit führen kann, dass der Innovator vom „Fast-Follower" überholt wird. Einzelne Hersteller standen zudem früher stellvertretend für einzelne Marktsegmente. Motiviert durch Wachstumsmöglichkeiten, die sich durch eine Etablierung in neuen Marktsegmenten und die Übernahme ehemaliger Wett-

bewerber ergaben, decken heute die meisten Hersteller das gesamte Produktspektrum ab. Der Wert einer Innovation bzw. das Ausmaß des Neuen war früher klar zu erkennen und stellte eine wirkliche Verbesserung gegenüber des vorherigen Status dar. Heute führen marginale Innovationen bis hin zu Scheininnovationen dazu, dass der Kunde immer skeptischer wird und diese am Ende gar nicht mehr wahrnimmt. Waren früher „harte" Produkteigenschaften ausschlaggebend, spielen heute „weiche" und zusätzlich begleitende Faktoren eine entscheidende Rolle.

(3) **Wettbewerber müssen sich mit einem erweiterten Angebot an neuen Produkten und Dienstleistungen in neuen Märkten profilieren.** Das Kerngeschäft des betrachteten Unternehmens lag früher im Ober- und Mittelklassebereich hochwertiger Gebrauchsgüter. Der Verkauf dieser Güter war das Hauptgeschäft des Unternehmens. Nach einer breiten Produktoffensive bietet das Unternehmen heute ein weit gefächertes Angebot über fast alle Bereiche und Segmente. Begleitend dazu gibt es ergänzende Leistungen im Bereich der Finanzierung und des Leasings. Als internationaler Anbieter mit starkem deutschen Vertriebsnetz war das Unternehmen Marktführer in seinen klassischen Marktsegmenten und hatte ein langfristig aufgebautes, stabiles Markenbild. Als Herausforderer gegenüber dem Wettbewerb in neuen Segmenten müssen heute jedoch neue Zielgruppen in neuen geographischen Märkten erschlossen werden. Als globaler Anbieter mit internationaler Standortpolitik war das Markenbild nicht mehr zielgruppenaffin und bedurfte der Anpassung. Die neuen Konsumenten bilden sich ihr Markenbild über alle Kontaktpunkte mit der Marke, d.h. über die angebotenen Primär- (Gebrauchsgüter) und Sekundärprodukte (Accessoires, Service- und Verkaufsdienstleistungen) sowie über die mediale (Fernsehen, Print, Radio, PR etc.) als auch über die persönliche Kommunikation (Gespräche bei Verkaufs- und Dienstleistungen, Bekanntschaften etc.). Aus einem „überschaubaren" Produkt- und Dienstleistungsangebot ist somit ein „breites und tiefes" Produkt- und Dienstleistungsprogramm geworden.

(4) **Eine Vielzahl möglicher Kommunikationswege muss zur Vermittlung eines konsistenten Markenbildes genutzt werden.** Früher wurde im monologartigen Stil im Sinne der Massenkommunikation an einen anonymen Kunden über eine geringe Anzahl an Kommunikationskanälen die Botschaft der Marke kommuniziert. Heute sieht man die Kommunikation vielmehr als einen Dialog mit einem bekannten Kunden, den es gilt, über komplexe, neue Kanäle zur Vermittlung der Botschaft (Events, Sponsoring, neue Medien etc.) anzusprechen. Aufgrund der noch limitierteren Kommunikationsmasse und der geringeren Anzahl an Botschaften, war es dem Konsumenten früher möglich, die für ihn relevanten Dinge aufzunehmen und zu verarbeiten. Heute finden wir einen überforderten Konsumenten, der an Reizüberflutung

aufgrund der gestiegenen Anzahl an vermittelten Botschaften leidet und sich nach Reduzierung von Komplexität und Orientierungspunkten sehnt. Früher wurde zur Vermittlung des Markenbildes fast ausschließlich auf klassische Kommunikationsmittel und -wege zurückgegriffen. Den Trägereigenschaften der individuellen Mitarbeiter wurde weder von den Unternehmen noch von den Kunden entsprechend Anerkennung beigemessen. Heute ist man bestrebt, eine fokussierte Vermittlung eines konsistenten Markenbildes über alle (direkten und indirekten) Kommunikationskanäle zu gewährleisten. Jeder Mitarbeiter wird entsprechend zu einem „Kommunikationsmedium". Zusammenfassend könnte man sagen, dass es einen Wechsel einer „breiten" Aussagebotschaft auf limitierten Kommunikationskanälen zu einer „limitierten" Aussagebotschaft auf „breiten" Kanälen gegeben hat.

Für unseren Klienten wurde deutlich, dass aufgrund der sich geänderten Wettbewerbsbedingungen und einer neuen Unternehmensstrategie eine umfassende Verhaltensänderung notwendig war. Es wurde weiterhin ersichtlich, dass jeder Mitarbeiter ein integraler Bestandteil der markenspezifischen Dienstleistungs- und Produktangebotskette des Unternehmens ist und es besonders auf die Mitarbeiter mit direktem Kundenkontakt ankommt. Insbesondere diese Mitarbeiter tragen die Verantwortung für die Vermittlung eines guten ersten Eindruckes, für das Verstehen und Erfüllen der Anforderungen der Kunden, für die Rückmeldung der Kundeneindrücke an die Zentrale und für den Aufbau eines echten Beziehungs-Managements zur Differenzierung. Zudem wurde verstanden, dass Produkte nur *eine* Möglichkeit sind, Werte und Einstellungen des Unternehmens und der Marke zu vermitteln (und zudem eine, die aufgrund sich angleichender und undifferenzierterer Produktangebote immer schwieriger durchzusetzen sein wird). Neben Produkten und Dienstleistungen sowie verschiedenen Kommunikationsmöglichkeiten wurde das Mitarbeiterverhalten als entscheidender Faktor zur Prägung und Herausstellung der Marke erkannt.

Erschwert wurde die Aufgabe dadurch, dass die wirtschaftliche Situation des betrachteten Unternehmens hervorragend ist, positive Mitteilungen in der Presse die Mitarbeiter stolz machen und die Devise vielmehr lauten könnte „Nur weiter so!" Den notwendigen Sinn nach Dringlichkeit („Sense of Urgency") zu vermitteln, stellte somit eine weitere wesentliche Herausforderung dar.

2.2 Aufgabenstellung: Gesamtkonzept zur Markenqualifizierung und Verhaltensänderung

Vor dem Hintergrund der oben definierten Herausforderungen lassen sich zwei Achsen bestimmen, über die markenadäquates Verhalten initiiert und somit die Kombination von Customer- mit Marken-Management Zielen vereinbart wird:

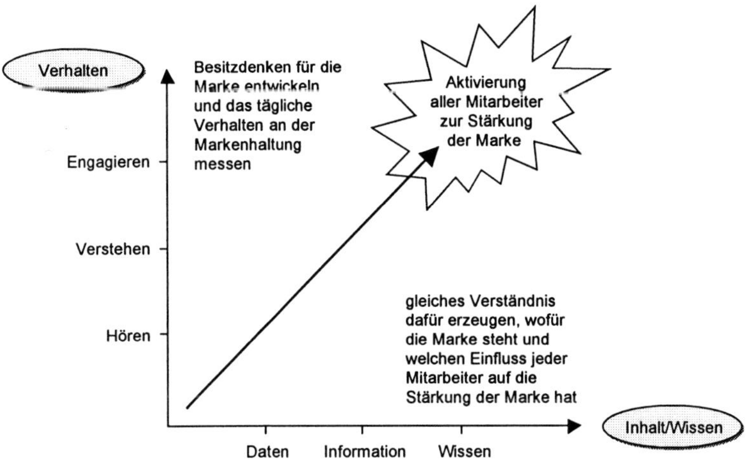

Abb. 1: Aufgabenstellung

Zum einen eine inhaltliche bzw. Wissensachse, zum anderen eine „reine" Verhaltensachse. Über die **inhaltliche Achse** wird definiert, warum Verhaltensänderung jetzt notwendig ist und wie eine solche Veränderung als Erfolgsfaktor nutzbar gemacht werden kann. Viele Mitarbeiter verhalten sich oft bereits im Sinne der Markenhaltung, ohne explizit von ihr zu wissen. Zudem gilt es, zum Thema Marke allgemein eine Sensibilisierung zu erreichen, um im Anschluss daran die spezifische Markenhaltung und -vision des Unternehmens zu vermitteln. Die **Verhaltensachse** hat das Ziel, dass sich Mitarbeiter für die Marke und deren Stärkung persönlich verantwortlich fühlen und das eigene tägliche Verhalten an der Markenhaltung messen. Dazu muss zunächst ein Verständnis für die Notwendigkeit und Dringlichkeit entwickelt werden, das sich dann in ein engagiertes Verhalten umsetzen lässt.

Die Aufgabenstellung (siehe Abb. 1) umfasst dementsprechend ein modulares Gesamtprogramm für markenadäquates Verhalten, was dazu führt, dass der Mitarbeiter in seinem *Kopf* versteht, warum Verhaltensänderung richtig und notwendig ist und was die Marke des Unternehmens repräsentiert, und dies in seinem *Herzen* emotional verarbeitet und entsprechend der Markenhaltung fühlt und letztendlich in seinem Verhalten umsetzt.

2.3 Vorgehensweise: Qualifizierungskonzept und Kommunikationskonzept

In den meisten Großunternehmen gibt es zur gleichen Zeit eine Reihe an internen Projekten, die um die knappe Aufmerksamkeit der Angestellten konkurrieren und natürlich alle das Prädikat „dringend und notwendig" erhalten haben. Wenn die Erfahrung der Vergangenheit den Mitarbeitern jedoch zeigt, dass viele dieser mit mehr oder weniger Unterstützung der Geschäftsführung („Management Attention") aufgesetzten Initiativen dann doch nicht so „dringend und notwendig" sind und nach einer Weile ebenso schnell wieder eingestellt werden, wie sie aufgesetzt wurden, führt dies unweigerlich zu einer abwartenden Haltung. Interne Projekte bekommen dadurch schnell den Stempel „wieder eine weitere Initiative" zu sein und werden nur noch durch Lippenbekenntnisse unterstützt. Vor diesem Hintergrund müssen in der Vorgehensweise die kritischen Elemente zur Etablierung eines nachhaltigen Veränderungsprozesses von Anfang an berücksichtigt werden.

Dazu steht an erster Stelle eine deutliche Unterstützung durch die Geschäftsführung, die den Führungsanspruch und die Glaubwürdigkeit zum Beispiel durch eine Teilnahme an wichtigen Veranstaltungen, durch ein persönliches Coaching wichtiger Implementatoren der Initiative und durch Anerkennung für erfolgreiche Mitarbeiter unterstreichen. Es muss darauf geachtet werden, keine widersprüchlichen Mitteilungen zu kommunizieren, die den Mitarbeiter verwirren und mehr Fragen aufwerfen, als das sie klären. Zweitens stellt sich die aktive Einbindung der Mitarbeiter als erfolgsentscheidendes Kriterium heraus. Zielgruppengerechte Programme mit einer starken Flexibilität der Instrumente und Stufen müssen dafür sorgen „den Mitarbeiter dort abzuholen, wo er steht", d.h. sie müssen an die individuelle Ausgangssituation eines jeden Mitarbeiters angepasst sein. Eine breite und proaktive Kommunikation mit einer klaren Darstellung der Ziele und Inhalte muss die nötigen Informationen vermitteln und eine erste Vertrauensbasis in das Projekt aufbauen. Diese Kommunikation sollte möglichst frühzeitig erfolgen, damit Gerüchten erst gar keine Zeit gelassen wird, sich zu entwickeln und sich in Tonalität, Sprache und Intensität an den jeweiligen Zielgruppen orientieren.

Um schnelle Fortschritte zu erzielen und erste Ergebnisse vermitteln zu können, muss eine schnelle Multiplikation der Inhalte des Projektes innerhalb des Unternehmens gewährleistet sein. Durch das Kaskadenprinzip werden Betroffene zu Beteiligten gemacht und greifen eigenverantwortlich und aktiv in das Projekt mit ein. Das heißt, Vorgesetzte qualifizieren ihre Mitarbeiter selbst und vermitteln so die Wichtigkeit des Projektes persönlich und glaubhaft – nach dem Motto „Ich trainiere Euch selbst, weil das Thema wichtig ist. Ich werde daran gemessen, wie gut unsere Abteilung die Inhalte umsetzt. Ich werde Euch daran messen, wie gut ihr die Inhalte weitergebt bzw. umsetzt."

Letztendlich muss die Transparenz und Steuerbarkeit des Projektes gewährleistet sein und ein Erfolgsmonitoring über Steuergrößen erlauben. Anhand einer Balanced-Scorecard können quantitative und qualitative Ziele definiert und eine Erfolgsmessung garantiert werden. Durch ein übersichtliches Berichtswesen können unter anderem individuelle Erfolgsbeiträge transparent gemacht und in persönliche Zielvereinbarungen aufgenommen werden.

Es ist wichtig, diese kritischen Elemente zur Etablierung eines nachhaltigen Veränderungsprozesses von Anfang an zu berücksichtigen und in ein entsprechendes Konzept zu integrieren. Nur zu leicht passiert es, dass man diese Dinge zwar am Anfang eines Projektes berücksichtigt, dann jedoch, bei Fortschreiten des Arbeitsplanes, vergisst, immer wieder kritisch zu prüfen, ob allen Elementen Rechnung getragen wird. Die Vorgehensweise umfasst dementsprechend zwei wesentliche Phasen, einmal das eigentliche Qualifizierungskonzept „Marke" und zum anderen eine interne Kommunikationskampagne „Marke leben".

(1) In der Phase **Qualifizierungskonzept „Marke"** werden zunächst zwei Aspekte parallel behandelt: die Einteilung der Mitarbeiter in Zielgruppencluster und die Definition einer Markenbotschaft. Die zu qualifizierenden Mitarbeiter werden in Zielgruppencluster eingeteilt, die nach Prozessen, Funktionen, Hierarchien, Sparten und Regionen zusammengefasst werden können. Dabei hat es sich als sinnvoll erwiesen, zunächst eine Clusterplattform nach Funktionen zu etablieren (Controllingmitarbeitern muss das Thema in einer anderen Art und Weise nähergebracht werden, als z.B. Außendienstmitarbeitern oder der Produktion) und anschließend Plattformspezifikationen anzupassen, die sich an Spezifika wie Regionen, Hierarchiestufen, Markenkompetenz, Sparten usw. orientieren (Mitarbeiter aus Asien sind anders in ein Qualifizierungsprogramm zu integrieren als Europäer – wobei auch dort länderspezifische Unterschiede zu berücksichtigen sind; eine Führungskraft sollte mit anderen Mitteln und Methoden qualifiziert werden, als ein Angestellter). Insbesondere bei Unternehmen mit größeren Auslandsniederlassungen – soweit diese mit in das Qualifikationsprojekt einbezogen werden sollen – stellt die Zielgruppenclusterung eine nicht zu unterschätzende Aufgabe dar, da es oft aufgrund nicht vorhandener aber notwendiger Informationen bzw. fehlender Kooperation zu Zeitverzögerungen kommen kann. Auf der anderen Seite ist eine solche Definition der Mitarbeiter für viele weitere Projekte intern wiederverwendbar und kann angepasst die Effizienz und Effektivität der internen Kommunikation bei zukünftigen Aufgaben erhöhen.

Zum anderen gilt es, wie eingangs dargelegt, eine cluster*un*spezifische Markenbotschaft zu definieren, d.h. den größten gemeinsamen Nenner der Markenqualifizierung (zeitlich, kulturell, geographisch konstant) herauszuarbeiten. Diese Markenbotschaft stellt das Minimalwissen dar, das jeder Mitarbeiter über die Marke vermittelt bekommen soll. Dabei geht es im Wesentlichen um die Beantwortung der Frage, warum Verhaltensänderung jetzt nötig ist, warum die vorgeschlagene Verhaltensänderung richtig und angemessen ist und was das Unternehmen damit erreichen will. Weiterhin gilt zu klären, was die Funktion einer Marke eigentlich ist, wie sie gebildet und weiterentwickelt wird und wofür die Marke des spezifischen Unternehmens eigentlich steht, d.h. was ihre Markenvision und Markenhaltung ist. Entscheidend ist weiterhin zu zeigen, wie diese oft sehr abstrakten Beschreibungen in Verhaltensbeispiele übersetzt werden und wie sich die Markenvision und -haltung in den Bereichen Produkte, Leistungen und Kommunikation widerspiegelt bzw. widerspiegeln wird (für Produkte in der Entwicklungspipeline). Es muss für den Mitarbeiter deutlich werden, dass die Markenbotschaft sinnvoll und aufeinander abgestimmt erscheint und worin die Einzigartigkeit der speziellen Marke besteht – dies wird üblicherweise die Kombination aus Markenvision und -haltung sein.

In vielen Unternehmen besteht bereits ein recht gut definiertes Bild über die Markenvision und deren Wertelementen und diese Vorgaben sollten in die Markenbotschaft integriert werden. Oftmals besteht jedoch Bedarf, die Markenhaltung zu spezifizieren, die zusammen mit der Markenvision die eigentliche Markenpositionierung ausmacht. Wie möchten wir, dass sich unsere Mitarbeiter den Werten der Marke entsprechend verhalten? Wofür möchten wir, dass die Marke und unsere Mitarbeiter von unseren Kunden erkannt werden?

Danach geht es in einem zweiten Schritt darum, spezifische Verhaltens- und Wissensziele für die einzelnen Zielgruppencluster zu definieren und eine stärkere Sensibilisierung für das Projekt in den einzelnen Funktionen, Sparten, Ländern und Hierarchiestufen zu erreichen. Zu diesem Zweck ist eine Reihe von Interviews vorgesehen. Diese Interviewreihe ist von entscheidender Bedeutung, um die Mitarbeiter detailliert über das Projekt zu informieren, ihnen die Gelegenheit zu geben, ihre individuellen Vorstellungen und Erfahrungen in das Projekt mit einfließen zu lassen und so die kritischen Erfolgsfaktoren des Projektes zu besprechen. Es hat sich gezeigt, dass die meisten Mitarbeiter des öfteren in interne Projekte involviert waren und jeweils unterschiedliche Erfahrungen gemacht haben. Da jedes Unternehmen, ja selbst verschiedene Sparten oder gar Funktionen, andere Erfolgsfaktoren aufweisen, sollte man diese wertvollen Erkenntnisse in die anschließende detaillierte Vorgehensweise aufnehmen. Fragen zum Thema Projektambition und -vorgehensweise könnten lauten: Bewerten Sie bitte das Gesamtprojekt in seiner Wichtigkeit und Dringlichkeit für Sie und Ihren Verantwortungsbereich. Warum kommen Sie zu dieser Wertung? Welche drei kritischen Erfolgsfaktoren können Sie uns nennen, damit wirklich eine nachhaltige Verhaltensänderung in Ihrem Verantwortungsbereich erreicht werden kann? Warum sind diese so wichtig?

Zusätzlich bedarf es Informationen über den aktuellen Stand der Qualifizierung und des Wissens über die Marke. Nach der Ergebnisanalyse der Interviews kann damit das „Ist-Niveau“ zum Markenwissen bestimmt werden und durch anschließende entsprechende Maßnahmen der Mitarbeiter dort abgeholt werden, wo er sich befindet. Das heißt, es kann auf aktuellem Markenwissen aufgebaut und individuelle Qualifizierungskonzepte können entwickelt werden. Darüber hinaus kann eine erste Reaktion auf die Markenbotschaft eingeholt werden, um zu überprüfen, ob diese für alle Sparten, Funktionen und Länder adäquat ist oder einer Adaption bedarf. Speziell markenadäquates Verhalten (oder entsprechendes Nichtverhalten) lässt sich am einfachsten in Beispielen in der eigenen Sprache der Mitarbeiter beschreiben. Jeder Mitarbeiter kennt eine Reihe von „Heldengeschichten“ in seinem Unternehmen, die genau die Werte der Markenhaltung verkörpern. Diese sollten natürlich ebenfalls in den Interviews aufgenommen werden. Fragen zum Thema Markenwissen könnten lauten: Bitte geben Sie mir in kurzen Worten Ihr Verständnis dafür, wofür aus Ihrer Sicht die Marke Ihres Unternehmens idealerweise stehen sollte (Markenvision) und wie sich Mitarbeiter dementsprechend verhalten sollten (Markenhaltung)? Hier haben wir eine Markenbotschaft vorbereitet. Wie weit glauben Sie, unterscheidet sich diese Vorstellung der Markenvision und -haltung von Ihrem oben genannten Verständnis? Bitte geben Sie mir ein Beispiel zu markenadäquaten Verhalten aus Ihrem Bereich.

In einer letzten Interviewphase ist es angebracht, nach den besten Qualifikations- und Kommunikationsmöglichkeiten zu fragen. Speziell unterschiedliche Kulturen reagieren anders auf Trainingskonzepte – oder würden Sie in Asien ein Rollenspiel mit der Gefahr eines Gesichtsverlustes vorschlagen oder Service-Mitarbeitern in Südamerika CD-ROMs zum Selbststudium? – bzw. sind selbst bei Beherrschung derselben Sprache nur ungern bereit, zusammen geschult zu werden.

Im Anschluss an die Interviewreihe – die bei einer großen Zielgruppe mehrere Wochen dauern kann, sich über alle Kontinente, Hierarchieebenen und Funktionen erstreckt – sind die Ergebnisse zu konsolidieren, die Zielgruppenclusterbildung nochmals zu überprüfen und gegebenenfalls anzupassen, um anschließend zielgruppengerechte Qualifizierungsmodule entwickeln zu können. Dabei sind alle Möglichkeiten, von traditionellen Konferenzen mit interaktiven Gruppenaufgaben bis hin zu neuen Medien wie CD-ROM, Computer-Based-Training, Business-Theatre, Business-TV etc. zu nutzen. Die Qualifikations- und Trainingsmodule müssen, um erfolgreich von den

Mitarbeitern des Hauses im Kaskadenprinzip umgesetzt werden zu können, einen bereits hohen Detaillierungsgrad erreicht haben. So müssen neben den Erklärungen zum Hintergrund der Studie auch die kognitiven und affektiven Ziele bestimmt, die einzelnen Methoden und Workshops im Detail erläutert sowie Kosten, Timing, Agenda und Materialien zur Durchführung der Trainings- und Qualifikationsmodule bestimmt werden. Kurz: eine komplette Beschreibung von verschiedenen aufeinander abgestimmten Qualifikationseinheiten (Workshops, Meetings, Präsentationen etc.).

Da Verhaltensänderung nicht von heute auf morgen erreicht werden kann und ein einzelner Workshop wohl kaum ausreicht, Mitarbeitern alle nötigen Details zu vermitteln, ist es sinnvoll, eine Reihe aufeinander aufbauende Module zu entwickeln, an denen der Mitarbeiter über einen Zeitraum von etwa einem Jahr teilnimmt. So kann erreicht werden, dass eine Fortschrittskontrolle gewährleistet ist, dass man sich mit dem Thema „Marken und adäquates Verhalten" länger beschäftigt und dass es nicht zu einer weiteren Initiative verpufft.

(2) Eine unabdingbare Voraussetzung zur erfolgreichen Verhaltensänderung und Sensibilisierung zum Thema Marken und dem adäquaten Verhalten ist ein professionelles internes **Kommunikationskonzept**. Nach den gleichen Richtlinien und Anforderungen wie ein entsprechendes externes Konzept müssen Botschaften, Reichweite, Frequenzen und Medien identifiziert werden, die es erlauben, dass der Mitarbeiter stets über das Projekt, aber vielmehr noch über dessen Inhalte, informiert ist. Kurz: Eine Basisqualifikation und eine Sensibilisierung auf die Markenbotschaft muss erfolgen.

Auch hier ist es sinnvoll und hilfreich, die Ergebnisse der Interviews in die Erstellung des Kommunikationskonzeptes aufzunehmen. Die meisten Unternehmen verfügen über eine regelmäßige interne Kommunikation, die von einer allgemeinen Broschüre, über Informationsveranstaltungen, Intranets, Business-TV bis zu regelmäßigen Foren zum Gedankenaustausch mit dem Management reicht. Natürlich sollten diese Medien genutzt werden. Darüber hinaus muss jedoch über innovativere Medien die knappe Aufmerksamkeit auf die Projektinhalte gelenkt werden – man kann sich dabei sehr wohl den Techniken und Medien der externen Kommunikation behelfen. Was spricht dagegen, die Mitarbeiter über Screen-Saver mit entsprechender Botschaft anzusprechen, in der Kantine auf den Papierunterlagen der Tabletts Informationen zu vermitteln, mit Kreuzworträtseln, Preisausschreiben und Gewinnspielen die Mitarbeiter zu motivieren. Post-it-Notes, Kugelschreiber und Mouse-Pads können ebenso mit der Markenvision und -haltung versehen werden, so dass der Mitarbeiter über möglichst viele Medien eine eindeutige und kongruente Nachricht erhält. Ebenso kann eine zentrale E-Mail verschickt werden, mit dem Titel „Message from the CEO“, die auf die Wichtigkeit und Dringlichkeit des Projektes hinweist.

Wichtig ist, dass der Mitarbeiter in den typischen Abläufen von (a) ersten Informationen über das Projekt, dem Wecken von Interesse und dem Bekanntmachen der Inhalte zur Markenvision und -haltung, über (b) das Verstehen und Akzeptieren der Gründe zur Verhaltensänderung und der Motivation dies zu tun, bis (c) zur Konsolidierung auf das eigene Arbeitsumfeld und die eigentliche Verhaltensänderung – eine Kombination aus Qualifizierungs- und Trainingsmodulen erhält, die von dem Kommunikationskonzept unterstützt werden.

Viele der eingesetzten Medien, wie zum Beispiel Videos, CD-ROMs etc., können parallel im Qualifikations- und Trainingskonzept weiterverwendet werden und sind damit breiter einsetzbar. Bei der Erstellung der Medien ist es ratsam, sich einer professionellen Agentur zu bedienen, da diese internen Medien das gleiche Qualitätsniveau erreichen sollten, wie die externen Medien in TV, Print, Radio, Event und Sponsoring.

An dieser Stelle sei darauf hingewiesen, dass durch die umfassende Kommunikation an alle Mitarbeiter, deren Qualifikation und Training viele Abteilungen in das Projekt eingebunden sind und dementsprechend hohe Anforderungen an das Projektmanagement gestellt werden. Wichtige Anteilseigner des Projektes sind sicherlich das Marketing und das Personalwesen sowie Public-Relations und, soweit vorhanden, die internen Trainings- und Weiterbildungsabteilungen. Dementsprechend kann solch ein Projekt auch nur mit der nötigen Unterstützung der Geschäftsleitung zum Erfolg gebracht werden.

Über Kosten, die zur Erstellung des Qualifikations- und Trainingskonzeptes sowie des Kommunikationskonzeptes auftreten, muss eine klare Budgetstruktur vorgelegt werden. Insbesondere ist es wichtig, Adaptionskosten – Übersetzungen in andere Sprachen, spezielle Module etc. – im Vorfeld abzuschätzen, zu definieren und einzustellen. Dazu muss auch die Frage beantwortet werden, wie man mit den Opportunitätskosten umgeht, die bei der Involvierung von vielen Mitarbeitern in entsprechende Module zwangsläufig entstehen.

2.4 Ergebnis: Integration von Qualifizierung und Kommunikation

Das Gesamtergebnis lässt sich als ein ineinanderfassendes Qualifizierungs- und Kommunikationskonzept beschreiben. Im Qualifizierungskonzept erfährt der Mitarbeiter anhand von einem Qualifikations- und Trainingsprogramm die nötigen Informationen und Wissensbausteine über die Dringlichkeit und Notwendigkeit einer Verhaltensänderung und die Unternehmensmarke, deren Vision und Haltung. Zudem werden adäquate Beispiele entwickelt, die dem Mitarbeiter helfen, sein Verhalten in seinem speziellen Aufgabenbereich anzupassen und damit seinen Beitrag zum langfristigen Markenaufbau zu leisten. Mit dem Kommunikationsmodul wird die Verbindung der einzelnen Qualifizierungsmodule erreicht und gewährleistet, dass der nötige Fokus über den Projektzeitrahmen aufrechterhalten bleibt. Dies beinhaltet einen ständigen Kontakt der Mitarbeiter mit den Inhalten der Markenbotschaft über einen längeren Zeitraum.

Zusätzlich zu diesen bereits in der Aufgabenstellung beschriebenen Ergebnisanforderungen sind einige weitere Ergebnisse zu nennen, die für die erfolgreiche Umsetzung im Unternehmen von großer Wichtigkeit sind:

- Die Integration und das „Buy-In" von allen Interviewten weltweit mit der Integration aller lokalen, hierarchie-, funktions- und spartenspezifischen Erfolgsfaktoren und der Identifikation von Verantwortlichen zur Umsetzung in einzelnen Bereichen abseits der Zentrale.
- Komplette Implementierungspläne zur Umsetzung in den Ländern mit einem Angebot von über 100 zielgruppenspezifischen Qualifikationsmodulen, mit über 30 verschiedenen Kommunikationsmöglichkeiten, einer Finanz- und Budgetplanung zur Umsetzung in allen Ländern sowie drei alternativen Einsatzplänen, abhängig von den zur Verfügung stehenden Ressourcen, d.h. von zeitlichen und monetären und spezifischen Zielen.
- Eine definierte Markenbotschaft, die Gründe erläutert, warum markenadäquates Verhalten dringend notwendig ist, die Markenvision und -haltung im Detail erläutert, Beispiele aus verschiedenen Industrien beschreibt, in welcher Weise dort markenadäquates Verhalten zur Wettbewerbsdifferenzierung geführt hat, und „Heldengeschichten" aus dem eigenen Unternehmen erzählt, die zur Veranschaulichung der Markenhaltung dienen.
- Beschreibung und Klassifizierung aller Mitarbeiter in Zielgruppen, die für andere interne Aufgaben weiterbenutzt werden können, um den individuellen Mitarbeiter effizienter und effektiver ansprechen zu können.
- Definition von Messkriterien, um den Einfluss des Programms auf die Kundenzufriedenheit und den monetären Aspekt zu bestimmen.
- Executive-Präsentationen, um das Programm intern an den richtigen Stellen „verkaufen" zu können, die nötigen finanziellen Mittel einholen zu dürfen und letzte Zweifler an der Dringlichkeit und Notwendigkeit überzeugen zu können.

Dieses Programm hilft, die nötigen Potenziale freizusetzen, um den langfristigen Markenaufbau zu unterstützen und sich erfolgreich vom Wettbewerb abzugrenzen. Es wäre falsch, es primär als Projekt zu bezeichnen, mit einem definierten Anfang und Ende. Unternehmen und Marken ändern sich, stoßen in neue Geschäftsfelder vor und etablieren sich in neuen Märkten. Dementsprechend hat sich der Kreislauf der Qualifizierung und des Trainings immer fortzusetzen, was natürlich nicht heißen soll, dass deren Inhalte immer identisch sein müssen. Vielmehr müssen diese den neuen Wettbewerbssituationen des Unternehmens und der Marke Rechnung tragen.

Verhaltensänderung braucht Zeit und muss von den Vorgesetzten vorgelebt werden – dies ist im heutigen Wettbewerbsumfeld oft schwer zu integrieren. Zu kurzfristig ist die Denke an den finanziellen Erfolg, zu uneinsichtig, dass es bei verringerter Produktdifferenzierung auch andere Möglichkeiten gibt, sich erfolgreich im Markt zu unterscheiden, zu festgesetzt die Meinung der Vorgesetzten, dass ein Vorleben nicht den entscheidenden Unterschied ausmacht.

Nach Integration der wichtigen Erfolgsfaktoren wird es gelingen, im nächsten „Moment der Wahrheit" einen positiven Beitrag für die Marke und das Unternehmen zu leisten.

B.15

Electronic-Commerce: Von der Vision zur Wirklichkeit – ein Ansatz von Booz.Allen & Hamilton

Arne Dettki[*]

---

[*] Dr. Arne Dettki ist Senior Associate in der Communication, Media and Technology Practice von Booz.Allen & Hamilton in München.

1. E-Commerce: Paradigmenwechsel und Quantensprung

Zum Beginn des neuen Jahrtausends ist Electronic-Commerce (EC) – d.h. die elektronische Abwicklung von kommerziellen Informations-, Interaktions- und Transaktionsprozessen über das Internet – zu einem zentralen Thema für Unternehmen und die Gesellschaft insgesamt geworden. Auf Fachkonferenzen und in der Presse wird das Thema intensiv diskutiert. Dort ist die Rede von einem Paradigmenwechsel in der Beziehung zwischen Organisationen und ihrer Umwelt mit weitreichenden Auswirkungen auf bestehende Arbeitsprozesse. Nach Meinung aller Experten hat E-Commerce ein enormes Marktpotenzial. So prognostiziert das Marktforschungsinstitut *IDC* bereits für das Jahr 2003 weltweite Umsätze mit E-Commerce von über einer Billion US-Dollar.

Was sind die treibenden Faktoren dieser Entwicklung?

- **Kostensenkungspotenziale:** Traditionelle Unternehmen können je nach Industrie und Geschäftsmodell durch Umstellung auf E-Commerce ihre Kosten erheblich senken (siehe Abb. 1). Die Möglichkeiten zur Kostensenkung sind aufgrund der erheblich niedrigeren Kosten des elektronischen Direktvertriebs gegenüber klassischen indirekten Vertriebskanälen besonders hoch im Bereich der Distribution. Des Weiteren bestehen große Kostensenkungspotenziale entlang der gesamten Zulieferkette. Die stärkere Automatisierung des Back-Office im Rahmen von E-Commerce und die kostengünstige Vernetzung mit Zulieferern ermöglicht eine Reduktion der Prozesskosten. Zusätzlich führen elektronische Marktplätze zu einer Steigerung der Effizienz im Einkauf.
- **Kundennutzen:** E-Commerce erhöht die Markttransparenz und stärkt dadurch die Einkaufsmacht der Kunden. Der Online-Shopper ist nicht mehr an etablierte Kundenbeziehungen gebunden und kann durch einfachen und schnellen Preisvergleich erhebliche Preisvorteile realisieren. Mit zunehmender Desintegration der Wertschöpfung haben Kunden zusätzlich die Möglichkeit, Leistungsangebote (unterschiedlicher Spezialisten) individuell zu bündeln. Mehrwert für den Kunden entsteht auch durch eine stärkere Individualisierung der Kundenansprache. Unternehmen können Informationen über das Einkaufsverhalten ihrer Kunden, die beim Aufruf der Website generiert bzw. während der Interaktion mit dem Kunden abgefragt werden, nutzen, um proaktiver und individueller auf Kundenbedürfnisse einzugehen.
- **Produktinnovationen:** E-Commerce ermöglicht ganz neue Produkte und Dienstleistungen rund um das Internet, wie zum Beispiel Web-Portale, elektronische Kataloge, elektronische Marktplätze oder Online-Auktionen. Das Zukunftspotenzial dieser neuartigen Produkte und Dienstleistungen scheint

Elektronische Komponenten	29%-39%
Maschinenbau	22%
Transport & Logistik	15%-20%
Computerindustrie	11%-20%
Life Sciences	12%-19%
Medien & Werbung	10%-15%
Telekommunikation	5%-15%
Öl & Gas	5%-15%
Luftfahrtindustrie	11%
Stahl	11%
Papier	10%
Chemie	10%

Quelle: Goldman Sachs

Abb. 1: Geschätzte Kostensenkungspotenziale durch E-Commerce

enorm zu sein, wenn man den Börsenwert der Anbieter als Maßstab zugrunde legt. So ist die Marktkapitalisierung einiger Internetfirmen heute bereits höher als die der traditionellen Großkonzerne und gemessen am Umsatz bzw. am eingesetzten Kapital geradezu phantastisch hoch. Beispielsweise betrug der Börsenwert des Internetportals *Yahoo* Ende 1998 das 152fache seines Jahresumsatzes.

– **Globaler Markt- und Kundenzugang:** E-Commerce ermöglicht es Unternehmen, Produkte und Dienstleistungen mit sehr viel geringerem Aufwand und sehr viel schneller als bisher weltweit anzubieten. Im Zeitalter von E-Commerce ist Unternehmensgröße keine Voraussetzung für Globalität mehr. Die Globalisierung hat mit dem Internet anscheinend die geeignete Plattform gefunden.

Die rasante Entwicklung des E-Commerce sollte für jedes Unternehmen Grund genug sein, sich mit dem Thema ernsthaft auseinander zusetzen. Sie verdeutlicht aber auch, dass E-Commerce mehr bedeutet als nur die Webpage im Internet. Quantensprünge und Paradigmenwechsel durch erfolgreichen E-Commerce erfordern eine weitreichende Umgestaltung der Geschäftsprozesse und den Aufbau neuer unternehmensweiter Kompetenzen. Deshalb sollte die Auseinandersetzung mit E-Commerce nicht „irgendwo" in der IT- bzw. Marketingabteilung stattfinden, sondern auf Top-Management-Ebene. Wie eine erst kürzlich vom *Economist* gemeinsam mit *Booz.Allen & Hamilton* durchgeführte Umfrage bestätigt, räumen die CEOs führender Unternehmen inzwischen diesem Thema höchste Priorität ein.

Booz.Allen & Hamilton unterstützt führende Unternehmen, die die Chancen von E-Commerce nutzen wollen, bei der Planung und Umsetzung ihrer E-Commerce-Strategie sowie beim Aufbau der notwendigen Kompetenzen. In Verbindung mit einer managementorientierten Einführung in die Thematik sollen im Folgenden die in diesem Bereich erlangten Erfahrungen und der zugrunde liegende Ansatz anhand eines konkreten Beispiels aus der Beratungspraxis dargestellt werden.

2. E-Commerce-Strategien

2.1 Stufen des E-Commerce

In Abhängigkeit der Informations-, Interaktions- und Transaktionsmöglichkeiten (EC-Intensität) und dem Grad der Integration von E-Commerce in das Geschäftsmodell eines Unternehmens, lassen sich drei Intensitätsstufen des E-Commerce unterscheiden (siehe Abb. 2):

(1) **„Create Brochureware“:** In der untersten Intensitätsstufe wird das Internet als reine Informationsplattform zu Marketingzwecken genutzt, Online-Shopping ist noch nicht vorgesehen. Die *General Motors* Buypower-Website ist hierfür ein Beispiel: Kunden können Produktinformationen abrufen und haben die Möglichkeit, den nächstgelegenen Fahrzeughändler, der das gewünschte Fahrzeug vorrätig hat, zu lokalisieren und zu kontaktieren. Online-Bestellungen sind nicht möglich.

(2) **„Break the Boundaries“:** Der zweite Intensitätsgrad geht schon wesentlich weiter. Hier werden Geschäftsprozesse durch Interaktivität, Bestellmöglichkeiten, Ansätze zur Individualisierung und Integration entlang der Wertschöpfungskette automatisiert und verbessert. Zum Beispiel ermöglicht *Federal Express* seinen Kunden, den Status einer Sendung per Internet abzurufen. Dadurch können Customer-Support-Kosten gesenkt und die Kundenzufriedenheit erheblich gesteigert werden. *Microsoft* bietet Online-Software-Support im „Selbstbedienungsverfahren“ über das Internet an und erzielt auf diese Weise signifikante Kosteneinsparungen im Service. *General Electric* veröffentlicht seine Ausschreibungen online, bewertet die eingehenden Angebote und tätigt dann die Bestellung über das Internet. Dadurch können die Einkaufskosten reduziert werden. Bei *Hewlett Packard* hat der Kunde die Möglichkeit, online zu bestellen und dabei die über die Webpage zur Verfügung stehenden Features wie Konfigurationsservice, Real-Time-Bepreisung und umfangreiche Customer-Service-Leistungen zu nutzen. Zusätzlich besteht die Möglichkeit, die Preise von Händlern zu vergleichen und zu prüfen, ob der Artikel gerade auf Lager ist.

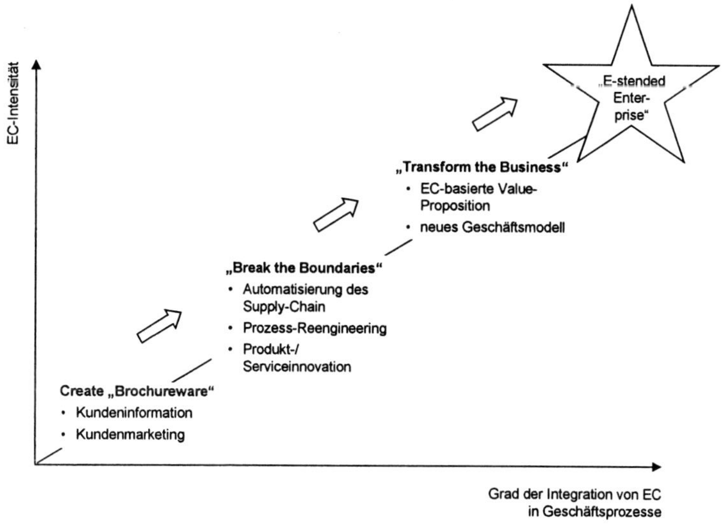

Abb. 2: Stufen des E-Commerce

(3) **„Transform the Business":** Auf der höchsten Stufe des E-Commerce werden neuartige Produkte und Dienstleistungen geschaffen bzw. neue Geschäftsmodelle realisiert, die die Möglichkeiten und Eigenheiten des Internets voll ausschöpfen. Der Internet-Buchhändler *Amazon.com* ist vielleicht das bekannteste Beispiel für ein internetbasiertes Unternehmen, das die Spielregeln seiner Industrie neu definiert hat. Weitere prominente Beispiele sind die Online-Auktionshäuser *EBay* und *OnSale*, die Erlöse durch Kommissionen für Produkte erzielen, die auf ihrer Auktionsplattform versteigert werden. Alle diese Unternehmen haben wichtige Gemeinsamkeiten:

- der größte Teil des Umsatzes wird über das Internet generiert,
- alle Geschäftsprozesse sind auf das Internet abgestimmt und weitgehend automatisiert,
- alle Unternehmen nutzen das Internet, um Aufträge entgegenzunehmen und abzuwickeln sowie für Bezahlvorgänge,
- die Web-Seiten der Unternehmen sind hochgradig interaktiv und Produkte und Dienstleistungen sind online konfigurierbar,
- die Unternehmen sind über das Internet mit ihren Zulieferern vollständig vernetzt,
- die elektronische Infrastruktur steht 24 Stunden und 7 Tage pro Woche zur Verfügung.

2.2 Bestimmung der E-Commerce-Intensität

Bei der Umstellung eines Unternehmens auf E-Commerce müssen eine Reihe kritischer Fragen beantwortet werden:

- Haben die Kunden adäquaten Zugang zum Internet?
- Sind die Kunden bereit, über das Internet einzukaufen?
- Inwieweit ist das Produkt- und Serviceportfolio für E-Commerce geeignet, d.h. inwieweit sind die vom Unternehmen angebotenen Produkte und Dienstleistungen digitalisierbar?
- Was kann aus dem „Produktumfeld" digitalisiert werden?
- Welche Auswirkung hat E-Commerce auf die Stellung des Unternehmens in der Wertschöpfungskette?

Als erstes sollte sich ein Unternehmen über die Zugangsmöglichkeiten seiner Kunden zum Internet informieren. Demographische Studien zeigen, dass das Internet nicht in allen Einkommens- und Bildungsschichten gleich verbreitet ist. Hat die Zielgruppe keinen Internet-Zugang, ist ein EC-Einstieg auch wenig Erfolg versprechend. Da das Online-Shopping-Erlebnis möglichst ärgernisfrei sein soll, muss zusätzlich überprüft werden, ob die notwendigen technischen Voraussetzungen für E-Commerce vorhanden sind. Zum Beispiel ist Online-Distribution von Software bei geringer Übertragungsgeschwindigkeit und hohen Datenmengen für den Kunden eher eine Geduldsprobe als ein Shopping-Erlebnis.

Es ist ebenfalls wichtig zu prüfen, ob Kunden bereit sind, über das Internet einzukaufen. Drei Kundensegmente können prinzipiell unterschieden werden:

- **Internet-averse Kunden**, die grundsätzlich abgeneigt sind, online einzukaufen (z.B. aufgrund von Sicherheitsbedenken).
- **Indifferente Kunden**, die Vor- und Nachteile eines Internet-Kaufes abwägen und so durch EC-spezifischen Zusatznutzen (Bequemlichkeit, Preisvergleich, 24-stündige Erreichbarkeit etc.) überzeugt werden müssen.
- **Internet-Shopper**, für die das Internet ein Substitut für den physischen Kaufprozess ist.

Die Einordnung der eigenen Kunden in eine oder mehrere der drei Kategorien hat wichtige Implikationen für die E-Commerce-Strategie: Je eher die Kunden bereit sind, E-Commerce zu nutzen, desto sinnvoller erscheint die Wahl einer höheren Intensitätsstufe.

Daneben sind die Eigenschaften des Produktportfolios ein wichtiges Kriterium. Hier kann man folgende Produktkategorien unterscheiden:

- **Nicht-konfigurierbare Produkte**, wie PC-Peripherie, Haushaltsgeräte etc. (Produktkategorie 1).

- **Konfigurierbare Produkte**, wie Computer, Autos etc. (Produktkategorie 2).
- **Online distribuierbare („digitalisierbare") Produkte**, wie Software, Musik etc. (Produktkategorie 3).
- **Erlebnisprodukte**, bei denen das tatsächliche Fühlen und Ausprobieren des Produkts für den Kunden wichtig ist, z.B. bei Kleidung und Möbeln (Produktkategorie 4).

Wie sich in der Praxis zeigt, kann eine E-Commerce-Strategie nur erfolgreich sein, wenn sie auf die betreffenden Produkte abgestimmt ist. So ist Produktkategorie 4 („Erlebnisprodukte") nicht mit den Intensitätsstufen 2 („Break the Boundaries") und 3 („Transform the Business") vereinbar. Um die Vorteile des Internets zu nutzen, sollten die Produktkategorien 2 („konfigurierbare Produkte") bzw. 3 („digitalisierbare Produkte") möglichst mit den Intensitäten 2 und 3 kombiniert werden. Des Weiteren ist das Produktportfolio hinsichtlich der Digitalisierbarkeit der Produkte zu überprüfen. Während beispielsweise Musik oder Software digitalisierbar sind, ist bei Autos oder bei Möbeln nach wie vor ein physischer Vertrieb notwendig. Für digitalisierbare Produkte bestehen vielfältige Möglichkeiten der Produkt- und Prozessinnovation, und eine weitgehende Umstellung des Geschäftsmodells auf E-Commerce erscheint möglich: Der physische Musik- und Softwarehandel könnte beispielsweise vollständig virtuell substituiert werden.

Falls allerdings die Produkte selbst nicht digitalisierbar sind, ergeben sich unter Umständen im „Produktumfeld" bei Marketing-, Vertrieb- und Serviceaktivitäten dennoch Möglichkeiten der Digitalisierung. Zur Bestimmung der EC-Intensität kommt es dann darauf an, inwiefern die Digitalisierbarkeit in diese Aktivitäten mit eingebunden wird. Zum Beispiel kann man für die Produktkategorie 2 („konfigurierbare Produkte") eine Online-Konfiguration mit entsprechenden Konfigurationshilfestellungen und -hinweisen ermöglichen, wie es zum Beispiel die Firma *Cisco* beim Verkauf von Netzwerkkomponenten tut. In der Produktkategorie 1 („nicht-konfigurierbare Produkte") hat man entweder die Möglichkeit, eine Online-Bestellung von Produkten zu ermöglichen und dabei noch Zusatzinformationen in Form von Qualitätsvergleichen mit anderen Anbietern bereitzustellen (Intensitätsstufe 2) oder lediglich Produktkataloge samt Preisliste verfügbar zu machen (Intensitätsstufe 1).

Des Weiteren ist die Position des Unternehmens in der Wertschöpfungskette für die E-Commerce-Strategie wichtig. Hier ist zu überprüfen, ob die Funktion der traditionellen Intermediäre vom Unternehmen selbst übernommen und so durch Disintermediation ein höherer Anteil an der Gewinnmarge abgeschöpft werden kann. Folgende Strategien sind dabei denkbar:

(1) **Teilweise Substitution:** Wird das Internet nur zu Marketing- und Kommunikationszwecken eingesetzt, ändert sich nichts an der Beziehung zu den

Zwischenhändlern. Selbst wenn Kunden die Möglichkeit haben, online zu bestellen, können traditionelle Intermediäre auch weiterhin einen wesentlichen Teil ihrer ursprünglichen Funktion wahrnehmen, solange die über das Internet bestellten Produkte über traditionelle Vertriebskanäle ausgeliefert werden. Dies ist immer dann zu empfehlen, wenn Kunden zwar bereit sind, über das Internet einzukaufen, aber trotzdem Wert auf den direkten Kontakt mit dem Zwischenhändler legen.

(2) **Zweikanalstrategie:** Hat die Kundensegmentierung ergeben, dass sowohl EC-averse als auch EC-interessierte Kunden existieren, sollten Online-Direktvertrieb und traditionelle Intermediäre parallel, aber differenziert voneinander genutzt werden. Differenzierung kann hierbei durch produktbezogenen Zusatznutzen (z.B. die Online-Konfiguration des Produkts), durch servicebezogenen Zusatznutzen (z.B. Programmupgrades im Softwarebereich) oder durch ökonomischen Zusatznutzen (z.B. Preisdifferenzierung zwischen Online- und Offline-Transaktionen) erreicht werden. Durch die differenzierte Ansprache unterschiedlicher Kundensegmente können Kanalkonflikte weitestgehend vermieden werden.

(3) **Disintermediation:** Intermediäre bleiben bei dieser Strategie völlig aus dem Spiel, d.h. das gesamte Geschäft einschließlich Kundenakquisition wird ausschließlich über das Internet abgewickelt. Diese Möglichkeit ist dann interessant, wenn die Kunden überzeugte EC-Shopper sind oder durch E-Commerce extreme Vorteile für alle Beteiligten entstehen.

2.3 Bestimmung der Kernkompetenzen für E-Commerce

Ein erfolgreicher Einstieg in E-Commerce erfordert den Aufbau von kritischen Kernkompetenzen:

(1) **Aufbau einer leistungsfähigen Webpage:** Die Leistungsfähigkeit der Webpage hängt davon ab, wie gut die spezifischen Möglichkeiten des Internets genutzt werden und ob das Surfen für den Kunden zu einem gewinnbringenden, ärgernisfreien Erlebnis wird. Voraussetzung dafür ist eine ansprechende und übersichtliche Gestaltung der Webpage, so dass sich der Nutzer intuitiv zurechtfindet und die gesuchten Informationen problemlos finden kann. Geschwindigkeit ist ebenfalls ein Kriterium: Der Aufruf der Webpage sowie die Reaktionen auf Suchabfragen bzw. Transaktionen müssen möglichst schnell erfolgen. Des Weiteren sollte die Webpage funktionale Elemente beinhalten, die sich die Spezifika des Mediums Internet – Interaktivität und Multimedialität – zunutze machen und für den Kunden Mehrwert schaffen. Bei der Firma *Schwab* kann der Kunde beispielsweise per Mausklick an der

Börse handeln, wobei Eingaben in weniger als 30 Sekunden bearbeitet werden.

(2) **Kompetenz im One-to-One-Marketing:** One-to-One-Marketing ist eine Schlüsselkompetenz im Zeitalter des E-Commerce. Der große Vorteil von E-Commerce liegt darin, dass der Aufbau von detailliertem Kundenwissen durch Sammeln von Informationen über das Verhalten der Kunden, ihre Vorlieben und Interessen, im Internet erheblich einfacher ist als auf konventionelle Weise. So können Kundenbefragungen wesentlich kostengünstiger über das Internet durchgeführt werden. Der „Klickpfad“ der Kunden durch die Webpage kann aufgezeichnet werden, wodurch man feststellen kann, auf welchem Weg die Kunden durch die Webpage navigieren und an welchen Stellen sie wie lange verweilen. Ist für den Zugang zur Webpage ein Login erforderlich, können die gesammelten Informationen sogar individualisiert werden. Durch das systematische, fortlaufende Sammeln aller Informationen kann dann eine umfassende Kundenhistorie erstellt und in einer zentralen Datenbank für das Direktmarketing abgelegt werden.

Folgende Beispiele illustrieren den erfolgreichen Einsatz von One-to-One-Marketingkompetenz: Beim Aufrufen der Website des Buchhändlers *Barnes & Noble* wird der Kunde nach Eingabe seines Passwortes mit seinem Namen begrüßt und bekommt noch auf der ersten Seite sofort die Neuerscheinungen präsentiert, die seinem literarischen Geschmack entsprechen. Außerdem kann er sich über die vorgeschlagenen Bücher im Chatroom mit anderen Kunden bzw. als besonderes Ereignis mit den Buchautoren im Sinne einer traditionellen Lesung unterhalten. *My Launch* verkauft CDs über das Web und bietet einen ähnlichen Service wie *Barnes & Noble* an: Dort erfährt der Rock- bzw. Salsa-Fan alles Neue über seine bevorzugte Musikrichtung, über Neuerscheinungen, anstehende Konzerte etc. und kann sogar seine eigene Webpage individuell gestalten.

(3) **Aufbau einer EC-Organisationsstruktur und -kultur:** Die Geschwindigkeit des E-Commerce erfordert Entscheidungen in „Internetzeit“, daher müssen Entscheidungsträger benannt und mit entsprechender Entscheidungsbefugnis ausgestattet sein. Ein visionärer, durch Fehlertoleranz geprägter Führungsstil ist eher angebracht als zauderndes Abwarten und Sicherheitsdenken. Um dies gewährleisten zu können, ist Unterstützung und Rückendeckung durch das Top-Management unbedingt erforderlich. Zum Beispiel trifft *Excite* seine Entscheidungen nach dem Modell Do/Dump/Execute mit einer maximalen Entscheidungszeit von 3 Tagen. Die *Citibank* hat ihre *eCiti* mit Führungskräften aus der Unterhaltungsindustrie aufgebaut, um so schnelle Entscheidungen zu gewährleisten.

(4) **Innovations- und Time-to-Market-Kompetenz:** Produktinnovationen müssen schnell umgesetzt werden, um veränderten Kundenanforderungen Rech-

nung zu tragen. Das kontinuierliche Monitoring der Kundeninteressen muss durch kontinuierliche Innovationszyklen in Produktergebnisse umgesetzt werden. Durch modular aufgebaute Produkte und Integration entlang der Wertschöpfungskette ergeben sich hier Vorteile. *Yahoo* beispielsweise erweitert und verbessert ständig die Funktionalitäten seines Portals durch Zusammenarbeit mit bzw. Akquisition von entsprechenden Technikprovidern.

(5) **Aufbau von Internet-Marken:** Marken sind in der realen Welt Gütesiegel, die Kunden anziehen und binden. Dies gilt, als Folge der Informationsflut, in zunehmendem Maße auch für das Internet. Da sich die Nutzer bei der Fülle der Angebote immer weniger zurechtfinden, orientieren sie sich an bekannten Marken, zum Beispiel *Amazon* im Buchhandel, *Dell* beim PC-Kauf oder *Schwab* beim Online-Trading. Die Bekanntheit der Marke zieht die Nutzer auf die Webpage und ist so ein wichtiger Faktor der Kundenbindung.

(6) **Logistikkompetenz:** Sobald im E-Commerce physische Produkte ausgetauscht werden müssen, werden Logistikkompetenzen zu einem Schlüsselfaktor. Wer nämlich im Internet Erfolg haben will, muss sich dessen Gesetzen beugen, d.h. flexibel und schnell produzieren sowie pünktlich liefern können. Stimmen Angebot und tatsächliche Leistung nicht überein, verärgert man die Kunden, die dann problemlos mit einem Mausklick zu einem Wettbewerber wechseln können. Um dies zu verhindern, ist unter Umständen eine erhebliche Reorganisation bzw. ein Neuaufbau der Logistik in Produktion, Lager und Distribution erforderlich.

(7) **Leistungsfähige IT-Architektur:** Bei der Auswahl der IT-Architektur ist generell eine skalierbare, offene Architektur mit einer möglichst hohen Kompatibilität gegenüber anderen Systemen wichtig. Des Weiteren muss festgelegt werden, wer auf das System zugreifen darf (z.B. offener Zugang über das Internet, beschränkter Zugang über das Internet mit Passwort, Extranetzugang für dauerhafte Geschäftspartner) und welche Sicherheitsanforderungen für jede Nutzergruppe gelten. Ein Treiber für spezielle Anforderungen an die IT-Architektur sind die funktionalen Elemente der Webpage (z.B. Suchmöglichkeiten). Ein weiterer Treiber ist das One-to-One-Marketing, d.h. das für das permanente Monitoring der Website notwendige technische Instrumentarium und die Features zum Aufbau einer Community (Chatroom, eigene Webpage, eigene E-Mail-Adresse etc.). Sollen Transaktionen durchgeführt werden, werden Shopping-Cart- und Zahlungssysteme benötigt und Datensicherheit wird zum kritischen Thema. Die Integration der Geschäftspartner entlang der Wertschöpfungskette stellt weitere Anforderungen an Systemschnittstellen. Allgemeines Datenmanagement ist als kritisch einzustufen: Warum sollte der Kunde das Produkt online kaufen, wenn Produktinformationen veraltet, Preis- bzw. Lieferoptionen unklar sind, nicht im Lager befindliche Produkte als lieferbar kategorisiert und Liefer-

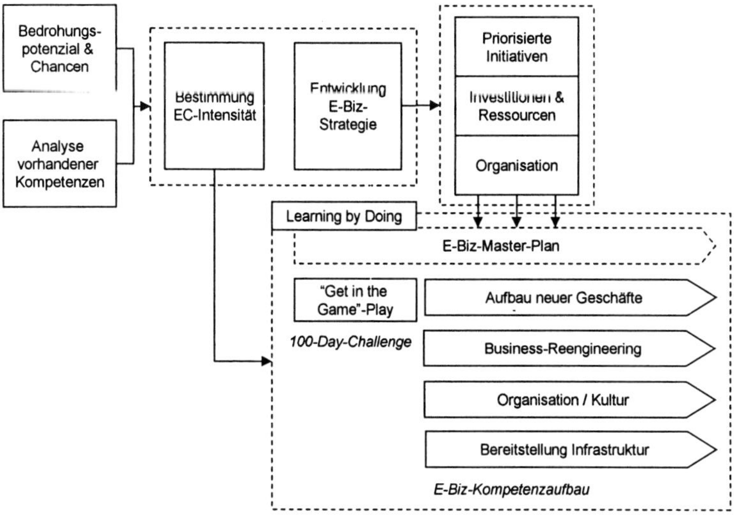

Abb. 3: Die Vorgehensweise von Booz.Allen & Hamilton

termine aufgrund mangelnder Datenintegration mit den Lieferanten nicht eingehalten werden? Im Zeitalter des E-Commerce werden solche Nachlässigkeiten, die auf unzureichendem Datenmanagement beruhen, durch Verlust des Kunden an die Wettbewerber schnell bestraft.

(8) **Management strategischer Allianzen:** Im Zeitalter von E-Commerce sind Allianzen essenziell für den Geschäftserfolg, um fehlende EC-Kompetenz schnell verfügbar zu machen und um E-Commerce-Lösungen über Wertschöpfungsstufen hinweg zu realisieren. *Yahoo* kooperiert beispielsweise mit *Visa*, um den Zahlungsverkehr beim Online-Shopping abzuwickeln. Hierbei wird *Visa* die Gelegenheit gegeben, sich auf einem der wichtigsten Portale zu präsentieren, während *Yahoo* vom seriösen *Visa*-Image profitiert.

3. Fallstudie: E-Commerce im Finanzbereich

3.1 Ausgangssituation und Aufgabenstellung

Zunächst soll der Projektansatz von *Booz.Allen & Hamilton* kurz vorgestellt werden (siehe auch Abb. 3). Ausgangspunkt ist ein detailliertes Verständnis des Bedrohungspotenzials und der Chancen von E-Commerce sowie eine Bewertung der vorhandenen Kompetenzen und Erfahrungen im Unternehmen. Darauf aufbauend kann dann die strategische Analyse durchgeführt werden. Diese beinhaltet eine umfassende Analyse des Produkt- und Serviceportfolios und eine Segmentierung der Kunden zur Bestimmung der EC-Intensität. Im Anschluss daran können dann die langfristige EC-Strategie entwickelt sowie konkrete Initiativen und Implikationen für den Finanzierungs- und Ressourcenbedarf sowie die Organisation und Kultur abgeleitet werden. Dabei ist es besonders wichtig, möglichst schnell über erste Initiativen konkrete Erfahrungen zu sammeln und in der neuen Welt „Fuß zu fassen". Die Umsetzung der Strategie in ein kohärentes Geschäftsmodell erfordert in der Regel ein Reengineering der Prozesse und der Organisation, ein Cultural-Change-Programm sowie die Erweiterung der bestehenden IT-Infrastruktur. Nachfolgend soll dieser Projektansatz an einem konkreten Fallbeispiel aus der Beratungspraxis näher erläutert werden.

Das betrachtete Unternehmen, eine große europäische Bank, hatte sowohl mit seinem Angebot „traditioneller" Bankdienstleistungen als auch im Investment-Banking, Asset-Management und Versicherungsgeschäft eine führende Position im Markt. Nach Meinung des Managements waren

- das große Vertrauen der Kunden in die Bank,
- der bekannte und starke Markenname,
- die ausgezeichneten Kundenbeziehungen im Geschäftskundensegment,
- das breite Produkt- und Serviceangebot und
- das hervorragend ausgebaute Filialnetz in Europa

entscheidende Faktoren für den langjährigen Geschäftserfolg. Durch das starke Wachstum und die breite Akzeptanz des Internets als „alternativem Vertriebskanal" für Finanzdienstleistungen sowie Initiativen der Hauptwettbewerber, entstand die Notwendigkeit, die Bedeutung von E-Commerce für den zukünftigen Geschäftserfolg genauer zu bewerten. Ziel des Projektes war daher die Analyse des Bedrohungspotenzials durch E-Commerce in den Kerngeschäftsbereichen und die Identifikation konkreter neuer Geschäftsmöglichkeiten durch stärkere Nutzung des Internets. Dies umfasste auch die strategische Planung konkreter E-Commerce-Initiativen und die Unterstützung bei der operativen Umsetzung dieser Initiativen, wobei auf bestehenden Kernkompetenzen und Aktivitäten aufgebaut werden sollte.

3.2 Die strategische Bedeutung von E-Commerce

Eine erste Analyse des Bedrohungspotenzials durch E-Commerce machte deutlich, dass die augenblicklichen Stärken der Bank langfristig an Bedeutung verlieren und andere Faktoren entscheidend für den zukünftigen Geschäftserfolg sein würden. Daraus konnte der Schluss gezogen werden, dass E-Commerce lang-

Traditionelles Geschäftsmodell	Bedrohungspotenzial E-Commerce
• Filialnetz und direkter Geschäftskundenvertrieb entscheidend für Distributions- und Akquisitionserfolg	• Virtuelle Vertriebspunkte wesentlich kostengünstiger und attraktiver für viele Kundensegmente; Verlust der Kundenschnittstelle
• Eingeschränkte Markttransparenz ermöglicht Preisdiskriminierung	• Markttransparenz verstärkt Preiswettbewerb
• Direkte Kundenbeziehungen als Instrument der Kundenbindung in allen Segmenten	• „Best-of-Bread"-Einkaufsverhalten in den meisten Segmenten; Preis vs. Kundenbeziehung
• Größe als Markteintrittsbarriere	• Größe nicht mehr entscheidend; niedrige Eintrittsbarrieren
• Effizienz wichtig, Ineffizienzen teilweise tolerierbar	• Preiswettbewerb erfordert Quantensprung in der Effizienz
• Breites Serviceangebot und Cross-Selling notwendig, um erforderliche Segmentprofitabilität zu erzielen	• Disintegration der Wertschöpfung; Spezialisten reduzieren Attraktivität von Servicebündeln

Abb. 4: Bedrohungspotenzial durch E-Commerce

fristige fundamentale Auswirkungen auf das Geschäftsmodell der Bank haben würde (siehe Abb. 4).

Eine detailliertere Analyse der Auswirkung von E-Commerce in den einzelnen Geschäftsbereichen ergab ein differenzierteres Bild (siehe Abb. 5). Demnach schienen „traditionelle" Bankdienstleistungen mit geringer Produkt- bzw. Service-differenzierung und hoher Digitalisierbarkeit besonders bedroht zu sein. Dazu zählen Finanzdienstleistungen, wie zum Beispiel Kontoführung, Überweisungen und Aktienhandel, d.h. einfache Transaktionen, die bequem online durchgeführt werden können, aber auch Privatkundenkredite und Versicherungen, die relativ einfach online konfiguriert und damit auch über das Internet auf die speziellen Bedürfnisse des Kunden zugeschnitten werden können. Auf der anderen Seite schienen Dienstleistungen wie zum Beispiel Venture-Capital-Services, d.h. Services mit hoher Komplexität, geringer Möglichkeit zur Standardisierung und hoher Differenzierung im Service, eher weniger bedroht zu sein. Daher wurde für die weitere Vorgehensweise der Fokus auf das „traditionelle" Bankgeschäft gelegt, wobei in den angrenzenden Bereichen Möglichkeiten der Digitalisierbarkeit im Produktumfeld, bei Marketing-, Vertriebs- und Serviceaktivitäten identifiziert werden sollten.

Neben produkt- bzw. servicespezifischen Barrieren für E-Commerce, wurden die möglichen Aktionsfelder durch die unklare Rechtssituation im E-Commerce weiter eingeengt: Grundsätzlich wird ein Vertrag nur durch Unterschrift durch die Vertragsparteien bindend. Inwiefern nun Unterschriften durch Passwörter, Geheimzahlen, digitale Unterschriften etc. online getätigt werden können, ist rechtlich noch nicht abschließend geklärt.

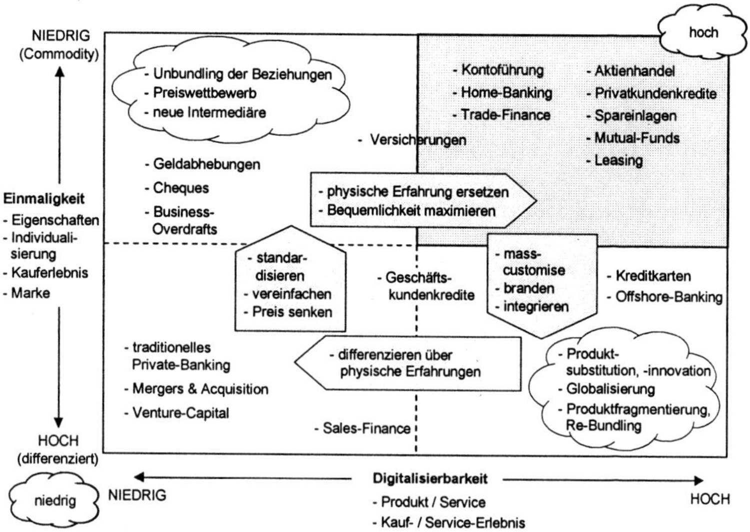

Abb. 5: Auswirkungen von E-Commerce auf verschiedene Geschäftsaktivitäten

Um erste vorläufige Hypothesen zu überprüfen, wurden Marktumfragen durchgeführt. Das Ergebnis der Umfragen zeigte, dass zwar der Anteil der Kunden, die den traditionellen Vertriebskanal „physische Filiale" vollständig durch E-Commerce substituieren wollen, weniger hoch ist als zunächst erwartet worden war, dass aber viele Kunden virtuelle Finanzdienstleistungen als sinnvolle und attraktive Ergänzung zum bisherigen Angebot empfinden. Da die Konkurrenten teilweise bereits im Internet präsent waren, war zu befürchten, diese „Multi-Channel-User" als Kunden zu verlieren. Die befragten Kunden sahen die Vorteile von Internet-Banking vor allem in drei Bereichen: Zunächst bei der Bequemlichkeit, wobei darunter vor allem die Möglichkeit verstanden wurde, Bankgeschäfte jederzeit von zu Hause aus tätigen zu können. Darüber hinaus wurden „Beratungsleistungen", wie individuelle Versorgung mit Informationen (z.B. über Markttrends) bzw. Hilfsmittel zur persönlichen Finanzplanung (z.B. Spreadsheets), als Bequemlichkeitsfaktoren angeführt. Des Weiteren wurde die permanente Kontrollmöglichkeit von Konten, Depots etc. als positiv wahrgenommen. Andererseits erwarteten sich die Kunden bei Online-Transaktionen auch einen beträchtlichen Preisvorteil, mit dem Argument, die Transaktion nun selbst durchführen zu müssen, wobei weniger Ressourcen der Bank beansprucht würden. Dieser Preisvorteil konnte mit etwa 20 Prozent quantifiziert werden – eine Größe, die im Hinblick auf mögliche Kosteneinsparungspotenziale durchaus realisierbar und angemessen erschien.

Barrieren für Internet-Banking wurden vor allem in zwei Bereichen gesehen: Zugang und Akzeptanz. Durch die schnelle Verbreitung des Internet in Haushalten, mit Penetrationsraten in Europa von bis zu 50 Prozent und starkem Wachstum bei der Internetnutzung, würde sich das Zugangsproblem allerdings auf Dauer von selbst lösen. Probleme bei der Akzeptanz von Internet-Banking waren zumeist psychologischer Natur, da das Vertrauen in die Sicherheit von Online-Transaktionen fehlte. Deshalb wurde bei Standardprodukten die vollständige Umstellung auf Internet-Banking von Internetnutzern aus Bequemlichkeitsgründen akzeptiert, bei erklärungsbedürftigen bzw. „High-Impact-Produkten" wie etwa Versicherungen oder Krediten jedoch vielfach noch der persönliche Kontakt gewünscht, so dass hier vor allem auf eine gute Integration mit traditionellen Vertriebskanälen geachtet werden musste.

3.3 E-Commerce-Strategien und -Initiativen

Das Ergebnis der strategischen Überlegungen und Marktbefragungen war somit ernüchternd: Aus den Kerngeschäftsfeldern schienen kurzfristig lediglich Transaktionen im Bereich Online-Banking (Kontoführung mit Tätigen von Überweisungen, Daueraufträgen etc.) und Online-Trading (Verwaltung von Aktiendepots, Kauf und Verkauf von Aktien etc.) vollständig digitalisierbar zu sein und über das Internet angeboten werden zu können. Für stark erklärungsbedürftige bzw. „High-Impact-Produkte" wurden daher zunächst noch keine Online-Transaktionen ermöglicht. Stattdessen sollte aus dem Umfeld dieser Produkte der Customer-Service-Bereich stärker digitalisiert werden, zum Beispiel konnten hochwertige Informationen online bereitgestellt werden, um dem Kunden bereits im Vorfeld eines Gesprächs mit einem Bankberater die Gelegenheit zu geben, sich gezielt zu informieren. Bei Krediten und Versicherungen kommen dafür vorgefertigte Kalkulationsbeispiele aber auch Tools zur individuellen Berechnung infrage. Durch die Möglichkeit zur Individualisierung und durch die Qualität der bereitgestellten Informationen war damit eine zusätzliche Differenzierung gegenüber dem Wettbewerb möglich.

Wie sich gezeigt hat, liegt das gegenwärtige Potenzial von E-Commerce für die betrachtete Bank damit nur zum Teil in der Digitalisierung des bestehenden Produkt- und Serviceportfolios und der zugehörigen Interaktionsprozesse mit dem Kunden. Weit größere Möglichkeiten und Chancen bestehen dagegen im Angebot neuer Produkte und Services, die erst durch E-Commerce möglich werden.

Im Handelsprozess der „realen" Welt ist eine der von den Banken wahrgenommenen Funktionen die des Zahlungsabwicklers. Deshalb wurde überlegt, ob man diese Funktion auf die virtuelle Welt übertragen könnte. Wie Umfragen zeigten, wurden für den Handel im Internet hohe Wachstumsraten erwartet. Als wesentliche Barriere bei der Abwicklung von Transaktionen über das Internet wurden Sicherheitsbedenken bei der Bezahlung angeführt. Deshalb ergab sich hier eine Chance für die Bank, durch einen Transfer der Attribute Seriosität, Zuverlässigkeit, Qualität, Sicherheit und Vertrauen auf die virtuelle Welt und durch Bereitstellung entsprechender Zahlungssysteme, den Internet-Handel in Partnerschaft mit Inhalteanbietern voranzutreiben.

Aufbauend auf diesen Überlegungen wurden vom Projektteam in Zusammenarbeit mit der Bank neue Chancen identifiziert und verschiedene strategische Initiativen aufgesetzt. Vier Initiativen sollen nachfolgend kurz vorgestellt werden: (1) Bonitätsprüfung, (2) digitale Unterschrift, (3) elektronische Zahlungssysteme und (4) elektronischer Marktplatz.

(1) **Bonitätsprüfung:** Ziel dieser Initiative war die Konzeption eines neuen Services zur schnellen Bonitätsprüfung per Internet. Die Bonitätsprüfung soll dabei zukünftig folgendermaßen ablaufen: (a) Ein Kunde der Bank möchte mit einem Geschäftspartner eine Transaktion durchführen. (b) Aufgrund des Umfangs dieser Transaktion möchte der Geschäftspartner eine Bonitätsprüfung durchführen lassen und beauftragt hiermit via Internet seine Bank. (c) Die Bank des Geschäftspartners leitet den mit ihrem Institutionscode ergänzten Datensatz an eine Meta-Bonitätsdatenbank weiter, um mit unserer Bank in Verbindung zu treten. (d) Unsere Bank bearbeitet die Anfrage und leitet das Ergebnis über das Internet an die Bank des Geschäftspartners weiter. (e) Je nach Ergebnis der Bonitätsprüfung kann dann der Geschäftspartner die Transaktion durchführen oder ablehnen. Dieses Geschäftsmodell ist gebunden an Vereinbarungen zwischen der Bank und dem Bankkunden, an Vereinbarungen zwischen der Bank des Geschäftspartners mit dem Geschäftspartner sowie Vereinbarungen zwischen den beteiligten Banken.

(2) **Digitale Unterschrift:** Wie bereits an anderer Stelle erwähnt, sind digitale Unterschriften für das Zustandekommen eines rechtswirksamen Vertrages über das Internet von entscheidender Bedeutung. Des Weiteren können sie dabei helfen, die Sicherheitsbedenken der Kunden, insbesondere was die Sicherheit von Passwörtern betrifft, auszuräumen. Die Bank hatte dazu folgendes Konzept entwickelt: Die Unterschrift sollte auf einer Magnetkarte (ähnlich einer Kreditkarte) gespeichert werden. Neben der Karte benötigt der Kunde zum Lesen der Information zusätzliche Hardware, die mit dem PC verbunden werden muss. Bei der Durchführung von Transaktionen kann dann die digitale Unterschrift eingelesen und übermittelt werden. Die Bank sollte dabei Hardware (Karten und Lesegerät) und Software zur Verfügung stellen.

(3) **Elektronische Zahlungssysteme:** Weitere Initiativen wurden im Bereich elektronischer Zahlungssysteme aufgesetzt. Zum einen geht es dabei um die

technische Realisierung von digitalem Geld. Der Vorteil dieser Anwendung liegt darin, dass selbst Transaktionen mit kleinen Beträgen profitabel sind, was bei der Benutzung von Kreditkarten nicht der Fall ist. Die Bank erhält bei dieser Geschäftsidee eine prozentuale Kommission auf den Transaktionsbetrag. Als weiteres Zahlungssystem wurde ein Payment-Kit für Betreiber von Online-Shops konzipiert. Dabei werden Online-Händler über eine eigens zu diesem Zweck entwickelte Software direkt über das Internet mit dem Transaktionssystem der Bank verbunden. Die Systeme der Bank wickeln dann die Zahlungstransaktion ab, indem sie die Schnittstelle zu den Kreditkartenanbietern herstellen und die autorisierte Zahlung auf das Bankkonto des Kunden buchen. Bei dieser Lösung vermeidet der Kunde hohe Investitionen in entsprechende Systeme und zahlt der Bank stattdessen einen monatlichen Grundbetrag für den Service sowie Transaktionskommissionen.

(4) **Elektronischer Marktplatz:** Zur Unterstützung der Initiativen im Bereich elektronischer Zahlungssysteme soll ein elektronischer Marktplatz aufgebaut werden. Bei dem Geschäftsmodell des elektronischen Marktplatzes stellt die Bank die Mall-Software und Zahlungssysteme zur Verfügung, an die sich die Händler mit ihren Shops als Content-Provider andocken können. Der „gute Name" der Bank hilft dabei, Akzeptanzprobleme zu überwinden und Sicherheitsbedenken auszuräumen, wodurch mehr Online-Umsatz generiert wird. Die Bank erzielt Umsätze über Kommissionen an E-Commerce-Umsätzen, über „Mieten" für einzelne Shops sowie über Werbeeinnahmen, die sich mit zunehmender Frequentierung der Webpage steigern lassen.

3.4 Implementierung

Die erfolgreiche Umsetzung der strategischen Initiativen erforderte den Aufbau neuer Funktionalitäten und Kompetenzen:

(1) **Aufbau einer leistungsfähigen Website:** Da der Kunde bereits im Internet präsent war, wurde als erstes die Leistungsfähigkeit und Funktionalität der vorhandenen Website analysiert. Wie sich zeigte, existierten mehrere Websites, die von den einzelnen Geschäftseinheiten unabhängig voneinander entwickelt worden waren, weshalb das vom Kunden wahrgenommene „Look-and-Feel-Erlebnis" sehr uneinheitlich war. Darüber hinaus waren die angebotenen Funktionalitäten sehr beschränkt, mit Fokus auf der Bereitstellung von Unternehmensinformationen (Unternehmensvision, Adressen etc.).

(2) **Aufbau einer Internet-Marke:** Als erster Schritt zum Aufbau einer Internet-Marke wurde eine Kundenbefragung durchgeführt, um verschiedene Markenkonzepte (Aufbau einer separaten Internet-Marke vs. Transfer der existierenden Marke ins Internet) zu testen. Wie sich herausstellte, war der

Markentransfer die präferierte Alternative, so dass der Markenname in sämtliche Online-Aktivitäten eingebunden wurde.

(3) **Vorbereitung strategischer Allianzen:** Zur Umsetzung der geplanten strategischen Initiativen wurden Kooperationsvereinbarungen mit führenden Anbietern und wichtigen Institutionen getroffen, so zum Beispiel mit Regierungsinstitutionen im Projekt „digitale Unterschrift“, da diese die rechtlichen Rahmenbedingungen festlegen. Im Projekt „elektronischer Marktplatz“ wurden Vereinbarungen mit Großkunden getroffen, die Interesse daran bekundeten, einen Shop auf dem elektronischen Marktplatz zu eröffnen, um durch bekannte Namen, attraktive Produkte und anerkannte Qualität den Marktplatz möglichst schnell zu etablieren. Im Projekt „Bonitätsprüfung“ wurden Vereinbarungen mit verschiedenen Großbanken vorbereitet.

Da die Bank wenig internes technisches Know-How in der Web-Technologie besaß, wurden Kooperationen mit Technikprovidern etabliert. Da detailliertes Hardwarewissen aus der eigenen IT-Abteilung bereits vorhanden war, wurden vor allem Allianzen mit Softwarespezialisten geschlossen, um neue Anwendungen zu implementieren und in die bestehende Applikationslandschaft zu integrieren.

(4) **Aufbau einer E-Commerce-Organisation und -Kultur:** Beim Zusammentragen der bereits im Unternehmen vorhandenen Informationen bzw. bei der Beschäftigung mit bereits gestarteten E-Commerce-Initiativen stellte sich heraus, dass innerhalb der fünf Geschäftseinheiten vereinzelte Initiativen und „Wissensinseln“ existierten. Die Verantwortlichen standen allerdings in keinerlei Kontakt zueinander, so dass Kompetenzen völlig unkoordiniert aufgebaut und eingesetzt wurden – was zu der bereits erwähnten uneinheitlichen E-Commerce-Außenwirkung des Unternehmens und vermeidbaren Doppelarbeiten führte. Deshalb wurde die Gründung einer EC-Taskforce als selbständige und autonome Einheit beschlossen, die zukünftig sämtliche E-Commerce-Aktivitäten koordinieren sollte. Die Leitung dieser Taskforce sollte einem Internet-Experten übertragen werden. Die bisher mit E-Commerce beschäftigten Mitarbeiter wurden teilweise in die EC-Taskforce integriert, teilweise neu rekrutiert. Hierfür wurden Bewerberprofile erarbeitet, die Kreativität, Innovationsgeist und Technologieorientierung in den Vordergrund stellten. Die EC-Taskforce wurde mit einem eigenen Basisbudget ausgestattet, um Projekte völlig unabhängig bis zum Konzeptstatus durchführen zu können. Als maximale Zeitspanne für E-Commerce-Projekte wurden sechs Monate veranschlagt. Ein Projekt, das in dieser Zeit nicht den Konzeptstatus erreicht hatte, wurde beendet. Vor der Umsetzung war dann allerdings die Genehmigung des Budgets durch einen Linienmanager erforderlich.

Um die Gefahr eines „Culture-Clash“ zwischen der neuen, „schnellen“ Taskforce und bereits vorhandenen tendenziell „langsameren“ Organisationseinheiten abzumildern, wurde versucht, das Bewusstsein für die Wichtigkeit von E-Commerce zu stärken. Um eine enge Anbindung der Taskforce an bestehenden Abteilungen zu gewährleisten und einen permanenten Informationsaustausch zu ermöglichen, wurden regelmäßige Meetings vereinbart. Auf diese Weise wurden auch Widerstände innerhalb der Bank frühzeitig kanalisiert, da es durch E-Commerce zu einer Kannibalisierung des Offline-Geschäfts kommen würde. Die enorme strategische Bedeutung für den Aufbau neuer Geschäftsfelder sowie die Notwendigkeit eines Angebotes von Internet-Banking zur Kundenbindung wurde häufig noch nicht gesehen und musste deshalb entsprechend kommuniziert werden.

(5) **Entwicklung einer leistungsfähigen IT-Architektur:** Sowohl für das Online-Banking und -Brokerage als auch für den elektronischen Marktplatz musste geeignete Software bereitgestellt werden. Im ersten Schritt wurden daher Anforderungsprofile erarbeitet. Für die Online-Banking- und -Brokerage-Software waren folgende Funktionalitäten von zentraler Bedeutung:

- Online-Trading und -Brokerage-Möglichkeit,
- Preisquotierungen in Echtzeit,
- Ansätze zu einer Individualisierung: Trading-Hinweise basierend auf Risikomodellen und früherem Kaufverhalten,
- detaillierte Such- und Recherchemöglichkeiten von typischen Investorinformationen (Analysen, Aktiencharts etc.),
- Integrationsfähigkeit des Front-Office (Online-Bereich) mit dem Back-Office (Offline-Bereich), um die sofortige Durchführung der Transaktion zu ermöglichen.

Für die Software des elektronischen Marktplatzes waren folgende Kriterien ausschlaggebend:

- Registrierung von Kunden,
- leistungsfähige Suchmaschine,
- Bestätigung der Bestellung und Information über den Bestellstatus,
- Shopping-Cart-System,
- Datenbanken zur Erstellung von Kundenprofilen,
- Schnittstellen zu Händlersystemen vorgesehen,
- problemlose Verbindung zu Payment-Systemen.

Anhand dieser Kriterien wurden die Angebote der verschiedenen Softwareanbieter analysiert und die geeignete IT-Lösung ausgewählt.

3.5 Lessons Learned

Die Beschäftigung mit E-Commerce stellt für etablierte Unternehmen eine große Herausforderung dar. Da die strategische Zielrichtung und Geschwindigkeit der Marktentwicklung in vielen Bereichen noch offen ist, kommt es für Unternehmen heute darauf an, strategische Optionen aufzubauen, neue Chancen frühzeitig zu erkennen und intern die notwendige Flexibilität zu schaffen. Die Umstellung des Geschäftsmodells auf E-Commerce erfordert den Aufbau neuer Kernfähigkeiten und Organisationsstrukturen. Der Umfang und die Geschwindigkeit mit der dies geschehen muss wird zunehmen. Daher sollten Unternehmen besser heute als morgen damit beginnen, das Geschäftsmodell zu entwickeln, mit dem sie in Zukunft erfolgreich sein können.

B.16

Valide quantitative Entscheidungsdaten für die strategische Planung – ein Ansatz von Kienbaum Management Consultants

*Thomas Lützenrath**

* Dr. Thomas Lützenrath ist Mitglied der Geschäftsleitung von Kienbaum Management Consultants in Düsseldorf.

1. Die Bedeutung valider Daten für die strategische Planung – ein Fallbeispiel

1.1 Ausgangssituation und Problemstellung

Die Ausrichtung aller Steuerungsaktivitäten eines Unternehmens auf den Unternehmensplan hat offensichtlich nur dann einen Sinn, wenn davon ausgegangen werden kann, dass der Plan „richtig" ist. Es muss also angenommen werden, dass die für die Planung benötigten Informationen über Umwelt und Märkte sowie über deren Änderungen und zukünftige Entwicklungen in einer solchen Güte zur Verfügung stehen, dass die daraus resultierenden Pläne mit vollem Recht zum Steuerungsprogramm aller weiteren Aktivitäten werden können. Da die strategische Planung aufgrund ihrer Charakteristik zukunftsbezogen ist – in die Vergangenheit muss nicht geplant werden –, sind Informationen über die zukünftige Entwicklung der Umwelt und Märkte eines Unternehmens von existenzieller Bedeutung.

Wenn die unternehmensrelevante Umwelt und ihre zukünftige Entwicklung nicht auf der Basis valider Informationen eingeschätzt werden kann, heißt dies als Konsequenz, dass die für den ganzen Plan konstitutive Richtigkeitsvermutung für die erstellten Pläne ins Wanken gerät. Damit ist die Validität der den strategischen Planungen zugrunde liegenden Informationen ein „K.O.-Kriterium" sowohl dieser Richtigkeitsvermutung als auch der gesamten Steuerungs- und Planungslogik.

Die Zukunftsausrichtung eines Unternehmens ist eine Aufgabe von höchster Priorität und verlangt eine fundierte und bestmöglich abgesicherte Informationsbasis zur

(1) Bewertung gegenwärtiger und Identifizierung zukünftiger Geschäftsfelder,

(2) zur strategischen Ausrichtung des Unternehmens sowie

(3) zur Umsetzung durch die Geschäftsfeldplanung (Strategietransfer).

Gerade die Medien- und Kommunikationsbranche (die sogenannte TIME-Branche: Telekommunikation, Informationstechnologie, Medien und Elektronik) gilt als Wachstumsmotor der Zukunft. Allein in Deutschland werden mehrere Milliarden DM jährlich in diesen Wachstumsmarkt investiert. Aufgrund der Globalisierungs- und Internationalisierungstendenzen der Wirtschaft ist der TIME-Markt – auch seinem Wesen nach – ein internationales Geschäft. Basis internationaler Investitionen und strategischer Planungen sind dabei vielfach Marktdaten und Informationen, die von verschiedenen Informationsanbietern (*Gartner Group*, *Frost & Sullivan*, *OMSYC*, *EITO* etc.) auf dem Informationsmarkt angeboten werden.

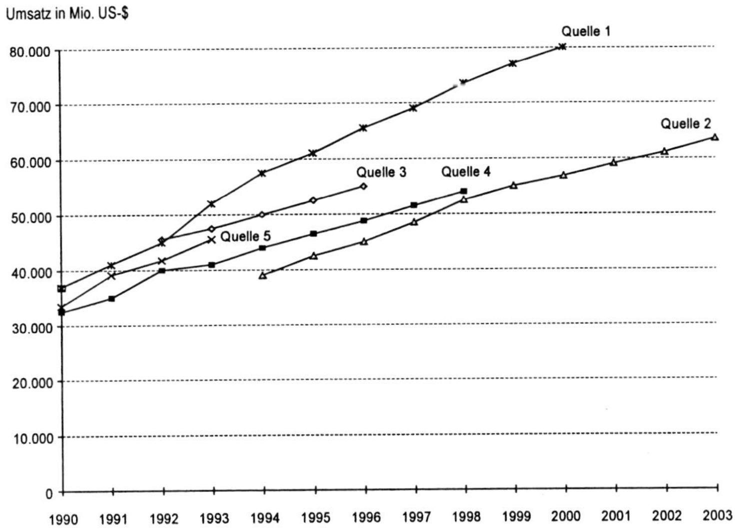

Abb. 1: Der Telekommunikationsmarkt in Deutschland

Ein Vergleich der weltweit verfügbaren Marktdaten über die TIME-Märkte zeigt die Unsicherheit für Unternehmen, die durch die Verwendung eindimensionaler Informationen im Rahmen der strategischen Planung entsteht. Bei der „externen Analyse" dieser Märkte sind allein für den deutschen Telekommunikationsmarkt Abweichungen und Bandbreiten von bis zu 30 Milliarden US-Dollar identifizierbar (siehe Abb. 1). Diese Unsicherheitszonen lassen sich für alle Märkte und Teilmärkte der TIME-Branche weltweit nachweisen. Zur Verdeutlichung dieses Phänomens sind in Abbildung 2 exemplarisch Vergleiche der von unterschiedlichen Quellen prognostizierten Volumina des „Multimediamarktes" in Deutschland dargestellt.

Grundsätzlich zeigt eine von *Kienbaum Management Consultants* durchgeführte Analyse der weltweit verfügbaren Marktdaten (derzeit sind über 100 TIME-Marktstudien erhältlich), dass diese Daten zum Teil mit erheblichen Mängeln behaftet sind. Das Phänomen der immensen Bandbreiten und der daraus resultierenden Unsicherheitszonen lässt sich sowohl für Marktumsätze als auch für Stückzahlen (Sales Revenues, Shipments etc.) für alle internationalen Regionen (USA, Japan, Europa etc.) und Märkte (bis hin zu einzelnen Produkten, beispielsweise den brasilianischen Markt für IP-Kommunikation) nachweisen.

Existenzgewichtige Marktzutritts- und/oder -austrittsentscheidungen sowie Investitionsvorhaben dürfen nicht auf Basis dieser Unsicherheitszonen getroffen werden. Der Rückgriff auf einseitige Markt- und Planungsdaten zum Zweck der

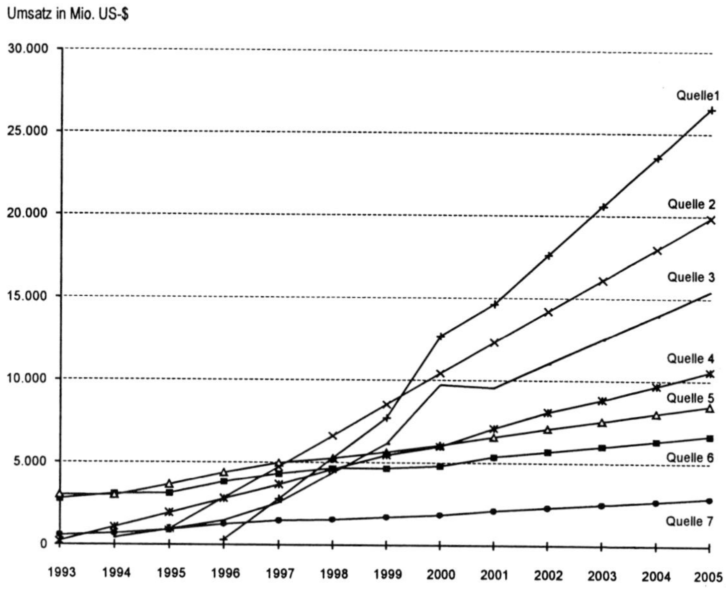

Abb. 2: Der Multimediamarkt in Deutschland

Geschäftsfeldplanung muss aus strategischer Perspektive als grob fahrlässig bezeichnet werden.

Für die strategische Planung eines internationalen TIME-Unternehmens ergeben sich aufgrund der derzeitigen Datensituation auf dem Informationsmarkt weitere Problemfelder:

- Für bestimmte Länder (z.B. Südamerika, Ost-Europa) ist kaum, kein oder nur sehr rudimentäres Zahlenmaterial verfügbar.
- Aufgrund der unterschiedlichen Quellen (unterschiedliche Marktdefinitionen, Erhebungsmethoden) lassen sich keine Vergleiche zwischen den einzelnen Ländern und Produkten herstellen.
- Verfügbare Marktstudien und -daten beinhalten zumeist Mikro- oder Makrodaten. Makrodaten sind Marktdaten, die Produkte und/oder Regionen auf hohen Aggregationsebenen abbilden. Mikrodaten bilden Märkte auf produkt- und/oder landesspezifischer Aggregationsebene ab. Als Folge sind die Relationen der einzelnen Märkte untereinander nicht bekannt, oder Einzelmärkte können nicht im Gesamtmarkt positioniert werden (Inkompatibilität).
- Aufgrund der immensen Bandbreiten in den externen Daten lassen sich keine validen Marktanteile abschätzen (Vergleich externer Markt- und interner Unternehmensdaten).

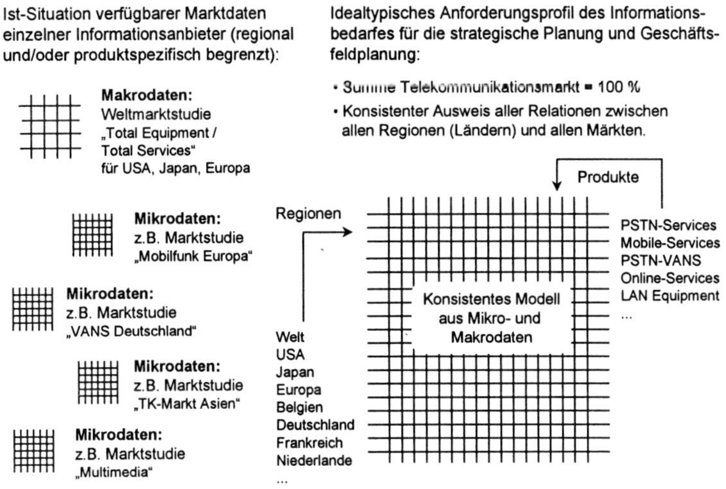

Abb. 3: Verfügbarkeit rudimentärer Einzeldaten

Für die internationale strategische Planung ergibt sich aus der Perspektive eines großen TIME-Akteurs das in Abbildung 3 dargestellte idealtypische Anforderungsprofil an höchstmöglich valide Marktdaten zur Einschätzung und Planung internationaler Marktaktivitäten. Zur Verbesserung der Planungssicherheit wurde als Lösung die Konstruktion einer weltweiten Datenbasis (Produkte/Regionen/Märkte) nach den spezifischen Informationsbedürfnissen des Kunden (Marktdefinitionen) bei höchstmöglicher Validität der Ergebnisse umgesetzt.

Der Mehrwert eines solchen Projektes ergibt sich aus

- der internationalen Vergleichbarkeit aller Regionen und Produkte untereinander (Mikro-, Makro-Integration), die bei der Verwendung von Einzelstudien nicht gegeben ist;
- der Verwendung gleicher Marktdefinitionen für alle Regionen;
- der Generierung fehlender bzw. auf dem Informationsmarkt nicht verfügbarer Daten (z.B. durch „Gap"-Berechnungen);
- der höchstmöglichen Validität der Prognosewerte (Meta-Analyse).

1.2 Vorgehensweise

Durch den Einsatz innovativer und problemspezifischer statistischer Verfahren ist es *Kienbaum Management Consultants* im Sinne der Meta-Analyse gelungen, aus den weltweit verfügbaren Marktdaten ein valides Modell zu berechnen.

Damit wird eine präzise Einschätzung der regionalen und produktspezifischen TIME-Märkte möglich. Das Modell entspricht dem zuvor dargestellten Anforderungsprofil der strategischen Planung und weist die weltweiten Relationen aller Märkte, Produktgruppen und Regionen aus. Es umfasst die Umsätze im Bereich der weltweiten TIME-Märkte, d.h. aller Service- und Equipmentmärkte der Informations- und Kommunikationsbranchen als Zeitreihen, und bildet in seiner Summe 100 Prozent. Für einen Nutzer ergibt sich die Vergleichbarkeit aller Märkte und aller Regionen mit- und untereinander.

Praxisrelevant können folgende Fragestellungen präzise beantwortet werden:

- Wie groß ist in Land/Region x der Festnetzmarkt im Vergleich zum Mobilfunkmarkt?
- Wie groß ist der Anteil des Marktes x, z.B. LAN-Karten, am gesamten TIME-Weltmarkt und/oder in Europa?
- Wie groß ist der deutsche Datenkommunikationsmarkt im Vergleich zum Datenkommunikationsmarkt in Singapur?
- Wo liegen die größten Wachstumsquoten?
- Wie hoch sind unternehmensspezifische Marktanteile in bestimmten Regionen und/oder Produktmärkten?

Zur Berechnung dieses validen Marktdatenmodells wurden im Vorfeld weltweit Interviews mit den größten Marktforschungsinstituten geführt, die Erhebungsmethoden, Marktdefinitionen und Prognoseverfahren analysiert, über 100 Marktstudien beschafft und in einen umfangreichen Datenpool überführt. Aufgrund der unterschiedlichen Marktdefinitionen der einzelnen Informationsanbieter – Marktdefinition heißt dabei immer eine Zurechnung und Ausschließung von Produkten – wurden die Marktdaten zuvor analysiert, umstrukturiert und bereinigt.

Die **Vorgehensweise** eines derartigen Projektes gliedert sich in die folgenden Projektstufen:

- Workshop mit dem Kunden zur bedürfnisgerechten Definition der TIME-Märkte hinsichtlich der Zurechnung von Produkten und Produktgruppen sowie Festlegung der zu betrachtenden Regionen.
- Vorstellung und Diskussion verschiedener möglicher Marktdefinitionen durch Experten.
- Festlegung und Strukturierung des Modells.
- Zielgerichtete Recherche zweckspezifischer Daten. Hierbei kann *Kienbaum Management Consultants* auf eine eigene Datenbank mit über 22.000 gelisteten TIME-spezifischen Marktstudien zurückgreifen.

TK-Services

PSTN Total
Local Calls
National Calls
International Calls
Service Rental & Connection

Data Communication
Analog Leased Lines
Digital Leased Lines
Frame Relay
X.25
ATM

Mobile Communication
Call Revenue from Analog NW
Call Revenue from Digital NW
Paging
Service Rental & Connection

TK-Equipment

Networking Communications
ISDN (BRI Tas)
Digital Wide Area Networks

Voice Communications
Telephone Sets
PBX / KTS
Automatic Call Distribution

Image Communications
Facsimile Machines
Videoconferencing

Personal Communications
Pager
Mobiles

Public Networks
Cable Transmission
Central Office
Local Loop
Mobile Infrastructure
Other Equipment

IT

Computer Hardware
Total Server (Unix, NT, Add-Ons)
Workstations
PC's (Portable, Desktop)

Office Equipment
Copiers
Other Office Equipment

Data Communications Hardware
LAN Hardware
Other Data Communications

Software Products
Systems Software
Application Software

Services
Consulting
Implementation
Operations Management
Support Services

Abb. 4: Produktabdeckung im Bereich TK-Services, TK-Equipment und IT

- Beschaffung der für das kundenindividuelle Modell notwendigen Input-Daten.
- Überführen der Daten in elektronische Form.
- Klären der den Marktdaten zugrunde liegenden Marktdefinitionen (Inhalte).
- Umstrukturierung der Datensätze nach inhaltlicher Analyse (Marktdefinitionen) durch Aggregation und Disaggregation.
- Inhaltliche Bereinigung der Datensätze (z.B. Minimierung von Doppelzählungen).
- Sachlogische Zuordnung gleicher Datensätze.
- Berechnung des Modells durch innovative statistische Verfahren (simultane Top-Down- und Built-Bottom-Up-Integration).
- Validierung der Ergebnisse durch Cross-Checks und Vergleich mit Unternehmensumsätzen.
- Auslieferung der Marktdaten an den Kunden in elektronischer Form.

1.3 Ergebnis

Auf Basis der kundenspezifischen Informationsbedürfnisse werden die Märkte und Teilmärkte sowie die zu betrachtenden Regionen gemeinsam mit dem Kunden definiert. Ein zweckspezifisch konstruierter TIME-Markt könnte demnach exemplarisch die in Abbildung 4 dargestellte Produktabdeckung im Bereich der

Product	1999	2000	2001	2002	2003
Networking Communications	639,5	640,9	798,8	865,3	931,8
ISDN	362,6	313,8	476,2	518,1	560,0
Digital Wide Area Networks	276,9	327,1	322,7	347,2	371,8
Voice Communications	2.914,3	2.838,7	3.263,9	3.373,0	3.482,2
Telephone Sets	1.679,4	1.613,4	1.925,0	1.987,0	2.049,1
PBX/KTS	1.096,6	1.077,3	1.188,4	1.222,7	1.257,1
Automatic Call Distribution	138,3	148,0	150,5	163,3	176,1
Image Communications	1.144,0	1.210,9	1.277,8	1.344,7	1.411,7
Facsimile Machines	705,3	691,9	673,9	659,6	643,3
Videoconferencing	439,2	519,0	603,9	685,6	768,4
Personal Communications	1.518,1	1.613,1	1.702,3	1.804,6	1.906,9
Pager	122,0	130,7	139,4	148,1	156,8
Mobiles	1.396,1	1.482,4	1.562,9	1.656,5	1.750,1
Public Network Equipment	4.858,7	4.810,7	5.178,2	5.163,7	5.149,1
Cable Transmission	385,9	391,5	263,2	223,5	183,7
Central Office	1.869,1	1.790,5	2.149,7	2.087,4	2.025,1
Local Loop	99,3	102,5	139,4	140,3	141,2
Mobile Infrastructure	1.150,5	1.220,6	1.352,5	1.484,4	1.616,2
Other Equipment	1.353,8	1.305,5	1.273,4	1.228,1	1.182,9
TOTAL TK-EQUIPMENT	11.074,5	11.114,2	12.221,1	12.551,4	12.881,8

Abb. 5: Der deutsche Markt für Telekommunikationsequipment (exemplarische Darstellung)

TK-Services, des TK-Equipments und des IT-Marktes enthalten (aggregierte Produktebene). Die validen Marktdaten werden relational in sich konsistent, d.h. zusammenhängend in Spreadsheets ausgeliefert (z.B. Weltmarktebene, USA, Japan, Europa, Einzelländer, inkl. „Breakdowns" für die einzelnen Produktgruppen und Regionen). Exemplarisch für die ca. 70 verfügbaren Einzelländer sei hier der deutsche Markt für TK-Equipment dargestellt (siehe Abb. 5).

Insgesamt wird das Modell, das derzeit aus über 30 MB Input-Daten besteht, durch folgende Eigenschaften und Vorteile charakterisiert:

- Durch Integration valider und inhaltlich bereinigter Input-Daten, die auch für Teilmärkte auf hohen Stichprobengrößen beruhen, ergibt sich eine größtmögliche **Validität** der Meta-Analyse (summierte Erhebungsgrundlage von Markteinschätzungen).

- Das in sich konsistente Modell weist die **relationalen Verteilungen** sowohl der Regionen als auch der Produktmärkte untereinander aus.
- Das Modell wird auf der Basis der **spezifischen Informationsbedürfnisse** des Klienten berechnet. Das flexible Konstruktionsprinzip erlaubt die zweckspezifische Ausweitung des Grundmodells in hochspezialisierte Informationsbereiche (Schwerpunkt auf einzelne Märkte, z.B. Mehrwertdienste und/ oder Regionen, z.B. Ost-Europa oder Südamerika).

Das Modell ermöglicht:

- Marktvergleiche von einzelnen Produktgruppen und Produkten,
- Wachstumsvergleiche regionaler und/oder produktspezifischer Märkte sowie
- eine Positionierung der eigenen Unternehmung im Markt (Marktanteile).

2. Fazit

Die TIME-Branche gehört zu den komplexesten und dynamischsten Branchen überhaupt. Aus diesem Grunde stellt sie extreme Anforderungen an die strategische Planung und die mit der „externen Analyse" und Quantifizierung der Märkte beauftragte Marktforschung. Die Konvergenz der TIME-Branche führt zu immer komplexer werdenden Produkten und Geschäftsmodellen – man denke nur an die Geschäftsmodelle aus dem Bereich des E-Business. Einhergehend mit dieser Entwicklung wird die Steuerung eines Unternehmens über quantitative Daten im Sinne des Strategietransfers immer komplexer und know-how-intensiver.

In diesem Kontext ergibt sich häufig ein Spannungsfeld zwischen den Bereichen Unternehmensstrategie und Marktforschung: Während die Strategen zukunftsorientierte innovative Geschäftsmodelle konzeptionieren, die es so noch gar nicht gibt, konzentriert sich die klassische Marktforschung auf das Messen (Zählen, Wiegen) realer Produkte und fassbarer Phänomene. Als Konsequenz sind im Bereich der Sekundärdatenforschung bestimmte Daten zur Quantifizierung zukünftiger Geschäftsmodelle vielfach nicht vorhanden. Aber auch im Bereich der Primärforschung wird es immer schwieriger, Konsumenten über ihre zukünftigen Kommunikationsbedürfnisse zu befragen, bei Produkten, die sie heute noch gar nicht kennen, oder die so komplex und erklärungsbedürftig sind, dass das Informationsniveau eines Konsumenten aus dem Massenmarkt nicht ausreicht.

Der Beratungsbereich „T.I.M.E. and Communication" der *Kienbaum Management Consultants* hat sich daher auf die Lösung derartiger Problembereiche spezialisiert. Die valide Quantifizierung zukünftiger Geschäftsmodelle im TIME-

Umfeld wird durch die Kombination aus Branchenkompetenz (TIME), Marktforschungskompetenz (innovative Tools und Methoden) und Funktionskompetenz (Strategische Planung) sichergestellt.

B.17

Strategische und strukturelle Offensivprogramme zur Internationalisierung – ein Ansatz von Ernst & Young Consulting

*Wilhelm Eichenberg / Georg Bach**

* Wilhelm Eichenberg ist Senior Manager, Georg Bach Manager bei Ernst & Young Consulting in München.

1. Grundlagen der Internationalisierung

Mit der Rückbesinnung auf die markt- und strategiebezogene Wachstumsorientierung in mittelständischen und größeren Unternehmen, stehen die Internationalisierung und die daraus resultierenden unternehmerischen Aufgaben ganz oben auf der Agenda des Top-Managements. Wachstumsziele, die Umsatzlücken schließen und den Zukunftserfolg sichern sollen, konzentrieren sich aufgrund der vorhandenen Potenziale in vielen Unternehmen vor allem auf die Erschließung von Auslandsmärkten. Lagen die Motive hierzu in der Vergangenheit vor allem in der Begleitung von Großkunden in neue Regionen und in der Optimierung der eigenen Kostenstrukturen, so definieren sich die Motivatoren zur Erschließung ausländischer Märkte heute grundlegend neu: Die zunehmende internationale Wettbewerbsintensität, kürzere Marktzyklen, eine schleichende Substitution traditioneller Märkte, die zunehmende Liberalisierung der Kapitalmärkte, die Entwicklung zur globalen Informationsgesellschaft und die Erringung von Informationsvorsprüngen durch Knowledge-Transfers sind heute in den meisten Fällen die ausschlaggebenden Treiber der Internationalisierung. Für den hierzu erforderlichen Ausbau eines Unternehmens sind – nach den Erfahrungen von *Ernst & Young Consulting* – zwei Aspekte von entscheidender Bedeutung:

(1) Die Internationalisierung ist Wachstumstreiber und erfordert deshalb eine entsprechende Strategie.

(2) Die Unternehmensstruktur darf keine Wachstumsbarriere für die Internationalisierung sein bzw. werden und erfordert deshalb in aller Regel eine entsprechende Neugestaltung.

Internationale Strategie und internationale Struktur stehen darüber hinaus in einem sachlichen Zusammenhang: Wenn die Struktur der Strategie folgen soll, gilt es, die richtige Reihenfolge einzuhalten. Ferner sind beide Aufgaben ganzheitlich vorzunehmen und überwiegend als Top-Down-Ansatz durchzuführen.

Für das Management der Internationalisierung sind in diesem Beitrag für beide Ansätze zwei beispielhafte Fälle aus der Beratungspraxis ausgesucht worden, die bei mittelständisch geprägten Unternehmen sehr pragmatisch als Offensivprogramme gemeinsam mit dem Kunden erarbeitet und umgesetzt wurden. Sie sind entsprechend praxiserprobt, waren beiderseitig (Kunde und Berater) international besetzt und wurden in wichtigen Teilaufgaben unter Hinzuziehung der Rechts- und Steuerberater von *Ernst & Young* „aus einer Hand" erbracht. Die ausgewählten Projektbeispiele beinhalten zwei Themenstellungen, die nachfolgend hinsichtlich Zielen, Vorgehen, Stolpersteinen und Nutzen konkret vorgestellt und erläutert werden: internationale Wachstumsstrategie und internationale Neuausrichtung der Führungsstruktur für zukünftiges Wachstum.

2. Fallbeispiel zur internationalen Wachstumsstrategie

2.1 Ausgangssituation und Zielsetzung

Gerade auf etablierten Märkten gilt es, absehbare Marktveränderungen – z.B. durch Substitutionstendenzen oder neue Distributionskanäle – zu antizipieren und sich schnellstmöglichst anzupassen. Dies ist vor allem dann entscheidend, wenn, wie im nachfolgend skizzierten Szenario, gleichzeitig maßgebliche internationale Wettbewerber in eigene Stammmärkte eindringen, dort marktbestimmende Erfolgsfaktoren besetzen, diese in größere Wachstumssprünge umsetzen und damit Marktanteilserfolge erzielen. Für das Management des mittelständischen Unternehmens, das wir im Folgenden betrachten werden, war diese Situation Auslöser für die Überprüfung und Neuausrichtung der eigenen internationalen Marktstrategie und Marktbearbeitung.

Zu den wesentlichen Charakteristika des betrachteten Unternehmens zählt:

- Umsatzgrößenklasse über 500 Millionen DM;
- Auslandsgeschäft weniger als 50 Prozent;
- ca. 2.000 Mitarbeiter;
- gute Ertragslage;
- internationale Vertriebsgesellschaften in Schlüsselmärkten;
- klassische Funktionsbereichsorganisation.

Das Unternehmen ist Komponentenlieferant für zahlreiche industrielle Endabnehmer im Bereich der Investitionsgüterindustrie mit den Schwerpunktbranchen Maschinenbau und Schiffbau.

Die Vergangenheit des Unternehmens war – wie bei inhabergeführten, mittelständischen Unternehmen häufig anzutreffen – von einer patriarchalischen Führungspersönlichkeit geprägt. Da sich das Unternehmen in einem gesättigten Markt mit langsamem Änderungszyklus bewegte, führten eine stabilitätsgerichtete Unternehmensführung, autokratischer Führungsstil und kurzfristiges Umsatzdenken zu einem Ungleichgewicht von Innensicht und Marktorientierung mit gravierenden Schwächen:

- Konzentration auf den inländischen/europäischen Markt – wobei abzusehen war, dass etwa zwei Drittel des weltweiten Marktwachstums mittelfristig aus außereuropäischen Märkten resultieren würde.
- Internationale Markttrends wurden nicht rechtzeitig erkannt bzw. nicht ausreichend konsequent umgesetzt.

Abb. 1: Kernziele als Grundlage der Projektaufgabenstellungen

- Passivität in einer Sandwich-Position zwischen dominierenden, internationalen Wettbewerbern und kleinen, nationalen Anbietern, die das Preisniveau kopieren oder aushöhlen.
- Unzureichende systematische Markterschließung bzw. -durchdringung von Kernländern – die Produktlinien waren international kaum durchgesetzt.
- Überwiegende Orientierung am Einzelkunden und Priorität kurzfristiger Umsatzüberlegungen mit dem Nebeneffekt eines aufgeblähten Sortiments und reaktivem Marktverhalten im In- und Ausland.

Die vom Top-Management vorangetriebene Initiierung des im Folgenden beschriebenen Projekts wurde von den nachgeordneten Führungsebenen zuerst mit Skepsis aufgenommen. Der zweiten Führungsebene war der Veränderungsbedarf nicht hinreichend bewusst, hatte man doch in der Vergangenheit gut gewirtschaftet und – nach eigenem Ermessen – mit dem Aufbau der Auslandstöchter „Geländegängigkeit auf internationalem Terrain" nachweisen können.

Die Projektanforderungen und -zielsetzungen wurden auf der Grundlage von teilweise bereits intern erfolgten Basisrecherchen und Voraberhebungen zur Ausgangssituation entwickelt (siehe Abb. 1).

2.2 Vorgehensweise

Vor dem Hintergrund der beschriebenen Ausgangslage war es verständlicherweise ein ausdrücklicher Wunsch der Geschäftsleitung, ein hohes Akzeptanzniveau zu erreichen. *Ernst & Young* vereinbarte deshalb mit dem Top-Management

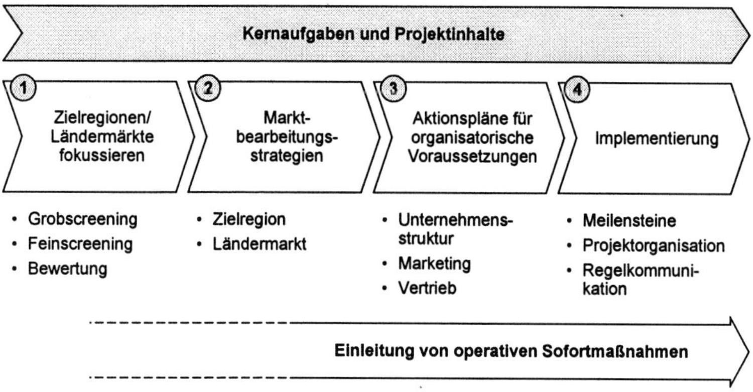

Abb. 2: Projektablauf im 4-Phasen-Modell

eine stark interaktiv ausgerichtete Projektdurchführung mit meilensteinorientierten Abstimmungsroutinen über alle Projektphasen, um bei den Beteiligten das Akzeptanzverhalten und die Motivationsorientierung – und damit eine der erfolgskritischen Voraussetzungen – für die Verabschiedung und Realisierung der notwendigen Maßnahmen sicherzustellen. Neben der Beschleunigung und Fokussierung der Marktbearbeitung war parallel die Unternehmenskommunikation im Sinne einer gesamthaften Zielorientierung zu verbessern.

Der Projektablauf wurde in vier Phasen strukturiert (siehe Abb. 2): (1) Zielregionen/Ländermärkte fokussieren, (2) Marktbearbeitungsstrategien entwickeln, (3) Aktionspläne für organisatorische Voraussetzungen aufstellen und (4) Implementierung.

(1) **Zielregionen/Ländermärkte fokussieren:** Bei der Selektion der Auslandsmärkte (siehe Abb. 3) wurde eine intern durchgeführte, grobe Vorauswahl von Zielregionen/Landesmärkten zugrunde gelegt. Das Unternehmen war auf jedem der in die Auswahl einbezogenen Märkte – über Vertriebsgesellschaften bzw. lokale Distributoren/Vertretungen – bereits tätig. Dieses erste Grobscreening war auf der Basis übergeordneter Marktsegmentierungskriterien erfolgt, um landesspezifische Mindestpotenziale und diverse Stabilitätskriterien pro Markt einander gegenüberzustellen und damit Zielregionen vorab zu fokussieren. Innerhalb der festgelegten Zielregionen wurden zudem, auf der Basis gewichteter Punktbewertungsverfahren, Ländermärkte selektiert. In einem zweiten, stark detaillierten Feinscreening erfolgte dann – auf der Grundlage einer Portfolio-Analyse – die Priorisierung der selektierten Ländermärkte. Voraussetzung hierfür war die Entwicklung von strategischen Geschäftsfeldern (SGF). Diese kombinierten landestypische Produkt (familien) mit relevanten Märkten bzw. Kundengruppen.

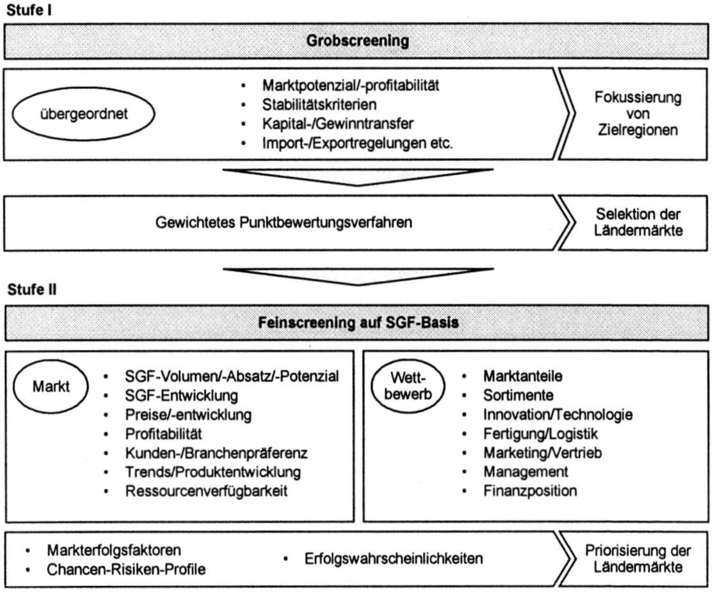

Abb. 3: Stufenweise Selektion und Priorisierung von Ländermärkten

Über sämtliche Beurteilungskriterien hinweg wurden landestypische Chancen- und Risikenprofile erstellt, die jeweiligen Markterfolgsfaktoren – wie Marktzugang, Innovation etc. – bestimmt und Erfolgswahrscheinlichkeiten abgeleitet. Diese Informationen lieferten die Entscheidungsgrundlage für die nachfolgende Entwicklung der Marktbearbeitungsstrategien.

(2) **Marktbearbeitungsstrategien entwickeln:** Die Marktbearbeitungsstrategien wurden in einem zweistufigen Verfahren – jeweils nach Zielregion und Landesmarkt – entwickelt. Die Ausrichtung der Wertschöpfungsaktivitäten innerhalb der Region erfolgte dabei nach vorab festgelegten Entscheidungskriterien (siehe Abb. 4). Ausgehend von der Zielregion wurden für die jeweiligen Ländermärkte spezifische Marktbearbeitungsstrategien auf Basis der strategischen Geschäftsfelder erarbeitet. Das Ergebnis wurde jeweils in Form eines Aktionsplans dargestellt. Als integraler Bestandteil der Unternehmensstrategie bildete dieser die Grundlage für die operative Detaillierung und die Budgetierung. Die relevanten Marktinformationen (Marktvolumen, -anteile, -wachstum, -profitabilität, -struktur etc.) wurden für sämtliche Aktionspläne quantifiziert und werden im Rahmen einer rollierenden Marktbeobachtung/-planung fortgeschrieben.

(3) **Aktionspläne für organisatorische Voraussetzungen aufstellen:** Für eine erfolgreiche Umsetzung der ehrgeizigen Regional- und Ländermarktplanung

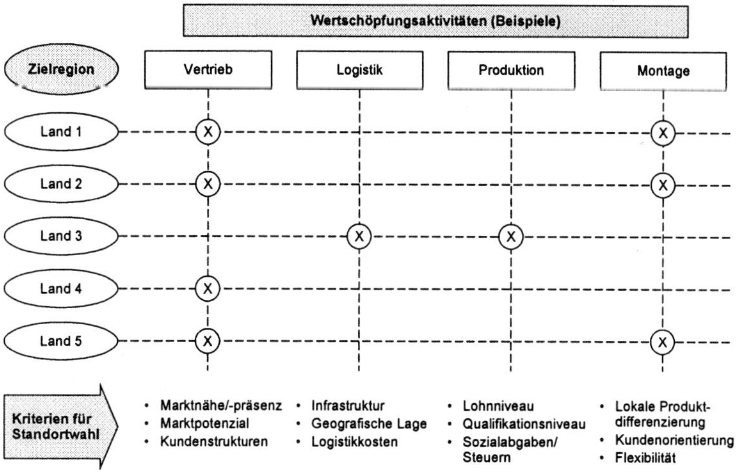

Abb. 4: Exemplarische Ausrichtung der Wertschöpfungsaktivitäten in einer Zielregion

blieb eine Anpassung des unternehmerischen Organisationsniveaus unausweichlich. Die produkt- und regionalgerichtete Funktionsbereichsorganisation war den zukünftigen Herausforderungen in keinem Fall gewachsen. Folgende Wachstumsbarrieren konnten identifiziert werden: (a) Die „Landesfürsten" setzten übergeordnete strategische Gesamtunternehmenszielsetzungen nur unzureichend um, (b) die Auslandstöchter wurden von der Muttergesellschaft wie Kunden (Vertretungen) behandelt und ausschließlich über Finanzkennzahlen gesteuert und (c) eine international abgestimmte Koordination der Marktbearbeitungsaktivitäten (z.B. Produktentwicklung, Produktmanagement) erfolgte nicht.

(3.1) Unternehmensstruktur

Der Einstieg in die Implementierungsphase ohne eine vorausgehende Neuausrichtung der Führungsstruktur und ein darauf basierendes Anreizsystem hätte unter diesen Voraussetzungen nur zu unbefriedigenden Umsetzungsergebnissen führen können. Deshalb wurden noch während der Ausarbeitung der regionalen Marktbearbeitungsstrategien, unter Einbeziehung von *Ernst & Young* Steuer- und Rechtsberatern, konzeptionelle Vorbereitungen für ein Sofortprogramm initialisiert.

Die Kernelemente der organisatorischen Neuausrichtung umfassen

– die Einrichtung einer Management-Holding mit strategischem Führungsanspruch gegenüber den Auslandstöchtern,

- eine direkte Einbindung der Auslandstöchter in die strategische Unternehmensplanung,
- eine Erweiterung der Steuerungsparameter der internationalen Vertriebsgesellschaften für strategische Marketingzielsetzungen,
- eine Anpassung der individuellen Anreiz- und Vergütungssysteme,
- die Einführung eines integrierten Informations- und Kommunikationswesens für Regelkommunikation zwischen Auslandstochter und Muttergesellschaft sowie
- die operative Einbindung von Tochterunternehmen in internationale Managementprozesse und Führungskreise.

Das Ergebnis wurde dem Beirat noch vor dem Abschluss der Planungsphase zur Entscheidung vorgelegt, der mit sofortiger Wirkung die Umsetzung freigab.

(3.2) Marketing-Organisation

Grundsätzliche Voraussetzung für den erfolgreichen Ausbau des Auslandsgeschäfts ist ein von Beginn an starker strategischer Durchgriff auf die organisatorischen Strukturen im jeweiligen Markt. Im Beispielfall war die grundsätzliche Institutionalisierung des internationalen Marketing im Gesamtverständnis des Unternehmens nicht vollständig abgeschlossen. Daher mussten parallel zum Implementierungsstart der internationalen Wachstumsstrategie wesentliche Schwachstellen eliminiert werden:

- fehlende zentrale Koordination der internationalen Marketingaktivitäten,
- kein institutionalisiertes Monitoring zur Multiplikation von Chancen,
- isolierte landesspezifische Vertriebsplanungen auf Produktgruppenebene im Rahmen der jährlichen Budgeterstellung in stark unterschiedlicher Durchführungsqualität,
- Schwächen in der systematischen Generierung von (internationalen) Produktideen und in der Produktentwicklung – mit starken Verzögerungswirkungen hinsichtlich Time-to-Market,
- lediglich fallweise Erhebung, Fortschreibung und Kommunikation von Marketingdaten – operative Defizite im Datenmanagement.

Eine zentrale Koordination der Marketingaktivitäten war Voraussetzung für die zügige Umsetzung der Wachstumsstrategie. Sie hatte in keinem Fall eine global einheitliche Ausrichtung des Marketing-Mix zur Zielsetzung. Mit der Neuausrichtung der Unternehmensstruktur wurden wesentliche Vorbereitungsmaßnahmen zur Institutionalisierung der Marketingplanung eingeleitet. Ergänzende operative Detaillierungen innerhalb der Marketingorganisation waren insbesondere:

- die Entwicklung eines internationalen Marketingprozesses mit unterjähriger Regelkommunikation zur kurzfristigen Steuerung der Wachstumsplanungen,
- die Verabschiedung der Marketingplanung auf internationaler Ebene,
- die Einrichtung von State-of-the-Art-Tools zur kompatiblen Aufbereitung und Verarbeitung von Markt-, Branchen- und Kundendaten: als Intranetlösung für interne Anwendungen, als Extranet zum Beispiel für Kooperationspartner in Entwicklungsprojekten,
- ein weltweites Info-Pooling zur beschleunigten Erhebung und Multiplikation von Produktideen,
- die Professionalisierung des Managements – z.B. Erweiterung der Kompetenzen der internationalen Produktmanager zur frühzeitigen Integration der beteiligten Funktionsbereiche (F&E, Fertigung, Vertrieb etc.) bei Entwicklungsprojekten.

Die vorgestellten Lösungsempfehlungen wurden gemeinsam mit den betreffenden internationalen Funktionsexperten entwickelt und in mehreren Kommunikationsschleifen mit den Führungsverantwortlichen der ausländischen Tochtergesellschaften abgestimmt.

(3.3) Vertriebsorganisation

Bei der zu Projektbeginn durchgeführten Wettbewerbsanalyse stellte sich heraus, dass das Unternehmen mit weniger als 50 Prozent Auslandsgeschäftsanteil weit hinter den maßgeblichen Konkurrenten lag. Eine detaillierte Überprüfung der Geschäftsaktivitäten der ausländischen Vertriebsgesellschaften identifizierte die Ursachen und Kerncharakteristika:

- relativ kleines Geschäftsvolumen der Tochtergesellschaften – teilweise trotz immenser Marktpotenziale,
- reaktives Marktverhalten – ohne kunden- bzw. segmentorientiertes Durchdringungskonzept,
- hohes Inselbewusstsein der Tochtergesellschaften mit Widerstand gegen Zentralisierung (z.B. Marketingplanung und Steuerung),
- sehr geringer Gesamteinfluss auf übergeordnete Entscheidungsprozesse (z.B. Neuproduktentwicklung),
- bei Auslandsfertigung keine funktionale Trennung von der Vertriebsgesellschaft in der Führung.

Mit dem internationalen Kundendatenmanagement fehlte eine der grundlegenden Voraussetzungen für grenzüberschreitende Großkundenbetreuung. Zusätzlich erschwerte das geringe Kommunikationsniveau im In- und Ausland zwangsläufig die übergreifende Fokussierung der Marktdurchdringung.

Schlüssel-kriterien	Vermarktungskreise: Key-Account-Management	Branchen-management	Business-Development
Marktstrategie	Potenzialabschöpfung	Markterschließung	Marktentwicklung
Markt-/Kunden-orientierung	Klare Zuordnung zu einem weltweiten Großkunden	Klare Zuordnung von mehreren internationalen Großkunden	Klare Zuordnung von internationalen (Ziel-) Kundengruppen
Produkt-orientierung	Produktunabhängig	Produktunabhängig	Produktspezifisch
Akquisitorischer Hebel	Beziehungsmanagement	Marktspezialisierung/ Kontakte/Know-How-Transfer	Virtuelles Netzwerk/ Kooperationspartner/ Lieferanten

Abb. 5: Vermarktungskreise zur Durchdringung von internationalen Markt- und Kundensegmenten

Allerdings standen den Systemmängeln und den unzureichenden Marktausrichtungen eindeutige, von den Kunden bestätigte individuelle Stärken im Beziehungsmanagement gegenüber.

Die Integration einer kundengerichteten Neuausrichtung der internationalen Vertriebsorganisation erfolgte über die Einrichtung von drei neuen Vermarktungskreisen: Key-Account-Management, Branchenmanagement und Business-Development-Management (siehe Abb. 5).

Weitere flankierende Maßnahmen sicherten die wachstumsgerichtete Neuausrichtung der Vertriebsorganisation ab:

- eine verstärkte Integration der lokalen Marketing- und Vertriebsexperten in internationale Entscheidungsprozesse zur Neuproduktentwicklung,
- das Recruiting von professionellen Vertriebsmanagern für neue Vermarktungskreise,
- die Trennung von internationalen Produktions- und Vermarktungsoperationen in eigenständige Einheiten – zentrale Produktionssteuerung im internationalen Fertigungsverbund,
- eine Zentralisierung der Kundeninformationssysteme und Vertriebsdatenbanken für Knowledge-Transfers und Großkundenbetreuung.

(4) **Implementierung:** Durch die von Anfang an stark interaktiv gestaltete Vorgehensweise und eine entsprechend frühzeitige Integration von bereits vorab identifizierten Umsetzungsverantwortlichen, konnte Demotivationstendenzen rechtzeitig gegengesteuert werden. Gemeinsam mit dem Top-Management gelang es den Experten von *Ernst & Young*, in ihrer Rolle als Ideen-

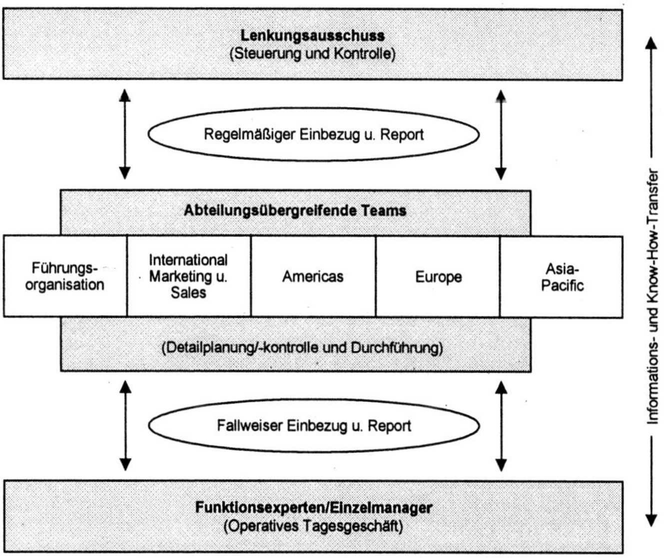

Abb. 6: Management der Implementierungsaufgaben durch interdisziplinäre Fachteams

geber, Moderator, Antreiber und neutraler Bewerter, die anfangs skeptische Grundhaltung der nachgelagerten Führungsebenen in aktive und konstruktive Mitarbeit umzulenken und eine ausgezeichnete Ergebnisakzeptanz zu erzielen. Die Verabschiedung der Marktbearbeitungsstrategien und die Neuausrichtung der Unternehmensstruktur war verständlicherweise nur mit hohen Management- und Kapitalleistungen zu bewältigen. Um das Management- und Finanzrisiko zumutbar zu gestalten, wurde der Realisierungszeitraum auf vier Jahre angelegt und meilensteinorientiert in Phasen/Etappen aufgeteilt. Die Freigabe der Investitionen für die jeweils nachfolgende Umsetzungsetappe erfolgte konsequent nach vorab definierten, eindeutigen Entscheidungskriterien.

Zur Steuerung der fünf initiierten Projektgruppen (Führungsorganisation, International Marketing and Sales, Americas, Europe und Asia-Pacific) installierte man einen übergeordneten Lenkungsausschuss, dem ausnahmslos (inter)nationale Top-Manager angehörten (siehe Abb. 6). Der Lenkungsausschuss erhielt regelmäßig Informationen zum Projektstatus und war aufgrund seiner umfassenden Kompetenzen dazu in der Lage, frühzeitig und kurzfristig den Umsetzungsprozess zu beeinflussen. Der regelmäßige Einbezug und Report von Funktionsverantwortlichen und -experten sowie ein offener Kommunikationsstil identifizierte rechtzeitig unzumutbare Doppelbelastungen aus dem operativen Tagesgeschäft bzw. Implementierungsaufgaben und ermöglichte frühzeitige Korrekturen.

2.3 Ergebnis

Zwei Jahre nach Verabschiedung der strategischen Internationalisierung hat das Unternehmen beachtliche Fortschritte realisieren können: Der Abstand zum Wachstumstempo maßgeblicher Wettbewerber konnte verkleinert werden, der Auslandsanteil am Gesamtumsatz steigt kontinuierlich und bei Kerngeschäften konnte die Marktposition durch systematische Marktbearbeitung ausgebaut werden. Die Neuausrichtung der Führungsstruktur motiviert die Führungsverantwortlichen zudem zu einer aktiven Marktgestaltung und pusht die Umsetzung der Wachstumsstrategie in den jeweiligen Landesmärkten.

Diese erfreulichen ersten Anzeichen einer Trendumkehr dürfen nicht darüber hinwegtäuschen, dass das Ergebnis nur unter Aufbietung aller zur Verfügung stehenden Managementleistungen erfolgen konnte. Der Erfolg der wachstumsorientierten Internationalisierungsstrategie wird auch zukünftig in sehr starkem Maße davon abhängen, inwieweit es gelingt, die erforderlichen internationalen Managementkapazitäten zeitgerecht verfügbar zu machen.

3. Fallbeispiel zur internationalen Neuausrichtung der Führungsstruktur für zukünftiges Wachstum

3.1 Ausgangssituation und Zielsetzung

Das Management des in diesem Fallbeispiel exemplarisch betrachteten mittelständischen Unternehmens hatte auf der Agenda zur Unternehmensführung ein Thema zum Top-Thema erklärt: Mit der Internationalisierung der Märkte und des Wettbewerbs, dem geplanten eigenen Wachstum und dem vorhandenen Nachholbedarf im strukturellen Niveau der Unternehmensorganisation sollte die organisatorische Weiterentwicklung der Unternehmensgruppe höchste Priorität erhalten. Im Folgenden soll dargestellt werden, wie diesem Ziel mit Hilfe eines systematischen Ansatzes entsprochen werden konnte. Zunächst seien hier jedoch die wesentlichen Charakteristika des Unternehmens dargestellt:

- produzierendes Unternehmen mit langlebigen Produkten und Komponenten für industrielle Abnehmer, z.B. aus den Bereichen Automotive, Maschinenbau, I&K-Technik etc.;
- Umsatzgrößenklasse zwischen 500 und 750 Millionen DM;

- Auslandsgeschäft über 50 Prozent;
- Ertragssituation zufriedenstellend;
- Wachstum intern und extern;
- zahlreiche Auslandstöchter und Werke;
- ein führender Anbieter EU-weit und weltweit.

Der Status-Quo der Führungsstruktur konnte wie folgt gekennzeichnet werden:

- Dachgesellschaft (GmbH & Co. KG) mit selektiven Zentralfunktionen;
- Gesellschaften für das strategische und operative Geschäft mit zum Teil noch funktionsorientierter Struktur (z.B. nach Vertrieb, Technik, Entwicklung etc.) mit separat zugeordneten Auslandsbeteiligungen/Töchtern und Werken;
- zum Teil bereits Objektorientierungen nach produktbezogenen Geschäftsfeldern („unechten" Profit-Centern) inklusive dezentraler Dienstleistungsfunktionen, wirtschaftlich und rechtlich nicht selbständig.

Für die internationale Neuausrichtung der Führungsstruktur für zukünftiges Wachstum galt es prinzipiell, die internationalen Anforderungen an die Unternehmensgruppe zu erfüllen, die Erreichbarkeit der Kernziele und der strategischen Perspektiven zu gewährleisten sowie die strukturellen Wachstumsbarrieren zu beseitigen und die Wachstumstreiber zu nutzen. Die wesentlichen Zielsetzungen und Aufgabenstellungen wurden dabei wie folgt formuliert: Die neue Führungsstruktur sollte die Voraussetzungen für das stark zunehmende internationale Geschäft schaffen, zum Beispiel durch rechtliche Einbindung bzw. Anpassung der Auslandsgesellschaften, strategische Steuerung und Kontrolle, Managementinstrumente und Richtlinienkompetenzen. Zudem sollte eine höhere organisatorische Anpassungsfähigkeit für anorganisches Wachstum geschaffen werden, zum Beispiel durch Flexibilität im Hinblick auf eine leichte Integration potenzieller Partnerschaften. Eine klare Firmenstruktur und eine marktorientierte Führungsorganisation nach strategischen Geschäftsfeldern (divisionalisierte SGF) mit schlagkräftigen Organisationseinheiten und Ergebnisverantwortung sollte neu aufgebaut werden, wobei die vorhandenen und die zu bildenden Geschäftsfelder – inklusive der Neuzuordnung von Beteiligungen und Werken im In- und Ausland – verselbständigt werden sollten. Zudem bestand ein Ziel darin, die Dachgesellschaft in Richtung einer Management-Holding zu stärken.

Um möglichst schnell Klarheit über die komplexen, gesamtunternehmerischen Aufgabenstellungen und die inhaltlich-zeitlichen Verbindungen und Interdependenzen zu erlangen, wurden vorab Arbeitspakete geschnürt und deren Zusammenhänge bestimmt. In komprimierter Form ergaben sich daraus die in Abbildung 7 dargestellten Inhalte und Ansätze. Zur Konzipierung und Umsetzung wurden mehrstufig Joint-Teams gebildet, bestehend einerseits aus der Unterneh-

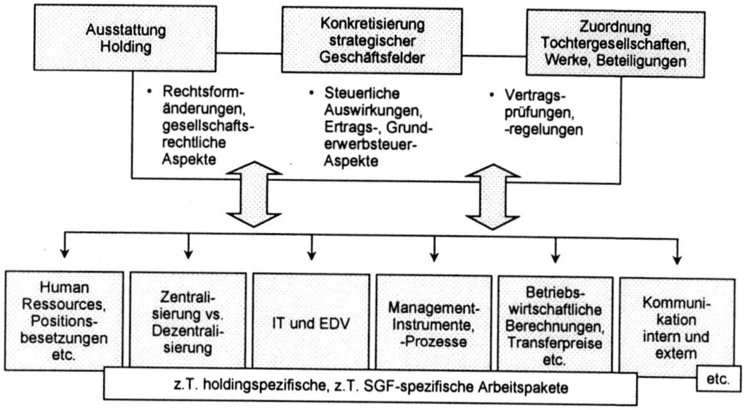

Abb. 7: Priorisierte und systematische Arbeitspakete

mensführung des Kundenunternehmens und *Ernst & Young*-Projektverantwortlichen – zur Steuerung des Gesamtprojekts – und andererseits aus gemeinsamen Projektteams zur Bearbeitung der definierten Aufgabenpakete. Bei der Bildung der Joint-Teams wurde darauf geachtet, dass seitens der Berater von *Ernst & Young* themenspezifische Spezialisten aus der Unternehmens-, Steuer- und Rechtsberatung sowie Wirtschaftsprüfung von Anfang an integriert wurden, um die Ergebnisse gemeinsam aus einem Guss zu erarbeiten.

3.2 Vorgehensweise

Da das komplexe Thema für die Unternehmensführung nicht neu war und es auch keine „Burning-Plattform" darstellte, erfolgten bereits vorab einige analytische Aufgaben und Hypothesenbildungen, die als Teilfundamente in das Projekt einbezogen werden konnten (zum Teil nach einem Check). Darauf aufbauend wurden entsprechend der Arbeitspakete und der Joint-Teams konkrete Fahrpläne bestimmt, bestehend aus den Phasen des Gesamtprojektes, den Hauptarbeitsschritten pro Phase und Team, den Teilnehmern und Verantwortlichen aus dem In- und speziell aus dem Ausland sowie den Zwischen-, Diskussions- und Endterminen. Als geeigneter Ablauf für die Konzipierung und Implementierung kristallisierten sich die in Abbildung 8 dargestellten Phasen und Kerninhalte heraus.

Aus der Vielzahl der Arbeitsschritte und Aufgabeninhalte sind nachfolgend selektiv einige wesentliche und kritische Punkte hervorgehoben:

(1) **Phase 1:** Bei der Modellierung der zukünftigen internationalen Führungsstruktur erfolgte zunächst eine starke Fokussierung auf die Aufbauorganisa-

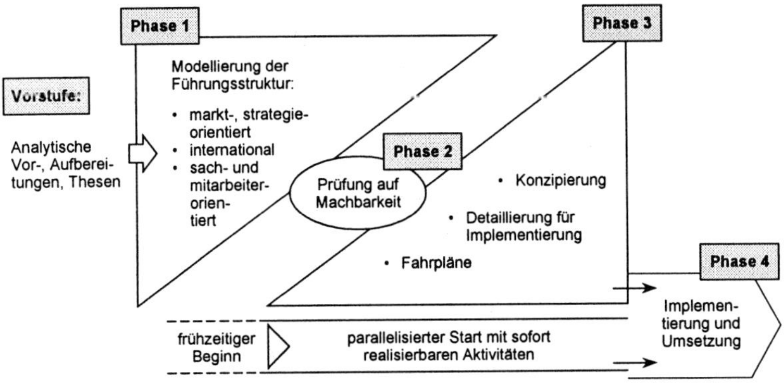

Abb. 8: Phasen und Kerninhalte zur neuen internationalen Führungsstruktur

tion der Holding und der strategischen Geschäftsfelder. Besondere Beachtung galt dabei

– der Bildung von einheitlichen, „geschlossenen" strategischen Geschäftsfeldern sowie den entsprechenden Schnittstellen und Überlappungen,
– der organisatorisch-rechtlichen Zu- und Neuordnung von Auslandsgesellschaften und Beteiligungen,
– den finanziell wirksamen Steuer- und Rechtsfragen hinsichtlich der Firmenstruktur,
– der Erstellung von Alternativen mit ersten Vor- und Nachteilsbewertungen,
– der zeitlichen Wirkung auf die Umsetzung, mit der Präferenz zu einer mehrstufigen Implementierung – insbesondere im Hinblick auf die Verkraftbarkeit der Umsetzung für die Mitarbeiter.

Dieser Top-Down-Ansatz wurde nicht dogmatisch eingehalten, sondern gezielt angepasst – durch die Hinzuziehung von bestimmten Themen und Fragestellungen aus den nachgelagerten Arbeitspaketen. Hierzu zählte zum Beispiel (a) die Frage nach der Konsequenz in der Zuordnung von in- und ausländischen Produktionsstätten, (b) die Entscheidung, ob zunächst eine sachorientiert beste Lösung erarbeitet werden und dann die Positionsbesetzung erfolgen sollte, (c) welche Auswirkungen sich durch gravierende standortpolitische Veränderungen ergeben würden und (d) welche Einflüsse von den Kernprozessen auf die Struktur und umgekehrt ausgingen. Die Phase der Modellierung der neuen internationalen Führungsstruktur wurde mit der Festlegung und Freigabe der nächsten Phase abgeschlossen, die – praxiserprobt, aber selten anzutreffen – die Realisierbarkeitsprüfung beinhaltet.

(2) **Phase 2:** Im Rahmen des Checks auf Machbarkeit kam es darauf an, die grob zu überprüfenden, besonders problembehafteten und kritischen Ansätze der geplanten Führungsstruktur und speziell der Divisionalisierung herauszuarbeiten. Hierzu zählten vor allem shareholder- bzw. stakeholderbezogene Aspekte sowie Barrieren, mögliche Reaktionen und Widerstände bei den „Landesfürsten", bei leitenden Managern, Arbeitnehmervertretungen etc. Zudem wurden die quantitativen und „weichen" Bewertungsfaktoren für die zwei noch im Vergleich verbliebenen Alternativen sowie für die Erfolgswahrscheinlichkeit der bevorzugten Lösung bestimmt. Auch wurden in dieser Phase die organisatorischen – und jetzt auch personellen – Voraussetzungen auf Managementebene festgelegt. Basierend auf dem „alten" Zahlenmaterial der Vorjahresergebnisse wurden erste Ergebnisneuberechnungen für die neuen Gesellschaftsstrukturen durchgeführt (zum Teil waren qualifizierte Schätzungen notwendig) und eine Ergebnisgrobplanung für das Folgejahr durch eine modifizierte Übertragung der erlangten Erkenntnisse aufgestellt. Diese wurde einer konstruktiven und neutralen Bewertung durch die externen Berater unterzogen. Auf dieser Grundlage wurden zweckmäßige oder gar notwendige Anpassungen der Zielsetzungen und/oder der Realisierungstermine vorgenommen. Die resultierende Go-Entscheidung inklusive der Bestimmung einiger zusätzlicher Rahmenziele stellte gleichzeitig den Startschuss für das konzeptionelle Feintuning in der nächsten Phase dar.

(3) **Phase 3:** Als Resultat aus den Erkenntnissen und Ergebnissen der Modellierung und der Machbarkeitsprüfung erfolgte zuerst eine Festlegung der noch zu erarbeitenden Konzeptionsteile sowie eine inhaltliche Entscheidung über die zu diesem Zeitpunkt notwendigen Detaillierungen. Später mögliche Konkretisierungen wurden aus Gründen der Beschleunigung verschoben. Es galt auch hier: Schnell Klarheit und Transparenz für die Beteiligten schaffen.

Im Vordergrund standen in dieser Phase strukturell und finanziell ausgerichtete Detaillierungen und Entscheidungen – einerseits mit internationaler Relevanz für die beabsichtigte Konstruktion der Management-Holding:

- strategische und multinationale Beweglichkeit sowie strategischer Führungsanspruch;
- Marktorientierung und Schlagkraft im zunehmend globalen Wettbewerb;
- Risikominimierung und wirtschaftliche Ressourcenoptimierung;
- geringe Komplexität durch die nachgelagerte klare und divisionale Struktur mit eindeutigen Kompetenzen und Ergebnisverantwortungen;
- Eigenständigkeit und Heterogenität der strategischen Geschäftsfelder in ausreichendem Maße, Entflechtung bisheriger Zentralbereiche, sinnvolle und wirtschaftliche Zuordnung zu den SGF;

- kritische Größe, die für alle SGF notwendig ist, und rechtliche Verselbständigung als wirklicher „Königsweg";
- erhöhte operative Flexibilität und damit „Mittelstandscharakter" der Unternehmensgesellschaften;

andererseits mit internationaler Relevanz für steuerliche und rechtliche Einflüsse, die es aufgrund aufbauorganisatorischer Auswirkungen zu beachten gilt:

- steuerneutrale Einbringung der Auslandsbeteiligungen;
- Vermeidung von Grunderwerbsteuer durch steuerfreie Einbringung von Grundbesitz in eine neue Gesellschaft bzw. bei Ausgliederung aus einer bestehenden Gesellschaft;
- ertragssteuerneutrale Durchführung der Ausgliederungen (als Teilbetriebe) auf Kapital- oder Personengesellschaften;
- möglicher Transfer von Zulassungen, Zertifikaten, Schutzrechten etc. auf die neue Struktur unter Vertrags- und Rechtsformaspekten.

Aus den übrigen konzeptionellen Arbeitspaketen für Phase 3 ist – auch aufgrund der hohen psychologischen Bedeutung und Wirkung – die inhaltliche und zeitliche Erarbeitung der internen und externen Kommunikation hervorzuheben. Besondere Aufmerksamkeit erfuhren dabei speziell die in Abbildung 9 dargestellten Aspekte.

(4) **Phase 4:** Die Implementierung mit Unterstützung von *Ernst & Young* konzentrierte sich auf die Fortsetzung bereits eingeleiteter Sofortmaßnahmen, soweit keine konzeptionelle Abhängigkeit gegeben war, auf die definierten Schlüsselmaßnahmen sowie auf Teilprojekte ohne bereichsübergreifende Relevanz. Die Joint-Teams wurden nur zum Teil weiterhin genutzt und gezielt um Arbeitsteams für die Teilprojekte ergänzt.

3.3 Ergebnis

Bedingt durch die bereits erstellte internationale Unternehmensstrategie (Structure follows Strategy) und die analytischen Vorarbeiten, konnte die Durchführung der Phasen 1 (Modellierung), 2 (Machbarkeitsprüfung) und 3 (Konzipierung und Implementierungsfahrpläne) auf ca. zwei Tertiale konzentriert werden. Für die Implementierung wurden geplant: bis zu einem Kernjahr für alle wesentlichen Aktivitäten zur Neustruktur, bis zu einem weiteren Jahr für wenige Umsetzungsaktivitäten, die nachgelagert in Angriff genommen werden können bzw. eine geringere Priorität besitzen.

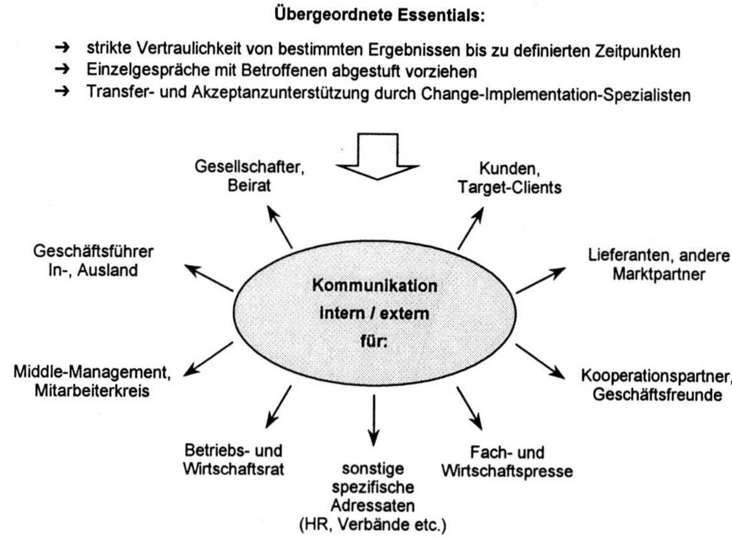

Abb. 9: Maßgeschneiderte interne und externe Kommunikationsprogramme

Der Einstieg in die Implementierung erfolgte nahtlos und umfassend mit den gleichen Umsetzungsberatern unter einem Motto, das ein positives Nutzenversprechen signalisiert: „Neuorganisation für Wachstum". Die Gesellschafter und der Beirat hatten zuvor ebenfalls ihre Zustimmung erteilt, auch unter Beachtung von leitbildhaften Unternehmenszielen, wie zum Beispiel der ertragsorientierten Zukunftsausrichtung, Kundenorientierung, Mitarbeitermotivation etc.

Als Kernergebnisse des Projekts können folgende Punkte festgehalten werden:

- langfristige, klare und transparente Neustrukturierung als Management-Holding mit rechtlich selbständigen strategischen Geschäftsfeldern;
- internationale Neuzuordnung von ausländischen Tochtergesellschaften, Beteiligungsgesellschaften und Werken, die den Steuerungsnotwendigkeiten und Expansionsplänen gerecht wird;
- die Holding übernimmt die strategische Führung der strategischen Geschäftsfelder, koordiniert die Weiterentwicklung und steuert die Ergebnisse und Finanzmittel;
- marktorientierte und strukturelle Zusammenführung der Leistungserstellung, Leistungsvermarktung und Leistungsadministration in jeweils einem strategischen Geschäftsfeld zu schlagkräftigen, selbständigen und flexiblen Unternehmenseinheiten;

- Partnerschaften, Zusammenschlüsse und Übernahmen werden unkomplizierter und schneller realisierbar;
- die Schaffung und Delegation klarer Verantwortungs- und Ergebnisbereiche für das operative Geschäft verbessert die Nutzung der Wachstumspotenziale auf internationaler Ebene und setzt zusätzliche Kräfte frei;
- die Rechtsformen orientieren sich an gesellschaftsrechtlichen, steuerlichen und vertraglichen Vorzügen;
- mit der neuen Führungsstruktur für die internationalen Märkte können für das mittelständisch geprägte Unternehmen die Erfolgsfaktoren größerer Unternehmen – wie z.B. Finanzkraft, Marktmacht etc. – kombiniert werden mit der Kundennähe, Beweglichkeit und Schlagkraft von organisatorischen Einheiten mittlerer Größe.

Autorenverzeichnis

Dr. Dr. Ayad Al-Ani ist Manager bei Andersen Consulting in Wien.

Georg Bach ist Manager bei Ernst&Young Consulting in München.

Klaus Baumann ist Managing Director Central Europe bei Gemini Consulting in Bad Homburg.

Peter Baumgartner ist Geschäftsführer von Mercer Management Consulting in München und Mitglied des Aufsichtsrats der Mercer Management Consulting Corp., New York.

Ralph Becker ist Vice President bei Gemini Consulting in Bad Homburg.

Dr. Michael Braun ist Vice President von Arthur D. Little International, Inc. in Wiesbaden.

Dr. Arne Dettki ist Senior Associate bei Booz.Allen & Hamilton in München.

Wilhelm Eichenberg ist Senior Manager bei Ernst&Young Consulting in München.

Prof. Dr. Dietmar Fink leitet das Institut für Unternehmensberatung in Rheinbach bei Bonn und ist Inhaber der Professur für Unternehmensberatung und -entwicklung an der Fachhochschule Bonn-Rhein-Sieg.

Dr. Hans Joachim Fuchs ist Leiter der Unternehmensberatung von WEDIT Deloitte & Touche in Düsseldorf.

Jürgen Fuchs ist Mitglied der Geschäftsleitung der CSC Ploenzke AG in Kiedrich.

Susanne Kaßner ist Manager bei Andersen Consulting in München.

Thomas Kautzsch ist Vice President von Mercer Management Consulting in München.

Dr. Michael Krebs ist Berater bei Gemini Consulting in Bad Homburg.

Dr. Fritz Kröger ist Vice President von A.T. Kearney in Berlin.

Peter Langosch ist Director bei Arthur D. Little International, Inc. in Düsseldorf.

Dr. Volker Lemberg, Ph.D. ist Senior Manager bei Arthur D. Little International, Inc. in Düsseldorf.

Dr. Thomas Lützenrath ist Mitglied der Geschäftsleitung von Kienbaum Management Consultants in Düsseldorf.

Rainer G. Nehls ist Vice President von Mercer Management Consulting in München.

Bernd Niedernberg ist Financial Analyst bei Stern Stewart in München.

Markus Pertl ist Managing Director von Stern Stewart in München.

Prof. Dr. Tom Sommerlatte ist Vice President von Arthur D. Little International, Inc. in Wiesbaden.

Dr. Michael Träm ist Vice President und Mitglied der Geschäftsführung von A.T. Kearney Deutschland in Düsseldorf.

Volker Voigt ist Manager bei Arthur D. Little International, Inc. in Düsseldorf.

Matthias-Wilbur Weber ist Vice President von Stern Stewart in München.

Dr. Arno Wilfert ist Associate Director bei Arthur D. Little International, Inc. in Düsseldorf.

Patrick Ziechmann ist Manager bei Arthur D. Little International, Inc. in Düsseldorf.

Literaturverzeichnis

Abell, D.F. (1980): Defining the Business: The Starting Point of Strategic Planning, Englewood Cliffs 1980.

Al-Ani, A. (1993): Machtspiele in Organisationen: Eine Ergänzung marktlicher und hierarchischer Regelsysteme, in: Journal für Betriebswirtschaft, Nr. 3-4/1993, S.130-154.

Al-Ani, A. (1996): Das Neue Strategische Management – Strategieentwicklung in der Post-Reengineering Ära, in: Hinterhuber, H.H./Al-Ani, A./Handlbauer, G. (Hrsg.): Das Neue Strategische Management, Wiesbaden 1996, S. 13-32.

Al-Ani, A. (1997): Wenn Veränderungen Wirklichkeit werden sollen ..., in: Gablers Magazin Nr. 5/1997, S. 8-12.

Al-Ani, A. (1999): Strategische Neupositionierung durch Reengineering der Managementprozesse, in: Journal für Betriebswirtschaft, Nr 4/1999, S. 5-21.

Al-Ani, A./Gattermeyer, W. (2000): Entwicklung und Umsetzung von Change Management-Programmen, in: Gattermyer, W./Al-Ani, A.: Change Management und Unternehmenserfolg, Wiesbaden 2000.

Andersen Consulting (1997): Capacity to Change: Preliminary Findings, unveröffentlichtes Manuskript, Chicago 1997.

Arrow, K. (1974): The Limits of Organization, New York 1974.

Arthur D. Little (1974): A System for Managing Diversity, Cambridge, Mass. 1974.

Arthur D. Little (1980): A Management System for the 1980s, San Francisco 1980.

Arthur D. Little (1995): Management der Lernprozesse im Unternehmen, Wiesbaden 1995.

Arthur D. Little (1997): Management von Innovation und Wachstum, Wiesbaden 1997.

Arthur D. Little (1998): Global Innovation Survey, Cambridge 1998.

Arthur D. Little (1999): A Guide to Performing a Commercial Due Diligence, unveröffentlichtes Arbeitspapier, o.O. 1999.

Bassi, L.J./Van Buren, M. (1998): State of the Industry Report, in: Training & Development, 1/ 1998, Vol. 52, S.21-50.

Bea, F.X./Haas, J. (1997): Strategisches Management, 2. Aufl., Stuttgart 1997.

Berens, W./Strauch, J. (1998): Herkunft und Inhalte des Begriffes Due Diligence, in: Berens, W./Brauner, H.U. (Hrsg.): Due Diligence bei Unternehmensakquisitionen, Stuttgart 1998, S. 3-20.

Braun, M. (1999): Controlling im Innovationsprozess – Vom Innovations-Kontrolleur zum Innovations-Lotsen, Bilanzbuchhalter und Controller, Nr. 10/1999, S. 217-240.

Buzzle, R.D./Gale, B.T. (1987): The PIMS Principles: Linking Strategy to Performance, New York, London 1987.

Crozier, M./Friedberg, E. (1993): Die Zwänge kollektiven Handelns: Über Macht und Organisation, Frankfurt/Main 1993.

Drumm, H. J. (1995): Personalwirtschaftslehre, Berlin u.a. 1995.

Dunst, K.W. (1983): Portfolio-Management: Konzeption für die strategische Unternehmensplanung, 2. Aufl., Berlin, New York 1983.

Ehrbar, A. (1999): Economic Value Added: Der Schlüssel zur wertsteigernden Unternehmensführung, Wiesbaden 1999.

Faulstich, P. (1998): Strategien der betrieblichen Weiterbildung, München 1998.

Fink, D. (1998): Virtuelle Unternehmensstrukturen: Strategische Wettbewerbsvorteile durch Telearbeit und Telekooperation, Wiesbaden 1998.

Forbes, E.H./Bate, T.J. (1980): The Life Cycle Approach to Strategic Planning, Sloan School of Management, Cambridge, Mass. 1980.

Freeman, E.R. (1984): Strategic Management: A Stakeholder Approach, Marshfield 1984.

Friedberg, E. (1988): Zur Politologie von Organisationen, in: Küpper, W./Ortmann, G. (Hrsg.): Mikropolitik: Rationalität, Macht und Spiele in Organisationen, Opladen 1988 S. 39-52.

Fukuyama, F. (1995): Social Capital and the Global Economy, in: Foreign Affairs, September/October 1995, S. 89-103.

Gattermeyer, W./Neubauer, R. (1996): Change Management zur Umsetzung von Strategien, in: Hinterhuber, H.H./Al-Ani, A./Handlbauer, G. (Hrsg.): Das Neue Strategische Management, Wiesbaden 1996, S. 321-342.

Hax, A.C./Majluf, N.S. (1978): A Methodological Approach for the Development of Strategic Planning in Diversified Corporations, in: Studies in Operations Management, hrsg. von A.C. Hax, Amsterdam 1978, S. 41-98.

Hax, A.C./Majluf, N.S. (1991): Strategisches Management: Ein integratives Konzept aus dem MIT, Frankfurt/Main, New York 1991.

Henderson, B.D. (1984): Die Erfahrungskurve in der Unternehmensstrategie, 2. Aufl., Frankfurt/Main, New York 1984.

Henderson, B.D./Zakon, A.J. (1980): Corporate Growth Strategy: How to Develop and Implement It, in: Handbook of Business Problem-Solving, hrsg. von K.J. Albert, New York 1980, S. 1/3 - 1/19.

Heuskel, D. (1999): Wettbewerb jenseits von Industriegrenzen: Aufbruch zu neuen Wachstumsstrategien, Frankfurt/Main, New York 1999.

Hinterhuber, H.H. (1996): Strategische Unternehmensführung: I. Strategisches Denken, 6. Aufl., Berlin, New York 1996.

Hostettler, S. (2000): Economic Value Added (EVA): Darstellung und Anwendung auf Schweizer Aktiengesellschaften, 4. Aufl., Bern 2000.

Jonash, R./Sommerlatte, T. (1999): The Innovation Premium, Reading, Mass. 1999.

Kieser, A./Hegele, C. (1998): Die Kommunikation im organisatorischen Wandel, Stuttgart 1998.

Knetsch, W. (1999): Telekommunikation als Schrittmachertechnologie des 21. Jahrhunderts, in: Fink, D./Wilfert, A. (Hrsg.): Handbuch Telekommunikation und Wirtschaft, München 1999, S. 19-32.

Koch, W./Wegmann, J. (1998): Praktiker-Handbuch Due Diligence, Stuttgart 1998.

Kotler, P./Armstrong, G. (1991): Principles of Marketing, Englewood Cliffs, 1991.

Krebs, M. (1998a): Organisation von Wissen in Unternehmungen und Netzwerken, Wiesbaden 1998.

Krebs, M. (1998b): Die virtuelle Unternehmung als Wissensorganisation: Potentiale und Grenzen des Wissensmanagements, Bad Homburg 1998.

Kreikebaum, H. (1993): Strategische Unternehmensplanung, 5. Aufl., Stuttgart u.a. 1993.

Larkin, T.J./Larkin, S. (1994): Communicating Change, New York 1994.

Laukamm, T./Steinthal, N. (1986): Methoden der Strategieentwicklung und des Strategischen Managements: Von der Portfolio-Planung zum Führungssystem, in: Management im Zeitalter der strategischen Führung, hrsg. von Arthur D. Little, 2. Aufl., Wiesbaden 1986, S. 5-36.

Markowitz, H.M. (1952): Portfolio Selection, in: Journal of Finance, No. 7/1952, pp. 77-92.

May, J. (1999): The Vitual Classroom: Education just in time, just for you, Cap Gemini Education & Training, Utrecht/Netherlands 1999.

Neuberger, O. (1995): Mikropolitik: Der alltägliche Aufbau und Einsatz von Macht in Organisationen, Stuttgart 1995.

Nonaka, I. (1992): Wie japanische Konzerne Wissen erzeugen, in: Harvard Manager 2/92, S. 95-103.

Nonaka, I./Takeutchi, H. (1995): The knowledge-creating company – how japanese companies create the dynamics of innovation, New York, Oxford 1995.

Ortmann, G. (1995): Formen der Produktion: Organisation und Rekursivität, Opladen 1995.

Osell, R.R./Wright, R.V.L (1980): Allocating Ressources: How to Do It in Multi-Industry Corporations, in: Handbook of Business Problem-Solving, hrsg. von K. J. Albert, New York 1980, S. 1/89 - 1/109.

Osterloh, M./Frost, J. (1996): Prozessmanagement als Kernkompetenz, Wiesbaden 1996.

Pawlowsky, P. (Hrsg) (1998): Wissensmanagement: Erfahrungen und Perspektiven, Wiesbaden 1998.

Picot, A./Reichwald, R./Wigand, R.T. (1996): Die grenzenlose Unternehmung: Information, Organisation und Management, Wiesbaden 1996.

Porter, M.E. (1998): Competitive Strategy, Techniques for Analyzing Industries and Competitors, New York 1998.

Porter, M.E. (1999): Wettbewerbsstrategie, 10. Aufl., Frankfurt/Main 1999.

Rasche, C./Wolfrum, B. (1994): Ressourcenorientierte Unternehmensführung, in: Die Betriebswirtschaft, 54. Jg. (1994), S. 501-517.

Reiss, K./Schoon, D. (1999): Kompetenzlücken im Unternehmen ermitteln und beseitigen, in: Frankfurter Allgemeine Zeitung vom 4.10.1999.

Romhard, K. (1998): Die Organisation aus der Wissensperspektive, Wiesbaden 1998.

Roussel, P /Saad, K. /Ericksson, T. (1991): Third Generation R&D, Boston, 1991.

Sarges, W. (1995): Managementdiagnostik, Göttingen 1995.

Schoon, D. (1998): Komptenzmodelle – Fähigkeiten anpassen, in: Blick durch die Wirtschaft (FAZ) vom 24.07.1999.

Schumpeter, J. (1987): Theorie der wirtschaftlichen Entwicklung: Eine Untersuchung über Unternehmergewinn, Kapital, Kredit, Zins und Konjunkturzyklus, Berlin 1987 (1934).

Schweiger, D./Deninsi, A. (1991): Communication with Employees Following a Merger: A Longitudinal Field Experiment, in: Academy of Management Journal, Vol. 34, No 1/1991,. S. 110-135.

Sommerlatte, T./Deschamps, J.-P. (1986): Der strategische Einsatz von Technologien: Konzepte und Methoden zur Einbeziehung von Technologien in die Strategieentwicklung des Unternehmens, in: Management im Zeitalter der strategischen Führung, hrsg. von Arthur D. Little, 2. Aufl., Wiesbaden 1986, S. 37-76.

Staehle, W.H. (1999): Management, 9. Aufl., München 1999.

Steinmann, H./Schreyögg, G. (1993): Management, 3. Aufl., Wiesbaden 1993.

Stewart, G.B. (1991): The Quest for Value, New York 1991.

Waldroop, J./Butler, T. (1997): Der Vorgesetzte als Coach, in: Harvard Business manager, 2/1997, 19. Jg., S. 9-19.

Wottawa, H./Theirau, H. (1990): Evaluation, Bern 1990.

Wunderer, R/v. Arx, S. (1998): Personalmanagement als Wertschöpfungscenter: Integriertes Organisations- und Personalentwicklungskonzept, Wiesbaden 1998.

Ziechmann, P. (1998): Beiträge zur Restrukturierung/Sanierung – Vertrieb, in: Buth, A./ Hermanns, M.: Restrukturierung, Sanierung, Insolvenz, München 1998, S. 142-158.